les classifications des systèmes philosophiques

DERNIERS VOLUMES PARUS DANS LA COLLECTION

Helmholtz. Du son à la musique, textes éd. par P. Bailhache, A. Soulez et C. Vautrin., 256 pages, 2011.

BARBARA J.-G., *La Naissance du neurone*, 320 pages, 2010.

CARNAP R., *Logique inductive et probabilité (1945-1970)*, introduction P. Wagner, traduction sous la dir. de P. Wagner, 328 pages, 2015.

DEDEKIND R., *La Création des nombres*, traduction, introduction et notes H. Benis Sinaceur, 252 pages, 2008.

DUCHESNEAU F., *Leibniz, le vivant et l'organisme*, 352 pages, 2010.

HEINZMANN G., *L'Intuition épistémique*, 202 pages, 2013.

HINTIKKA J., *Les Principes des mathématiques revisités*, introduction, traduction et notes M. Rebuschi, 320 pages, 2007.

JOLY B., *Descartes et la chimie*, 256 pages, 2011.

LASSÈGUE J., *Ernst Cassirer. Du transcendantal au sémiotique*, 242 pages, 2016.

LACOUR P., *La Nostalgie de l'individuel. G.-G. Granger*, 256 pages, 2012.

LECLERCQ B., *Fondements logiques et phénoménologiques de la rationalité mathématique chez Husserl*, 200 pages, 2015.

LEIBNIZ G. W., *La Quadrature arithmétique du cercle, de l'ellipse et de l'hyperbole*, introduction, traduction et notes M. Parmentier, texte latin E. Knobloch, 370 pages, 2004.

LUKASIEWICZ J., *Écrits logiques et philosophiques*, traduction, introduction et notes S. Richard, F. Schang et K. Vandenborre, 336 pages, 2013.

MANCOSU P., *Infini, logique, géométrie*, 464 pages, 2015.

RIVENC F., SANDU G., *Entre logique et langage*, 172 pages, 2009.

ROMMEVAUX S., *Clavius : une clé pour Euclide au XVIe siècle*, 320 pages, 2006.

SABATIER X., *Les Formes du réalisme mathématique*, 304 pages, 2009.

UZAN P., *Conscience et physique quantique*, 244 pages, 2012.

VARENNE F., *Du modèle à la simulation informatique*, 256 pages, 2007.

MATHESIS
Directrice : Hourya BENIS SINACEUR

Baptiste MÉLÈS

les classifications des systèmes philosophiques

Ouvrage publié avec le concours du Centre national du livre

PARIS
LIBRAIRIE PHILOSOPHIQUE J. VRIN
6, Place de la Sorbonne, V^e

2016

« Il n'y a absolument rien de déconcertant à ce que, tant dans la conversation commune que dans ses écrits, on comprenne un auteur, par la comparaison des pensées qu'il exprime sur son objet, mieux qu'il ne se comprenait lui-même ». (Kant)

« LUI — Oh, vous voilà, vous autres ! Si nous disons quelque chose de bien, c'est comme des fous ou des inspirés, par hasard. Il n'y a que vous autres qui vous entendiez. Oui, monsieur le philosophe, je m'entends, et je m'entends ainsi que vous vous entendez. » (Diderot)

Imprimé en France
ISSN 1147-4920
ISBN 978-2-7116-2691-5

www.vrin.fr

INTRODUCTION

La pluralité des systèmes philosophiques nous contraint-elle au scepticisme ?

Telle est bien la fonction du premier trope d'Agrippa : « quelle que soit la recherche que l'on se propose, qu'elle vienne des philosophes ou de la vie ordinaire, elle regorge de conflits ou d'embrouillamini »[1]. Mettant au jour ces conflits, le sceptique montre « une dissension indécidable qui nous empêche de choisir quelque chose ou de le rejeter, nous menant finalement à la suspension de l'assentiment »[2]. La raison devrait ainsi rendre les armes qu'elle a naïvement retournées contre elle-même : le conflit des doctrines mène à l'indécision.

La raison sait pourtant s'accommoder de la pluralité, comme l'atteste l'existence même des classifications, si l'on entend par là la subdivision d'un certain domaine au moyen de concepts discriminants (critères). Ni abandon à la diversité, ni réduction à quelque unité indistincte, la classification rationalise la variété qu'elle reconnaît : langues, passions, beaux-arts, psychopathologies, groupes finis, éléments chimiques, manchots. Une classification des systèmes philosophiques pourrait dès lors prétendre surmonter le trope d'Agrippa : en déduisant les conflits de la raison elle-même, elle montrerait ce que ces dissensions ont de rationnel, bornant la raison par elle-même plutôt que par le doute. Non sans ironie, la diversité arguée par Agrippa renforcerait les prétentions de la raison au lieu de les ruiner.

Encore faut-il que cette classification existe. Les philosophes ne sont pas si nombreux, qui ont expressément prétendu réaliser une « classification » des systèmes philosophiques : Carnéade selon le témoignage

1. Diogène Laërce, *Vies et doctrines des philosophes illustres*, Paris, Livre de poche, 1999, IX, 88, p. 1122-1123.

2. Sextus Empiricus, *Esquisses pyrrhoniennes*, Paris, Seuil, 1997, I, 15, [165].

de Cicéron, Varron dans un argument du *De Philosophia* résumé par Augustin, Gérando dans l'*Histoire comparée des systèmes de philosophie*, Cousin dans l'*Histoire générale de la philosophie*, Renouvier dans l'*Esquisse d'une classification systématique des doctrines philosophiques*, Vuillemin dans *Nécessité ou contingence*. Mais bien d'autres penseurs, pour n'avoir pas employé le terme de classification, n'en ont pas moins conceptualisé la pluralité des doctrines philosophiques : Aristote dans la *Métaphysique*, Diodore dans l'argument Dominateur rapporté par Épictète, Kant dans le dernier chapitre de la *Critique de la raison pure*, Hegel dans ses *Leçons sur l'histoire de la philosophie*.

Le but de ces derniers n'est généralement pas strictement « classificatoire » ; plus d'un eût récusé le terme. Ils n'en ont pas moins entrepris de fonder conceptuellement la diversité des doctrines philosophiques. Pour décrire et expliquer la concurrence des systèmes, ces philosophes ont choisi d'en appeler au concept plutôt qu'au seul récit historique. Nous parlerons donc de classification des systèmes philosophiques quand un philosophe a proposé une conceptualisation complète de la pluralité des systèmes philosophiques, que celle-ci soit pour lui un but ou un simple moyen.

En ce sens, l'Antiquité a fourni, sur des sujets particuliers, des exemples fameux de classifications des systèmes philosophiques : Aristote a classé les doctrines sur les causes premières, Diodore les positions sur le destin, Carnéade et Varron les philosophies morales. Ces classifications sont-elles des réponses satisfaisantes au trope d'Agrippa ?

Classifications antiques

Aristote et les causes premières

Le premier grand exemple de classification des systèmes philosophiques est proposé dans le livre A de la *Métaphysique* d'Aristote [1].

Au seuil de sa recherche sur la science des *causes* premières, Aristote rappelle les tentatives de ses prédécesseurs : « appelons à notre aide les opinions de ceux qui, avant nous, se sont appliqués à l'étude des êtres, et qui ont philosophé sur la vérité : il est évident qu'eux aussi parlent de certains principes et de certaines causes ».

1. Aristote, *Métaphysique*, Paris, Vrin, 2000, A, chap. 3-10.

Le concept aristotélicien de cause fournit aussitôt un ordre naturel de convocation : renvoyant à sa *Physique*[1], Aristote émet l'hypothèse que, dans la mesure où « les causes se disent en quatre sens » – matérielle, efficiente, finale et formelle – l'ensemble des tentatives philosophiques sur cette question doit pouvoir, au moins provisoirement, être rapporté à ces quatre concepts. D'abord, « la plupart des premiers philosophes considéraient comme les seuls principes de toutes choses ceux qui sont de la nature de la matière » ; ainsi Thalès considéra l'eau comme principe, Anaximène et Diogène privilégièrent l'air, Hippase et Héraclite le feu. Mais tous ces systèmes échoueraient à penser le changement que nous constatons dans les choses ; insatisfaction d'où sortirent les systèmes combinant les causes matérielles et efficientes – ceux, semble-t-il, de Parménide, d'Empédocle et d'Anaxagore, de Leucippe et de Démocrite. Platon ne s'est, quant à lui, servi que des causes matérielles et formelles. Et les philosophes dans leur ensemble semblent avoir ignoré les causes finales. La classification aristotélicienne des causes paraît donc un guide adéquat pour classer les doctrines philosophiques.

Les indications d'Aristote permettent de reconstituer la forme qu'il donne *a priori* à sa classification. Les critères classificatoires que sont les quatre causes de la *Physique* ne sont pas mutuellement exclusifs, puisqu'un même philosophe peut reconnaître plusieurs types de causes. La classification aristotélicienne reposerait donc sur les *combinaisons de causes*, qui sont au nombre de $2^4 = 16$, que l'on pourrait ordonner sous la forme mathématique d'un treillis[2] (fig. 0.1). Mais toutes ces combinaisons ne sont probablement pas défendables. La combinaison vide serait évidemment inepte : dans la mesure où Aristote ne convoque que ceux qui ont « philosophé sur la vérité » – c'est-à-dire privilégié au moins un des principes – ceux qui n'en ont privilégié aucun n'y sauraient trouver place. De plus, on observe que tous les systèmes résumés par Aristote supposent au moins la cause matérielle ; sans doute est-elle le dénominateur commun à toute doctrine possible[3]. Sous cette hypothèse, le schéma classificatoire

1. Aristote, *Physique*, Paris, Vrin, 2012, II, chap. 3-7.

2. Comme nous l'a judicieusement fait remarquer Jean-François Courtine, la classification des causes pourrait être enrichie en la démultipliant par les « sortes » de causes (τρόποι) énumérées dans la *Physique* (II, 3).

3. L'hypothèse n'est pas dénuée de raison si, comme l'a observé Gilles-Gaston Granger, la cause matérielle désigne en général la condition indéterminée sur fond de laquelle peut ensuite apparaître un sens (G.-G. Granger, *La Théorie aristotélicienne de la science*, Paris,

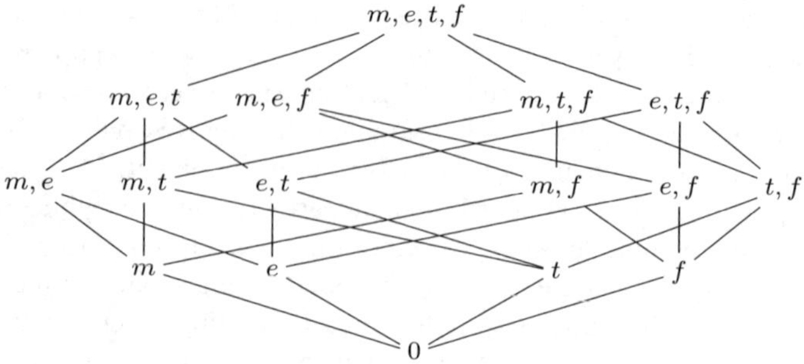

FIGURE 0.1. Forme maximale de la classification aristotélicienne des doctrines philosophiques selon l'usage des causes matérielles (*m*), efficientes (*e*), finales (*t*) et formelles (*f*).

général conserverait la forme d'un treillis, mais serait considérablement simplifié (fig. 0.2).

Ce qui ne présente aucun doute est le *but* que poursuit Aristote en ébauchant cette classification. Loin de trouver sa fin en soi, elle est soumise au projet d'une réfutation générale des doctrines incomplètes : selon Martial Gueroult, « Aristote n'étudie ses devanciers que pour les réfuter ou retrouver à tout prix chez eux ses propres principes »[1]. Chaque classe de doctrines est pour ainsi dire traitée à la racine : ceux qui n'ont par exemple pensé que la cause matérielle se sont interdit toute intelligence des êtres incorporels (988b), du mouvement, de l'ordre et de la beauté des choses (984b), c'est-à-dire l'ensemble de ce qui relève des trois autres causes. Par complémentation, tout choix trahit un manque.

La classification aristotélicienne fonctionne dès lors comme une matrice de réfutations. En subsumant d'innombrables doctrines philosophiques à un nombre réduit de classes, elle en résume la réfutation à moins de quatre arguments. Nul besoin d'une réfutation par doctrine, celles-ci étant en nombre indéfini : il suffit d'une par *classe* de systèmes, soit moins de seize. Les variations individuelles deviennent indifférentes ;

Aubier Montaigne, 1976, p. 117) ; Granger montre ainsi que le lien syllogistique, que nous appellerions aujourd'hui formel, est matériel au sens aristotélicien.

1. M. Gueroult, *Dianoématique, livre I. Histoire de l'histoire de la philosophie, 1. En Occident, des origines jusqu'à Condillac*, Paris, Aubier, 1984, p. 44.

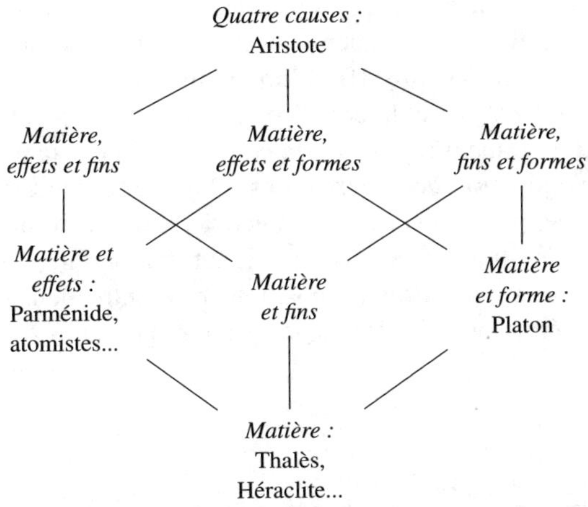

FIGURE 0.2. Forme maximale de la classification aristotélicienne des doctrines philosophiques supposant la cause matérielle.

qu'un philosophe privilégie l'eau ou l'air, n'en appelant qu'à des causes matérielles, il occultera toujours le phénomène du changement. Ainsi factorisée, la réfutation gagne en concision, en élégance et en généralité. La classification promeut spontanément la philosophie qui seule tient compte des quatre types de causes – la doctrine aristotélicienne même.

Cette classification utilise donc comme *critères* les quatre causes ; elle les compose en une *forme*, qui est l'ensemble de leurs combinaisons ; et elle est dirigée vers un seul *but*, la réfutation systématique de toutes les doctrines partielles. C'est à cette fin qu'Aristote semble avoir conçu la première véritable histoire *philosophique* de la philosophie : une histoire dans laquelle l'ordre empirique de succession importe moins que l'aptitude des classes à rendre compte des traits les plus saillants du corpus existant.

Diodore et le destin

Épictète rapporte dans les *Entretiens* l'argument Dominateur, par lequel Diodore Kronos a distingué *a priori* trois positions relatives au destin : « il y a, pour ces trois propositions, un conflit entre deux quelconques d'entre elles et la troisième : [A] Toute proposition vraie concernant le passé est nécessaire. [B] L'impossible ne suit pas logiquement du possible. [C] Est possible ce qui n'est pas actuellement vrai et ne le sera pas » [1]. L'argument repose sur la contradiction existant entre chaque thèse et la conjonction des deux autres. Qui veut défendre deux de ces thèses s'engage, pour sauver la cohérence, à réfuter la dernière : Diodore rejette la dernière thèse, Cléanthe et Antipater la première, Chrysippe la deuxième. Dévoiler ces trois propositions et montrer leur contradiction suffit donc à délimiter trois classes de systèmes possibles (fig. 0.3).

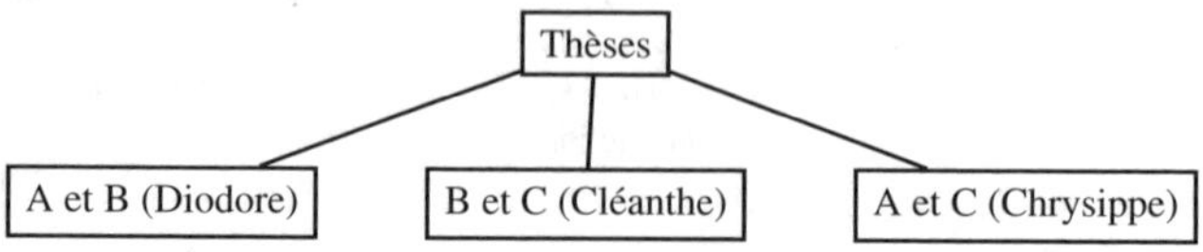

FIGURE 0.3. Classification des doctrines relatives au destin par l'argument Dominateur de Diodore.

Le *critère* de cette classification est l'acceptation ou le rejet de chacune des thèses ; mais sa *forme* n'est plus, comme dans la classification aristotélicienne, l'ensemble des combinaisons, c'est-à-dire des $2^3 = 8$ doctrines possibles, mais simplement la *liste* des thèses, car il suffit d'en rejeter une pour échapper à la contradiction. Il n'existe donc que trois classes de systèmes cohérents et complets, c'est-à-dire maximaux.

Le texte original nous faisant défaut, il est difficile de se prononcer sur le *but* que Diodore se fixait ; peut-être désirait-il clarifier sa position par rapport à celles de ses interlocuteurs et révéler dans toute sa pureté le nœud du conflit. Il est en revanche certain que si Épictète reprend à son compte les critères et la forme de la classification, c'est pour en pervertir le but : elle est l'illustration des vaines arguties logiques et de l'érudition historique dont le sage doit se défier. Tantôt prendre parti, tantôt s'y refuser : la même classification sert parfois des buts opposés.

1. Épictète, « Entretiens », dans *Les Stoïciens*, t. 2, Paris, Gallimard, 1962, II, XIX, p. 932-933.

Carnéade et le souverain bien

Selon le témoignage de Cicéron[1], Carnéade puis Antiochus auraient « recherché non seulement combien il y avait d'opinions différentes parmi les philosophes sur le souverain bien, mais combien même il pouvait y en avoir », mobilisant à cette fin deux critères, celui des « premiers vœux de la nature » et celui du bien véritable. Orthogonalement à ces deux critères, Carnéade distingue trois types de bien en général : le « désir de la volupté », « l'absence de la douleur » et « les premières convenances de la nature ».

Chacun des deux critères de Carnéade distinguant trois classes, les « opinions simples », c'est-à-dire élémentaires, se réduisent à six classes. Aristippe aurait placé le bien primitif dans la volupté, Hiéronyme dans l'absence de souffrance ; Carnéade, par stratégie, se serait fait l'avocat des convenances naturelles ; quant au bien véritable, seule la troisième position – qui l'identifie à la conformité à la nature – aurait été défendue, notamment par les Stoïciens. Les deux autres positions, théoriquement défendables, n'ont guère été soutenues dans les faits : « il y a donc six opinions simples sur le souverain bien et le souverain mal, deux qui ne sont soutenues de personne et quatre qui ont leurs défenseurs ». Là où une classification *a posteriori* n'aurait discerné que quatre systèmes, la classification *a priori* en distingue six possibles, que l'on peut rassembler en un schéma arborescent (fig. 0.4).

Mais les opinions n'en restent généralement pas à cet état atomique : la majorité des philosophes défend une « opinion double », c'est-à-dire se prononce *à la fois* sur le bien primitif et sur le bien véritable. Les deux critères ne doivent plus être ajoutés l'un à l'autre, mais combinés : ils ne forment plus $3 + 3 = 6$ classes, mais $3 \times 3 = 9$. De ces neuf systèmes possibles, seuls trois auraient été défendus : « l'histoire nous en présente trois [*sc.* opinions doubles], et, si on examine bien la nature des choses, on verra qu'il ne peut y en avoir davantage ». Par combinaison, on ne doit plus envisager l'*arbre* des opinions simples, mais le *tableau* des opinions doubles, où l'historien n'a plus qu'à cocher les opinions attestées ; les projections horizontale et verticale de ce tableau permettent de retrouver les quatre opinions simples (fig. 0.5). Rien ne permet véritablement de garantir *a priori* que les autres cases doivent rester vides. Tout

1. Cicéron, *Des vrais biens et des vrais maux*, dans Cicéron, *Œuvres complètes*, Paris, Firmin Didot, 1869, V, 6-8, p. 587-590.

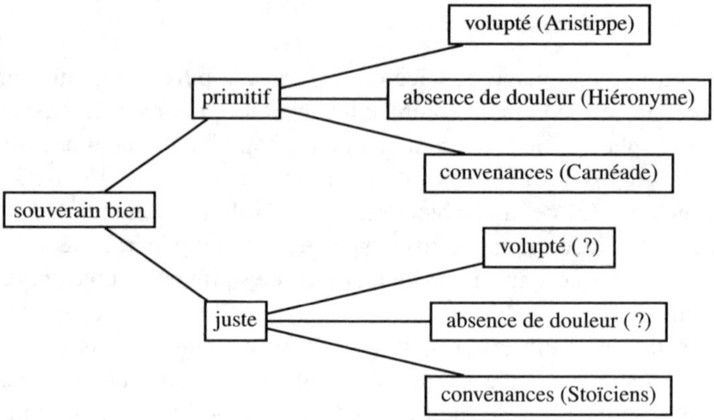

FIGURE 0.4. Classification des « opinions simples » en philosophie morale d'après Carnéade.

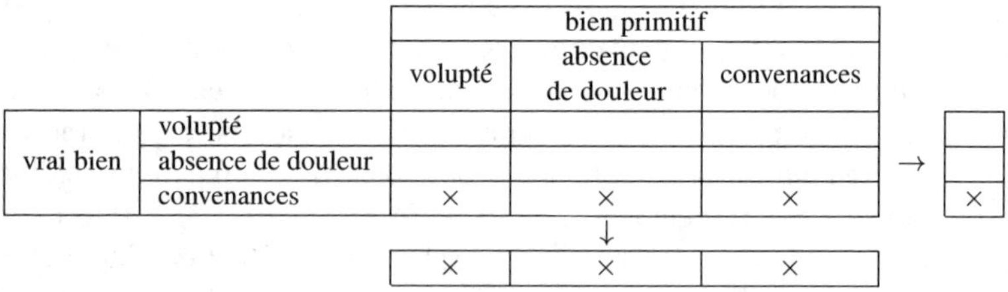

FIGURE 0.5. Classification des « opinions doubles » en philosophie morale d'après Carnéade. Les « opinions simples » en sont les projections horizontale et verticale.

philosophe tant soit peu raisonnable s'est bien gardé de défendre pareilles thèses ; mais si leurs hérauts survenaient un jour, ils trouveraient leur place réservée à l'avance.

L'exemple de Diodore et Épictète montrait qu'une classification identique par ses critères et par sa forme pouvait servir deux buts différents : nous constatons maintenant qu'un même ensemble de *critères* peut engendrer deux classifications de *formes* différentes, selon que l'on les compose par ajout ou par combinaison, en arbre ou en tableau, par addition ou par multiplication.

Quels sont enfin les *buts* de cette classification ? Yves Lehmann en distingue au moins deux : « Carnéade voyait dans [sa doxographie] un moyen de soumettre à un examen critique l'ensemble des attitudes philosophiques concevables ; Antiochus d'Ascalon au contraire ne recherchait à travers son catalogue que la confirmation de sa propre théorie des fins dernières » [1]. Cicéron, quant à lui, semble chercher à voir l'éventail des positions possibles avant de prendre parti en faveur de la plus sage. La même classification a ainsi servi trois fins différentes.

Varron et les doctrines morales

Héritier de la méthode combinatoire de Carnéade et d'Antiochus, Varron poussa le procédé à l'extrême en répartissant, dans le *De Philosophia*, les philosophies morales sur 288 classes, classification qui ne manqua pas de piquer la curiosité d'Augustin, de Montaigne et de Pascal [2]. Cette classification résulte de la simple combinatoire de six critères : 1. la fin d'une philosophie morale peut être la volupté, l'absence de souffrance, la synthèse des deux précédents ou les biens primordiaux de la nature ; 2. elle peut s'y rapporter par vertuisme, par utilitarisme ou par un mélange des deux, selon que la fin soit soumise, préférée ou associée à la vertu ; 3. elle peut impliquer une dimension sociale égoïste

1. Y. Lehmann, *Varron théologien et philosophe romain*, Bruxelles, Latomus, 1997, p. 326-327, n. 35.

2. Si l'ouvrage de Varron est aujourd'hui perdu, Augustin en résume la classification avec force détails, pour montrer quelle voie le chrétien doit suivre (Augustin d'Hippone, *La Cité de Dieu*, Paris, Desclée de Brouwer, 1993-1995, XIX, 1 *sq.*).

Montaigne, lecteur assidu de la *Cité de Dieu*, voit dans cette abondance de doctrines le témoignage de l'importance de la question : « Il n'est point de combat si violent entre les philosophes, et si âpre, que celui qui se dresse sur la question du souverain bien de l'homme, duquel, par le calcul de Varro, naquirent 288 sectes » (M. E. de Montaigne, *Les Essais*, Paris, P.U.F., 2004, II, XII, p. 577 ; la référence à Varron, absente des éditions de 1582 et de 1588, est un ajout de l'édition de 1595).

Pascal ne semble pas, quant à lui, avoir fait le rapprochement avec la source augustinienne, qu'il a pourtant pour le moins fréquentée : il évoque les « 280 [*sic*] sortes de souverain bien chez Montaigne », suivant en cela, comme l'observe Louis Lafuma, l'erreur de la p. 424 de l'édition de 1652 des *Essais*. Ce nombre élevé de doctrines ne semble aux yeux de Pascal pas tant témoigner de l'importance du sujet qu'illustrer « la folie de la science humaine et de la philosophie » (B. Pascal, *Pensées*, dans B. Pascal, *Œuvres complètes*, Paris, Seuil, 1963, Lafuma 408, Brunschvicg 74, ainsi que p. 549, n. 66).

Ces trois usages, s'ajoutant à celui de Varron, montrent à leur tour la grande diversité des buts auxquels peut être soumise une seule et même classification.

ou altruiste ; 4. elle peut avoir un fondement dogmatique ou sceptique, selon la certitude ou la simple vraisemblance de la théorie ; 5. elle peut obéir à des normes cyniques ou non ; 6. elle peut promouvoir une vie de loisir, une vie active ou une vie mixte. Comme une doctrine morale doit se prononcer à la fois sur chacun de ces sujets, le nombre de positions distinctes est le produit du nombre d'options qu'offre chacun de ces critères, soit $4 \times 3 \times 2 \times 2 \times 2 \times 3 = 288$ combinaisons.

Étant donnée l'immensité de ce tableau à six dimensions, dont la plupart des cases correspondent à des doctrines qui n'ont vraisemblablement jamais été défendues ni même imaginées, et dont plus d'une serait sans doute contradictoire *a priori*, il est évidemment hors de question de prétendre à une quelconque vue d'ensemble de la classification :

> On soulignera l'aspect formaliste et totalement artificiel du tableau des 288 systèmes téléologiques possibles – dont l'élaboration ne comporte pas la moindre référence à un modèle historiquement attesté. Du reste Varron laisse lui-même entendre que son champ d'investigation est presque illimité : *et si quae aliae (sc. differentiae) possunt similiter adici* [« et l'on peut ajouter bien d'autres distinctions »] [1].

La classification étant manifestement inexploitable, Varron revient, par réductions successives, à une simple tripartition selon la volupté, l'absence de souffrance et leur synthèse.

Pourquoi donc avoir élaboré toutes ces distinctions avant d'en contester aussitôt la pertinence ? Peut-être, comme l'envisage Yves Lehmann, par parodie : « [il ne s'agit] ici que de 288 combinaisons théoriques établies par un philosophe désireux de pousser jusqu'à l'absurde une logique de la division à l'infini et d'exprimer de la sorte son indignation devant le pullulement des sectes ». Mais peut-être aussi par plaisir purement contemplatif : plutôt que d'un « vertige de l'intellectualité pure » ou d'une « propension à un schématisme exacerbé », cette classification témoignerait d'« une curiosité savante universelle ». Plaisir d'ailleurs bien compréhensible : quoique d'une manière toute mécanique, le procédé permet de « penser », ou du moins de construire *a priori*, plus de systèmes de philosophie morale qu'il n'en existera sans doute jamais.

1. Y. Lehmann, *Varron théologien et philosophe romain*, *op. cit.*, p. 326-327 ; *cf.* aussi p. 322-323.

Critères, forme et but des classifications

L'Antiquité n'a pas manqué de classifications des systèmes philosophiques [1]. Ces quelques exemples suffisent à montrer qu'elles ne diffèrent pas seulement par leurs *critères*, mais qu'elles les composent en des *formes* diverses – la liste, l'arbre, le tableau – et qu'elles se distinguent également par les *buts* qu'elles servent : la réfutation systématique, le choix éclairé, la neutralisation mutuelle des positions, le simple intérêt contemplatif.

Dans ce triplet fondamental – critères, forme, but – le rôle médian que joue la forme ne doit pas être exagéré : quoiqu'elle soit de nature mathématique [2], les concepts qu'elle combine et le but qu'elle sert sont *philosophiques*. Mais son rôle n'en est pas moins crucial : les critères doivent être composés d'une manière précise, et le but ne peut être poursuivi qu'une fois la pluralité des systèmes rigoureusement mise en ordre. La forme détermine le *type d'ordre* qu'un philosophe a reconnu dans la pluralité des systèmes philosophiques ; type d'ordre dont les critères ne sont « que » la matière, et sans lequel la fin ne saurait être atteinte. Aussi les propriétés mathématiques des classifications doivent-elles faire l'objet d'un soin particulier : loin de se substituer à celle de leurs enjeux philosophiques, elles en sont le moyen.

Propriétés essentielles

Les premières classifications des systèmes philosophiques que nous avons mentionnées, déjà si diverses, suffisent-elles à surmonter le trope d'Agrippa ?

Leur pluralité même paraît œuvrer contre ce but, ouvrant la voie à un « trope d'ordre supérieur » par lequel le sceptique renverrait dos à dos

1. Pour plus de précisions sur ce sujet, *cf.* M. Rashed, « Le "critère de vérité" (κριτήριον τῆς ἀληθείας) comme outil hellénistique de classification des systèmes philosophiques », *Les Études philosophiques*, vol. 1, nº 112, 2015 ; T. Bénatouïl, « La naissance des systèmes philosophiques dans l'Antiquité : logique et histoire selon Jules Vuillemin », *Les Études philosophiques*, vol. 1, nº 112, 2015, p. 94.

2. Pour un traitement systématique de cet aspect, on se reportera aux travaux de Daniel Parrochia : D. Parrochia, *La Raison systématique. Essai d'une morphologie des systèmes philosophiques*, Paris, Vrin, 1993 ; D. Parrochia et P. Neuville, *Towards a General Theory of Classifications*, Bâle, Birkhauser, 2013.

les classifications diverses : « imparfaites en cela que plusieurs, manque la suprême » [1]. Pour en avoir le cœur net, il nous faudra donc énoncer à quelles conditions une classification des systèmes philosophiques peut prétendre répondre au trope d'Agrippa. Nous relèverons à cette fin quatre propriétés essentielles : la conceptualité, la complétude, la déductibilité et le respect de la systématicité [2]. Les trois premiers critères définiront plus particulièrement ce que l'on entendra par classification *a priori*.

Conceptualité

Une classification est conceptuelle lorsqu'elle est indépendante des contingences de l'expérience et tout particulièrement de l'histoire de la philosophie. Pas plus qu'une histoire générale de la philosophie, une galerie de portraits comme les « *Vier Phasen der Philosophie* » de Brentano ou la IVe partie de *L'Évolution créatrice* de Bergson ne constitue une classification [3]. L'ordre chronologique d'apparition des doctrines n'épousant pas en toute généralité l'ordre logique des critères, peu d'histoires de la philosophie sont des classifications.

Bien au contraire, les classifications s'apparentent bien souvent à une *histoire non chronologique* de la philosophie. Gueroult observe par exemple que Kant « transforme l'histoire de la philosophie en un système abstrait et *a priori* de l'histoire, où l'histoire proprement dite est finalement bannie » [4]. De ce renversement, Lucien Braun retrace la genèse :

> Le jour où la philosophie trouvera à rappeler le passé à partir d'elle-même, le cadre chronologique perdra beaucoup de sa nécessité. Il sera remplacé, dans sa fonction d'articulation, par le tableau (Brucker), par l'idée de progrès cumulatif (Tiedemann), par les possibilités de la raison

1. S. Mallarmé, « Crise de vers », dans S. Mallarmé, *Igitur. Divagations. Un Coup de dés*, Paris, Gallimard, 1976, p. 244.

2. Comme le lecteur pourra le constater, nous n'entendons pas les notions de complétude et de déductibilité dans le sens qu'elles possèdent en logique et en mathématiques. Les systèmes philosophiques ne sont pas des systèmes formels – ce qui n'empêche en rien, à l'occasion, de les formaliser localement.

3. F. Brentano, « Die Vier Phasen der Philosophie und ihr augenblicklicher Stand », dans F. Brentano, *Die vier Phasen der Philosophie und ihr augenblicklicher Stand*, Hamburg, Meiner, 1968 ; H. Bergson, *L'Évolution créatrice*, dans H. Bergson, *Œuvres*, Paris, P.U.F., 1991.

4. M. Gueroult, *Dianoématique, livre I. Histoire de l'histoire de la philosophie, 2. En Allemagne, de Leibniz à nos jours*, Paris, Aubier, 1988, p. 373.

(Kant), par le développement dialectique de l'Idée (Hegel) – de sorte qu'une histoire sans chronologie pourra devenir une chose non absurde [1].

Pour n'être pas équivalentes, les notions d'histoire et de classification ne sont pas exclusives. Rien n'interdit au classificateur d'introduire dans sa construction des déterminations historiques – à charge pour lui de les fonder conceptuellement, c'est-à-dire de fournir une interprétation philosophique du « temps » ou d'affecter à chacune des périodes une détermination conceptuelle propre. L'histoire n'est recevable à titre de classification que si elle est *construite* et non simplement reçue.

Les classifications d'Aristote, de Diodore, de Carnéade et de Varron satisfont le critère de conceptualité. Elles ne mêlent pas de détermination empirique aux critères purement conceptuels que sont l'adoption d'un certain type de causes, le rejet d'une certaine thèse ou la défense d'une certaine conception du bien. Elles sont donc, en un premier sens du terme, *a priori*.

Complétude

Le deuxième critère essentiel d'une classification des systèmes philosophiques est sa complétude : la classification doit couvrir, de droit et non simplement de fait, la totalité des systèmes philosophiques.

La complétude est plus que l'exhaustivité. Est exhaustive une classification qui rend compte *de facto* de la totalité des doctrines existantes. Ainsi, peut-être l'énumération des doctrines morales par Diogène Laërce fut-elle, pendant un temps, exhaustive : « Pour l'éthique, il y eut dix écoles de pensée : académicienne, cyrénaïque, éliaque, mégarique, cynique, érétriaque, dialectique, péripatéticienne, stoïcienne, épicurienne » [2]. Mais la liste n'est pas complète tant que sa clôture n'est pas démontrée ; rien n'exclut *a priori* la création d'une nouvelle école. Si la complétude implique l'exhaustivité, la réciproque ne vaut pas : dépendant de l'ensemble des systèmes existants qu'elle agrège *a posteriori* au lieu de prescrire la totalité des systèmes possibles *a priori*, l'exhaustivité s'expose à la caducité.

C'est donc en faire trop peu que n'être qu'exhaustif. Souvent, l'ensemble des classes possibles déborde largement celui des doctrines effectivement défendues : si Diodore a l'heur de trouver des exemples

1. L. Braun, *Histoire de l'histoire de la philosophie*, Paris, Ophrys, 1973, p. 71.
2. Diogène Laërce, *Vies et doctrines des philosophes illustres*, *op. cit.*, I, 18, p. 76.

historiques attestant chacune de ses classes de systèmes philosophiques, Carnéade et surtout Varron en sont bien loin. Ils ne se sont pas contentés de l'exhaustivité.

Précisons que nous entendons la complétude de manière *interne* à chaque classification. L'enjeu n'est pas de savoir si le philosophe a classé tous les systèmes que nous-mêmes estimons possibles, mais s'il a classé tous les systèmes qu'il considérait lui-même comme authentiques, en vertu de critères philosophiques plus ou moins restrictifs qui lui sont propres. Nous verrons par exemple que si Hegel n'accorde aucun statut positif à la pensée d'Empédocle, et si Jules Vuillemin ne classe pas la doctrine de Victor Cousin, c'est parce qu'il ne s'agit pas à leurs yeux de systèmes authentiques. On utilise parfois à ce propos la métaphore de l'ornithorynque, mammifères ovipares dont l'existence embarrasserait le zoologiste linnéen[1]. Mais la métaphore biologique ne doit pas nous égarer. L'ornithorynque n'a cure d'être inclassable : il lui suffit d'être fertile pour s'imposer au zoologiste, à la différence du mulet, que sa stérilité condamne aux limbes classificatoires. C'est une question que le classificateur de systèmes devra trancher que de savoir si les ornithorynques sont chez lui bienvenus ou s'il ne s'agit là que de mulets travestis.

En ce sens du mot « complétude », les classifications antiques sont-elles complètes ?

Dans le cas d'Aristote, tout dépend de la complétude de la classification des causes, par là mise à l'épreuve : « ou bien nous découvrirons une autre espèce de cause, ou bien notre confiance sera affermie dans notre présente énumération » (983b). Le test est finalement passé avec succès : « de ceux qui ont parlé du principe et de la cause, nul n'a rien rencontré qui ne puisse se ramener aux causes déterminées dans notre *Physique* » (988a). Il y a donc au moins une « complétude relative » de la classification des doctrines causales. Nous ne pourrions parler de « complétude absolue » que si l'on pouvait démontrer la complétude de la classification des causes dans la *Physique* autrement que par l'appel à une troisième classification ou le retour à la première.

La complétude de la classification de Diodore résulte quant à elle de la contradiction des trois thèses : nous pouvons déterminer *a priori* que Diodore n'a oublié aucune classe de systèmes, du moins quant au domaine mégarico-stoïcien qu'il prend pour objet[2].

1. U. Eco, *Kant et l'ornithorynque*, Paris, Grasset, 1999.

2. Ce n'est qu'en élargissant la focale et en ajoutant d'autres axiomes, comme le propose Jules Vuillemin dans *Nécessité ou contingence*, que l'on pourrait définir davantage de classes

Pour décider enfin de la complétude de la classification de Carnéade, il faudrait être certain que la détermination du bien soit réductible aux trois options qu'il distingue ; ce qui, n'ayant manifestement pas fait l'objet d'une démonstration, peut être mis en doute.

Déductibilité

Le troisième critère essentiel que l'on peut attendre d'une classification des systèmes philosophiques est sa « déductibilité », au sens kantien d'une fondation en droit. On doit pouvoir justifier la construction dans son ensemble, c'est-à-dire à la fois la liste des *critères* et la *forme* de leur composition. La classification ne doit pas être gratuite, mais nécessaire.

La classification d'Aristote est à cet égard exemplaire. Aristote ne se contente pas de recourir à quatre critères qui se trouvent autoriser de fait la partition des systèmes philosophiques. Quel meilleur critère, en effet, que la classification des causes pour classer les doctrines relatives aux causes ? « Prenant comme fil conducteur des concepts tirés *a priori* de sa propre doctrine », ainsi que l'écrit Martial Gueroult [1], Aristote prémunit sa classification d'un succès qui ne serait qu'empirique.

On ne peut en dire autant des deux autres classifications. Si la forme de la classification de Varron est régulière – un tableau à six dimensions – ses critères sont énumérés de façon empirique, leur liste étant expressément déclarée extensible à l'envi. La classification de Diodore ne peut, quant à elle, être déclarée déductible que si l'on explicite pourquoi les trois thèses A, B et C s'imposent à quiconque veut penser le destin, ce qui n'est pas le cas dans le texte qui nous est resté. Telles qu'elles nous sont parvenues, les classifications antiques n'ont pas toutes eu l'honneur d'une déduction *a priori*. Marwan Rashed écrit ainsi que si « nous n'avons pas, à proprement parler, de déduction antique des systèmes philosophiques », c'est en premier lieu parce que « les Anciens classent peu et, quand ils s'y risquent, mal » [2].

Une classification est *a priori* quand elle est conceptuellement pure et non simplement empirique, quand elle est complète et non simplement exhaustive, quand elle est nécessaire et non simplement possible. La

de systèmes. *Cf.* J. Vuillemin, *Nécessité ou contingence. L'aporie de Diodore et les systèmes philosophiques*, noté *NC*, Paris, Minuit, 1984, notamment p. 15-57.

1. M. Gueroult, *Histoire de l'histoire de la philosophie I*, *op. cit.*, p. 36.

2. M. Rashed, « Le "critère de vérité" (κριτήριον τῆς ἀληθείας) comme outil hellénistique de classification des systèmes philosophiques », *op. cit.*, p. 78.

pureté conceptuelle garantit l'aprioricité « en amont », c'est-à-dire quant aux principes ; la complétude, l'aprioricité « en aval », c'est-à-dire quant aux objets classés ; la déductibilité, la nécessité de l'application des principes aux objets. Seule une classification *a priori* peut être considérée comme une classification *philosophique* des systèmes.

La prise en compte du critère de déductibilité a trois conséquences importantes pour notre méthode. La première concerne le rapport de la classification au système qui l'engendre ; la deuxième, son rapport aux systèmes du passé qu'elle prend pour objets ; la troisième, son rapport aux classifications futures qui la thématisent directement ou indirectement.

La première de ces conséquences est de nous recommander la méthode architectonique, celle de l'histoire structurale de la philosophie, plutôt que l'approche thématique ou historique ; nous nous efforcerons de plonger chacune des classifications dans le système général de son auteur. Nous chercherons, non seulement à exposer chaque classification, mais à voir si et comment la construction est dérivable du système. Il faudra donc, autant que possible, faire abstraction des hypothétiques « influences » entre classificateurs successifs, qui ne présenteront d'intérêt que si elles sont empreintes dans la structure. Privilégier l'économie interne des classifications et leur relation au système qui les engendre n'empêchera certes pas de déterminer, à l'occasion, des « morphismes », c'est-à-dire des déplacements et des transformations entre classifications ; mais l'éclairage porté par ces transformations sera de structure et non simplement de genèse. Les amateurs de métaphilosophie seront probablement déçus de voir l'ambition « métaphilosophique » ici retracée sans cesse replongée dans des philosophies « de premier niveau ». Les historiens structuraux de la philosophie trouveront quant à eux quelques remarques de méthode. L'histoire structurale de la philosophie n'est probablement pas la seule méthode légitime en histoire de la philosophie, mais nous avons l'espoir qu'elle soit féconde pour notre problème.

Deuxième conséquence : autant que faire se peut, nous mettrons entre parenthèses toute connaissance de première main sur les systèmes subsumés, nous abstenant de juger ou de corriger les affirmations historiques. À titre d'exemple, nous ne qualifierions pas Descartes de sceptique ; mais peut-être cette image biaisée du cartésianisme est-elle aussi essentielle au criticisme kantien que la doctrine du schématisme : qui sait s'il n'est jusqu'à la déformation des systèmes qui revête parfois un tour systématique, et si Kant n'a pas compris de Platon, d'Épicure et de Descartes que ce que son système l'autorisait à penser ? Une classification des systèmes philosophiques pourrait au moins en partie résulter de l'interaction entre un système philosophique donné et la lecture de l'histoire de la philosophie qu'il détermine.

La troisième conséquence méthodologique est que nous éviterons toute interprétation rétrospective des classificateurs par leurs successeurs. Nous avons par exemple systématiquement ignoré les analyses de Jules Vuillemin dans notre examen de l'Histoire de la raison pure de Kant. Il a fallu décréter qu'un commentaire de Kant par Vuillemin nous instruisait davantage sur le second que sur le premier – excès qui nous a paru préférable à la pétition de principe que l'on risquerait en interprétant d'entrée de jeu la classification kantienne à la lumière de celle de Vuillemin.

Tels sont les principes méthodologiques que nous a paru imposer le critère de déductibilité.

Préservation de la systématicité

Le quatrième critère possède un statut à part : il ne concerne pas la construction de la classification en elle-même, mais l'image qu'elle donne de ses objets. La classification doit en effet préserver les articulations que les philosophes subsumés ont revendiquées entre leurs diverses positions. Elle doit considérer chaque doctrine non comme une liste d'opinions mais comme ce que, depuis les Stoïciens, on appelle un système : « un ensemble de propositions théoriques liées par un lien nécessaire qui justifient et démontrent les principes fondamentaux » [1].

Le critère de la préservation de systématicité est plus discriminant qu'il ne paraît au premier abord, car il interdit de subordonner la classification des systèmes philosophiques à quelque démembrement préliminaire que ce soit, et en particulier à toute *division de la philosophie*. Bien des classifications *a priori* échouent sur ce critère.

La classification d'Aristote est indubitablement conceptuelle, complète et déductible ; mais elle ne classe les systèmes que relativement à la question des causes premières. Qu'en est-il des doctrines *morales* de Pythagore, d'Empédocle et de Platon ? Si Aristote ne les articule pas à sa classification par causes, il passe sous silence la continuité que Platon a revendiquée, ne serait-ce que dans la *République*, entre la connaissance des Formes et la pratique des vertus ; mais s'il choisit de les articuler –

1. P. Hadot, « Philosophie, discours philosophique et divisions de la philosophie chez les Stoïciens », *Revue Internationale de Philosophie*, vol. 45, n° 178 (3), 1991, p. 214.

ce qu'il ne fait pas explicitement – c'est alors le critère des causes qui perd sa nécessité ou tout du moins son évidence. La classification aristotélicienne n'est pas tant une classification des *systèmes* philosophiques en général qu'une classification des *thèses* philosophiques relatives aux causes premières.

Le reproche vaut à plus forte raison pour les classifications de Diodore, Carnéade et Varron, qui n'ont respectivement classé que les doctrines relatives au destin et au souverain bien. Nul de ces classificateurs antiques, qui ont subordonné la classification des systèmes philosophiques à une division préliminaire de la philosophie, n'a pris en considération l'unité systématique qui liait les thèses entre elles et qui aurait dû mener à une fusion des classifications. Leurs classifications sont demeurées locales. À l'inverse, les classifications des systèmes philosophiques que nous étudierons prennent acte de ces liens architectoniques : elles portent indistinctement et simultanément sur l'ensemble des domaines philosophiques [1]. La classification doit être orthogonale à toute division de la philosophie.

Il ne nous semble pas avoir existé de classification indépendante de toute division de la philosophie avant celle que propose le chapitre conclusif de la *Critique de la raison pure*. Sans doute fallait-il pour cela qu'ait été formulée, avec Kant, la notion moderne de système : l'Histoire de la raison pure n'était possible que dans le prolongement immédiat d'une Architectonique. Non qu'il eût fallu attendre Kant pour penser systématiquement, une pensée pouvant fort bien être systématique sans que le mode d'exposition ne reflète la structure ; mais à partir de Kant, la systématicité interne des doctrines fut pensée pour elle-même.

Nonobstant, cette insistance sur la systématicité interne pourrait sembler diamétralement opposée au point de vue classificatoire. Si chaque système ne peut être compris que dans sa structure interne, comment peut-on prétendre tous les convoquer en terrain neutre ? Les conceptions de Bergson et de Deleuze soulignent cette difficulté.

On ne peut en effet accuser Bergson d'avoir méconnu l'unité constitutive de chaque système philosophique. Dès ses années clermontoises

1. Nous écartons ainsi, par un heureux hasard, mainte opposition approximative comme en produisent parfois la philosophie morale — parfois réduite au conflit de deux options massives, conséquentialisme et déontologisme — et la philosophie des mathématiques — parfois réduite à une opposition caricaturale entre un réalisme « platoniste », un formalisme et un intuitionnisme. Concoctées à la hâte sous couvert de présenter un état schématique du débat, ces classifications approximatives ont en réalité pour fonction principale de prédisposer les arguments de l'adversaire à une réfutation superficielle.

(1885-1887), il reprochait à Cousin de l'avoir ignorée : « on ne saurait faire un système philosophique de pièces et de morceaux. Qu'est-ce qu'un système ? Un certain "point de vue", comme dirait Leibniz, sur l'ensemble des choses ; un système reflète avant tout la personnalité d'un philosophe » [1]. Dans *La Pensée et le mouvant* en 1934, Bergson radicalise cette thèse : l'unité d'un système résulte de la « simplicité de [l']intuition originelle » dont il procède. Tout grand système est l'expression d'une, et d'une seule, intuition fondamentale [2]. Classer les systèmes reviendrait donc, par injection, à classer les intuitions ; ce serait injurier l'avenir que de prétendre enfermer l'imprévisibilité constitutive du futur dans les limites étroites de ce que le présent rend pensable. Pas plus que la « grande œuvre dramatique de demain », le système philosophique de demain n'est déterminable à l'avance, rangé dans l'« armoire aux possibles » [3] du classable : ce n'est que rétrospectivement, par le « mouvement rétrograde du vrai », qu'un système *aura été* possible. C'est peut-être l'une des raisons pour lesquelles, dès ses *Leçons clermontoises*, Bergson jugeait « contestable » la classification de Cousin.

De même, Deleuze, qui n'a jamais caché son admiration pour Bergson, défend une conception des systèmes fondée sur l'intuition, qui exclut toute idée de classification à chacun des niveaux qui la constituent – le concept, le plan d'immanence et le personnage conceptuel. D'abord, les « concepts », assemblages complexes de déterminations, sont, d'un système à l'autre, incomparables, chaque concept n'ayant de sens que dans un système particulier : le cogito cartésien est incommensurable au cogito kantien [4]. L'histoire de la philosophie est le théâtre d'une création des concepts si « imprévisible » [5] qu'aucune classification ne saurait en dresser la topographie. Ensuite, les « plans d'immanence » sur lesquels ces concepts s'articulent sont toujours nouveaux ; on ne peut en dresser d'inventaire exhaustif et définitif – comme si, pour filer la métaphore mathématique, un plan d'immanence pouvait coïncider avec un autre ou le couper sans que l'on puisse jamais dévoiler en sa totalité l'« espace d'immanence » qu'ils permettent d'explorer et dans lequel on tend à les

1. H. Bergson, *Leçons clermontoises II*, Paris, L'Harmattan, 2006, p. 169-170, n. 147.

2. H. Bergson, *La Pensée et le mouvant*, dans H. Bergson, *Œuvres*, Paris, P.U.F., 1991, p. [117-119].

3. *Ibid.*, p. [110].

4. G. Deleuze et F. Guattari, *Qu'est-ce que la philosophie ?*, Paris, Minuit, 1991, p. 29-31 et 35-36.

5. *Ibid.*, p. 68.

inscrire rétrospectivement. Enfin, le plan d'immanence apparaît dans l'expérience d'un « personnage conceptuel », forme de subjectivité toujours particulière à un système déterminé, dont on ne peut dresser d'inventaire complet : « Aucune liste de traits de personnages conceptuels ne peut être exhaustive, puisqu'il en naît constamment, et qu'ils varient avec les plans d'immanence ». Ni les concepts, ni les plans d'immanence, ni les personnages conceptuels ne peuvent être classés : on ne peut surplomber la diversité des systèmes philosophiques. Une classification des systèmes philosophiques serait dès lors le projet illusoire par excellence.

Les exemples de Bergson et de Deleuze montrent que la systématicité n'implique pas la commensurabilité. Appelant « romantique » cette idée dont Bergson serait lui-même l'héritier, Lucien Braun la fait remonter à une date assez récente :

> Ce thème déjà schellingien conduit à critiquer toute histoire de la philosophie qui serait tentée de se définir à partir d'un système. En effet, si la philosophie est une réalité vivante, et si, en son sein, les problèmes et les philosophèmes se modifient constamment, on ne peut songer à se donner un point de vue archimédique à partir duquel on pourrait apprécier avec certitude les formes multiples de son histoire [1].

Apparue peu après Kant, la thèse de l'incommensurabilité des systèmes philosophiques serait ainsi contemporaine des premières classifications préservant la systématicité des doctrines ; peut-être en est-elle le négatif.

Elle éclaire en creux le postulat que doivent poser les classificateurs de systèmes : celui d'une commensurabilité des systèmes, c'est-à-dire de la possibilité d'expliciter sur un plan commun leurs divergences. Loin de nous l'ambition de démontrer ce postulat, qu'il ne nous est pas même nécessaire de partager. Prenons-en simplement acte comme d'un parti pris fondamental des auteurs que nous étudions.

PÉRIODISATION

Après Kant, et jusqu'à Jules Vuillemin, l'entreprise classificatoire a connu bien des variations, et sur des points fondamentaux – critères, forme, buts. Décrire ces variations et dégager d'éventuels invariants sera l'enjeu de ce travail. Sur quels fondements philosophiques et formels se sont appuyés, après Kant, les principaux classificateurs de systèmes ?

1. L. Braun, *Histoire de l'histoire de la philosophie*, *op. cit.*, p. 279.

Encore reste-t-il à déterminer avec précision qui mérite d'être compté parmi les « principaux » classificateurs de systèmes. Choisir les œuvres qui nous paraissaient les plus marquantes eût été s'exposer au risque de l'oubli ou de l'arbitraire. Il paraîtra injuste, et très probablement à juste titre, qu'aient été laissés en marge de notre corpus des candidats comme le Gérando de l'*Histoire comparée des systèmes de philosophie*, le Schelling de la *Contribution à l'histoire de la philosophie moderne*, le Carnap de *La Construction logique du monde* ou le Goodman de *Structure de l'apparence*. Aussi n'est-ce qu'en s'appuyant sur un artifice méthodologique que nous avons pu clore la liste autour des figures de Kant, Hegel, Cousin, Renouvier et Vuillemin : nous nous sommes appuyé sur le critère – ouvertement rétrospectif – de ce qu'en termes algébriques on pourrait appeler la stabilité du jeu des références. Hegel s'oppose à Kant et se démarque de Cousin ; Renouvier construit sa classification en rejetant les modèles de Kant, de Hegel et de Cousin ; Vuillemin étudie de près la classification kantienne, récuse les précédents cousinien et hegelien, et vise assez probablement Renouvier lorsqu'il dénonce les classifications *a posteriori* des systèmes philosophiques. Ce critère rétrospectif ne nous garantit pas l'exhaustivité ; mais il suffit à montrer quels classificateurs du passé ont paru à leurs successeurs les interlocuteurs les plus sérieux ou du moins les plus influents. Piocher un classificateur tardif nous a paru suffire à remonter la chaîne jusqu'au *terminus a quo* qu'elle trouve en la personne de Kant, et dont nous ne saurons peut-être qu'à la fin des temps si Vuillemin en fut le *terminus ad quem*. Cet ensemble d'auteurs, muni de la relation de référence, suffit à former une histoire.

Notre propos sera d'examiner si les classifications modernes des systèmes philosophiques successivement proposées par Kant, Hegel, Cousin, Renouvier et Vuillemin ont relevé le défi laissé par Agrippa en satisfaisant à la fois les deux exigences antagonistes qui constituent l'antinomie fondamentale de toute classification des systèmes philosophiques : fournir une construction *a priori* et préserver la systématicité de chaque doctrine – c'est-à-dire associer des formes de rigueur philosophique et historique.

Remerciements. L'auteur remercie en premier lieu Élisabeth Schwartz, qui a accueilli puis dirigé ce projet avec autant d'exigence que de bienveillance. Nous aurions aimé être digne des remarques détaillées que prodiguèrent Emmanuel Cattin, Jean-François Courtine, Sébastien Gandon, Alain Michel et Jean-Baptiste Rauzy, ainsi que Hourya Benis Sinaceur, Laurent Fedi, Brice Halimi et Daniel Parrochia, n'était la crainte d'avoir introduit de nouvelles erreurs à leur insu.

Ce travail a bénéficié de circonstances idéales, offertes d'abord par l'École normale supérieure de Paris, puis par Laurent Jaffro et l'équipe enseignante du département de Philosophie de l'Université Blaise-Pascal et du laboratoire Philosophies et Rationalités (PHIER) de Clermont-Ferrand de 2007 à 2012, enfin par l'équipe des Archives Henri-Poincaré à Nancy, où Thomas Bénatouïl, Pierre-Édouard Bour, Gerhard Heinzmann, Philippe Nabonnand et Roger Pouivet ont ouvert à l'auteur les richesses du fonds Jules-Vuillemin depuis 2012. Les étudiants de Clermont-Ferrand et de Nancy ont largement contribué à rendre ces années heureuses.

Que soient également remerciés la famille et les amis – Marie-Ève et Renaud Alexandre, Laura Berchielli, Marlène Bouhours et Israel Villalba, Marie Charbonnel et David Morel, Annie et Jean-Luc Debrabant, Steeves Demazeux, Marie et Jean-Baptiste Lafon, Lætitia Falque et Yannick Debrabant, François Martinelli, Nicolas Mascot, Alexandra et Hicham Mezzine, ainsi que Louna Mouzo, Hadrien Lafon, Éva Cerbeland et Quentin Markert.

Sans la présence de Camille, ce travail n'aurait guère pu commencer. Il est dédié à la mémoire de Jean-Marc Debrabant et de Louis Jeantin, qui ne l'ont pas vu terminé, – et à Iris, porteuse d'un bonheur nouveau.

Première partie

Le tableau des systèmes chez Kant

CHAPITRE PREMIER

UN RÉCIT HISTORIQUE

La Méthodologie transcendantale de la *Critique de la raison pure* exprime un point de vue réflexif : la philosophie critique s'y prend pour objet. Après avoir évalué quelles méthodes étaient propres à la philosophie dans la Discipline et le Canon, puis soutenu dans l'Architectonique le caractère systématique de la raison pure, Kant parcourt enfin dans l'« Histoire de la raison pure » l'ensemble de ses produits.

Il ne s'agit pourtant pas d'étudier les « livres » et les « systèmes », ces contingences qui peuplent l'histoire de la philosophie et que la première Préface prend soin de congédier [1]. Que les érudits soient prévenus : l'exactitude historique importe moins que les intérêts supérieurs de la raison.

> Je ne veux pas m'engager ici dans une recherche littéraire pour définir le sens que ce philosophe sublime [Platon] attachait à son expression [de réminiscence]. Je remarque seulement qu'il n'y a absolument rien de déconcertant à ce que, tant dans la conversation commune que dans ses écrits, on comprenne un auteur, par la comparaison des pensées qu'il exprime sur son objet, mieux qu'il ne se comprenait lui-même en déterminant insuffisamment son concept et en parlant ou même en pensant parfois, de ce fait, à l'encontre de ce qui était son intention propre [2].

Ce qu'il convient d'examiner de manière critique est en effet la question de droit sur l'état de division qui règne en philosophie : comment la raison en est-elle venue à se diviser ? C'est à l'Histoire de la raison pure qu'il revient de répondre définitivement à la question initiale de la Critique.

1. I. Kant, *Critique de la raison pure*, noté *KRV*, Paris, P.U.F., 1997, A XIII, AK IV 9.
2. *Ibid.*, A 313-314/B 370, AK III 246.

Sa méthode sera d'observer « l'ensemble des travaux » de la raison pure « d'un point de vue simplement transcendantal »[1], *ex principiis* plutôt qu'*ex datis*, à partir de principes rationnels et non de l'étude historique ou empirique des livres et des systèmes. L'Histoire prolonge ainsi immédiatement l'Architectonique, qui dénonçait la réduction de la philosophie, connaissance rationnelle, à une connaissance historique comme l'apprentissage docile du système de Wolf[2]. Réponse à la Préface et prolongement de l'Architectonique, l'Histoire de la raison pure joue dans la première *Critique* un rôle conclusif.

Le chapitre a cher payé sa position privilégiée. Réputé transparent, il est souvent paraphrasé, tronqué ou éludé. Certains commentateurs veulent n'y voir qu'un « appendice » à ce qu'ils jugent être la véritable conclusion de la première *Critique*[3]. Sans les articles de Bernard Bourgeois et de Jean Seidengart, Otfried Höffe eût été l'un des rares à trouver dans les deux derniers chapitres de la *Critique* le « point culminant de la *Théorie des éléments* ; c'est ici que Kant en engrange la moisson. [...] Elles seules rendent en effet intelligible le concept kantien de philosophie et son rôle dans la *Critique* »[4].

Sans doute la modestie de Kant explique-t-elle en partie cette indifférence : ce texte de trois pages ne serait qu'« une lacune qui reste dans le système et qui doit être remplie plus tard ». Mais comment les trois dernières pages de la *Critique de la raison pure* auraient-elles pu être rédigées à la hâte par un auteur que l'on sait par ailleurs si scrupuleux, et dont onze ans de réflexion silencieuse ont suffisamment attesté la patience ? L'Histoire de la raison pure n'est peut-être une « rapide esquisse » qu'au sens où la première *Critique* tout entière se serait contentée de défricher un « sentier ».

Éric Audureau a proposé une importante clef de lecture pour ce chapitre :

1. *Ibid.*, A 852/B 880, AK III 550.

2. *Ibid.*, A 836/B 864, AK III 540-541.

3. A. Boyer, *Hors du Temps. Un essai sur Kant*, Paris, Vrin, 2001, p. 102 ; J. Grondin, « La conclusion de la *Critique de la raison pure* », *Kant-Studien*, vol. 81, nº 2, 1990, p. 144.

4. O. Höffe, « Architektonik und Geschichte der reinen Vernunft (A832/B860-A856/B884) », dans *Immanuel Kant :* Kritik der reinen Vernunft, Berlin, Akademie Verlag, 1998, p. 617. Voir également B. Bourgeois, « L'Histoire de la raison selon Kant », *Revue de théologie et de philosophie*, vol. 115, 1983, p. 165 ; J. Seidengart, « Kant et le problème de la constitution d'une histoire de la raison d'un point de vue transcendantal », dans *Kant et les kantismes dans la philosophie contemporaine, 1804-2004*, Villeneuve d'Ascq, Presses Universitaires du Septentrion, 2007, notamment p. 77 pour la classification en elle-même.

> il y a une suggestion décisive dans le projet kantien de cette histoire : il ne faut pas l'écrire comme la succession chronologique des œuvres : les luttes qui se sont déroulées sur le champ de bataille de la métaphysique doivent être décrites en fonction des *buts* de ces batailles, c'est-à-dire selon des oppositions concernant les objets, les origines et les méthodes de la connaissance. C'est l'embryon de la méthode structurale en philosophie, et il n'y a que l'hétérogénéité des traits distinctifs retenus par Kant qui le prive du titre de père de cette méthode [1].

Nous ôterons simplement la dernière réserve : les critères de l'Histoire de la raison pure n'ayant en réalité rien d'hétérogène, on peut sans hésitation peindre Kant en père de la méthode structurale.

L'interprétation la plus courante de l'Histoire de la raison pure peut être résumée en quatre thèses : 1. ce texte n'est pas à proprement parler historique ; 2. les critères classificatoires sont accumulés de manière rhapsodique et incomplète ; 3. cette classification reste un hapax ; 4. elle est déconnectée du système critique. Nous montrerons bien plutôt : 1. que cette classification est indissociable d'une perspective historique et téléologique sur la philosophie ; 2. que les critères classificatoires sont parfaitement systématiques et susceptibles d'une définition *a priori* ; 3. que la classification a été développée et approfondie en détail, au point qu'elle joue dans l'ensemble du criticisme, et non simplement dans les quelques pages de l'Histoire de la raison pure, un rôle structurant ; 4. que cette classification est en rapport direct avec les moyens par lesquels le criticisme pourra instaurer la paix perpétuelle en philosophie.

Concernant le premier point, il suffit d'observer le plan du chapitre : après une courte introduction, il relate, paragraphe après paragraphe, les trois moments – passé, présent et futur – d'une histoire.

Le premier moment est celui de l'esprit religieux et moral : « Il est assez remarquable, bien que cela ne pût naturellement arriver d'une autre manière, que les hommes, dans l'enfance de la philosophie, aient commencé par où nous finirions maintenant, c'est-à-dire par étudier la connaissance de Dieu et l'espérance ou même la nature d'un autre monde ». Les interrogations morales de l'homme le poussent assez spontanément à s'interroger en termes théologiques sur ses propres fins [2]. Mais

1. É. Audureau, « Le conventionnalisme, conséquence de l'intuitionnisme », *Philosophiques*, vol. 31, nº 1, 2004, p. 60.

2. Voir I. Kant, *La Religion dans les limites de la simple raison*, Paris, Vrin, 2004, p. 70, AK VI 6.

le désir d'inconditionné pousse les hommes à s'élever vers ces objets sans s'être munis de moyens adéquats pour les atteindre. Cette proto-métaphysique de l'enfance de l'humanité est métaphysique par ses objets mais non par ses méthodes : les questions théologiques et cosmologiques n'y font pas encore l'objet d'une « connaissance par concepts », c'est-à-dire d'une philosophie [1].

La deuxième période de l'Histoire de la raison pure est celle de la métaphysique à proprement parler, c'est-à-dire du présent de la philosophie. Kant analyse les oppositions qui structurent le « champ de bataille » de la métaphysique au moyen de trois critères binaires : l'*objet* (*Gegenstand*), qui distingue les sensualistes des intellectualistes ; l'origine (*Ursprung*), qui distingue les empiristes des noologistes ; et la *méthode* (*Methode*), qui distingue les dogmatiques des sceptiques. Cette classification, plus riche et plus fertile qu'elle ne paraît au premier abord, sera étudiée en détail dans les pages qui suivent.

Les dernières lignes du chapitre sont consacrées à la troisième période, celle du criticisme, futur de la philosophie : « La voie *critique* seule est encore ouverte ». De simple sentier, celle-ci est destinée à devenir « voie royale » [2]. L'Histoire de la raison pure est donc un chapitre aussi achevé qu'il pouvait l'être à l'orée d'un âge nouveau ; rien moins, donc, qu'une « ébauche ».

Comme on le voit, ce récit des trois moments de la raison ne coïncide pas avec la périodisation proposée notamment dans les *Progrès de la métaphysique* : enfance métaphysique, adolescence sceptique, maturité critique. C'est que l'histoire de la *raison pure* est strictement plus large que l'histoire de la *philosophie* : elle inclut un âge pré-philosophique, que l'histoire de la philosophie ne pouvait par définition qu'exclure.

L'Histoire de la raison pure est le récit d'un paradis perdu puis retrouvé : le consensus qu'offrait initialement la religion s'est perdu avec l'apparition de la pensée philosophique, dont le premier effet fut une diffraction des opinions. Mais à l'horizon de la pensée critique, les pensées sont destinées à converger de nouveau. Aussi faut-il déterminer précisément selon quelles lois purent avoir lieu d'abord cette diffraction (chapitre II) puis cette convergence (chapitre III).

1. I. Kant, *KRV*, *op. cit.*, A 837/B 865, AK III 541.

2. Kant déclare ainsi, dans les *Progrès de la métaphysique*, qu'il appartiendra aux générations futures de mesurer l'ampleur de la transformation, par la critique, de la métaphysique (I. Kant, *Les Progrès de la métaphysique en Allemagne depuis le temps de Leibniz et de Wolf*, Paris, Vrin, 1990, Projet II, AK XX 310).

CHAPITRE II

UNE CLASSIFICATION SYSTÉMATIQUE

UNE CLASSIFICATION A PRIORI

Examinant la période centrale de l'Histoire de la raison pure qu'est celle de la métaphysique, et jetant un « rapide coup d'œil » sur les systèmes du passé, Kant « trouve un triple but en vue duquel eurent lieu les changements les plus remarquables sur ce champ de bataille ». Il dénombre ainsi trois critères :

1) l'*objet* (*Gegenstand*) des connaissances rationnelles, qui peut être sensible ou intellectuel ;
2) l'*origine* (*Ursprung*) des connaissances pures, qui peuvent être dérivées de l'expérience ou en être absolument indépendantes ;
3) la *méthode* (*Methode*) de la philosophie, qui peut être naturelle ou scientifique, et plus précisément, dans le second cas, dogmatique ou sceptique.

Le texte, fort laconique, a invité certains lecteurs à voir dans ces critères une simple rhapsodie, sans réelle unité. Mais connaissant d'une part, après l'Architectonique, l'aversion de Kant pour les rhapsodies [1], et tenant d'autre part de la *Critique de la faculté de juger* qu'une triade est sous sa plume rarement dénuée de signification [2], on ne sera guère surpris de

1. *Cf.* I. Kant, *KRV*, *op. cit.*, A 832/B 860, AK III 538 : « Sous le gouvernement de la raison nos connaissances en général ne doivent pas former une rhapsodie, mais un système, et c'est seulement à cette condition qu'elles peuvent soutenir et favoriser les fins essentielles de la raison. »

2. I. Kant, *Critique de la faculté de juger*, trad. Alexis Philonenko, Paris, Vrin, 1993, AK V 197, n. 1.

retrouver cette classification tripartite dans le §1 des *Prolégomènes* – fait qui, à notre connaissance, n'a guère été relevé jusqu'ici.

Ce texte élabore une classification des sciences, ce qui n'a d'ailleurs rien de surprenant : quoique la critique ne fonde pas moins les sciences que la métaphysique, la connaissance scientifique effective, principalement mathématique et physique, est chez Kant le terme de comparaison privilégié pour juger de la possibilité d'une connaissance métaphysique. Le caractère distinctif de chaque science « consiste, écrit Kant, dans la différence de l'*objet* (*Objekt*), dans celle des *sources de connaissance* (*Erkenntnisquelle*), ou encore dans celle du *mode de connaissance* (*Erkenntnisart*), en certains de ces éléments ou en tous »[1]. Pour soutenir cette analogie, mettons à l'épreuve l'assimilation de l'*Objekt* au *Gegenstand*, de la *Quelle* à l'*Ursprung* et de l'*Erkenntnisart* à la *Methode*.

Le critère de l'objet, contrairement aux deux suivants, n'est pas explicité dans la suite de l'Introduction des *Prolégomènes*. Est-ce pour sa trivialité ? la physique serait la science du mouvement, l'astronomie des corps célestes, la botanique des végétaux, etc. Ce silence respecte en tout cas les principes de la *critique*, en tant qu'elle n'est pas *doctrine*, c'est-à-dire ne vise pas tant l'« extension » des connaissances que leur « justification »[2]. Tandis que la doctrine a en vue l'objet, la critique mène une investigation préalable sur la source et la méthode de la connaissance.

Kant n'a jamais, à la différence de Hegel, posé de distinction conceptuelle entre *Objekt* et *Gegenstand*[3] : il emploie indifféremment l'un et l'autre terme[4]. Du reste, si l'*Objekt* avait dû désigner l'objet dans son existence propre et le *Gegenstand* l'objet dans son rapport à un sujet, il eût

1. I. Kant, *Prolégomènes à toute métaphysique future qui pourra se présenter comme science*, Paris, Vrin, 1986, AK IV 265.

2. I. Kant, *KRV*, *op. cit.*, A 11/B 25, AK III 43. Voir L. Guillermit, *Leçons sur la* Critique de la raison pure *de Kant*, Paris, Vrin, 2008, p. 20-22 (il s'agit bien sûr de *Berichtigung* et non de *Berichtung*) ; L. Guillermit, *L'Élucidation critique du jugement de goût selon Kant*, Paris, Éditions du CNRS, 1986.

3. C'est ainsi que les éditeurs français du *Kant-Lexikon* justifient la fusion des entrées allemandes « *Objekt* » et « *Gegenstand* » (R. Eisler, *Kant-Lexikon*, Paris, Gallimard, 1994, p. 750). C'est donc en un sens plus phénoménologique que lexicographique qu'il faut lire les considérations de Jocelyn Benoist appuyées sur les travaux de Jean-François Courtine (J. Benoist, *Kant et les limites de la synthèse. Le sujet sensible*, Paris, P.U.F., 1993, p. 22).

4. *Cf.* par exemple I. Kant, *KRV*, *op. cit.*, A 26/B 42, AK III 55 : « la réceptivité en vertu de laquelle le sujet peut être affecté par des objets (*Gegenstände*) précède, d'une manière nécessaire, toutes les intuitions de ces objets (*Objekte*) ».

fallu parler d'un *Gegenstand* des sciences et d'un *Objekt* de la métaphysique précritique. Il n'existe donc pas entre le *Gegenstand* de l'Histoire de la raison pure et l'*Objekt* des *Prolégomènes* de distinction conceptuelle.

Peut-on ensuite faire correspondre la « source » des *Prolégomènes* à l'« origine » de l'Histoire de la raison pure ? Le problème de l'« origine » des « connaissances rationnelles pures » est « de savoir si elles sont dérivées de l'expérience ou si elles ont leur source dans la raison indépendante de l'expérience ». Cette distinction n'est autre que celles des connaissances *a priori* et *a posteriori*, définies dès la première section de l'Introduction de la *Critique de la raison pure*[1]. Les notions de source et d'origine étant définies dans les mêmes termes au sein du même ouvrage, il n'y a pas lieu de les distinguer.

Reste à comparer le mode de connaissance (*Erkenntnisart*) à la méthode (*Methode*). Le premier consiste dans le caractère analytique ou synthétique des connaissances, comme l'atteste le §2 des *Prolégomènes*, tout entier consacré à la distinction de ces deux types de jugements, et à une typologie des connaissances synthétiques – empiriques, mathématiques et métaphysiques. Le mot d'*Erkenntnisart* paraît porteur de la même signification dans l'Introduction de la *Critique de la raison pure* : la différence entre les jugements analytiques et synthétiques est annoncée comme celle de deux « modes de connaissance »[2].

Il faut pourtant ici relever une différence essentielle entre l'Introduction des *Prolégomènes* et l'Histoire de la raison pure, qui jusqu'ici jouait un rôle négligeable : le premier texte est une classification des sciences en général destinée à marquer la spécificité de la métaphysique par rapport aux autres connaissances – empiriques d'une part, mathématiques de l'autre – tandis que le second n'est une classification que des doctrines métaphysiques. En dépit de l'analogie manifeste, on ne doit pas perdre de vue que l'un des deux textes est plus général que l'autre. L'Introduction des *Prolégomènes* définit les caractéristiques communes à *toute* métaphysique – comme connaissance synthétique *a priori* par concepts – tandis que l'Histoire de la raison pure met au jour l'ensemble des *différentes* positions métaphysiques possibles. L'une définit le genre que l'autre spécifie.

Cette différence de hiérarchie entre les deux classifications suffit à expliquer que l'analogie ne soit, pour aucun des trois critères, une

1. *Ibid.*, B 2, AK III 28.
2. *Ibid.*, A 6/B 10, AK III 20.

stricte identité. Des *objets* scientifiques en général – la faune et la flore, les fleuves, Dieu, le cercle –, les objets métaphysiques ne sont qu'un sous-ensemble. Parmi les *sources* de nos connaissances, « l'origine des connaissances pures de la raison » n'est qu'une espèce. De même, s'il ne faut pas s'attendre à une identité stricte entre « mode de connaissance » en général et « méthode » philosophique en particulier, une simple analogie suffirait à ce que la projection de la classification des sciences à l'intérieur d'elle-même engendre une classification proprement systématique des systèmes philosophiques.

Une connaissance est *analytique* lorsque le concept du prédicat est contenu dans celui du sujet, *synthétique* lorsqu'il lui est extérieur [1]. Il existe donc un lien immédiat entre la connaissance et son objet dans le premier cas, car l'objet enveloppe le prédicat ; un lien médiat dans l'autre, car le prédicat est ajouté à l'objet par l'activité du sujet connaissant. Restreinte au domaine des connaissances métaphysiques, cette distinction engendre celle de la méthode dogmatique et de la méthode sceptique. Le dogmatisme est en effet la classe des systèmes estimant que la simple analyse des concepts suffit à fonder une connaissance métaphysique :

> On peut [...] et l'on doit considérer comme non avenues toutes les tentatives faites jusqu'ici pour constituer *dogmatiquement* une métaphysique ; car ce qu'il y a d'analytique dans telle ou telle, à savoir la décomposition des concepts qui résident dans notre raison *a priori*, n'est pas du tout le but, mais seulement une préparation de la métaphysique véritable qui doit accroître synthétiquement ses connaissances *a priori* [2].

Le dogmatisme est ainsi explicitement lié, dès l'Introduction de la *Critique de la raison pure*, à une confiance absolue dans le caractère analytique des connaissances métaphysiques. On peut trouver plusieurs confirmations de cette affinité entre dogmatisme et jugement analytique, par exemple lorsque Kant affirme que l'on ne peut prouver « dogmatiquement, c'est-à-dire par concepts » ni la permanence de la substance ni, plus généralement, les analogies de l'expérience, ni, en toute généralité, les propositions synthétiques [3]. La méthode dogmatique, selon les *Prolégomènes*, prétend tirer la connaissance « des *choses elles-mêmes* » [4],

1. *Ibid.*, A 6-7/B 10-11, AK III 34.
2. *Ibid.*, B 23, AK III 42.
3. *Cf. ibid.*, A 184/B 228, AK III 126 ; *ibid.*, A 216-217/B 263-264, AK III 184-185 ; et *ibid.*, A 217/B 264, AK III 185.
4. I. Kant, *Prolégomènes*, *op. cit.*, AK IV 308.

que celles-ci soient d'ordre sensible ou intellectuel. Le ressort principal du dogmatisme en général est donc la prétention à l'analyticité.

Symétriquement, le scepticisme tire du caractère synthétique des connaissances les conclusions les plus extrêmes : il « fait prompte justice de toute la métaphysique » [1], remettant en cause l'existence de tout lien direct entre la connaissance rationnelle et son objet. Kant reconnaît même devoir à Hume la mise au jour, bien qu'encore incomplète, du concept de jugement synthétique : « Hume pensait peut-être, bien qu'il ne se soit jamais pleinement expliqué là-dessus, que, dans les jugements d'une certaine espèce, nous dépassons notre concept de l'objet. C'est à ces jugements que j'ai donné le nom de *synthétiques* » [2]. La distinction par l'Histoire de la raison pure du dogmatisme et du scepticisme est ainsi le pendant de la distinction des connaissances analytiques et synthétiques – comme l'analogie du *Gegenstand* et de l'*Objekt*, de l'*Ursprung* et de la *Quelle* pouvait le laisser supposer. Épousant l'ordre et les critères de la classification des sciences, la classification des systèmes philosophiques est au moins conceptuellement régulière.

Mais la preuve de systématicité n'est pas encore complète. De ce que les trois critères de l'Histoire de la raison pure trouvent un écho dans la classification des sciences, il ne s'ensuit pas que ce triplet soit proprement systématique. Marteler une rhapsodie n'en fait pas un système. Comme l'indique une note de la *Critique de la faculté de juger*, le critère de systématicité d'un triplet de concepts est autrement plus contraignant :

> On a fait des réserves sur mes divisions presque toujours tripartites en philosophie pure. Cela tient cependant à la nature de la chose même. Si une division doit être faite *a priori* ou bien elle sera *analytique*, d'après le principe de contradiction, et alors elle a toujours deux parties (*quodlibet ens est aut A aut non A*) ; ou bien elle sera *synthétique* et si dans ce cas elle doit être effectuée à partir de concepts *a priori* [...] il faut, selon ce qui est en général exigé pour l'unité synthétique, à savoir : 1° la condition, 2° un conditionné, 3° le concept qui résulte de l'union du conditionné avec sa condition, que la division soit nécessairement une trichotomie [3].

1. I. Kant, *KRV*, *op. cit.*, B XXXVI, AK III 21.
2. *Ibid.*, A 764/B 792, AK III 499.
3. I. Kant, *Critique de la faculté de juger*, *op. cit.*, AK V 197, n. 1. Cette exigence est également formulée dans la *Logique* : « la division à partir du *principe de la synthèse a priori* comporte *trichotomie*, à savoir 1) le concept, comme condition, 2) le conditionné, 3) la dérivation du conditionné à partir de la condition » (I. Kant, *Logique*, Paris, Vrin, 1997, AK IX 147-148).

Les deux groupes de critères classificatoires que nous avons dégagés satisfont-ils cette exigence de systématicité triadique ?

Dans l'ordre des sciences en général, si l'on considère que la source, c'est-à-dire le caractère *a priori* ou *a posteriori* d'une connaissance, est la *condition* de la connaissance, et que l'objet en est le *conditionné*, alors le caractère analytique ou synthétique est bien le mode d'*union* de la condition et du conditionné, soit que l'union soit immédiate (connaissance analytique), soit qu'elle soit le résultat d'une synthèse réalisée par le sujet (connaissance synthétique). *Dans l'ordre des connaissances métaphysiques*, étant donnés les objets rationnels et leur source présumée de connaissance, on peut soit affirmer (dogmatisme) soit nier (scepticisme) la possibilité d'en dériver directement une connaissance certaine. Dans les deux ordres de connaissance, il est question du problème de l'union – immédiate ou médiée – entre la condition et le conditionné, c'est-à-dire entre la source de connaissance et son objet.

La classification des doctrines philosophiques caractéristiques de l'époque médiane de l'Histoire de la raison pure n'est donc rien moins que rhapsodique. Non seulement elle obéit rigoureusement aux critères kantiens de systématicité, mais elle prend racine dans les concepts générateurs du criticisme – l'*a priori* et l'*a posteriori*, l'analytique et le synthétique, véritables points de départ du « problème général de la raison pure » selon l'Introduction de la première *Critique*. C'est donc du cœur même du criticisme que proviennent les critères classificatoires de l'Histoire de la raison pure.

UN TABLEAU TRIDIMENSIONNEL

Examinons maintenant la classification qu'engendrent ces critères. Chacun des trois critères oppose deux classes de systèmes philosophiques, que Kant illustre systématiquement par des noms propres :

1) l'*objet* distingue les sensualistes (Épicure), qui affirment l'existence des seuls objets sensibles, des intellectualistes (Platon), pour qui les vrais objets sont intelligibles ;

2) l'*origine* sépare les empiristes (Aristote, Épicure, Locke), qui dérivent de l'expérience les connaissances rationnelles, des noologistes (Platon, Leibniz), qui les déclarent indépendantes de toute expérience ;

3) la *méthode* peut être naturelle ou scientifique, c'est-à-dire systématique ; et dans ce dernier cas – le seul qui soit véritablement adéquat pour la philosophie – elle peut être dogmatique (Wolf) ou sceptique (Hume).

La tentation la plus immédiate est de représenter cette classification sous la forme d'un arbre ayant pour racine la classe des connaissances rationnelles, et dont les nœuds de premier niveau (objet, origine, méthode) ne soient pas des classes de systèmes, mais des critères ; ce texte ne serait donc pas tant une classification qu'une *classification de classifications* (fig. 1.1).

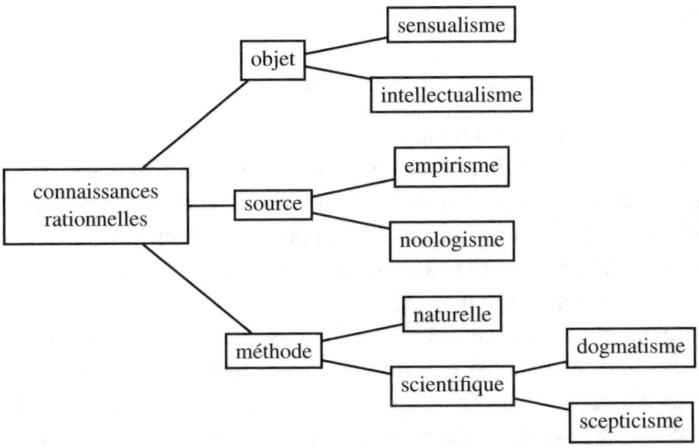

FIGURE 1.1. L'Histoire de la raison pure vue comme une classification de classifications.

La classification kantienne est en réalité à voir comme un tableau : ses critères ne sont pas agrégés, mais combinés. Une première manière de le démontrer est de relever un indice textuel. Deux doctrines philosophiques historiquement attestées possèdent un héritage multiple : l'épicurisme, qui combine sensualisme et empirisme, et le platonisme, qui associe l'intellectualisme à un noologisme. Si deux de ses branches peuvent se rejoindre, le graphe connaît des cycles : il n'est plus un arbre. Au moins localement, ses critères se combinent comme dans un tableau.

Outre cet indice textuel qu'est la répétition des noms d'Épicure et de Platon, cette présentation tabulaire peut être justifiée par un indice architectonique, donc *a priori*. Si en effet les trois critères de l'Histoire de la raison pure correspondent bien aux trois critères des *Prolégomènes*, alors, dans la mesure où ces derniers sont explicitement croisés entre eux, on est en droit d'attendre que les premiers le soient autant. La classification des systèmes hérite donc de la forme tabulaire de la classification des sciences.

Si chaque système, pris isolément, a recours à la « méthode *syllogistique* », qui « consiste à présenter une science sous forme d'une chaîne de raisonnements »[1], on peut, une fois parvenu au terme de la période métaphysique de l'histoire de la raison pure, décrire leur ensemble par la « méthode *tabulaire* », c'est-à-dire « présenter un édifice scientifique déjà constitué dans toute sa construction d'ensemble ». Telle est la condition de possibilité d'une classification tabulaire des systèmes philosophiques, dont nous allons détailler chaque critère, c'est-à-dire justifier chacune des trois dimensions.

L'objet : sensualisme et intellectualisme

Par l'*objet* se distinguent les philosophes *sensualistes* (*Sensualphilosophen*) des *intellectualistes* (*Intellectualphilosophen*). Selon les premiers, héritiers d'Épicure, « il n'y a de réalité que dans les seuls objets des sens et [...] tout le reste est imagination » ; selon les seconds, dont Platon serait le chef de file, « dans les sens il n'y a qu'apparence et [...] seul l'entendement connaît le vrai ».

Malgré cette ligne de fracture, chacune des deux écoles consent à quelques concessions envers l'autre. Les sensualistes ne nient pas l'existence des concepts, mais ils ne leur attribuent de fonction que « logique » : ils ne récusent pas tant le rationalisme que le « mysticisme » platonicien, qui érige les concepts en objets plutôt qu'en simples outils de la connaissance rationnelle[2]. Les intellectualistes, quant à eux, « voulaient que les vrais objets fussent purement intelligibles, et affirmaient une intuition de l'entendement pur, entendement que n'assiste aucun sens, mais que les sens, d'après eux, ne font que troubler »[3]. Comme plus tard dans les *Prolégomènes*, Kant est conscient de la nécessité architectonique de l'intuition intellectuelle pour la pensée platonicienne : « l'idéalisme visionnaire [...] concluait toujours (comme on peut déjà le voir chez Platon) de

1. *Ibid.*, §118.

2. Cf. aussi I. Kant, *Progrès de la métaphysique*, *op. cit.*, Projet III, AK XX 324 ; et I. Kant, *Critique de la raison pratique*, noté *KPV*, Paris, P.U.F., 1997, AK V 70-71.

3. I. Kant, *KRV*, *op. cit.*, Plusieurs traducteurs, abusés par une syllepse de Kant, ont cru comprendre que l'intuition de l'entendement ne pouvait se produire que de manière confuse, ce qui serait évidemment aux antipodes de l'intellectualisme.

nos connaissances *a priori* (même de celles de la géométrie) à une autre intuition que l'intuition sensible (à savoir une intuition intellectuelle), parce qu'il ne venait pas à l'esprit que les sens également devaient intuitionner *a priori* »[1]. Il existe une intuition sensible en regard de l'intuition intellectuelle, mais elle égare la connaissance plutôt qu'elle ne la guide. Ainsi, sensualisme et intellectualisme reconnaissent aussi bien l'entendement que la sensibilité, ne divergeant qu'au moment d'établir leur rapport de subordination.

L'origine : empirisme et noologisme

Quant à l'*origine* des connaissances rationnelles, les philosophes *empiristes* (*Empiristen*), à la suite d'Aristote, affirment qu'elles « sont dérivées de l'expérience », tandis que les *noologistes* (*Noologisten*), après Platon, plaident « qu'elles ont leur source dans la raison indépendante de l'expérience ». L'enjeu n'est plus ici de savoir ce que l'on peut connaître – l'objet philosophique – mais si on le connaît *a priori* ou *a posteriori*.

Il est crucial de bien distinguer les critères de l'objet et de l'origine ; c'est ce qui justifie le recours aux deux néologismes – et même hapax – de « sensualisme » et de « noologisme », malgré la défiance de Kant contre la « prétention à légiférer dans les langues »[2]. Les termes d'« empirisme » et d'« intellectualisme » étant en effet plus convenus, pourquoi leur opposer respectivement deux nouveaux mots ?

C'est sans doute que, aux yeux de Kant, l'opposition de l'intellectualisme et de l'empirisme eût été branlante. Kant applique ici un point de méthode dont il est coutumier et que la première section de l'Appendice de la *Doctrine du droit* énonce en toute généralité : les dichotomies bancales doivent souvent céder la place à des tétrachotomies rigoureuses. Doutant de la rigueur de l'opposition traditionnelle entre le droit réel et le droit personnel, Kant, en faisant varier les deux critères l'un par rapport à l'autre, met au jour l'entité apparemment composite du « droit

1. I. Kant, *Prolégomènes*, *op. cit.*, AK IV 375, n.

2. I. Kant, *KRV*, *op. cit.*, A 312/B 369, AK III 199. Aucun de ces deux termes ni de leurs paronymes n'apparaît dans les œuvres majeures de Kant. Au terme de « noologisme » sera généralement préféré celui de « *rationalisme* » (*Rationalism*), par opposition au même empirisme. Il existe ainsi un empirisme et un rationalisme de la raison pratique (I. Kant, *KPV*, *op. cit.*, AK V 13, 70-71), de la critique du goût (I. Kant, *Critique de la faculté de juger*, *op. cit.*, §58) et de la philosophie transcendantale (I. Kant, *Progrès de la métaphysique*, *op. cit.*, Projet I, AK XX 275).

personnel d'espèce réelle » ou « droit réel-personnel » [1]. De même, refusant d'assimiler sans examen le jugement analytique au jugement *a priori* et le jugement synthétique au jugement *a posteriori*, Kant fait varier les deux critères et dégage la classe – pour le moins fertile – des jugements synthétiques *a priori*, source du problème critique dans son ensemble. Le procédé dévoile l'existence de combinaisons fécondes et généralement inaperçues. Si Kant utilise ici deux critères distincts, on peut s'attendre à voir émerger quelque intellectualisme empiriste ou quelque sensualisme noologiste.

La classification kantienne pose un autre problème. Autant le critère de l'objet permettait de répartir toutes les doctrines philosophiques en deux classes radicalement disjointes, autant la distinction des systèmes selon leur conception de l'origine des connaissances rationnelles semble poser à Kant des problèmes de subsomption, que Jacques Moutaux a bien perçus :

> Critiquant des thèses plus que des systèmes, des difficultés surgissent lorsqu'il faut mettre en correspondance les démonstrations de la dialectique et les systèmes réels. [...] Dans les trois *Critiques*, l'histoire de la philosophie est en conséquence présente surtout sous la forme d'une classification systématique des thèses métaphysiques, mais non à proprement parler comme examen des systèmes. La philosophie critique ne permet pas le développement de l'histoire de la philosophie que pourtant elle appelle [2].

De fait, la classification de certains auteurs est bien souvent hésitante. Si « Aristote peut être considéré comme le chef des *empiristes* et Platon celui des *noologistes* », la répartition des doctrines dans ces classes se heurte bientôt à quelques cas-limites. Locke a « marché sur les traces » d'Aristote en dérivant « tous les concepts et tous les principes de l'expérience », mais il « en étend l'usage si loin qu'il affirme qu'on peut démontrer l'existence de Dieu et l'immortalité de l'âme [...] aussi évidemment que n'importe quel théorème mathématique » ; il s'inscrirait ainsi à la fois dans les deux classes réputées exclusives de l'empirisme et du noologisme. Leibniz, quant à lui, est noologiste pour avoir « suivi [les traces] » de Platon, mais non sans « s'éloign[er] assez de son système

1. I. Kant, *Métaphysique des mœurs. Première partie : Doctrine du droit*, Paris, Vrin, 2011, AK VI 357-358.

2. J. Moutaux, « Philosophiques (systèmes) », dans *Dictionnaire de la philosophie*, Paris, Encyclopædia Universalis–Albin Michel, 2006, p. 1635b-1636b.

mystique », qui était pourtant la conséquence naturelle de l'intellectualisme ; il serait donc aussi noologiste que Platon, mais en quelque sorte « moins intellectualiste » que lui : voici que les soupçons de graduation contaminent le premier critère. Enfin, Aristote ne fut pas le sensualiste le plus cohérent : « Épicure fut au moins beaucoup plus conséquent dans son système sensualiste [...] qu'Aristote et que Locke (surtout que ce dernier) ». Aristote, jusque là chef de file de l'empirisme, est ainsi destitué par un lointain disciple.

Les positions problématiques de Locke, de Leibniz et d'Aristote dans la classification jettent en retour un doute sur la classification elle-même. On pourrait certes imaginer que les critères soient gradués et qu'à chacun soit affecté un coefficient conférant au tableau l'existence mystérieuse de cases intermédiaires : Platon et Épicure auraient seuls des positions pures – le premier étant intellectualiste et noologiste, le second sensualiste et empiriste –, les trois autres des positions impures. Leibniz serait un noologiste balançant entre sensualisme et intellectualisme, Aristote et Locke seraient des sensualistes perdus entre empirisme et noologisme.

Mais chacune des deux distinctions semble précisément interdire cet expédient. On pose l'existence de concepts transcendants ou on la refuse ; on soutient le caractère *a priori* de la connaissance ou on le récuse ; il n'est pas d'entre-deux. Transiger avec le principe de contradiction ne peut qu'engendrer, au lieu de la dichotomie propre aux divisions analytiques et de la trichotomie propres aux divisions synthétiques, une « polytomie » nécessairement empirique, à laquelle se refuse la logique kantienne [1]. La classification par objet et par origine n'est donc pas graduelle et sa combinatoire n'ouvre la voie qu'à une tétrachotomie.

Il n'en reste pas moins que ces cas-limites ont ouvert une brèche qu'il n'est guère aisé de colmater. Comment comprendre les réticences de Kant à considérer Leibniz comme intellectualiste, Aristote et Locke comme empiristes ? L'enjeu est en réalité la cohérence interne de chacun des systèmes. Une dichotomie, quelque analytique qu'elle fût, n'est adéquate à ses objets que si eux-mêmes respectent le principe de contradiction. La classification n'est donc pas seulement descriptive, mais également normative : non dans le sens où elle exclurait tous les systèmes considérés comme faux – ils le sont tous – mais en ceci qu'elle ne prend en considération que les doctrines qui ont su s'élever au rang de systèmes authentiques, c'est-à-dire au moins cohérents. L'Histoire de la raison pure

1. I. Kant, *Logique*, *op. cit.*, AK IX 147.

peut tout classer, mais pas n'importe quoi : construire un *système* faux n'est pas à la portée de tous.

Épicure est classable parce qu'il est cohérent. N'admettant l'existence que des objets sensibles, c'est avec conséquence qu'il soutient que leur connaissance ne peut avoir lieu qu'*a posteriori*. Il n'est pas de sensualisme noologiste. La place flottante de Leibniz, Locke et Aristote dans la classification vient de ce qu'ils n'ont pas montré le même souci de cohérence que Platon et Épicure, seuls adversaires authentiquement antagonistes reconnus par l'analyse des Antonomies [1].

L'intellectualisme empiriste ne semble pas moins impossible que le sensualisme noologiste. Il serait en effet absurde de fonder sur l'expérience la connaissance des objets intelligibles tout en soutenant que les sens égarent l'entendement pur au lieu de le guider : ce serait s'exposer sciemment à toutes les illusions. Inversement, si l'empirisme prétend connaître ses objets par la seule expérience, alors il s'y interdirait tout accès en les rejetant par-delà l'expérience. Intellectualisme et empirisme sont donc antagonistes – synthétiquement et non analytiquement.

La classification peut donc à ce stade être considérée comme un tableau bidimensionnel, dans lequel seuls les systèmes les plus cohérents, ceux de Platon et d'Épicure, s'inscrivent de manière univoque, tandis qu'Aristote et Leibniz tendent vers un énigmatique *sensualisme noologiste* qui n'y a pourtant pas réellement droit de cité.

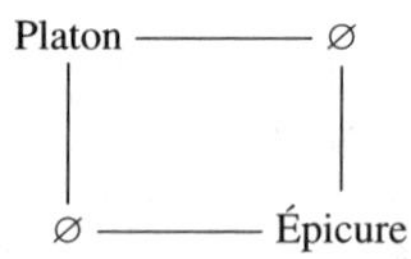

FIGURE 1.2. Classification des systèmes philosophiques selon les deux premiers critères de l'Histoire de la raison pure.

Arêtes supérieure/inférieure : intellectualisme/sensualisme.
Arêtes de gauche/de droite : noologisme/empirisme.

1. Après avoir opposé les deux dogmatismes, Kant conclut en effet : « Là réside ce qui oppose l'*épicurisme* et le *platonisme* » (I. Kant, *KRV*, *op. cit.*, A 471/B 499, AK III 327).

La méthode : naturalisme, dogmatisme et scepticisme

La classification par Kant des doctrines philosophiques se conclut par la distinction des méthodes : celle-ci peut être naturelle ou scientifique et, dans ce dernier cas, dogmatique ou sceptique.

La « méthode naturelle » est celle qui reconnaît le sens commun (*gemeine Vernunft*), ou bon sens (*gesunde Vernunft*), pour seul principe. Ses défenseurs prétendent « réussir beaucoup mieux, dans ces questions capitales qui constituent le problème de la métaphysique, que par la spéculation ». Renonçant à toute méthode scientifique, ils appellent au retour à l'âge pré-philosophique de la raison pure, où la religion et la morale pensaient pouvoir atteindre des connaissances rationnelles en s'économisant l'effort d'une connaissance par concepts.

Mais il faut distinguer deux sortes de naturalismes. Le premier, louable, est le plus noble des produits de l'ignorance. Il naît chez « ceux qui se montrent naturalistes *faute de* plus grandes lumières », avec une forme de modestie ou de sagesse ; car non seulement « on ne peut rien leur imputer avec justice », mais ils s'attirent l'« approbation » du philosophe critique. Si « celui qui hait la raison mais qui aime d'autant plus la sagesse s'appelle un misologue »[1], la critique « rapporte tout à la sagesse, mais par la voie de la science »[2] ; mais elle ne peut qu'encourager ceux qui, fût-ce par d'autres moyens, poursuivent le même but – en quoi l'Histoire de la raison pure prolonge directement l'Architectonique. Vivant « sans se préoccuper de la science », le misologue ne menace pas d'« en troubler les œuvres » ; il ne pense pas tant *contre* la raison que *parallèlement* à elle.

Le second type de naturalisme ne mérite pas la même bienveillance. Il n'est en effet « qu'une simple misologie mise en principe et, ce qui est le plus absurde, l'abandon de tous les moyens techniques recommandés comme la véritable *méthode* pour étendre ses connaissances ». Dans cette misologie, le simple « manque de connaissance scientifique », qui n'a rien de blâmable, s'enrobe d'« une certaine sorte de vanité » : le pire des ignorants est celui qui en tire orgueil. C'est à ce dernier naturalisme que s'attaque le §31 des *Prolégomènes* : « celui qui se fait fort sans aucune science de trancher en matière de métaphysique [...] farde en une certaine mesure ses prétentions sans fondement grâce à un langage populaire où il

1. I. Kant, *Logique*, *op. cit.*, AK IX 26.
2. I. Kant, *KRV*, *op. cit.*, A 850/B 878, AK III 549.

présente tout comme probabilité, conjecture raisonnable ou analogie »[1]. Il érige la suffisance en méthode quand il devrait se donner la sagesse pour but. Seul ce second naturalisme est moralement condamnable.

Pour autant, l'ignorance modeste n'est scientifiquement pas moins insatisfaisante que l'ignorance pédante. Adopter, à l'inverse, la méthode scientifique, c'est avoir « toujours l'obligation de procéder *systématiquement* ». L'Architectonique de la raison pure érigeait la systématicité en garantie de scientificité : « l'unité systématique est ce qui convertit la connaissance vulgaire en science, c'est-à-dire ce qui coordonne en système un simple agrégat de ces connaissances »[2]. Articulant à son tour systématicité et scientificité, l'Histoire de la raison pure prolonge l'Architectonique.

Ainsi distinguée de la méthode naturaliste, la méthode scientifique est ensuite subdivisée à son tour en ses espèces dogmatique et sceptique, illustrées plutôt que définies par les exemples respectifs de Wolf et de Hume. C'est que les deux termes, à la différence des concepts de sensualisme, d'intellectualisme, d'empirisme et de noologisme, ont déjà été abondamment définis et employés dans l'ensemble de la *Critique de la raison pure*.

Dans la Préface de la seconde édition, le dogmatisme est défini comme « la prétention d'aller de l'avant uniquement avec une connaissance pure (la connaissance philosophique) tirée de concepts d'après des principes tels que ceux dont la raison fait usage depuis longtemps sans se demander comment ni de quel droit elle y est arrivée »[3]. En cohérence parfaite avec le texte de l'Histoire de la raison pure, le dogmatisme est, dans le même passage, distingué de la « stérilité verbeuse qui prend mal à propos le nom de popularité », c'est-à-dire du naturalisme de la raison pure, et du « scepticisme, qui fait prompte justice de toute la métaphysique ». D'un bout à l'autre de la *Critique*, les adversaires naturels du dogmatisme – naturalisme et scepticisme – ne varient pas.

Le scepticisme apparaît généralement comme le produit paradoxal du dogmatisme. C'est le conflit de doctrines dogmatiques opposées qui jette la raison dans les bras du scepticisme[4]. La raison suit par là un cours historique que retrace déjà la Préface de la première édition de la *Critique*

1. I. Kant, *Prolégomènes*, *op. cit.*, AK IV 314.
2. I. Kant, *KRV*, *op. cit.*, A 832/B 860, AK III 538.
3. *Ibid.*, B XXXV, AK III 21.
4. *Ibid.*, A IX, AK IV 8.

de la raison pure. Mais si le scepticisme est une forme de renoncement à la connaissance, en quoi se distingue-t-il du naturalisme, qui refuse toute méthode scientifique ? La grande estime que Kant portait à Hume ne saurait être mise en équation avec le dédain que lui inspirait la philosophie du sens commun. C'est que le sceptique reste un philosophe systématique ; l'ambition de Hume est en effet « de faire progresser la raison dans la connaissance qu'elle a d'elle-même » [1]. Lorsque Kant définit le scepticisme comme « principe d'une ignorance délibérée et scientifique qui sape les fondements de toute connaissance pour ne lui laisser disposer nulle part, autant qu'il est possible, d'aucune sécurité ni d'aucune assurance » [2], ce n'est pas le caractère « délibéré » mais « scientifique » de cette ignorance qui sauve le sceptique de la misologie. Loin de haïr la science, qui ne se réduit pas au dogmatisme, le sceptique en défend les intérêts. Le scepticisme interroge les facultés de la raison de peur d'en faire un usage irréfléchi. Mais il n'en reste pas moins un penseur scientifique, autrement dit systématique.

Exposition des systèmes

Si l'Histoire de la raison pure est la combinaison de trois critères – l'objet, la source et la méthode –, certaines indéterminations doivent être levées. Elles concernent les positions d'Aristote, de Locke et de Leibniz sur l'objet de la philosophie, celles de Wolf et de Hume sur sa source, celles d'Épicure, de Platon, d'Aristote, de Locke et de Leibniz sur sa méthode. Par chance, la *Critique de la raison pure* a plus d'une occasion de combler ces lacunes.

1. *Ibid.*, A 745/B 773, AK III 488.
2. *Ibid.*, A 424/B 451, AK III 292.

L'intellectualisme noologiste dogmatique

Platon est caractérisé dans l'Histoire de la raison pure comme un philosophe intellectualiste et noologiste, Leibniz comme noologiste, Wolf comme dogmatique. Tous trois appartiennent en réalité à une seule et même classe, celle de l'intellectualisme noologiste dogmatique.

En minimisant le « mysticisme » de Leibniz, c'est-à-dire sa propension à reconnaître l'existence d'objets intellectuels, l'Histoire de la raison pure pourrait laisser planer le doute sur l'intellectualisme leibnizien. Mais si le terme d'*Intellectualphilosoph* n'est employé qu'en une seule autre occurrence dans les textes majeurs de Kant, c'est précisément dans la reconstruction *a priori* des principes du système leibnizien que propose l'Amphibologie de la raison pure :

> dans le concept de l'entendement pur, la matière précède la forme et c'est pourquoi Leibniz admet d'abord des choses (des monades) et ensuite intérieurement une faculté représentative de ces choses, pour être à même de fonder sur elle le rapport extérieur des choses et le commerce de leurs états (c'est-à-dire des représentations). [...] Le philosophe intellectualiste (*Intellectualphilosoph*) ne pouvait pas souffrir que la forme [de l'intuition] précédât les choses elles-mêmes et qu'elle dût en déterminer la possibilité [1].

Le terme d'*Intellectualphilosophie* est ici employé dans le sens défini par l'Histoire de la raison pure, celui d'une philosophie qui défend l'existence d'objets intellectuels au-delà de l'expérience – et jusque dans l'expérience même : « Leibniz prenait les phénomènes pour des choses en soi, par conséquent pour des *intelligibilia*, c'est-à-dire pour des objets de l'entendement pur » [2]. Le « système intellectuel (*intellectuell*) du monde » [3] de Leibniz est donc, dans l'Amphibologie, archétypique de l'intellectualisme.

Le dogmatisme de Leibniz se manifeste quant à lui tant en amont, par une inspiration platonicienne mainte fois observée, qu'en aval, par sa propre influence sur Wolf. Les *Premiers Principes métaphysiques de la science de la nature* défendent ainsi une lecture intellectualiste de la monadologie, contre la tentation d'une interprétation naturaliste :

1. *Ibid.*, A 267/B 323, AK III 218-219.
2. *Ibid.*, A 264/B 320, AK III 217.
3. *Ibid.*, A 270/B 326, AK III 220.

> la *Monadologie* [...] ne se rapporte pas du tout à l'explication des phénomènes de la nature, mais est un concept *platonicien* de l'univers développé par Leibniz, exact en soi, en tant que l'univers considéré non comme objet des sens, mais comme chose en soi, est simplement un objet de l'entendement sur lequel cependant se fondent les phénomènes des sens [1].

D'autre part, c'est la « philosophie leibnizo-wolfienne » [2] dans son ensemble qui a négligé l'origine transcendantale de la distinction entre la sensibilité et l'ordre intellectuel, pour n'y voir qu'une différence logique, selon de simples nuances de clarté et de distinction [3] ; pensant sans critique, elle s'est rendue coupable de dogmatisme. Kant n'a jamais, de ce point de vue, distingué les pensées de Leibniz et de Wolf.

Pourquoi, dès lors, ériger en modèle de dogmatisme Wolf plutôt que Leibniz – l'élève plutôt que le maître ? C'est que, si le dogmatisme est une mise en œuvre de la méthode scientifique, *donc systématique*, c'est à Wolf que l'on doit l'expression la plus aboutie du leibnizianisme. Kant ne cache pas sa dette à son égard :

> Dans l'exécution du plan que trace la Critique, c'est-à-dire dans la construction d'un système futur de métaphysique, nous devrons suivre la méthode sévère de l'illustre Wolf, le plus grand de tous les philosophes dogmatiques. Wolf montra le premier par son exemple [...] comment on peut, par l'établissement régulier des principes, la claire détermination des concepts, la rigueur voulue des démonstrations, la façon d'empêcher les sauts téméraires dans le développement des conséquences, s'engager dans la voie sûre d'une science. [...] Ceux qui rejettent sa méthode, et, du même coup, le procédé de la Critique de la raison pure, ne peuvent pas avoir d'autre intention que de briser les liens de la *science* et de convertir le travail en jeu, la certitude en opinion, la philosophie en philodoxie [4].

Étant donné le sens fort – et nouveau – que Kant donne au mot de système, il eût de fait pu être délicat pour lui de présenter Leibniz, auteur fragmentaire s'il en est, en modèle de systématicité. Leibniz a pensé, mais non écrit, en systématicien.

C'est d'ailleurs parce que la pensée leibnizienne est en soi parfaitement systématique que l'Amphibologie peut en proposer une reconstruction *a priori*. La comparaison des concepts peut, selon ce texte, relever

1. I. Kant, *Premiers Principes métaphysiques de la science de la nature*, Paris, Vrin, 1990, AK IV 507.
2. I. Kant, *KRV*, *op. cit.*, A 44/B 61, AK III 66.
3. *Ibid.*, A 44/B 61-62, AK III 66-67.
4. *Ibid.*, B XXXVI–XXXVII, AK III 22.

de la quantité (identité ou diversité), de la qualité (convenance ou disconvenance), de la relation (caractère interne ou externe) ou de la modalité (matière ou forme). Kant rapporte chacun de ces huit modes de comparaison à la faculté dont il procède, c'est-à-dire à l'entendement ou à la sensibilité, et montre que le premier terme de chaque couple – identité, convenance, caractère interne, matière – relève de l'entendement, le second – diversité, disconvenance, caractère externe, forme – de la sensibilité [1]. La liste des moyens de comparaison est, de toute évidence, le produit des quatre classes de catégories par les deux facultés. Ayant systématiquement ignoré l'origine sensible de la deuxième série de concepts, Leibniz aurait « intellectualisé les phénomènes ». Il se serait ainsi certes rendu coupable d'une erreur – mais d'une erreur systématique. Pour fausses que soient les prémisses, le raisonnement est rigoureux : du faux ne se déduit pas toujours n'importe quoi.

Un historien de la philosophie pourrait reprocher à Kant de dériver le système leibnizien de ses propres catégories plutôt que des textes de Leibniz ou de Wolf, dont il ne cite pas un mot. Mais Kant est en ceci fidèle à son précepte : ne pas livrer « une critique des livres et des systèmes, mais celle du pouvoir de la raison en général » [2]. Le système leibnizien n'a rien de *leibniz*ien : il dérive naturellement de la raison humaine. Il est, comme les doctrines de Platon et de Wolf, la réalisation d'une disposition de la raison à l'intellectualisme noologiste dogmatique.

Le sensualisme empiriste dogmatique

Déterminer si la philosophie d'Épicure est dogmatique ou sceptique passerait pour aisé si Kant n'avait fait preuve à ce sujet de la plus grande prudence. L'épicurisme présente en effet au premier abord toutes les caractéristiques d'un empirisme dogmatique :

> si l'empirisme devient lui-même dogmatique relativement aux idées (comme il arrive la plupart du temps), et s'il nie hardiment ce qui est au-dessus de la sphère de ses connaissances intuitives, il tombe alors dans le défaut de l'immodestie, qui est ici d'autant plus blâmable que l'intérêt pratique de la raison en reçoit un préjudice irréparable.
>
> Telle est l'opposition entre l'*épicurisme* et le *platonisme* [3].

1. *Ibid.*, A 261-268/B 317-324, AK III 215-219.
2. *Ibid.*, A XII, AK IV 9.
3. *Ibid.*, A 471/B 499, AK III 327.

La philosophie épicurienne aurait donc le privilège d'être l'antagoniste exact du platonisme, niant l'existence d'objets suprasensibles avec autant de radicalité que Platon la soutient.

Mais aussitôt après avoir écrit ces mots, Kant relativise en note le caractère dogmatique de la pensée d'Épicure : « c'est [...] encore une question que celle de savoir si Épicure a jamais avancé ces principes en qualité d'affirmations objectives ». Qui sait si, en effet, Épicure ne préconisait pas un usage régulateur, c'est-à-dire simplement méthodologique plutôt que dogmatique, des maximes empiristes que sont les antithèses des Antinomies [1] ? Si l'hypothèse était avérée, Épicure deviendrait de fait un précurseur méconnu du criticisme : « Si, par hasard, [ces principes] n'étaient autre chose que des maximes de l'usage spéculatif de la raison, [Épicure] aurait montré en cela un esprit plus véritablement philosophique qu'aucun des sages de l'Antiquité ». Mais si l'Épicure historique a su échapper au dogmatisme, tel n'est pas le cas de l'épicurisme rationnel, tendance dogmatique de la raison qui seule intéresse le philosophe critique. L'épicurisme est un sensualisme empiriste dogmatique.

La philosophie d'Aristote est, comme l'épicurisme, un dogmatisme [2], en plus d'être un sensualisme. Aristote, par ailleurs « chef des *empiristes* », a d'ailleurs manqué de rigueur en prétendant « *progresser* en étendant au supra-sensible auquel n'atteignent pas ses catégories ces mêmes principes qui valent dans le sensible (sans qu'il ait remarqué le saut dangereux qu'il avait à faire ici) » [3]. Il fut ainsi le premier, mais non le plus illustre, représentant de l'empirisme. C'est peut-être Épicure qui aurait dû débattre avec Platon au centre de *L'École d'Athènes*.

1. Antithèses auxquelles Épicure fut d'ailleurs en réalité bien loin de souscrire de manière univoque, comme le souligne Jules Vuillemin : « Épicure tempère toutes ces thèses, sauf la dernière. À l'éternité des atomes il ajoute le thème de la pluralité des mondes qui naissent et meurent et ont donc commencement et fin. Si l'âme est un composé périssable, elle a du moins pendant un certain temps une sorte de permanence formelle, qui s'accorde bien avec son indépendance, parallèle à celle des atomes. Le clinamen et la liberté brisent enfin l'enchaînement des causes naturelles. Somme toute, exception faite de l'existence de l'être nécessaire, on rangerait plutôt Épicure du côté des thèses que des antithèses kantiennes, c'est-à-dire précisément du côté de l'intérêt pratique et contre l'intérêt spéculatif de la raison » (J. Vuillemin, *NC*, *op. cit.*, p. 207-208).

2. I. Kant, *Progrès de la métaphysique*, *op. cit.*, Préface, AK XX 262.

3. I. Kant, « D'un Ton grand seigneur adopté naguère en philosophie », dans *Première introduction à la Critique de la faculté de juger et autres textes*, Paris, Vrin, 1975, AK VIII 393.

Le sensualisme empiriste dogmatique est la classe de systèmes à laquelle Locke appartient – ou aurait dû appartenir. De la reconstruction du système leibnizien par Kant dans l'Amphibologie, on peut en effet conjecturer par symétrie la possibilité d'une reconstruction *a priori* de la philosophie de Locke. Si Kant ne développe pas cette reconstruction de manière détaillée, il n'en reconnaît pas moins la possibilité, tout en indiquant la direction à suivre :

> Leibniz *intellectualisait* les phénomènes, tout comme Locke, à travers son système de *noogonie* (s'il m'est permis de me servir de ces expressions), avait globalement *sensualisé* les concepts de l'entendement, c'est-à-dire les avait présentés comme n'étant rien que des concepts de réflexion empiriques ou abstraits. Au lieu de rechercher dans l'entendement ou dans la sensibilité deux sources tout à fait différentes de représentations, mais qui ne pourraient juger des choses avec une validité objective qu'*en liaison*, chacun de ces grands hommes se borna uniquement à l'une de ces deux sources, laquelle, selon son opinion, se rapportait immédiatement aux choses en soi, cependant que l'autre ne faisait que confondre ou ordonner les représentations de la première [1].

On peut ainsi conjecturer la structure qu'aurait dû revêtir la « noogonie » lockienne. D'abord, l'universelle *diversité* des choses serait attestée par les sens et l'identité en serait dérivée, par simple confusion ou par un geste d'abstraction des différences : à l'identité des indiscernables se substituerait pour ainsi dire la diversité des indiscernés. Ensuite, la *disconvenance* régnerait sur toutes choses, chacune pouvant entrer en contradiction avec toute autre dans la nature ; la convenance n'en serait qu'un cas particulier. De même, l'*extériorité* de toutes les choses sensibles primerait toute intériorité, celle-ci n'ayant de sens que pour peu que l'on fasse abstraction des relations spatiales dans lesquelles s'inscrit fondamentalement toute réalité. Enfin, la *forme* des concepts, c'est-à-dire leur détermination, précéderait jusqu'à leur matière, celle-ci n'étant qu'induite *a posteriori*.

Encore eût-il fallu que Locke pense de manière conséquente ; mais il faillit à incarner l'adversaire que Leibniz eût mérité. L'espoir suscité par sa « *physiologie* de l'entendement humain » [2] fut vite déçu lorsqu'elle « retomba dans le vieux *dogmatisme* vermoulu » [3]. La méthode dogmatique de Locke se trahit notamment dans la façon dont cet auteur,

1. I. Kant, *KRV*, *op. cit.*, A 271/B 327, AK III 221.
2. *Ibid.*, A 86/B 118-119, AK III 100.
3. *Ibid.*, A IX–X, AK IV 8.

> après avoir dérivé tous les concepts et tous les principes de l'expérience, en étend l'usage si loin qu'il affirme qu'on peut démontrer l'existence de Dieu et l'immortalité de l'âme (bien que ces deux objets soient entièrement en dehors des limites de l'expérience possible) aussi évidemment que n'importe quel théorème mathématique [1].

Pour cette inconséquence, qui le pousse à l'« exaltation » [2] (*Schwärmerei*), Locke ne saurait soutenir la comparaison avec Épicure, sensualiste autant que lui, mais empiriste plus rigoureux.

Quoique ayant rencontré des succès divers dans leur entreprise, les pensées d'Aristote, d'Épicure et de Locke relèvent ainsi toutes trois d'un sensualisme empiriste dogmatique.

Le sensualisme empiriste sceptique

Érigeant Hume en symbole du scepticisme, l'Histoire de la raison pure ne détermine pas explicitement sa position sur l'objet et la source des connaissances rationnelles. Mais si l'on se fie à l'« ordre des raisons » recomposé par Kant, Hume aurait d'abord adopté un parti empiriste :

> [Hume] s'arrêta surtout au principe de causalité et remarqua fort justement que la vérité de ce principe [...] ne repose sur aucune connaissance claire, c'est-à-dire sur aucune connaissance *a priori* et que, par suite, aussi, ce n'est aucunement la nécessité de cette loi, mais simplement son utilité générale dans le cours de l'expérience et la nécessité subjective qui en résulte, nécessité qu'il nommait habitude, qui font toute l'autorité de ce principe [3].

Ayant décidé de ne reconnaître comme valides que les connaissances *a posteriori*, Hume aurait ensuite naturellement rejoint le sensualisme, c'est-à-dire le rejet des objets intellectuels :

> de l'impuissance où est notre raison à faire de ce principe un usage qui dépasse toute expérience, il conclut à la vanité de toutes les prétentions qu'a la raison de s'élever en général au-dessus de l'empirique.

C'est dans la *Critique de la raison pratique* que Kant décrit le plus clairement l'articulation entre les trois aspects de la pensée de Hume. En sensualiste, Hume « déni[e] à la raison tout jugement sur Dieu, la liberté

1. *Ibid.*, A 854-855/B 882-883, AK III 551. Voir aussi I. Kant, *Logique*, *op. cit.*, AK IX 32.

2. I. Kant, *KRV*, *op. cit.*, B 127-128, AK III 105-106.

3. *Ibid.*, A 760/B 788, AK III 496 ; *cf.* également *ibid.*, B 127, AK III 105.

et l'immortalité » – qui sont autant d'idées, c'est-à-dire d'objets intellectuels ; c'est en empiriste qu'il « remplace toute signification objective de la nécessité dans le concept de cause par une signification purement subjective, c'est-à-dire par l'habitude » lorsqu'il prétend dériver de l'expérience la notion de cause ; et cet empirisme le mène au scepticisme :

> l'*empirisme* s'introduisit d'abord comme la source unique des principes de toute connaissance concernant l'existence des choses (les mathématiques étant encore, par conséquent, exceptées), mais avec lui aussi le *scepticisme* le plus radical envahit même toute la connaissance de la nature (comme philosophie) [1].

Le scepticisme de Hume ne saurait donc être compris isolément de son sensualisme et de son empirisme.

Conclusion

Dans la classification tridimensionnelle de Kant s'inscrivent ainsi trois systèmes complets : l'intellectualisme noologiste dogmatique de Platon, de Leibniz et de Wolf, le sensualisme empiriste dogmatique d'Aristote, d'Épicure et de Locke, et le sensualisme empiriste sceptique de Hume.

Relevons tout de même les problème de subsomption que posent à Kant les pensées d'Aristote et de Leibniz : le sensualisme du premier incline vers le noologisme, le noologisme du second vers le sensualisme. S'écartant respectivement d'Épicure et de Platon, tous deux tendent mystérieusement vers la case d'un *sensualisme noologiste* auquel Kant ne donne pourtant pas droit de cité.

Cinq cases restent vides : est-ce de droit ou simplement de fait ? Si les Idées existent, leur connaissance ne peut être qu'*a priori*, et si elles n'existent pas, il n'y a de connaissance qu'*a posteriori* ; il n'y a donc d'intellectualisme cohérent que noologiste, et de sensualisme cohérent qu'empiriste. Les variantes dogmatiques et sceptiques de l'intellectualisme empiriste et du sensualisme noologiste correspondent donc à des cases vides. Il serait par ailleurs incohérent de se vouloir simultanément intellectualiste et sceptique – c'est-à-dire de soutenir la cognoscibilité d'objets suprasensibles dont on doute de l'existence même ; cette cinquième option est également contradictoire. On peut ainsi déduire *a priori* qu'il n'existe donc pas d'autre classe de systèmes possible que les trois qu'incarnent par excellence Platon, Épicure et Hume (fig. 1.3).

1. I. Kant, *KPV*, *op. cit.*, AK V 13. Hume se distingue aux yeux de Kant de l'« empirisme universel » qui étendrait aux mathématiques la réductibilité à l'expérience.

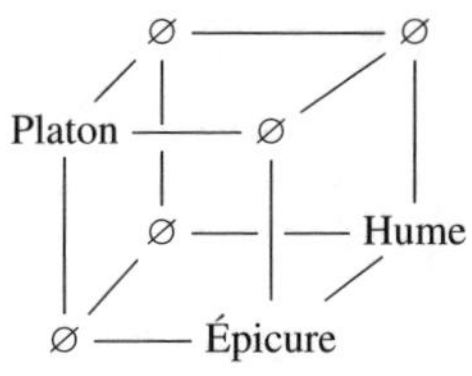

FIGURE 1.3. Classification des systèmes philosophiques selon les critères de l'Histoire de la raison pure.

Faces supérieure/inférieure : intellectualisme/sensualisme.
Faces de gauche/de droite : noologisme/empirisme.
Faces avant/arrière : dogmatisme/scepticisme.

CHAPITRE III

LA PAIX PERPÉTUELLE À L'HORIZON DU CRITICISME

L'âge de la métaphysique, par ses trois divisions fondamentales, révèle la topographie du « champ de bataille » déploré dans les premières pages de la *Critique de la raison pure*. C'est par les outils conceptuels qui lui sont propres que le criticisme a pu en établir la carte ; c'est encore grâce à eux que pourra advenir la « paix perpétuelle en philosophie ».

L'ANTINOMIE COMME CONFLIT DES DOGMATISMES

Rien ne montre mieux la méthode kantienne de résolution des conflits métaphysiques que le traitement des Antinomies. Chacune met en balance deux doctrines opposées, toutes deux dogmatiques : « Si on donne le nom de thétique à un ensemble de doctrines dogmatiques, j'entends par antithétique non des affirmations dogmatiques du contraire, mais le conflit entre des connaissances *dogmatiques* en apparence (*thesin cum antithesi*), sans que l'on attribue plus à l'une qu'à l'autre un titre plus parfait à notre approbation » [1]. Tout part donc de l'état de *stupeur* et d'*indécision* de la raison face à ce qui lui paraît une contradiction.

Les antinomies cosmologiques, plus particulièrement, mettent aux prises des doctrines dont l'opposition ne va pas sans rappeler celle de l'Amphibologie. Aussi Alexis Philonenko reprend-il à son compte la formule par laquelle Kant opposait Leibniz à Locke : « Les thèses constituent le point de vue dogmatique rationaliste et de manière générale *intellectualisent* les phénomènes – les antithèses constituent le point de vue

1. I. Kant, *KRV*, *op. cit.*, A 420/B 448, AK III 290. Nous soulignons.

dogmatique sceptique ou empiriste, qui niant le rationnel, *sensualisent les concepts* » [1]. S'il est pertinent de reconnaître dans les thèses la griffe de l'intellectualisme, l'expression de « point de vue dogmatique sceptique ou empiriste » qui lui est posée en regard est malheureuse, dogmatisme et scepticisme étant dans la terminologie kantienne mutuellement exclusifs [2]. Prétendant à la vérité, les antithèses n'ont rien de sceptique. Il nous paraît donc incorrect de soutenir avec A. Philonenko que les thèses relèvent du « stade dogmatique » et les antithèses du « stade sceptique » [3]. Seul en effet l'affrontement des « dogmatiques des deux camps » [4], c'est-à-dire de deux *dogmatismes* à part entière, donnera par la suite du grain à moudre au scepticisme.

L'origine de cette confusion est peut-être à trouver dans un abus de langage que s'autorise Kant lorsqu'il attribue les thèses au « dogmatisme » et les antithèses à l'« empirisme » [5] – opposition bancale, puisqu'il existe un empirisme dogmatique. Thèses et antithèses n'opposent donc pas les dogmatiques et les sceptiques, mais les deux sortes de dogmatiques que sont les intellectualistes noologistes et les sensualistes empiristes.

Conséquence de ce flottement entre empirisme et scepticisme, les pensées qu'A. Philonenko semble ici attribuer au scepticisme semblent en décalage tantôt avec le texte même des Antinomies, tantôt avec le concept kantien de scepticisme. Pour la première antinomie, le scepticisme dit certes « comment l'on ne peut prouver que le monde ait un commencement » [6] ; mais contrairement à ce qu'affirme A. Philonenko, cette position ne correspond pas à l'antithèse de la première antinomie : l'antithèse entend *prouver* positivement que le monde *n'a pas* de commencement. Il ne faut pas confondre l'empirisme, qui réfute la *thèse* intellectualiste, et le scepticisme, qui met en doute sa *démontrabilité* ; c'est tout l'enjeu de la distinction entre les objections dogmatique et sceptique dans la première édition de la *Critique de la raison pure*, la première étant « celle qui est dirigée contre une *proposition* », la seconde celle qui « oppose mutuellement la proposition et la proposition contraire » [7]. Dans la deuxième

1. A. Philonenko, *L'Œuvre de Kant*, Paris, Vrin, 1996, p. 264.

2. À notre connaissance, Kant n'utilise l'expression de « scepticisme dogmatique » qu'une seule fois, et dans un brouillon : I. Kant, *Progrès de la métaphysique*, *op. cit.*, Projet II, AK XX 326.

3. A. Philonenko, *L'Œuvre de Kant*, *op. cit.*, p. 270.

4. I. Kant, *KRV*, *op. cit.*, A 430/B 458, AK III 297.

5. *Ibid.*, A 465-466/B 493-494, AK III 324.

6. A. Philonenko, *L'Œuvre de Kant*, *op. cit.*, p. 273.

7. I. Kant, *KRV*, *op. cit.*, A 388, AK IV 243.

antinomie, pour les mêmes raisons, l'antithèse ne prouve pas la thèse sceptique « qu'il est impossible d'atteindre la substance simple », mais, bien plus ambitieusement, que cette substance simple *n'existe pas*. Pour les deux premières antinomies, A. Philonenko attribue donc au scepticisme des pensées qui lui appartiennent effectivement, mais restent incomparablement plus faibles que les antithèses cosmologiques.

Inversement, A. Philonenko, pour les deux dernières antinomies, attribue au scepticisme des pensées sur lesquelles celui-ci ne se prononce pas, et qui relèvent de l'empirisme dogmatique. Dans la troisième antinomie, le sceptique n'affirme pas comme l'empiriste « que seule règne la causalité mécanique », mais seulement que l'existence de la liberté n'est pas prouvable, pas plus d'ailleurs que ne l'est la causalité mécanique – on ne saurait reprocher à Kant d'avoir minimisé l'importance de la critique humienne de la causalité. Et dans la quatrième antinomie, le sceptique n'affirme pas « que le monde ne se rapporte pas à un être qui le dépasse » à la manière d'un empiriste dogmatique, mais simplement que cette question est indécidable. Assez curieusement, A. Philonenko privilégie donc une interprétation sceptique des antinomies mathématiques et une interprétation empiriste des antinomies dynamiques, au lieu de distinguer clairement l'empirisme du scepticisme, les antithèses étant le seul fait du premier.

Mais si l'empiriste n'est pas moins dogmatique que le rationaliste, pourquoi Kant réserve-t-il au second le nom de « dogmatisme » dans les Antinomies, au prix d'une instabilité terminologique ? Il s'agit expressément d'un abus de langage :

> On remarque, dans les affirmations de l'antithèse, une parfaite uniformité du mode de pensée et une complète unité de la maxime, à savoir un principe qui est celui du pur *empirisme* [...]. En revanche, les affirmations de la thèse adoptent pour fondement, outre le mode d'explication empirique utilisé à l'intérieur de la série des phénomènes, d'autres principes intellectuels encore, et de ce fait la maxime n'est pas simple. Je l'appellerai cependant, eu égard à sa caractéristique distinctive essentielle, le *dogmatisme* de la raison pure [1].

C'est parce que le rationalisme dogmatique n'est un dogmatisme *que* de la raison pure qu'il reçoit le nom abrégé de dogmatisme ; mais au sens propre, l'empirisme qui lui fait face mériterait autant l'épithète.

1. *Ibid.*, A 465-466/B 493-494, AK III 324.

Le conflit des antinomies cosmologiques n'est donc pas celui du dogmatisme et du scepticisme, axe de l'objection sceptique, que l'on lit trop souvent comme la clef universelle du criticisme [1], mais celui du rationalisme et de l'empirisme, axe de l'objection dogmatique [2] (fig. 1.4). Malgré son importance, que nul n'a jamais minimisée, le premier conflit ne doit pas occulter le second.

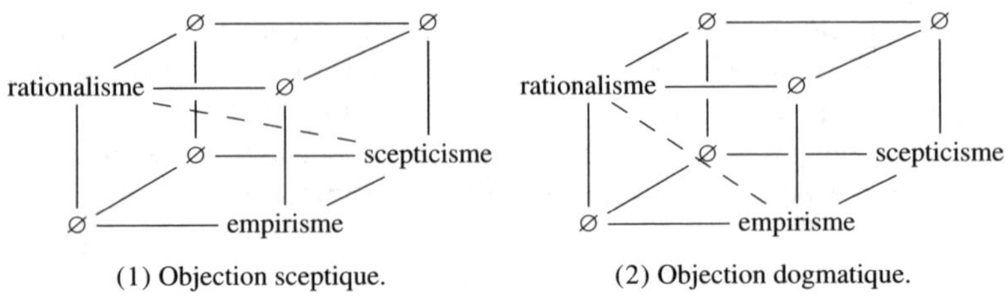

FIGURE 1.4. Axes de l'objection sceptique (1) et de l'objection dogmatique (2).

LA LOGIQUE DES ANTINOMIES

Le traitement du conflit par Kant fait appel à un outillage logique. Pour résoudre les antinomies, la stratégie kantienne consiste à montrer que l'apparente *contradiction* des thèses recèle en vérité, soit une *contrariété*, soit une simple *subcontrariété*.

Dans sa *Logique*, Kant reprend de la logique médiévale les oppositions formalisées par le carré logique [3] :

1. C'est par exemple ainsi que Léon Brunschvicg, dans *Les Âges de l'intelligence*, réduit le criticisme à un dialogue avec Wolf et Hume : « les deux maîtres auxquels Kant est redevable de sa formation philosophique figurent les personnages traditionnels du *Dogmatique* et de l'*Académicien*, le *Pancrace* et le *Marphurius* de Molière » (L. Brunschvicg, *Les Âges de l'intelligence*, Paris, Alcan, 1934, p. 102).

2. I. Kant, *KRV*, *op. cit.*, A 388, AK IV 243.

3. I. Kant, *Logique*, *op. cit.*, AK IX 116 *sq.*

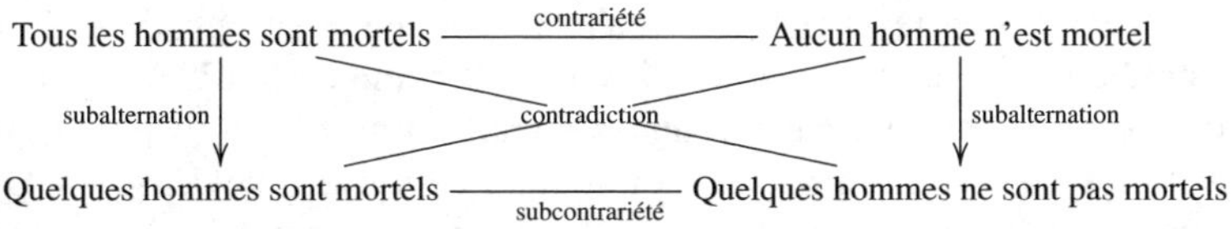

Deux thèses sont dites *contraires* si elles peuvent être fausses toutes les deux, mais non vraies toutes les deux. Elles sont *contradictoires* si elles ne peuvent être ni vraies toutes les deux ni fausses toutes les deux : une et une seule doit être vraie. Elles sont *subcontraires* si elles peuvent être vraies toutes les deux, mais non fausses toutes les deux. Les Antinomies de chaque *Critique* peuvent être vues comme la recherche du type d'opposition – contrariété, contradiction ou subcontrariété – subsistant entre deux thèses données.

En 1770, dans ce qui préfigure les deux antinomies mathématiques de la *Critique de la raison pure*, Kant veut montrer que le monde peut être infini et continu pour l'entendement tout en étant fini et composé pour la sensibilité [1]. Il concilie les deux thèses opposées en les rapportant simplement à la faculté qui les engendre : l'entendement – compris comme entendement *pur* – et la sensibilité. A. Philonenko remarque fort à propos que les antinomies mathématiques subissent un traitement bien différent de celui qui les attend dans la *Critique de la raison pure* : « ici thèse et antithèse sont *admises concurremment*, la thèse dans le monde sensible, l'antithèse dans le monde intelligible. Dans la *Critique*, elles sont *niées ensemble* » [2]. Kant en appelle donc à cette époque à la subcontrariété, plutôt qu'à la contradiction ou à la contrariété, pour résoudre le conflit des antinomies mathématiques.

La stratégie est tout autre dans la *Critique de la raison pure* : les thèses et antithèses des antinomies mathématiques sont désormais toutes deux *fausses* ; elles sont donc *contraires* et non plus simplement subcontraires. Confiner l'une au monde sensible et l'autre au monde intelligible ne saurait plus suffire à les réconcilier. Les antinomies dynamiques sont en revanche bel et bien *subcontraires* : on peut concilier l'affirmation et la négation de l'existence de la liberté en restreignant la première au monde suprasensible et la seconde au monde sensible ; et il en va de même de l'existence d'une cause nécessaire du monde.

1. I. Kant, *Dissertation de 1770. Lettre à Marcus Herz*, Paris, Vrin, 1995, §1.
2. *Ibid.*, note 1 du traducteur, p. 113.

Ce qui n'a en revanche pas varié est l'évitement systématique de la contradiction en tant que telle. Si, en 1770 comme en 1781, les positions opposées avaient été reconnues comme *contradictoires* plutôt que contraires ou subcontraires, les Antinomies se seraient soldées, non par une dissolution, mais par un choix. Entre les contradictoires, Kant eût dû prendre parti. Corrélativement, la négation d'une proposition entraînant nécessairement l'affirmation de sa contradictoire, la démonstration apagogique de chacun des huit raisonnements de l'Antithétique eût été implacable : imaginez le désarroi de la raison.

Or c'est précisément parce que les positions antithétiques ne sont pas contradictoires que le raisonnement apagogique porte à faux. Sont-elles contraires ? alors la fausseté de la position réfutée n'entraîne pas nécessairement la vérité de l'autre position. Sont-elles subcontraires ? alors réfuter une position dans un certain domaine – réfuter par exemple l'existence de la liberté dans les objets du monde sensible – n'empêche pas qu'elle soit vraie dans un autre. Que ce soit de manière directe par le choix d'une doctrine ou de manière apagogique par la réfutation de la doctrine opposée, l'Antithétique ne peut se solder par une dissolution que parce que les positions opposées sont toujours contraires ou subcontraires, mais jamais simplement contradictoires. Un jugement de Salomon transcendantal décrète ainsi que les doctrines opposées partagent la même valeur de vérité. Vraies ou fausses de concert, elles ne se laissent pas discriminer. C'est ainsi que Kant évite le piège des démonstrations apagogiques, dont il exclut l'usage métaphysique au profit des preuves ostensives [1].

Cette stratégie de substitution de la contrariété ou de la subcontrariété à toute contradiction est évidemment consciente chez Kant, et clairement revendiquée. Dans une note en marge de la seconde édition de la *Critique de la raison pure*, Kant écrit :

> Dans les idées cosmologiques, les deux premières propositions disent trop pour l'opposition, les deux dernières trop peu. Les premières disent : tout est ou bien éternel dans le temps, ou bien a un commencement, et il faudrait l'exprimer : ou bien ce n'est pas éternel et, comme chose en soi en elle-même, n'existe pas du tout dans un temps.
>
> Dans les dernières il est dit trop peu. De là, chacune des deux peut être vraie : par exemple tout dans le monde est ou bien dépendant, ou bien

1. I. Kant, *KRV*, *op. cit.*, A 789-794/B 817-822, AK III 513-516.

> indépendant (tout nécessaire). Cela est vrai des phénomènes, ceci des noumènes en dehors du monde [1].

Plus tard, dans les *Progrès de la métaphysique*, Kant établit le lien, resté implicite dans la *Critique de la raison pure*, entre antinomies mathématiques et contrariété (*contrarie opposita*), antinomies dynamiques et subcontrariété (*judicia subcontraria*) [2]. Ce sont donc bien les notions de contrariété et de subcontrariété, héritées de la logique classique mais renouvelées par la logique transcendantale, qui permettent à Kant de dissoudre les antinomies, tant mathématiques que dynamiques.

Elles sont assistées en cela par un trait propre à la logique transcendantale. Contrairement à la « logique générale », celle-ci ne fait pas abstraction des sources de la connaissance. Si l'infinité est la négation de la finitude et si la continuité est la négation de la discrétion, alors par double négation – ou par usage du tiers-exclu – nier que le monde soit infini revient à affirmer qu'il est fini, et nier que le monde soit continu, à affirmer qu'il est composé de parties discrètes. Mais l'une des spécificités de la logique transcendantale est de restreindre considérablement la portée du tiers-exclu [3]. Dans la table des jugements, Kant distingue en effet les jugements affirmatifs (*bejahend*), non seulement des jugements négatifs (*verneinend*), mais également des jugements infinis (*unendlich*) : que l'âme ne soit pas non mortelle n'implique pas qu'elle soit mortelle [4]. Or, c'est parce que Kant refuse de suivre la « logique générale » dans son axiome de double négation que la non-infinité du monde peut ne pas impliquer sa finitude, et sa non-continuité ne pas impliquer sa discrétion. De même que dans la logique intuitionniste moderne la proposition « $\neg\neg p \rightarrow p$ » n'est, contrairement à sa réciproque, pas démontrable, de même en logique transcendantale le tiers-exclu est-il inapplicable hors des limites de l'expérience possible. En logique classique, les antinomies mathématiques auraient été contradictoires, cautionnant de ce fait

1. I. Kant, *Critique de la raison pure*, Paris, Flammarion, 1987, Réflexion CLXX E 51, en marge de la page AK III 338, p. 711 de l'édition Barni.

2. I. Kant, *Progrès de la métaphysique*, *op. cit.*, Projet II, AK XX 291-292.

3. *Ibid.*, Notes marginales, AK XX 329 : « La possibilité ainsi que l'impossibilité absolues de la non-existence d'une chose sont des représentations transcendantes, qui ne peuvent être pensées parce que nous n'avons de raison de poser ni d'exclure quelque chose sans condition. Donc la proposition : une chose existe de façon absolument contingente, ou : elle est absolument nécessaire, est dans les deux cas sans aucun fondement. La proposition disjonctive n'a donc pas d'objet. C'est exactement comme si je disais : chaque chose est x ou non-x et que je ne connusse pas x ».

4. I. Kant, *KRV*, *op. cit.*, A 70-73/B 95-98, AK III 87-88.

les démonstrations apagogiques ; en logique transcendantale, elles ne sont que contraires.

Il est vrai que, dans certains cas, la stratégie de la subcontrariété aboutit également, par un léger détour, à celle de la contrariété ; c'est notamment le cas, comme nous allons le voir, dans l'examen de l'antinomie esthétique dans la *Critique de la faculté de juger*.

L'antinomie de la faculté de juger esthétique [1] oppose, comme celles des deux premières *Critiques*, le sensualisme à l'intellectualisme : « 1. *Thèse*. Le jugement de goût ne se fonde pas sur des concepts ; car autrement on pourrait disputer sur ce sujet (décider par des preuves). 2. *Antithèse*. Le jugement de goût se fonde sur des concepts ; car autrement on ne pourrait même pas, en dépit des différences qu'il présente, discuter sur ce sujet (prétendre à l'assentiment nécessaire d'autrui à ce jugement) ». La seule différence notable avec les antinomies des deux premières *Critiques* est que la thèse est sensualiste et l'antithèse intellectualiste, l'ordre étant inversé – vraisemblablement parce que, le goût relevant de l'*esthétique* au sens large, il est plus naturel de le plonger dans la sensibilité que dans l'entendement.

La structure de l'antinomie est manifestement la même que celle des antinomies cosmologiques : d'abord parce que l'une des doctrines refuse l'existence d'objets intellectuels, tandis que l'autre, sans évidemment nier l'existence des objets sensibles, les subordonne à l'intellect ; ensuite parce que chacune des preuves est apagogique. Or, selon le procédé qui a déjà fait ses preuves pour les antinomies cosmologiques dynamiques, la dissolution de l'antinomie semble d'abord passer strictement par la mise au jour de la subcontrariété des thèses opposées :

> Il n'y a pas d'autre possibilité, pour résoudre le conflit entre ces principes qui sont au soubassement de chaque jugement de goût [...], que de montrer que le concept auquel on rapporte l'objet dans ce genre de jugement n'est pas pris selon le même sens dans les deux maximes de la faculté de juger esthétique.

Et de fait, « toute contradiction disparaît » dès l'instant où l'on traduit les deux positions d'une manière adéquate :

> Dans la thèse, il faudrait dire les choses ainsi : le jugement de goût ne se fonde pas sur des concepts *déterminés* ; et dans l'antithèse : le jugement de goût se fonde pourtant sur un concept, bien qu'il s'agisse

1. I. Kant, *Critique de la faculté de juger*, *op. cit.*, AK V 338-341.

> certes d'un concept *indéterminé* (à savoir celui du substrat suprasensible des phénomènes) – et dès lors il n'y aurait entre thèse et antithèse nulle contradiction.

Il semblerait donc que le fin mot de l'antinomie esthétique réside purement et simplement dans la subcontrariété des thèses antithétiques.

Mais l'analyse kantienne va plus loin ; elle montre qu'en regard de cette dissolution par subcontrariété, il existe également une solution par contrariété :

> Si l'on admettait en revanche pour principe déterminant du goût (à cause de la singularité de la sensation qui est au fondement du jugement de goût), comme c'est le cas chez certains, l'*agrément*, ou, comme d'autres le souhaitent (à cause de sa validité universelle), le principe de la *perfection*, et si l'on voulait établir d'après ces hypothèses la définition du goût, il en naîtrait une antinomie qui ne pourrait être absolument aplanie qu'à condition de montrer que *ces deux propositions* antithétiques (mais non pas simplement de façon contradictoire) sont *fausses*.

Kant insiste bien pour montrer que prises en un sens fort, les propositions antinomiques, non seulement ne seraient plus conciliables – donc perdraient leur *subcontrariété* –, non seulement ne s'opposeraient pas « simplement de façon contradictoire », mais seraient toutes deux fausses – c'est-à-dire *contraires*. La méthode de dissolution de l'antinomie dépend donc du sens que l'on prête aux propositions opposées. En un sens fort, elles sont contraires, en un sens faible subcontraires : jamais contradictoires.

LA CONCILIATION DES SYSTÈMES DANS LE CRITICISME

Ce traitement des Antinomies permet de comprendre la position propre au criticisme sur l'objet, l'origine et la méthode des connaissances rationnelles, pommes de discorde de la métaphysique.

D'abord, quant à l'*objet* des connaissances, la critique ne reconnaît positivement l'existence que des objets sensibles et rejette la thèse d'une *connaissance* des choses en soi comme objets suprasensibles : elle s'inscrit en cela dans l'héritage du sensualisme. Mais elle ne s'interdit pas pour autant de faire un usage régulateur, non seulement des concepts, comme le fait le sensualisme (*cf. supra*, p. 42), mais même des Idées, non en tant que connues mais en tant que *pensées* : c'est tout le sens de la réhabilitation de Platon par Kant [1]. Ensuite, quant à la *source* des connaissances, le criticisme exige, avec l'empirisme, que l'objet d'une connaissance puisse apparaître dans l'intuition ; mais non sans maintenir, avec le noologisme, la possibilité d'une connaissance *a priori*. L'intuition *a priori* se trouve ainsi concentrer le paradoxe par lequel Kant concilie noologisme et empirisme. Enfin, quant à la méthode, Kant accorde aux sceptiques la nécessité d'un *examen* des pouvoirs de la raison ; mais cet examen ne doit pas laisser aux seuls dogmatiques l'espoir de connaissances *positives*.

Le criticisme se trouve ainsi d'une certaine manière à la confluence des systèmes. Du sensualisme, il retient la nature sensible des objets existants ; de l'intellectualisme, l'utilité théorique et pratique des idées de la raison ; de l'empirisme, l'origine sensible des connaissances ; du noologisme, la possibilité de connaissances *a priori* ; du dogmatisme, la possibilité d'une connaissance positive en général ; du scepticisme, l'impossibilité de connaître les choses en soi. Mais de manière symétrique et tout aussi systématique, le criticisme rejette une partie de chaque système. Du sensualisme, il rejette la limitation de la pensée (et non de la simple connaissance) aux objets d'une expérience possible ; de l'intellectualisme, l'affirmation d'une existence objective des idées ; de l'empirisme, la limitation de la connaissance à l'expérience effective et non simplement possible ; du noologisme, la prétention à affirmer le caractère *a priori* de toute connaissance ; du dogmatisme, le désir de connaître les choses en soi ; du scepticisme, la contestation de la possibilité de la connaissance en général. C'est ainsi que Kant peut sans contradiction revendiquer la méthode dogmatique tout en récusant le dogmatisme, la méthode sceptique tout en rejetant le scepticisme [2].

Il ne faudrait pas pour autant voir dans cette acceptation et ce refus le résultat d'un simple tri, comme si Kant avait choisi dans chaque système, en se laissant guider par le bon sens, les thèses qui lui paraissaient vraies. Kant n'a pas isolé la « part de vérité » et la « part d'erreur » de chaque système – « éclectisme », ou « syncrétisme » [3], pour lequel il n'a pas de mots assez durs :

> être *conséquent*, c'est ce qui incombe le plus à un philosophe, et c'est pourtant la chose que l'on rencontre le plus rarement. Les anciennes

1. I. Kant, *KRV*, *op. cit.*, A 316/B 372-373, AK III 247-248.
2. *Ibid.*, B XXXV, AK III 21 ; et *ibid.*, A 423-424/B 451, AK III 292.
3. *Cf.* la 3e partie de notre étude et en particulier p. 160 pour une brève histoire des concepts d'éclectisme et de syncrétisme à l'époque moderne.

> écoles grecques nous en fournissent plus d'exemples que notre siècle *syncrétiste*, où l'on bâcle un vague *système de coalition* de propositions fondamentales contradictoires, marqué par la mauvaise foi et la superficialité [1].

Il n'est donc pas question de coudre *partes extra partes* des thèses hétérogènes, mais il faut au contraire rester systématique jusque dans la conciliation des systèmes. Comme l'énoncent les maximes du sens commun dans la *Critique de la faculté de juger*, penser par soi-même et penser en se mettant à la place d'autrui ne sauraient nous dispenser de « toujours penser en accord avec soi-même » [2]. Ni l'autonomie de la pensée prônée par la première maxime ni la bienveillance et la conciliation recommandée par la deuxième ne doivent l'emporter sur la rigueur qu'exige la troisième.

Comment la conciliation des doctrines peut-elle être systématique ? Moyennant les distinctions conceptuelles adéquates, le criticisme permet la *traduction* des systèmes en formules acceptables à ses yeux. Seule cette traduction permet de sauver de l'oubli les systèmes du passé, comme l'observe Jacques Moutaux :

> Entrepris dans le cadre de la dialectique définie comme logique de l'illusion, l'examen des systèmes est du même coup dévalorisation des systèmes. À propos de Platon et d'Épicure, par exemple, l'embarras manifeste de Kant tient à ce qu'il veut distinguer la pensée critique d'un scepticisme destructeur. Comment sauvegarder l'intérêt pour l'étude de philosophies du passé ? Kant ne voit pas d'autre issue que de les comprendre mieux qu'ils ne se sont peut-être compris eux-mêmes. Ainsi, les thèses épicuriennes sont fausses si on les prend dogmatiquement, mais justes comme maximes favorables à la poursuite des recherches scientifiques [3].

Recourir ou non à cette traduction, c'est décider du sens – fort ou faible – que l'on donne aux doctrines, sachant que le sens fort implique la contrariété des systèmes et le sens faible leur subcontrariété. Seule la critique fournit ainsi la clef des conflits qui ont ravagé la métaphysique, comme le résume Bernard Bourgeois : « Kant réinsère son entreprise critique dans l'histoire de la raison philosophiquement consciente d'elle-même, comme la solution de problèmes jusqu'alors affrontés par celle-ci dans le déchirement » [4]. C'est parce que la raison produit ses conflits

1. I. Kant, *KPV*, *op. cit.*, AK V 24.
2. I. Kant, *Critique de la faculté de juger*, *op. cit.*, AK V 294.
3. J. Moutaux, « Philosophiques (systèmes) », *op. cit.*, p. 1635b.
4. B. Bourgeois, « L'Histoire de la raison selon Kant », *op. cit.*, p. 165.

internes qu'elle peut les comprendre, et parce qu'elle les comprend qu'elle les résout.

Cette traduction des systèmes dans le criticisme n'a rien d'*ad hoc*. Parfaitement méthodique, elle repose sur une série de *distinctions conceptuelles* : 1. quant à l'objet : phénomène et noumène ; 2. quant à l'origine : commencer avec l'expérience et dériver tout entier de l'expérience ; 3. quant à la méthode : connaître et penser. Chacun des trois conflits de la raison pure peut alors être vu comme une antinomie :

1) quant à l'objet : le primat cognitif du *monde phénoménal* n'empêche pas la possibilité de l'existence d'un *monde nouménal* ;

2) quant à la source : que la connaissance *commence* avec l'expérience n'implique pas qu'elle en *dérive* tout entière ;

3) quant à la méthode : la *connaissance* des phénomènes ne fait pas obstacle à la *pensée* des noumènes.

On peut donc parler d'une conciliation des systèmes chez Kant, du moins lorsque la contradiction cède le pas à la simple subcontrariété. Mais à l'inverse de ce qu'évoque communément la notion de synthèse, à savoir une assimilation de concepts distincts, *la synthèse de systèmes opposés, bien loin de reposer sur la confusion des concepts, repose essentiellement sur des distinctions conceptuelles*. C'est ainsi de manière méthodique que Kant « emprunte » des thèses aux doctrines métaphysiques ; position qui n'est tenable que parce que, *structurellement*, les systèmes sont le produit éternel de la raison pure et non le résultat contingent de l'histoire, si bien que les illusions métaphysiques passées n'ont rien d'arbitraire ; et parce que, *génétiquement*, c'est précisément le conflit des doctrines qui a éveillé l'examen critique, celui-ci ayant permis la mise au jour et la dissipation des confusions dont s'étaient rendus coupables les grands philosophes du passé.

La philosophie kantienne de l'histoire de la philosophie n'est donc rien moins qu'une philosophie du choix. Kant répudie aussi bien le *choix éclectique*, dislocation des systèmes, que le *choix logique*, prise de parti contrainte par la contradiction et les preuves apagogiques.

La conséquence naturelle de la confluence des systèmes opposés dans le criticisme, moyennant cette *retraduction réglée*, est que le criticisme lui-même n'a pas sa place dans la classification ; ou alors au centre du cube, au point de symétrie de toute la classification. Aussi Stéphane Chauvier voit-il chez Kant « une classification des errements de la raison philosophique entreprise à partir du socle ferme et unitaire de la vérité critique »[1]. C'est la raison pour laquelle le criticisme représente une troisième période de l'histoire, le futur de la raison pure, et non une nouvelle méthode qui s'installerait sur le même plan que le naturalisme et la méthode scientifique, ou que le dogmatisme et le scepticisme ; toutes ces divisions étant binaires, elles ne laissent pas de place pour un troisième terme.

HISTOIRE DE LA RAISON PURE ET PROGRÈS DE LA MÉTAPHYSIQUE

Une question reste ouverte : il s'agit du contenu que Kant aurait envisagé de donner à une nouvelle histoire de la philosophie et qui serait restée à l'état de projet dans le brouillon des *Progrès de la métaphysique*. C'est du moins l'hypothèse que défend Victor Delbos :

> il est [...] curieux de constater en passant que Kant a eu l'idée d'une histoire rationnelle de la philosophie ; cette histoire rationnelle se distinguerait de l'histoire empirique, en ce que, au lieu de noter purement et simplement la succession des doctrines, elle doit en expliquer la suite par l'évolution progressive de la raison même. – Cette conception déjà quasi hégélienne de l'histoire de la philosophie n'a pas été développée par Kant dans ses œuvres : elle se trouve indiquée dans ses brouillons[2].

Mais dans les pages auxquelles renvoie Delbos[3], la différence entre ce projet et l'Histoire de la raison pure n'est guère flagrante. Par contraste avec la « représentation historique de la philosophie », qui raconte empiriquement « comment et dans quel ordre on a philosophé jusqu'à présent », l'« histoire philosophante de la philosophie » ou « histoire philosophique de la philosophie »[4]

1. S. Chauvier, « La Philosophie de la classification des systèmes philosophiques : criticisme et décisionnisme », dans *Philosophie des mathématiques et théorie de la connaissance. L'Œuvre de Jules Vuillemin*, Paris, Albert Blanchard, 2005, p. 187.

2. V. Delbos, « Les conceptions de l'histoire de la philosophie », *Revue de métaphysique et de morale*, n° 24, 1917, p. 141.

3. I. Kant, *Progrès de la métaphysique*, *op. cit.*, F3, AK XX 340-343.

4. On pourrait trouver les prémisses de cette histoire – s'il faut interpréter en ce sens une très elliptique allusion de Kant – chez Fülleborn. C'est ce que proposent indépendamment Braun et Gueroult. *Cf.* L. Braun, *Histoire de l'histoire de la philosophie*, *op. cit.*, p. 234 ; M. Gueroult, *Histoire de l'histoire de la philosophie II*, *op. cit.*, p. 385 *sq.*

> est elle-même possible non pas historiquement ou empiriquement, mais rationnellement, c'est-à-dire *a priori*. Car encore qu'elle établisse des faits de raison, ce n'est pas au récit historique qu'elle les emprunte, mais elle les tire de la nature de la raison humaine, au titre d'archéologie philosophique.

Ce passage ne contient rien de plus que la distinction opérée par l'Architectonique entre les connaissances rationnelle et historique. Quel que soit le contenu objectif de ces connaissances – qui peut être *a priori* ou *a posteriori* – elles nous sont données subjectivement soit *ex principiis*, soit *ex datis*. Des connaissances *a posteriori*, l'apprentissage ne peut être qu'historique ; mais celui des connaissances *a priori* n'est hélas pas toujours rationnel : on peut n'avoir de la construction *a priori* qu'est le système de Wolf qu'une connaissance historique [1].

Gueroult, comme Delbos, prête à Kant une conception préhegelienne [2]. L'idée d'un progrès historique de la raison, aurait été absente de la *Critique de la raison pure* et ne serait apparue dans dans les *Progrès* :

> Dans une première période, Kant détache radicalement toute l'histoire de la philosophie non seulement de la temporalité, mais encore de la notion de progrès, même d'un progrès conçu comme une sorte de dialectique immanente à la raison (point de vue de la *Critique de la raison pure*). Plus tard, vers la fin de sa vie, il attribue expressément une signification au devenir temporel de l'histoire des idées, en faisant de lui l'expression phénoménale d'un développement logique interne de la raison [3].

On peut certes rêver de la déduction, par Kant, de l'*ordre* même des systèmes, lorsque celui-ci envisage d'« esquisser *a priori* un schème pour l'histoire de la philosophie, avec lequel les époques, les opinions des philosophes, tirées des informations existantes, coïncident comme s'ils avaient eu sous les yeux ce schéma même et avaient progressé d'après cela dans leur connaissance ». Il est vrai que Kant met particulièrement en valeur dans ce texte, écrit sous forme de notes, la façon dont la

1. *Cf.* I. Kant, *KRV*, *op. cit.*, A 835-836/B 863-864, AK III 540-541. Plusieurs auteurs confondent cette distinction avec celle de l'*a priori* et de l'*a posteriori*, ce qui leur permet de soutenir que l'informatique transforme les mathématiques en connaissance *a posteriori*. *Cf.* par exemple T. Tymoczko, « The Four-Color Problem and Its Philosophical Significance », *Journal of Philosophy*, vol. 76, n° 2, 1979, p. 77.

2. M. Gueroult, *Histoire de l'histoire de la philosophie II*, *op. cit.*, p. 388 et 390.

3. *Ibid.*, p. 373 ; *cf.* également p. 374 et 385 *sq.*

raison engendre dans le temps ses propres conflits, et par là se détermine à les comprendre et à les résoudre, passant du dogmatisme au scepticisme, du scepticisme au criticisme : « Si une histoire de la philosophie peut être mathématiquement composée. Comment a dû prendre naissance le dogmatisme, à partir de celui-ci le scepticisme, à partir des deux ensemble le criticisme ». Mais les rares indications que Kant délivre sur ce grand projet ne témoignent d'aucun effort précis pour dépasser le schéma général – dogmatisme, scepticisme, criticisme – que retrace l'Histoire de la raison pure. Le schéma historique reste donc relativement général, aucun indice ne permettant de supposer que Kant ait imaginé développer plus avant la périodisation *a priori* de l'histoire de la philosophie qu'il ne l'avait fait dans l'Histoire de la raison pure.

Celle-ci, nous l'avons vu, était déjà une histoire. Ses trois temps sont bien ceux d'un « progrès de la métaphysique », dont les moments ne sont pas tracés plus grossièrement que dans l'ouvrage éponyme : c'est celui celui d'une raison qui, insatisfaite de sa première expression naturelle (religion et mythe), cherche à soumettre à la démarche scientifique le contenu auquel elle aspire (métaphysique), s'enfermant dans des conflits qui l'incitent à s'interroger sur les conditions de possibilité d'une connaissance philosophique (criticisme). L'ordre du dogmatisme, du scepticisme et du criticisme structurait déjà les Antinomies de la première *Critique*, que Kant a reconnu comme le point de départ de ses recherches critiques :

> Le point dont je suis parti n'est pas celui qui concerne la recherche sur l'existence de Dieu, l'immortalité, etc., mais je suis parti des antinomies de la raison pure [...]. Voilà ce qui m'éveilla d'abord de mon sommeil dogmatique et me conduisit à la Critique de la raison elle-même pour anéantir le scandale de l'apparente contradiction de la raison avec elle-même [1].

Faute de texte plus explicite sur l'histoire qu'envisage Kant dans les *Progrès*, il nous paraît plus prudent de voir dans l'Histoire de la raison pure l'histoire *a priori* de la philosophie que Kant avait voulue, plutôt que d'y projeter comme Delbos et Gueroult une histoire préhegelienne de la philosophie, capable de déduire chaque figure singulière marquante de l'histoire de la philosophie. Lire Kant à la lumière de Hegel biaise notre lecture du texte. Loin de corriger l'Histoire de la raison pure, les *Progrès de la métaphysique* en sont une confirmation directe.

1. Lettre à Garve du 21 septembre 1798, AK XII 257 *sq*.

CONCLUSION

Tirant sa structure de la logique et de l'architectonique kantiennes, l'Histoire de la raison pure condense et factorise l'ensemble des remarques historiques de l'œuvre critique de Kant.

Cette histoire est d'abord celle d'une dynamique de la raison. Insatisfaite du mythe et de la religion en lesquels elle s'est spontanément exprimée dans l'enfance de l'humanité, mais dont la forme était inadéquate au contenu visé, la raison, soucieuse de scientificité, s'est enlisée dans des conflits – quant à l'objet, quant à la source, quant à la méthode – dont la résolution exige l'adoption du point de vue critique. Le criticisme seul offre à la raison les conditions de la connaissance à laquelle elle aspire et que le mythe, par son absence de scientificité, et la métaphysique, par ses contradictions, n'avaient su lui offrir.

Rien moins que rhapsodique, la classification des systèmes philosophiques que Kant propose dans l'Histoire de la raison pure tire sa structure de la classification proprement critique des sciences selon l'objet, la source et la méthode. La forme qu'elle adopte est celle d'un tableau combinant trois critères et dont trois cases seulement méritent d'être reconnues : la pensée *a priori* des choses intelligibles en elles-mêmes de Platon (intellectualisme noologiste dogmatique), la pensée *a posteriori* des choses sensibles en elles-mêmes d'Épicure (sensualisme empiriste dogmatique) et la pensée *a posteriori* des apparences sensibles de Hume (sensualisme empiriste sceptique). Non sans une certaine gêne, Kant reconnaît la tendance d'Aristote et de Leibniz à une pensée *a priori* des choses sensibles en elles-mêmes (sensualisme noologiste dogmatique), à laquelle il ne reconnaît pourtant aucun statut de droit.

Engendrée par les concepts fondamentaux de la critique – notamment l'*a priori* et l'*a posteriori*, l'analytique et le synthétique –, cette classification révèle les conflits que la raison produit d'elle-même, s'imposant de ce fait la tâche de les résoudre. C'est sur la base des oppositions résumées par l'Histoire de la raison pure qu'est possible l'avènement d'une « paix philosophique perpétuelle » qui ne repose pas sur la conciliation éclectique des systèmes, mais sur un examen critique. Loin d'être une simple annexe à la *Critique de la raison pure*, l'Histoire de la raison pure répond au problème posé par la Préface.

Deuxième partie

La dialectique des systèmes selon Hegel

CHAPITRE PREMIER

DE LA CONTINGENCE DES DOCTRINES À LA NÉCESSITÉ DES SYSTÈMES

Les *Leçons sur l'histoire de la philosophie* de Hegel, comme l'Histoire de la raison pure de Kant, sont à la fois le point terminal d'un ouvrage majeur et paradoxalement l'un des passages les plus souvent négligés par les commentateurs [1]. Elles sont probablement supposées transparentes. Les rares auteurs qui les estiment dignes de commentaire en restent souvent à l'Introduction, qui en expose le concept, l'importance, l'intérêt, mais non le contenu [2]. Si Gueroult cite abondamment l'Introduction, sa seule remarque concernant les 1600 pages suivantes est l'évocation fort allusive, en note, de « la hauteur de ses vues et [de] ses éclairs de pénétration profonde » [3].

La négligence a peut-être une explication structurale. C'est une question disputée que de savoir si l'encyclopédie hegelienne doit être conclue par une *histoire* de la philosophie ou par une *théorie* de la philosophie ; en d'autres termes, si tous les philosophes y ont leur place ou seulement le terme de l'histoire qu'incarne le système hegelien. Jacques Moutaux penche pour la première hypothèse : « La philosophie étant le moment ultime de l'esprit absolu, sa présence dans l'élément de la pensée, l'histoire de la philosophie est la pensée de la pensée dans son déroulement effectif. Elle est la philosophie même » [4]. La majorité des interprètes,

1. C'est ce que déplorait encore récemment Gilbert Gérard : *cf.* G. Gérard, *Le Concept hegelien de l'histoire de la philosophie*, Paris, Vrin, 2008, p. 9 *sq.*

2. G. W. F. Hegel, *Leçons sur l'histoire de la philosophie. Introduction*, Paris, Gallimard, 1954, t. 1, p. 37.

3. M. Gueroult, *Histoire de l'histoire de la philosophie II*, *op. cit.*, p. 462, n. 1.

4. J. Moutaux, « Philosophiques (systèmes) », *op. cit.*, p. 1636b.

votant avec les pieds, privilégie de fait la seconde option, encouragée en cela par la très expéditive section finale de l'*Encyclopédie*[1]. Mais le même raisonnement devrait conduire à exclure du système la partie historique de l'*Esthétique* et des *Leçons sur la philosophie de la religion*, sacrifice que l'on consent moins aisément. À la suite de Walter Jaeschke, il nous semble donc que, bien que l'exposé de l'*Encyclopédie* soit, à l'image de la section entière sur l'Esprit absolu, systématique et globalement anhistorique, l'histoire de la philosophie tout entière y ait sa place[2].

Si, comme nous le croyons, l'histoire de la philosophie occupe la place ultime du système hegelien, on conviendra sans doute qu'elle mérite une lecture attentive.

HISTOIRES ET CLASSIFICATIONS DES SYSTÈMES PHILOSOPHIQUES

Il peut paraître étrange de parler d'une *classification* hegelienne des systèmes philosophiques, quand on connaît la prévention de Hegel contre l'esprit classificatoire[3] : Hegel n'a-t-il pas suffisamment raillé le « formalisme monotone » des petites classifications tabulaires, aussi aveugles à la nature dialectique des choses que l'est l'anatomie à l'essence des êtres vivants ? Fichte et Schelling auraient ainsi galvaudé la triplicité en la bornant à un usage mécanique et classificatoire : « on ne peut pas [...] tenir pour scientifique cet usage d'une telle forme par lequel nous voyons celle-ci rabaissée à un schéma sans vie, à l'irréalité de ce que l'on entend proprement par schème, et l'organisation scientifique à un tableau »[4]. Aussi élevée que soit l'ambition initiale, son résultat est généralement mesquin :

1. G. W. F. Hegel, *Encyclopédie des sciences philosophiques, III. Philosophie de l'esprit*, Paris, Vrin, 1988, §572-577, p. 360-374.

2. W. Jaeschke, « Die Philosophie », dans *Hegels « Enzyklopädie der philosophischen Wissenschaften » (1830). Ein Kommentar zum Systemgrundriß*, Frankfurt am Main, Suhrkamp, 2000, p. 487.

3. *Cf.* D. Parrochia, *La Raison systématique*, *op. cit.*, p. 163-165, où l'auteur rappelle l'hostilité de Hegel à l'encontre des classifications traditionnelles et montre comment la philosophie dialectique en renouvelle la forme.

4. G. W. F. Hegel, *Phénoménologie de l'esprit*, noté *PhE*, Paris, Vrin, 2006, Préface, p. LVI, LIX, LXII.

> Ce que produit cette méthode, qui consiste à coller sur toute réalité céleste et terrestre, sur toutes les figures naturelles et spirituelles, les quelques déterminations du schéma général, et à tout arranger de cette manière, n'est rien de moins qu'un Rapport clair comme le jour sur l'organisme de l'univers, c'est-à-dire un tableau ressemblant à un squelette sur lequel sont collés de petits écriteaux, ou à des rangées de boîtes fermées, avec leurs étiquettes apposées, dans une petite boutique d'épicier détaillant ; un tel tableau est aussi distinct que ce que l'on a là-bas et ici, et – tout comme, dans le premier exemple, on a ôté aux os la chair et le sang tandis que, s'agissant du second, la Chose qui n'est pas alors non plus vivante est cachée dans les boîtes – il a laissé de côté ou caché aussi l'essence vivante de la Chose [1].

Quand bien même la division anatomique identifierait les bonnes parties, elle se condamne à méconnaître l'essentiel, à savoir le mouvement du tout et la relation mutuelle des fonctions de l'organisme – erreur caractéristique de la « pensée d'entendement ». Classer, c'est ignorer le mouvement propre du contenu que l'on débite. Aussi Hegel n'a-t-il pas de mots assez durs contre le caractère empirique et disjonctif de la classification baconienne des sciences : « selon le mode favori de la classification, celles-ci sont à leur tour subdivisées » [2]. On mesure donc à quel point l'idée d'une classification en général peut lui paraître étrangère, *a fortiori* celle d'une classification des systèmes philosophiques.

Les classifications des systèmes philosophiques ont en effet ceci de suspect qu'elles sont naturellement conduites à poser une relation d'équivalence entre des systèmes parfois séparés de plusieurs siècles, au mépris des mutations profondes que subissent dans l'histoire les questions philosophiques. Or seule une hypermétropie aiguë peut justifier l'assimilation de l'atomisme moderne à celui des anciens [3], du réalisme médiéval à celui des modernes [4], du matérialisme moderne à la pensée de Parménide [5], sans compter la distinction, chère à Hegel, des scepticismes antique et

1. *Ibid.*, Préface, p. LXIII.

2. G. W. F. Hegel, *Leçons sur l'histoire de la philosophie, VI. La philosophie moderne*, noté *LHP VI*, Paris, Vrin, 1979, p. 1270-1271.

3. G. W. F. Hegel, *Leçons sur l'histoire de la philosophie, I. La philosophie grecque, de Thalès à Anaxagore*, noté *LHP I*, Paris, Vrin, 1971, p. 190 *sq.*

4. G. W. F. Hegel, *Leçons sur l'histoire de la philosophie, V. La philosophie du Moyen Âge*, noté *LHP V*, Paris, Vrin, 1978, p. 1097-1098.

5. G. W. F. Hegel, *LHP I*, *op. cit.*, p. 131-132.

moderne[1]. Toutes ces conceptualisations trop larges méconnaissent l'histoire et les différences essentielles qu'elle engendre. Plus encore qu'historiquement, l'anachronisme est *philosophiquement* condamnable : on pèche contre l'histoire quand on pèche contre le concept.

De Charybde en Scylla, quiconque aux classifications préfère les histoires de la philosophie passe de la pensée d'entendement à son complice qu'est l'empirisme. Hegel refuse l'histoire de la philosophie telle qu'elle est pratiquée à son époque : l'*History of Philosophy* de Thomas Stanley est depuis trop longtemps obsolète ; l'*Historia critica philosophiæ* de Brucker manque de « sens historique », l'auteur projetant sans scrupule ses propres réflexions et la métaphysique de Wolf[2] sur ce qu'il croit comprendre des philosophes du passé ; le *Geist der speculativen Philosophie* de Tiedemann manque de profondeur, restant insensible à la dimension proprement spéculative des philosophies ; le *Handbuch der Geschichte der Philosophie* de Buhle, parfois utile, n'en est pas moins inégal ; la *Geschichte der Philosophie* de Tennemann est à peu près inutilisable pour la période antique, qu'un kantisme forcené lui a rendu totalement hermétique[3] ; il a en particulier « trop peu de sens philosophique pour pouvoir saisir la philosophie aristotélicienne »[4]. Dresser la chronique des doctrines ne suffit pas pour les comprendre. Qu'elles soient philosophiquement neutres ou partiales, ces « plates histoires de la philosophie » manquent généralement l'intérêt propre de l'objet aussitôt qu'elles le réduisent à une suite d'opinions.

Hegel reproche ainsi aux conceptualisations traditionnelles d'ignorer l'histoire et aux histoires de manquer de concept. Toute la gageure des *Leçons sur l'histoire de la philosophie* est de prendre acte de l'historicité de la philosophie sans pour autant s'y embourber : « La philosophie est une connaissance rationnelle, l'histoire de son développement doit être quelque chose de rationnel, l'histoire de la philosophie doit elle-même être philosophique »[5]. Elle ne doit donc être ni une classification ni une histoire au sens ordinaire de ces mots.

Aussi faut-il « composer par l'esprit » l'ordre des doctrines, c'est-à-dire suivre un ordre logique et non l'ordre empirique de succession à la

1. G. W. F. Hegel, *La Relation du scepticisme avec la philosophie*, Paris, Vrin, 1986.

2. G. W. F. Hegel, *LHP Introduction*, *op. cit.*, t. 1, Introduction du cours de 1820, p. 87.

3. *Ibid.*, t. 2, p. 51 *sq.*

4. G. W. F. Hegel, *Leçons sur l'histoire de la philosophie, III. La philosophie grecque : Platon et Aristote*, noté *LHP III*, Paris, Vrin, 1972, p. 510.

5. G. W. F. Hegel, *LHP Introduction*, *op. cit.*, t. 1, Introduction du cours de 1820, p. 38.

manière d'un Diogène Laërce psalmodiant la litanie des maîtres et des disciples [1]. Ainsi seulement peut être édifié ce que Hegel appelle, après ses adversaires, une « histoire *a priori* » : « On a appelé la connaissance de cette nécessité [par exemple celle du christianisme dans l'histoire] la construction de l'histoire *a priori* ; il ne sert à rien de la décrier en la considérant comme irrecevable, voire comme présomptueuse » [2]. L'histoire de la philosophie doit en particulier révéler la structure authentiquement *logique* de la philosophie :

> je soutiens que la succession des systèmes de la philosophie est en histoire la même que la succession des déterminations de la notion de l'Idée en sa dérivation logique. Je soutiens que si l'on dépouille les concepts fondamentaux des systèmes apparus dans l'histoire de la philosophie de ce qui concerne vraiment leur forme extérieure, leur application au particulier, on obtient les divers degrés de la détermination même de l'Idée dans sa notion logique. Inversement, la suite logique en elle-même donnera en ses moments principaux la succession des phénomènes historiques [3].

De par la structure logique qu'elle promet, l'histoire hegelienne de la philosophie mérite, malgré la défiance de Hegel à l'égard des classifications de son temps, une place de premier plan dans une étude des classifications des systèmes philosophiques.

CONTINGENCE ET NÉCESSITÉ DES SYSTÈMES

La contingence initiale

La table des matières vaut souvent, chez Hegel, indice de systématicité. L'ordre des chapitres et des sections de la *Phénoménologie de l'esprit*, de la *Science de la logique* ou, plus que tout, de l'*Encyclopédie* épouse celui de la dialectique. Le lecteur sait devoir s'attendre à une imbrication de triades garantissant l'intelligibilité dialectique du contenu. En attendre autant des *Leçons sur l'histoire de la philosophie*, c'est s'exposer à une cruelle déconvenue (fig. 2.1 ; fig. 2.2 ; fig. 2.3 ; fig. 2.4).

1. G. W. F. Hegel, *LHP I*, *op. cit.*, p. 39.
2. G. W. F. Hegel, *LHP V*, *op. cit.*, p. 1001-1002.
3. G. W. F. Hegel, *LHP Introduction*, *op. cit.*, t. 1, Introduction du cours de 1820, p. 50.

1 Philosophie chinoise

2 Philosophie indienne
- 2.1 Kapila
- 2.2 Gotama et Kanada

FIGURE 2.1. La philosophie orientale dans les *Leçons sur l'histoire de la philosophie*.

3 De Thalès à Aristote
- 3.1 De Thalès à Anaxagore
  - 3.1.1 Philosophie des Ioniens
    - 3.1.1.1 Thalès
    - 3.1.1.2 Anaximandre
    - 3.1.1.3 Anaximène
  - 3.1.2 Pythagore et les pythagoriciens
  - 3.1.3 L'école éléate
    - 3.1.3.1 Xénophane
    - 3.1.3.2 Parménide
    - 3.1.3.3 Mélissos
    - 3.1.3.4 Zénon d'Élée
  - 3.1.4 Héraclite
  - 3.1.5 Empédocle, Leucippe et Démocrite
    - 3.1.5.1 Empédocle
    - 3.1.5.2 Leucippe et Démocrite
  - 3.1.6 Anaxagore
- 3.2 Des Sophistes aux Socratiques
  - 3.2.1 Les sophistes
    - 3.2.1.1 Protagoras
    - 3.2.1.2 Gorgias
  - 3.2.2 Socrate
  - 3.2.3 Les Socratiques
    - 3.2.3.1 Mégariques
    - 3.2.3.2 Cyrénaïques
    - 3.2.3.3 Cyniques
- 3.3 Platon et Aristote
  - 3.3.1 Platon
  - 3.3.2 Aristote

4 Dogmatisme et scepticisme
- 4.1 Stoïciens
- 4.2 Épicuriens
- 4.3 Nouvelle Académie

5 Les néoplatoniciens
- 5.1 Philon
- 5.2 La Cabbale et le gnosticisme
- 5.3 La philosophie alexandrine
  - 5.3.1 Ammonios Saccas
  - 5.3.2 Plotin
  - 5.3.3 Porphyre et Jamblique
  - 5.3.4 Proclus
  - 5.3.5 Successeurs de Proclus

FIGURE 2.2. La philosophie grecque dans les *Leçons sur l'histoire de la philosophie*.

6 Philosophie arabe
- 6.1 Les Meddaberim
- 6.2 Commentateurs d'Aristote
- 6.3 Philosophes juifs. Moïse Maïmonide

7 Philosophie scolastique
- 7.1 L'édification de la doctrine de la foi sur des fondements métaphysiques
  - 7.1.1 Anselme
  - 7.1.2 Abélard
- 7.2 Présentation méthodique du corps de doctrine de l'Église
  - 7.2.1 Pierre Lombard
  - 7.2.2 Thomas d'Aquin
  - 7.2.3 Jean Duns Scot
- 7.3 La connaissance des écrits aristotéliciens
  - 7.3.1 Alexandre de Halès
  - 7.3.2 Albert le Grand
- 7.4 L'opposition du réalisme et du nominalisme
  - 7.4.1 Roscelin
  - 7.4.2 Gauthier de Mortagne
  - 7.4.3 Guillaume d'Ockham
  - 7.4.4 Buridan
- 7.5 Dialectique formelle
  - 7.5.1 Julien II de Tolède
  - 7.5.2 Paschase Radbert
- 7.6 Mystiques
  - 7.6.1 Jean Charlier
  - 7.6.2 Raymond de Sabunde
  - 7.6.3 Roger Bacon
  - 7.6.4 Raymond Lulle

8 Renaissance des sciences
- 8.1 L'étude des Anciens
  - 8.1.1 Pomponazzi
  - 8.1.2 Ficin
  - 8.1.3 Gassendi, Lipse, Reuchlin
  - 8.1.4 Philosophie populaire cicéronienne
- 8.2 Les tentatives philosophiques originales
  - 8.2.1 Cardan
  - 8.2.2 Campanella
  - 8.2.3 Bruno
  - 8.2.4 Vanini
  - 8.2.5 Ramus
- 8.3 La Réforme

FIGURE 2.3. La philosophie médiévale dans les *Leçons sur l'histoire de la philosophie*.

Le plan que suit Hegel semble platement chronologique : philosophie orientale, philosophie grecque, philosophie médiévale, philosophie moderne. À l'intérieur de chacune de ces périodes, la division ne semble pas moins empirique, se résumant la plupart du temps à des listes ou des intervalles d'auteurs : « de Thalès à Anaxagore », « Empédocle, Leucippe et Démocrite », « Des Sophistes aux Socratiques », « Platon et Aristote », « Bacon et Böhme », etc. Le plan logique promis par l'Introduction semble avoir fait long feu.

Tout au moins pouvait-on espérer voir la dialectique transparaître sous une imbrication de tripartitions analogue à la belle régularité formelle de

9 Bacon et Böhme
- 9.1 Bacon de Verulam
- 9.2 Jakob Böhme

10 Période de l'entendement pensant
- 10.1 Période de la métaphysique
  - 10.1.1 Première division
    - 10.1.1.1 Descartes
    - 10.1.1.2 Spinoza
    - 10.1.1.3 Malebranche
  - 10.1.2 Deuxième division
    - 10.1.2.1 Locke
    - 10.1.2.2 Grotius
    - 10.1.2.3 Hobbes
    - 10.1.2.4 Cudworth
    - 10.1.2.5 Pufendorf
    - 10.1.2.6 Newton
  - 10.1.3 Troisième division
    - 10.1.3.1 Leibniz
    - 10.1.3.2 Wolf
    - 10.1.3.3 Philosophie populaire
- 10.2 Période de transition
  - 10.2.1 Idéalisme et scepticisme
    - 10.2.1.1 Berkeley
    - 10.2.1.2 Hume
  - 10.2.2 Philosophie écossaise
    - 10.2.2.1 Thomas Reid
    - 10.2.2.2 James Beattie
    - 10.2.2.3 James Oswald
    - 10.2.2.4 Autres philosophes écossais
  - 10.2.3 Philosophie française
    - 10.2.3.1 L'orientation négative
    - 10.2.3.2 L'aspect positif : Holbach, Robinet
    - 10.2.3.3 L'idée d'une unité universelle concrète : l'opposition du sentir et du penser, Helvetius, Rousseau
    - 10.2.3.4 Les Lumières
- 10.3 Philosophie moderne allemande
  - 10.3.1 Jacobi
  - 10.3.2 Kant
  - 10.3.3 Fichte
  - 10.3.4 Schelling
  - 10.3.5 Résultat

FIGURE 2.4. La philosophie moderne dans les *Leçons sur l'histoire de la philosophie*.

l'*Encyclopédie*, où les rares divisions non tripartites sont confinées dans la Philosophie de la nature, c'est-à-dire dans le moment du système où le concept prend à bras le corps ce qu'il a de plus étranger [1] : même les cinq sens sont réduits à trois classes, dans la *Philosophie de la nature* comme dans la *Philosophie de l'esprit* [2]. On voit que ce n'est pas le cas ici. Doit-on en inférer que le désordre de l'histoire de la philosophie vaut celui des simples phénomènes naturels, alors même que la philosophie est supposée incarner l'apogée du système ? L'esprit se trouve-t-il de nouveau rejeté hors de soi au moment même où il devait se retrouver ? On reproche souvent à Hegel de logiciser ou de conceptualiser à l'excès ; on voudrait plutôt lui adresser ici le reproche inverse. Un tel plan semble annoncer, dans le meilleur des cas, une banale histoire de la philosophie.

Le concept émergeant de la contingence

Le fil de l'exposé hegelien est heureusement plus explicite sur l'existence d'une structuration conceptuelle traversant toute l'histoire de la philosophie. Mais presque toujours, cette structuration est évoquée de manière allusive, au cas par cas, rarement dans une perspective d'ensemble.

Lorsque Hegel décrit la succession des premiers principes philosophiques – l'être selon l'éléatisme de Parménide, la dialectique de l'être et du néant selon Zénon, le devenir selon Héraclite – on reconnaît sans peine la première étape de la dialectique de la *Science de la logique* : être, néant, devenir [3]. Mais on perd rapidement le fil de la Logique, rarement formulé aussi explicitement. En plus d'une occasion, les pistes sont brouillées.

La contingence criante du plan de l'ouvrage ne saurait être comprise sans la dimension *historique* de l'objet étudié. Loin de ce que la caricature a fait de lui, Hegel n'est pas le philosophe voulant à toute force projeter rétrospectivement sur tous les phénomènes une nécessité conceptuelle, ayant poussé jusqu'à l'absurde ou au malhonnête le projet que Bourdieu attribue à Kant d'une « histoire *a priori* qui ne peut s'écrire

1. Seuls la « physique de l'individualité particulière », le « processus chimique » et le « processus du genre » obéissent à des bipartitions ou des quadripartitions (G. W. F. Hegel, *Encyclopédie des sciences philosophiques, II. Philosophie de la nature*, Paris, Vrin, 2004, §290-307, 330-333 et 367-376).

2. G. W. F. Hegel, *Philosophie de la nature*, *op. cit.*, §358 ; G. W. F. Hegel, *Philosophie de l'esprit*, *op. cit.*, §401.

3. G. W. F. Hegel, *Encyclopédie des sciences philosophiques, I. La science de la logique*, Paris, Vrin, 1994, §86-88.

qu'*a posteriori* »[1]. Hegel n'a en effet cessé de montrer, en même temps que la puissance du concept, quelles en sont les limites.

La nature et l'histoire sont, dans une large mesure, de celles-là. La première est l'autre du concept logique[2]. Le concept ne peut s'y confronter que dans de douloureux compromis : « la nature ne montre, [...] dans son être-là, aucune liberté, mais de la *nécessité* et de la *contingence* ». C'est même avec elle que la nécessité interne du développement logique se heurte pour la première fois au mur de la contingence :

> La *contradiction* de l'Idée, en tant que celle-ci est, comme nature, extérieure à elle-même, est, plus précisément, la contradiction entre, d'une part, la *nécessité*, engendrée par le concept, de ses formations, et leur détermination rationnelle dans la totalité organique, – et, d'autre part, leur contingence indifférente et leur irrégularité indéterminable. La contingence et déterminabilité par le dehors a, dans la sphère de la nature, son droit.

La nature offre au concept sa première leçon d'humilité. Ce n'est du reste qu'en s'extrayant de cet *humus* qu'il pourra s'élever à l'esprit, c'est-à-dire s'approprier cet extérieur et mobiliser son irréductible contingence dans une nécessité qui l'inclut.

Si, dans l'esprit, le concept reprend le dessus sur la nature, celle-ci n'en continue pas moins d'instiller dans ses produits certaines formes de contingence, qui apparaissent à tous les niveaux de la philosophie de l'esprit : contingence du caractère et de l'influence des climats sur l'âme[3] ; contingence, dans la sphère du droit, du nombre de coups de fouets ou du montant des amendes[4] ; contingence, dans l'histoire politique, des périodes de stagnation, quand ce n'est pas de régression, comme Hegel en fit l'expérience douloureuse en assistant à la chute de Napoléon et à la Restauration[5] ; contingence encore du matériau sensible dont l'art s'empare pour produire des œuvres[6].

La contingence de la nature affecte tous les produits de l'esprit, mais ne les gangrène pas. Elle finit toujours perdante : le montant des amendes n'est contingent que pour autant que l'on garde la *mesure*, au sens que

1. P. Bourdieu, *Méditations pascaliennes*, Paris, Seuil, 2003, p. 68.
2. G. W. F. Hegel, *Philosophie de la nature*, *op. cit.*, §247-250.
3. G. W. F. Hegel, *Philosophie de l'esprit*, *op. cit.*, §391-398.
4. G. W. F. Hegel, *Principes de la philosophie du droit*, Paris, Flammarion, 1999, §214, Remarque, p. 271.
5. J. d'Hondt, *Hegel*, Paris, Calmann-Lévy, 1998, p. 213.
6. G. W. F. Hegel, *Philosophie de l'esprit*, *op. cit.*, §559.

la Logique a donné à ce terme, c'est-à-dire l'attention aux mutations qualitatives qu'induisent des changements quantitatifs trop marqués [1] ; la contingence des événements historiques ne peut durablement résister à la tendance inexorable de l'histoire qu'exposent les *Leçons sur la philosophie de l'histoire* ; la contingence du matériau artistique se soumet à la hauteur des idées qui y sont imprimées.

L'histoire de la philosophie ne mérite aucun traitement de faveur : elle subit la même contingence que toute autre manifestation de l'esprit. Les noms de certains philosophes ne sont retenus que par un charitable scrupule historique. Plus d'un, comme Confucius, Cicéron et Schulze, se voit réserver le sort de Mélissos : « De lui, il n'y a pas grand chose à dire » [2]. Thomas d'Aquin et Duns Scot, auteurs prolifiques, ne font l'objet que d'une page chacun [3] : quinze fois moins que Thalès, dont il ne reste aucun écrit [4]. L'excommunication frappe parfois de larges périodes, le cas le plus spectaculaire étant l'anathème jeté sur la philosophie médiévale tout entière : plus de mille ans peuvent être parcourus « avec des bottes de sept lieues » [5]. Les philosophies indienne et chinoise restent sur le seuil de l'histoire [6], de même que l'Afrique reste confinée à la Préface des *Leçons sur la philosophie de l'histoire* [7].

Malgré son image de nécessitarisme à tout crin, la philosophie hegelienne entend attribuer au contingent sa juste part. Comme dans la méthode mathématique de fausse position, le choix relativement contingent du point de départ n'empêche pas de parvenir nécessairement à l'unique résultat attendu. La nécessité n'est pas dans le point de départ, mais dans le processus qui transforme une contingence initiale en résultat correct. Il ne faut donc pas seulement lutter contre la tendance à « surestim[er] abusivement la contingence » en « attribu[ant], non seulement relativement à la nature, mais aussi relativement au monde de

1. G. W. F. Hegel, *Petite Logique*, *op. cit.*, §108 et son *Addendum* p. 544, sur le passage par l'argument sorite des différences quantitatives aux différences qualitatives.

2. G. W. F. Hegel, *LHP I*, *op. cit.*, p. 132.

3. G. W. F. Hegel, *LHP V*, *op. cit.*, p. 1084-1089.

4. G. W. F. Hegel, *LHP I*, *op. cit.*, p. 41-54.

5. G. W. F. Hegel, *LHP V*, *op. cit.*, p. 997.

6. G. W. F. Hegel, *LHP Introduction*, *op. cit.*, t. 2, p. 64. Au début de la période de Berlin, la philosophie orientale – chinoise, égyptienne, indienne et perse – n'était traitée qu'en introduction, à titre de début de la philosophie ; c'est en 1825-1826 que, limitée aux pensées chinoise et indienne, elle prend sa place définitive entre l'introduction et la première partie (W. Jaeschke, « Die Philosophie », *op. cit.*, p. 495).

7. G. W. F. Hegel, *Leçons sur la philosophie de l'histoire*, Paris, Vrin, 1979, p. 74-80.

l'esprit, une valeur qui en réalité ne lui revient pas » ; mais également se prévenir du « zèle – qui part d'un bon sentiment – d'une connaissance rationnelle, à vouloir montrer comme nécessaires ou, comme on a coutume de dire, construire *a priori*, des apparitions auxquelles appartient le caractère de la contingence », contingence qui n'a pas moins « libre cours » dans la nature que dans le monde de l'esprit [1]. Un coup de dés jamais, quand bien même lancé dans des circonstances éternelles, n'abolira le hasard.

L'apparent désordre du plan des *Leçons sur l'histoire de la philosophie* est donc à porter au crédit de Hegel : sans préjuger de l'absence de structure conceptuelle, elle atteste au moins le souci méticuleux de prendre au sérieux la contingence historique.

L'extraction des noyaux systématiques

En raison de cette contingence, l'histoire empirique ne suffira jamais à rendre l'histoire de la philosophie intelligible. La dynamique de l'histoire ne peut être simplement observée : elle doit être construite. La contingence n'est qu'un point de départ. Mais comment extraire le nécessaire de la masse de contingence que nous livre une bibliothèque philosophique ?

Examinons la pratique hegelienne. Le point de départ des monographies successives qui composent les *Leçons sur l'histoire de la philosophie* est toujours historique. Hegel ne manque jamais de mentionner, dans la limite des connaissances dont il dispose, les contingences biographiques : date de naissance, période de formation, œuvres et enseignement, mort. Ayant ainsi renseigné la fiche biographique de l'auteur, Hegel décrit, parfois par le menu, les orientations principales de sa pensée. Il met un point d'honneur à adopter le langage même des philosophes, comme l'observe Bernard Bourgeois :

> Hegel lui-même, dans ses cours sur l'histoire de la philosophie, insiste sur l'impératif qui prescrit à l'historien de la philosophie, c'est-à-dire quelqu'un qui prend au sérieux le discours *philosophique* et s'engage à le saisir et à l'analyser *tel qu'il se donne*, de s'en tenir aux propres paroles des penseurs étudiés [2].

1. G. W. F. Hegel, *Petite Logique*, *op. cit.*, *Addendum* au §145, p. 578-579.
2. B. Bourgeois, « Présentation », dans G. W. F. Hegel, *Encyclopédie des sciences philosophiques, I. La science de la logique*, Paris, Vrin, 1994, p. 8.

Cette patience contraste avec l'autoritarisme désinvolte que l'on prête à Hegel. Enfin, une fois exposée la doctrine dans le langage de l'auteur, celle-ci est analysée dans le lexique de la logique hegelienne : « Nous avons encore à considérer les déterminations de cette thèse, sa signification générale »[1].

Il s'agit donc d'un véritable processus d'induction. Hegel part des détails les plus contingents – Pythagore est-il né à la 43e ou à la 50e olympiade[2] ? – pour s'élever à la partie proprement philosophique de la monographie et enfin montrer dans toute sa pureté le concept qui s'exprime dans la doctrine : sous le nom d'« hyperempirisme », Bernard Bourgeois décrit comment « l'*encyclopédiste spéculatif* a [...] été nourri par l'*encyclopédiste empirique* »[3]. Hegel ne projette pas tant sa logique sur l'histoire de la philosophie qu'il ne l'en extrait patiemment. Ce faisant, il met au jour le *noyau*, ou « principe », de chaque système philosophique, c'est-à-dire ce que le philosophe a considéré comme étant l'*essence* des choses, l'essence de l'absolu – le nombre chez Pythagore, l'idée chez Platon, etc.

Ici s'exprime déjà un souci qui transparaît sans cesse dans les *Leçons sur l'histoire de la philosophie* : celui de ne pas se laisser divertir par l'anecdote historique et de garder un contrôle logique sur les systèmes de l'histoire sans pour autant hypothéquer l'ancrage monographique. Maintenir cet ancrage garantit la rigueur de l'exposition doctrinale ; garder ce contrôle permet de prendre les décisions interprétatives adéquates dans l'analyse de la doctrine. Il faut éviter à la fois de verser dans le « passivisme »[4] et de couvrir la voix des philosophes ; ce qui nécessite de faire des choix, qui pour n'être pas arbitraires n'en demeurent pas moins, selon le mot de Bernard Bourgeois, des *décisions libres*[5]. La signification des systèmes n'est pas reçue, mais construite : interpréter *logiquement* est un travail actif.

Dégager le noyau de chaque système exige effectivement de trancher : il faut déterminer la part de l'essentiel et de l'accidentel dans chaque

1. G. W. F. Hegel, *LHP I*, *op. cit.*, p. 81.

2. *Ibid.*, p. 65.

3. B. Bourgeois, « La Spéculation hégélienne », dans B. Bourgeois, *Études hegeliennes. Raison et décision*, Paris, P.U.F., 1992, p. 92.

4. *Ibid.*, p. 87.

5. B. Bourgeois, « La Spéculation hégélienne », *op. cit.* ; B. Bourgeois, « Dialectique et structure dans la philosophie de Hegel », dans B. Bourgeois, *Études hegeliennes. Raison et décision*, Paris, P.U.F., 1992.

pensée. Matière brute pour l'analyse, la doctrine n'est généralement pas consciente de sa signification profonde, et c'est à son insu qu'elle l'entrelace à des déterminations contingentes, dont l'historien philosophe doit faire la part. C'est ainsi que Hegel en est conduit à nier l'importance de certaines thèses et à en valoriser d'autres ; si la théorie du nombre est essentielle au pythagorisme, mainte thèse pythagoricienne est « dénuée d'intérêt philosophique (rien n'est plus indifférent que de savoir ce que les hommes ont eu comme opinions) » et ne relève que de la curiosité historique, à l'instar de la théorie du vide et du souffle infini rapportée par Aristote [1]. Inversement, certains aspects de la doctrine de Thalès recèlent une profondeur qui n'apparaît pas au premier abord : l'eau n'est pas une simple entité empirique arbitrairement promue principe de la nature, mais l'« universel simple, le fluide en général », le « sans forme » doté d'une véritable « universalité spéculative » qui confère à la pensée de Thalès une authentique « signification spéculative » [2]. Certaines thèses d'apparence futile sont ainsi promues au rang conceptuel ; d'autres, faussement profondes, reléguées parmi les contingences de l'histoire. L'historien doit trancher : *omnis determinatio est negatio*, se plaît à répéter Hegel après Spinoza [3].

C'est seulement de cette manière que l'on peut mettre au jour le *principe* de chaque doctrine, c'est-à-dire la figure sous laquelle elle a pensé l'absolu, la détermination fondamentale autour de laquelle s'articule toute sa signification : « Ce ne sont pas non plus de minces et débiles efforts, des critiques mesquines sur tel ou tel point de détail ; c'est le principe qu'il s'agit de connaître » [4]. Signification qui ne peut émerger qu'au terme d'un patient processus d'analyse immanente, que formule Bernard Bourgeois :

> L'esprit d'une philosophie n'est pas pour Hegel ce qui serait *derrière* ou *sous* la lettre de celle-ci, c'est bien plutôt le principe (ou la totalité principielle) qui permet de structurer le contenu manifeste d'une pensée *en restant à son propre niveau*, c'est le sens manifeste *total*, comme différence unifiée, de cette pensée [5].

1. G. W. F. Hegel, *LHP I*, *op. cit.*, p. 77 *sq.* et 111 ; Aristote, *Physique*, *op. cit.*, IV, 6, 213*a*22-29.

2. G. W. F. Hegel, *LHP I*, *op. cit.*, p. 48.

3. G. W. F. Hegel, *Science de la logique. L'être. Édition de 1812*, Paris, Aubier-Montaigne, 1987, p. [75] ; G. W. F. Hegel, *Petite Logique*, *op. cit.*, *Addendum* au §91.

4. G. W. F. Hegel, *Leçons sur l'histoire de la philosophie, VII. La philosophie moderne. La philosophie allemande récente*, noté *LHP VII*, Paris, Vrin, 1991, p. 2113.

5. B. Bourgeois, « Présentation », *op. cit.*, p. 8.

Ce travail nécessite notamment de mettre entre parenthèses, autant que faire se peut, toute position partiale ou frontale à l'égard des doctrines. Celui qui attend, comme on a l'habitude, une réfutation en règle sera déçu : « il est aisé de réfuter », bien plus ardu de comprendre [1].

Le principe ainsi dégagé fournit le pivot de la *systématisation* : une fois identifié le *principe* de chaque système, le philosophe doit montrer en quoi il engendre tout ce que la doctrine a d'essentiel.

Mais il faut ici encore se garder d'une tentation : de même que l'on pouvait imaginer Hegel projetant ses propres concepts sur les doctrines de l'histoire de la philosophie, de même pourrait-on le soupçonner d'avoir hypostasié une notion de système qui lui soit spécifique. Bien des systèmes philosophiques ont leur propre critère de systématicité ; d'autres ne se savent pas, ne sont pas ou ne se veulent pas systématiques. Vouloir systématiser à toute force chaque philosophe retenu par l'histoire, n'est-ce pas céder à l'anachronisme ou au contresens ?

Le reproche porte une fois encore à faux. Hegel ne pouvait reconnaître avec plus de probité l'absence de systématicité chez les philosophes qu'il décrit. Thalès, le premier philosophe, n'est guère plus systématique que ne le sera Anaxagore [2] ; la philosophie de Socrate « ne se développe pas en un système », restant en « connexion avec la vie courante » [3]. Il s'en est fallu de peu – mais il s'en est fallu – qu'Aristote ne forme un système digne de ce nom [4]. Le besoin de systématicité semble apparaître assez tardivement avec les philosophies de la conscience de soi [5]. L'épicurisme manifeste en particulier une admirable clôture – si solide, d'ailleurs, que « sa philosophie n'a connu aucun progrès, aucun développement, ni d'ailleurs aucune dégénérescence » [6]. Le stoïcisme a également épousé « la forme de

1. G. W. F. Hegel, *PhE*, *op. cit.*, p. xxvii-xxviii. Voir également p. III : « Aussi fixée qu'est pour l'opinion l'opposition du vrai et du faux, aussi habituel lui est-il d'attendre, devant un système philosophique donné, ou bien une approbation ou bien une contradiction, et de voir seulement, dans l'explication où l'on s'engage au sujet d'un tel système, ou bien l'une ou bien l'autre ».

2. G. W. F. Hegel, *LHP I*, *op. cit.*, p. 44, 207 et 219.

3. G. W. F. Hegel, *Leçons sur l'histoire de la philosophie, II. La philosophie grecque : des sophistes aux socratiques*, noté *LHP II*, Paris, Vrin, 1971, p. 285.

4. G. W. F. Hegel, *LHP III*, *op. cit.*, p. 499.

5. G. W. F. Hegel, *Leçons sur l'histoire de la philosophie, IV. La philosophie grecque : le dogmatisme et le scepticisme, les néoplatoniciens*, noté *LHP IV*, Paris, Vrin, 1975, p. 633-634.

6. *Ibid.*, p. 690.

la pensée scientifique »[1]. Mais on ne peut en dire autant du scepticisme qui leur est contemporain : « Le scepticisme est une philosophie qui ne peut [...] être appelée un système, et qui ne veut pas en être un »[2]. On ne trouvera pas plus de systématicité dans les livres de Plotin, ce qui le distingue de Proclus, avec qui « la philosophie néoplatonicienne est à tout le moins parvenue à une organisation plus systématique dans l'ensemble et à une forme plus élaborée »[3]. La philosophie médiévale s'exprime rarement de manière systématique[4], et l'apparence systématique de la pensée de Lulle tourne au mécanique[5]. Leibniz a composé un système artificiel, que Wolf a caricaturé[6]. De même que Hegel met un point d'honneur à exposer les doctrines dans leurs termes originaux, il se montre attentif à l'absence de systématicité qui les caractérise souvent. Aucune définition intemporelle du système n'est présupposée : la chose, comme le concept, est apparue dans l'histoire et a connu des mutations.

L'absence du système n'est pourtant pas son impossibilité. Aussi le commentaire hegelien souligne-t-il souvent la structure architectonique des doctrines, quelque fragmentaire qu'ait pu en être l'exposition originale. Un système philosophique digne de ce nom n'est pas un agrégat contingent de thèses : il existe entre elles d'indissolubles liens logiques. Même la philosophie si peu systématique de Thalès est reconstituée architectoniquement ; les différents fragments en sont éclairés les uns par les autres, leur désordre s'effaçant devant la nécessité interne qui les articule : une fois choisi le principe du « sans forme » qu'est l'eau, la théorie de la condensation et de la raréfaction en dérive naturellement, comme la seule manière de faire émerger la forme d'une absence de forme. La cosmologie héraclitéenne du feu, bien loin d'être juxtaposée à la théorie du devenir, en est indissociable car le feu n'est pas tant, dans la pensée de Héraclite, un étant qu'un processus ; cette connexion montre qu'en dépit d'une ressemblance superficielle, l'héraclitéisme n'est rien moins qu'un avatar de la pensée des premiers Ioniens : s'ils dérivaient toutes choses d'un élément unique, l'idée de devenir leur était étrangère[7]. Certaines parties d'une doctrine peuvent certes lui être liées par simple agrégation au lieu d'en

1. *Ibid.*, p. 638.
2. *Ibid.*, p. 759.
3. *Ibid.*, p. 858 et 913.
4. G. W. F. Hegel, *LHP V*, *op. cit.*, p. 1056.
5. *Ibid.*, p. 1120.
6. G. W. F. Hegel, *LHP VI*, *op. cit.*, p. 1642 et 1644.
7. G. W. F. Hegel, *LHP I*, *op. cit.*, p. 163.

dériver rationnellement, comme la thèse pythagoricienne du vide et du souffle infini ; il revient à l'historien de la philosophie de discerner ce qui est architectonique et ce qui ne l'est pas.

La méthode hegelienne d'exposition des doctrines adopte souvent une *division de la philosophie*, qui par son vocabulaire et son ordre s'efforce d'épouser au plus près les termes dans lesquels le philosophe exposait sa pensée (fig. 2.5). Si le privilège est généralement réservé aux plus grands philosophes de l'histoire, il n'est pas refusé à ceux qui n'ont pas fait œuvre systématique. L'ordre de l'exposé ne suit aucune règle immédiatement observable : la division de la philosophie connaît tantôt trois, tantôt quatre parties, qui ne portent pas toujours le même nom. Mais on reconnaîtra sans peine, sous des noms et des ordres variés, différents visages de la tripartition hegelienne de l'*Encyclopédie* – logique, philosophie de la nature, philosophie de l'esprit.

La logique correspond en effet au *principe* du système, c'est-à-dire à son fondement conceptuel : telle est la fonction du « système des nombres » chez Pythagore, du « principe logique » de la dialectique héraclitéenne, du νοῦς d'Anaxagore, de la dialectique platonicienne, des logiques aristotélicienne et stoïcienne, de la canonique épicurienne, de la « philosophie » cartésienne, qui correspond plus précisément à la théorie de la connaissance, et de la *Critique de la raison pure* de Kant. Comme la Logique de l'*Encyclopédie* hegelienne, ces parties du système en constituent le socle conceptuel.

La philosophie de la nature correspond généralement à la *cosmologie* des philosophes : l'application par Pythagore des nombres à l'univers, l'examen par Héraclite du mode d'être de la réalité, les homéomères d'Anaxagore, la « philosophie de la nature » platonicienne – c'est-à-dire la cosmologie du *Timée* [1] – et aristotélicienne (*De Anima*, *Physique*, *De Caelo*, *De Generatione*, *Des Météores*, *Des Parties des animaux*, etc. [2]), la physique stoïcienne et épicurienne, la philosophie cartésienne de l'étendue et les *Premiers Principes métaphysiques de la science de la nature* de Kant. Comme dans l'*Encyclopédie* hegelienne, le concept s'aventure ici hors de la pensée pure pour s'appliquer au monde réel.

La philosophie de l'esprit est enfin la réconciliation de la logique et de la philosophie de la nature, c'est-à-dire la réappropriation de la pensée par

1. G. W. F. Hegel, *LHP III*, *op. cit.*, p. 455 : « Dans le *Timée*, l'idée apparaît plus nettement dans sa déterminité ; c'est là que se trouvent les déterminations fondamentales de la philosophie de la nature de Platon ».

2. *Ibid.*, p. 537-538.

	Ordre d'exposition			
	1	2	3	4
Pythagore	système des nombres	application des nombres à l'univers	philosophie pratique	
Héraclite	principe logique	mode d'être de la réalité	l'universalité du processus et son rapport à la conscience	
Anaxagore	le principe intellectuel universel	les homéomères	relation des deux aspects	
Platon	dialectique	philosophie de la nature	philosophie de l'esprit	
Aristote	métaphysique	philosophie de la nature	philosophie de l'esprit (éthique et politique)	logique
Stoïciens	physique	logique	morale	
Épicure	canonique	métaphysique	physique	morale
Descartes	philosophie	philosophie de la nature (étendue)	philosophie de l'esprit	
Kant	raison théorique : *Critique de la raison pure*	philosophie de la nature : *Premiers Principes métaphysiques de la science de la nature*	*Critique de la raison pratique* et *Critique de la faculté de juger*	

FIGURE 2.5. Ordre d'exposition des systèmes et divisions de la philosophie dans les *Leçons sur l'histoire de la philosophie*.

elle-même après son excursion dans la nature. Telle sont la philosophie pratique de Pythagore – encore que l'on en ignorât tout –, le rapport du processus du devenir à la conscience chez Héraclite, la relation du νοῦς et des homéomères chez Anaxagore, les philosophies de l'esprit de Platon – composée de la *République*, des *Lois* et de l'*Hippias majeur* – et d'Aristote – à savoir l'éthique et la politique –, les morales stoïcienne et épicurienne, la philosophie cartésienne de l'esprit – qui se résume aux *Passions de l'âme* – et les deux dernières *Critiques* kantiennes.

On ne manquera pas d'objecter que deux philosophies ne semblent pas correspondre idéalement à ce schéma. Il s'agit des doctrines d'Aristote et d'Épicure, qui toutes deux ajoutent une « métaphysique » à la tripartition de la philosophie. Mais s'en inquiéter serait oublier la proximité essentielle que Hegel a posée, dès la fin de la période de Iéna, entre logique et métaphysique [1]. Bien loin d'infirmer le schéma encyclopédique de la division de la philosophie, l'ajout de la métaphysique le confirme : certains philosophes rassemblent ce que d'autres séparent, mais tous obéissent en définitive aux mêmes structures, exprimées à chaque fois dans un langage propre.

Si l'on voulait reprocher à Hegel d'avoir projeté sa propre division de la philosophie sur les doctrines du passé, on ne pourrait du moins lui refuser le mérite de l'avoir traduite, autant que faire se peut, dans le lexique de chaque système. Le mérite, également, d'avoir adapté l'ordre d'exposition aux spécificités de chaque doctrine. La plupart d'entre elles recourent en effet à l'ordre « naturel » (logique, philosophie de la nature, philosophie de l'esprit), mais d'autres, avec Aristote et Épicure, séparent logique et métaphysique, ou avec les Stoïciens permutent l'ordre pédagogique [2]. Si réduction il y a, ce n'est qu'au terme d'un processus monographique suffisamment patient.

Hegel ne suit pour ainsi dire jamais aveuglément l'ordre dans lequel les philosophes du passé ont cru bon d'exposer leur doctrine : il ne paraphrase pas la *Critique de la raison pure*, mais la reconstruit. Il adopte le langage des auteurs du passé mais ne monnaie pas sa propre pédagogie, *pédagogie* chez lui tôt liée à l'*encyclopédie*, dont il était naturel qu'elle emprunte la structure – logique, philosophie de la nature, philosophie de l'esprit. Hegel reconstruit la structure des systèmes à partir de son propre système, mais non sans étudier avec soin comment elle est anticipée dans le langage même des philosophes. La *systématicité* d'une doctrine, comme précédemment sa *signification* véritable, ne transparaît pas immédiatement : elle doit être révélée, ce qui requiert de l'historien un engagement personnel.

1. B. Bourgeois, « Présentation », *op. cit.*, p. 73.

2. Soulignons que l'ordre systématique n'est pas simplement logique ou architectonique, mais peut également relever d'un parti pris pédagogique (*cf.* P. Hadot, « Philosophie, discours philosophique et divisions de la philosophie chez les Stoïciens », *op. cit.* ; B. Mélès, « Systems and Teaching in Stoic and Confucian Philosophies », dans *Developing International Communications Skills in Japanese Cultural Studies*, Tokyo, Ochanomizu University, 2010). Quant à déterminer l'ordre idéal, on sait que le débat est resté ouvert, tous les ordres étant attestés, à l'exception de ceux qui terminent par la logique, sans doute parce que celle-ci avait pour but de fonder la physique ou la morale. Hegel privilégie, quant à lui, l'ordre « physique, logique, morale » – choix fort minoritaire et d'autant plus surprenant que l'ordre infiniment plus canonique « logique, physique, morale », qui emporte la préférence de la majorité des Stoïciens, suivis dans leur choix par Long et Sedley, est aussi le plus proche de celui de l'*Encyclopédie*.

Hegel n'abuse pas du procédé de reconstitution que lui fournit la Logique et plus généralement l'Encyclopédie. Il ne conjecture pas artificiellement telle partie d'un système insuffisamment attestée par les textes. Nous ignorons tout de la philosophie morale pythagoricienne et les quelques idées que nous pouvons avoir à son sujet ne procurent aucune certitude [1]. De même, les textes dont nous disposons sur la philosophie de Mélissos sont par trop ambigus : parmi trois interprétations envisageables, nous ne pouvons que conjecturer la fausseté des deux premières et privilégier à titre hypothétique la dernière [2]. Les lacunes historiques ne sont pas comblées par esprit de système : l'histoire hegelienne de la philosophie est positive.

Dans le recours hegelien à la tripartition de l'*Encyclopédie*, on pourrait être tenté de voir une résurgence de l'antique connivence entre classification des systèmes philosophiques et division de la philosophie. C'en est en réalité tout l'inverse : l'Antiquité subordonnait la classification à la division (*cf. supra*, p. 24), tandis que Hegel soumet la division à l'histoire qui tient lieu de classification. Plutôt que plaquée d'autorité sur la totalité des systèmes possibles comme elle l'était sous l'Antiquité, la division de la philosophie est ainsi adaptée avec souplesse à la particularité de chaque système.

Après l'*extraction de la signification* de chaque système et sa *systématisation*, un troisième procédé fondamental de l'histoire hegelienne de la philosophie doit être observé, qui n'en est pas le moindre : la *révélation du processus dialectique* immanent à l'histoire de la philosophie.

Un exemple paradigmatique entre tous montrera ce que Hegel entend par dialectique dans le champ de l'histoire de la philosophie : celui des *trois* – et non simplement deux – philosophies de l'être et du néant.

Telle que l'exposent aussi bien la *Science de la logique* que l'*Encyclopédie*, la dialectique de l'être et du néant ne connaît assurément que *deux* moments. Le premier est celui de l'opposition formelle des deux concepts, la « différence vide de l'être et du néant » [3]. Chacun des deux concepts n'est alors muni que d'une identité à soi : l'être est, le néant n'est pas. Mais les concepts de l'être pur et du néant pur étant aussi indéterminés l'un que l'autre – que nous apprennent-ils ? la même chose, à savoir *rien* – leur identité devient d'abord simplement possible, puis concrète lorsque

1. G. W. F. Hegel, *LHP I*, *op. cit.*, p. 107-110.
2. *Ibid.*, p. 132-133.
3. G. W. F. Hegel, *Petite Logique*, *op. cit.*, §88, Remarque 2, p. 352.

apparaît le concept de devenir. Telle est la première structure dialectique de la Logique.

Hegel ne fait pas mystère des figures historiques auxquelles il attribue l'un et l'autre point de vue. Si le « Moi = Moi » de Fichte et la conception médiévale de Dieu comme *ens realissimum* n'y sont pas étrangers, c'est à l'éléatisme que revient la première et la plus pure des expressions de ce principe [1]. La pensée de l'absolu comme néant serait, quant à elle, exprimée dans le bouddhisme comme dans la théologie négative [2].

Éléatisme et bouddhisme sont deux pensées initiales de la philosophie. L'éléatisme incarne le début de la philosophie pure, après que le pythagorisme, par « l'arrachement de la pensée par rapport au sensible, la séparation de l'intelligible et du réel », a rapproché de l'intellect pur la pensée, encore tournée vers le sensible, des Ioniens [3]. Le bouddhisme, quant à lui, est relativement ignoré par les *Leçons sur l'histoire de la philosophie*, ce qui n'est du reste guère surprenant quand on voit le peu de pages que lui consacre proportionnellement Colebrooke dans sa *Religion et philosophie des Hindous*, principale source de Hegel sur la philosophie indienne [4] ; comme phénomène religieux, le bouddhisme est plus longuement traité dans les *Leçons sur la philosophie de la religion* et surtout dans les *Leçons sur la philosophie de l'histoire* [5]. Dans les Remarques de l'*Encyclopédie*, il comble un vide, les doctrines antiques du néant pur n'étant pas si nombreuses. L'attribution des noms propres aux concepts est donc aisée pour les pensées respectives de l'être et du néant : la pensée de l'être est celle de Parménide, la pensée du néant celle des bouddhistes.

Si le nom de Zénon, en un sens, est à associer à celui de Parménide, il mérite une mention particulière. Zénon est en effet « l'initiateur de la dialectique » [6] et plus précisément de celle qui consiste à soutenir une thèse par la réfutation de sa contradictoire. La méthode zénonienne est successivement appelée « dialectique objective » [7] puis « dialectique

1. *Ibid.*, §86, Remarque, p. 349. *Cf.* également l'*Addendum* 2 au §86, p. 521, qui cite plus précisément Parménide ; et G. W. F. Hegel, *Science de la logique. L'être. Édition de 1812*, *op. cit.*, p. [33] *sq.*

2. G. W. F. Hegel, *Petite Logique*, *op. cit.*, §87, Remarque, p. 350. *Cf.* également l'*Addendum* au §87, p. 522.

3. G. W. F. Hegel, *LHP I*, *op. cit.*, p. 40 et 63.

4. H. T. Colebrooke, *Essays on the Religion and Philosophy of the Hindus*, London, Williams et Norgate, 1858, p. 251-559.

5. G. W. F. Hegel, *Philosophie de l'histoire*, *op. cit.*, p. 128-131.

6. G. W. F. Hegel, *LHP I*, *op. cit.*, p. 133.

7. *Ibid.*, p. 138.

subjective », d'une manière qui n'a pourtant rien de contradictoire : faisant suite à la dialectique extérieure, simplement subjective, qui n'est qu'une ratiocination dans tous les sens, elle est en effet pour la première fois une dialectique immanente de l'objet, encore qu'elle n'appartienne qu'à la considération du sujet [1]. Tout son paradoxe est d'exposer la nature immanente des choses, savoir la relation de l'être et du néant, comme s'il ne tenait qu'au gré du sujet de la poser : elle est objective par le premier aspect et subjective par le second. La nécessité du concept se trouve ainsi compromise par l'arbitraire de la volonté particulière.

Tout autre est le point de vue de Héraclite, dont la « dialectique de l'objectivité » n'exprime pas seulement la relation immanente de l'être et du néant, mais la pose dans les choses mêmes plutôt que dans le seul discours du sujet. En pensant le devenir, Héraclite a pensé de manière concrète l'unité de l'être et du néant ; il a saisi « le premier concret, l'absolu en tant qu'ayant en lui l'unité de termes opposés ». La dialectique héraclitéenne se distingue de celle des Éléates par l'appréhension de l'unité concrète de deux concepts jusqu'ici considérés comme radicalement opposés.

La réunion n'a rien de mécanique. Elle est un premier exemple historique de la « libre décision » dont Bernard Bourgeois voit l'intervention permanente dans la dialectique hegelienne :

> La traduction gnoséologique du dépassement du moment dialectique par et dans le moment spéculatif de la « dialectique » est la nécessité, pour le Savoir absolu hegelien, d'*inventer* à chaque fois la signification synthétique positive du contenu nouveau dont la position est nécessitée formellement par l'auto-négation du négatif ancien [2].

Le dépassement qui rétrospectivement apparaît nécessaire n'en est donc pas moins à chaque fois le produit de la liberté. Jean Cavaillès rencontrera dans l'histoire des mathématiques la même tension entre nécessité et liberté : « la nécessité apparaît après coup » [3].

Puisque les deux moments de la pensée de l'être et du néant exposés dans la « grande » et la « petite » *Logiques* correspondent de manière

1. *Ibid.*, p. 153.

2. B. Bourgeois, *L'Idéalisme allemand. Alternatives et progrès*, Paris, Vrin, 2000, p. 104. Nous soulignons.

3. J. Cavaillès, *Transfini et continu*, dans J. Cavaillès, *Philosophie mathématique*, Paris, Hermann, 2008, p. 174. Sur le rapport de Cavaillès à Hegel, *cf.* É. Schwartz, « Jean Cavaillès (1903-1944) », *Revue d'Auvergne*, vol. 580-581, 2006 ; B. Mélès, « Pratique mathématique et lectures de Hegel, de Jean Cavaillès à William Lawvere », *Philosophia Scientiæ*, vol. 16, nº 1, 2012 ; H. Benis Sinaceur, *Cavaillès*, Paris, Les Belles Lettres, 2013.

transparente aux doctrines des Éléates ou des bouddhistes et de Héraclite, il semblerait qu'il n'y ait que *deux* pensées possibles de l'être et du néant.

Et pourtant les *Leçons sur l'histoire de la philosophie* en ajoutent une troisième, qui n'a manifestement pas sa place dans la Logique et correspond aux doctrines d'Empédocle et de Leucippe. Tous deux semblent avoir eu pour tâche de résoudre l'antinomie de l'être et du néant que l'éléatisme leur avait laissée en héritage. Mais tandis que Héraclite résout cette antinomie en exhibant un concept unique, riche à la fois des déterminations de l'être et du néant – le devenir –, Leucippe s'est contenté de faire cohabiter les deux contraires en les maintenant l'un à l'extérieur de l'autre, l'être sous forme d'atome, le néant sous forme de vide : Hegel dénonce là « une synthèse (*Synthesis*) qui n'est pas déterminée par la nature de ce qui est réuni, mais où au fond ces étants en soi et pour soi demeurent séparés » [1]. Comme le rappelle Bernard Bourgeois, la synthèse n'est dans le lexique hegelien « qu'une composition ou combinaison, non une véritable unité, laquelle n'est que comme auto-différenciation de l'identité originaire, c'est-à-dire que comme concept » [2]. La réunion n'est que mécanique, les déterminations restant l'une à l'autre étrangères.

Empédocle est l'inventeur du procédé facile qui réduit la dialectique à une synthèse fondée sur le seul mélange, procédé récurrent dans l'histoire de la philosophie : « le concept empédoclien de la synthèse s'affirme encore aujourd'hui » [3]. À l'instar de tout dualisme, cette fausse conception de la synthèse veut rassembler ce qu'elle reçoit d'abord comme radicalement séparé [4]. Elle n'agglomère les systèmes que *partes extra partes*.

Le commencement de la philosophie avait pour ainsi dire reçu le programme d'assurer la réconciliation de l'être et du néant. Mais seul Héraclite s'en est décemment acquitté ; Parménide et Zénon ont maintenu l'extériorité des deux concepts, et Empédocle n'a réalisé l'unité que « dans une unité synthétique, et il en est de même de Leucippe et de Démocrite » [5]. La synthèse empédoclienne préfigure l'éclectisme et

1. G. W. F. Hegel, *LHP I*, *op. cit.*, p. 190.

2. G. W. F. Hegel, *PhE*, *op. cit.*, p. 527, n. 1.

3. G. W. F. Hegel, *LHP I*, *op. cit.*, p. 184.

4. G. W. F. Hegel, *Petite Logique*, *op. cit.*, §60, Remarque, p. 321 : « dans tout système dualiste, mais particulièrement dans celui de Kant, le défaut fondamental qui le caractérise se fait connaître par l'inconséquence consistant à réunir ce qui un instant auparavant a été déclaré comme subsistant-par-soi, donc comme *ne pouvant être réuni* ».

5. G. W. F. Hegel, *LHP I*, *op. cit.*, p. 205.

connaîtra bien des imitateurs, tels Leibniz, dont les nombreuses synthèses ne vont jamais au fond des choses [1].

Est-ce par amitié que Hegel, dans ses condamnations de l'éclectisme, s'abstient de mentionner le nom de Victor Cousin ? Il ne fait référence à son ami que comme éditeur des œuvres de Platon, de Proclus et de Descartes ; lorsqu'il affiche le peu d'estime que lui inspire la philosophie du sens commun, héritière française de la philosophie écossaise, c'est pour ne mentionner que les noms de Royer-Collard et de Jouffroy, respectivement maître et disciple de Cousin [2]. L'opinion de Hegel sur l'éclectisme cousinien ne fait donc aucun doute : mais l'amitié semble avoir asséché la plume [3].

L'accusation d'éclectisme est en tout cas suffisamment grave pour qu'il faille en laver de tout soupçon l'auteur authentiquement dialectique que fut Platon [4] :

> il ne faut pas voir dans les dialogues de Platon le souci de faire valoir diverses philosophies, il ne faut pas voir non plus dans la philosophie de Platon une philosophie éclectique qui dériverait des précédentes ; elle est plutôt le nœud où ces problèmes abstraits et unilatéraux sont à présent véritablement réunis de façon concrète.

Platon a connu et étudié les pensées antérieures : celles des Sophistes, de Socrate, de Héraclite, des Éléates et des Pythagoriciens ; mais il s'est bien gardé d'en faire la simple synthèse extérieure. Ce serait également faire injure à la philosophie alexandrine, véritable aboutissement de la philosophie grecque et dernière philosophie authentique avant celle de Descartes, que de l'appeler éclectique [5]. Même quand elle ne s'exprime pas de façon systématique, elle produit la réconciliation concrète – non simplement formelle – des philosophies de l'Antiquité.

La dialectique n'est pas automatique : seuls les éclectiques cèdent à la facilité de la conciliation par simple diffraction. Refusant cet automatisme, la dialectique hegelienne ne peut être formalisée quant à son *contenu*. Le contenu doit toujours être attesté par ce que Bernard Bourgeois a appelé une certaine « *expérience* spéculative » : « chaque nouveau contenu dont la spéculation a montré la nécessité doit être

1. G. W. F. Hegel, *LHP VI*, *op. cit.*, p. 1639.
2. *Ibid.*, p. 1711-1712.
3. Sur la relation asymétrique de Hegel et de Cousin, *cf. infra*, p. 133 *sq.*
4. G. W. F. Hegel, *LHP III*, *op. cit.*, p. 392 et 399.
5. G. W. F. Hegel, *LHP IV*, *op. cit.*, p. 850-853.

découvert. Le philosophe doit *trouver* le sens concret nouveau dont il sait néanmoins, pour l'avoir *prouvé*, qu'il est l'être même de l'ancien »[1]. Pour revenir à l'exemple canonique, l'unité de l'être et du néant est d'abord, dans les grande et petite *Logiques*, simplement virtuelle, puisqu'elle se limite à la possession commune d'une indétermination absolue. Mais cette simple ressemblance générique ne suffit pas à mettre la dialectique en mouvement : celle-ci ne devient réellement concrète que lorsque l'on *dévoile* le concept de devenir ou tout autre concept équivalent de ce point de vue, comme l'est celui de commencement[2]. Bernard Bourgeois résume le paradoxe de la « *libre création* [par la spéculation] *de son contenu nécessaire* » en écrivant que « le philosophe doit *inventer* le *contenu* dont il a *prouvé* que la *forme* est nécessaire »[3].

En ceci, la dialectique est *constructive* au sens mathématique du terme : on ne peut affirmer l'existence que des concepts que l'on est en mesure de dévoiler. Il n'y a pas de dialectique à l'aveugle, de concept $= x$ qui permette de raisonner sur la dialectique en faisant l'économie de son contenu. Non que la progression soit *a posteriori*, car la dialectique ne dépend pas des contingences de l'expérience, mais elle n'est pas apagogique. En aucun cas le concept de devenir ne saurait être *déduit* des concepts d'être et de néant ; c'est un concept qu'il a fallu inventer, c'est-à-dire construire. Affirmer l'unité de l'être et du néant en s'appuyant sur leur seule indétermination commune ne peut fournir une base pour poursuivre la dialectique ; celle-ci n'est possible qu'à partir du moment où nous en montrons, concept de devenir à l'appui, l'unité *concrète*. Bernard Bourgeois a écrit que le passage, chez Hegel, n'était pas tant de « sentiment » que de « décision »[4] : il n'est pas non plus de calcul. Il n'y a pas d'algèbre dialectique[5].

1. B. Bourgeois, « La Spéculation hégélienne », *op. cit.*, p. 98.

2. G. W. F. Hegel, *Petite Logique*, *op. cit.*, §88, Remarque, p. 353.

3. B. Bourgeois, « La Spéculation hégélienne », *op. cit.*, p. 104 ; B. Bourgeois, *Éternité et historicité de l'esprit selon Hegel*, Paris, Vrin, 1991, p. 125.

4. B. Bourgeois, « Dialectique et structure dans la philosophie de Hegel », *op. cit.*, p. 133.

5. William Lawvere (voir la bibliographie) se garde bien de telles prétentions lorsqu'il décrit sous le nom hegelien d'*Aufhebung* comment la théorie des catégories réalise l'unité et l'identité de concepts opposés. Par exemple, Lawvere montre comment les concepts opposés de catégorie linéaire et de catégorie distributive, définies respectivement par l'isomorphisme et la distributivité entre leur produit et leur coproduit, la première représentant la quantité et la seconde l'espace, peuvent verser l'un dans l'autre. On peut forger des « quantités d'espace » *telles que* la mesure d'un espace et des « espaces de quantité » *tels que* l'espace

De par le processus dialectique qui régit la succession des philosophies *authentiques*, l'histoire cesse d'être le simple réceptacle extérieur et empirique des diverses opinions humaines pour devenir porteuse de signification. C'est au nom même de la dialectique que Hegel proscrit les fausses continuités. En dépit d'un air de famille, on ne saurait confondre les scepticismes antique et moderne, car les mutations survenues entre-temps leur confèrent des significations incomparables : le premier porte sur le rapport de l'homme au monde, le second sur la vérité philosophique en général. La plupart des classes d'équivalence forgées dans l'Histoire kantienne de la raison pure s'effondrent d'elles-mêmes : de près comme de loin, Aristote n'est pas assimilable à Épicure, car si les deux philosophes reconnaissent l'origine empirique de la connaissance, le premier défend une philosophie de l'objet, tandis que le second décrit la liberté du sujet face à l'objet. De même, on ne saurait, à la manière de Kant, faire abstraction des nombreux acquis historiques – à commencer par la découverte explicite de la subjectivité – qui séparent radicalement les doctrines de Platon et de Leibniz : on ne peut passer sous silence le moment cartésien qui les sépare.

L'histoire n'est pas un simple cadre extérieur, un système de coordonnées temporelles dans lequel s'inscriraient de manière contingente les systèmes philosophiques : comme l'écrit Bernard Mabille, « la philosophie hégélienne n'est pas un historicisme, si l'on entend par là une pensée qui enregistre une évolution chronologique à elle seule productrice du sens »[1]. Chaque philosophe majeur assume et transforme l'histoire de la philosophie : « l'essence de la philosophie étant la même, chaque nouveau philosophe reprendra et devra reprendre dans la sienne les philosophies précédentes, – ce qui lui appartient en propre, c'est la manière dont il en poursuit l'élaboration »[2]. Distribuant à chaque système philosophique un programme de travail avant d'en récolter le produit et de le redistribuer à de nouveaux systèmes, l'histoire *travaille de l'intérieur* chaque système :

des fonctions. Ne s'appuyant que sur des « tel que », Lawvere prend toujours soin de *dévoiler* les processus qui réconcilient les concepts opposés, plutôt que de se contenter d'en affirmer abstraitement l'existence ou la possibilité. S'il mathématise ainsi la marche de la dialectique, il ne prétend aucunement algébriser son contenu. *Cf.* B. Mélès, « Pratique mathématique et lectures de Hegel, de Jean Cavaillès à William Lawvere », *op. cit.*

1. B. Mabille, « Hegel », dans *Gradus philosophique*, Paris, Flammarion, 1996, p. 270.
2. G. W. F. Hegel, *LHP III*, *op. cit.*, p. 399.

elle préside à ce que Bernard Bourgeois a appelé la « re-création de son héritage [...] essentielle à toute philosophie » [1].

On a souvent reproché à Hegel d'avoir imposé un certain arbitraire, comme si son histoire de la philosophie n'était finalement qu'une cérémonie de distribution des prix où se verraient récompenser les philosophes dont le hegelianisme récupère peu ou prou les thèses et blâmer ceux dont il n'a rien repris. Delbos écrit ainsi que « ce qui est naturellement le plus arbitraire à nos yeux dans la conception de Hegel, c'est qu'elle associe trop étroitement le sens de l'histoire de la philosophie tout entière au triomphe de la philosophie hégélienne » [2]. Mais on ne peut accuser Hegel d'avoir démembré les systèmes, ni d'y avoir prélevé arbitrairement les seules thèses qu'il entendait reprendre à son compte ; Victor Goldschmidt ne cache pas son admiration pour cette combinaison d'érudition et de pénétration [3]. Hegel a en effet à cœur d'accueillir chaque système comme une totalité systématique, et l'enchaînement des systèmes dans leur dialectique, qui est une dialectique *interne*. Ce qu'a de méritoire la philosophie héraclitéenne du devenir n'est pas d'annoncer le hegelianisme : c'est d'être devenue, pour tous les systèmes ultérieurs, une évidence. Après Héraclite, plus aucune philosophie ne pouvait faire l'économie du devenir. Faire la part des régressions impossibles, que Catherine Malabou a pertinemment appelée « plasticité » [4], tel est l'enjeu des *Leçons sur l'histoire de la philosophie*.

Une histoire de la philosophie qui se veut adaptée à son objet doit donc révéler la *signification* profonde de chaque système authentique, sa *systématicité interne* et son inscription dans l'*histoire dialectique*. Sur chacun de ces trois niveaux, le sens n'est pas reçu mais construit.

Non en dépit, mais en raison de la défiance de Hegel à l'égard des classifications, les *Leçons sur l'histoire de la philosophie* élaborent une forme nouvelle de classification, confirmant le diagnostic de Daniel Parrochia :

> Hegel supprime moins les classifications qu'il ne les transforme, non seulement en modifiant la structure de celles dont il s'inspire [...], mais en s'efforçant d'établir des connections entre les partitions et à l'intérieur de celles-ci, entre les éléments classés (dialectique) [5].

1. B. Bourgeois, *Éternité et historicité de l'esprit selon Hegel*, *op. cit.*, p. 112.
2. V. Delbos, « Les conceptions de l'histoire de la philosophie », *op. cit.*, p. 144.
3. V. Goldschmidt, *Platonisme et pensée contemporaine*, Paris, Vrin, 1990, p. 229.
4. C. Malabou, *L'Avenir de Hegel*, Paris, Vrin, 1996.
5. D. Parrochia, *La Raison systématique*, *op. cit.*, p. 175.

C'est ce que montre le fil des *Leçons sur l'histoire de la philosophie*, d'une manière dont l'ordre général, bien loin de précéder l'exposé, ne sera délivré que dans la section finale, comme « Résultat » [1] de l'histoire de la philosophie. Soutenue par l'induction de la *signification* et de la *systématicité* de chaque doctrine, la *dialectique* joue à l'égard des systèmes philosophiques le rôle structurant que Hegel déniait aux classifications ordinaires. Elle prend acte de la liberté de la pensée qui, s'arrachant à la contingence, s'élève degré par degré à la nécessité.

1. G. W. F. Hegel, *LHP VII*, *op. cit.*, p. 2111-2117.

CHAPITRE II

STRUCTURE LOGIQUE ET PHÉNOMÉNOLOGIQUE DE L'HISTOIRE DE LA PHILOSOPHIE

LOGIQUE ET HISTOIRE DE LA PHILOSOPHIE

Les premières pages des *Leçons sur l'histoire de la philosophie* semblent promettre une histoire adossée à la Logique. Les Éléates ont trouvé en l'*être* le premier « pur concept » [1] ; la dialectique zénonienne l'a ensuite opposé au *néant* ; puis Héraclite a montré dans le *devenir* l'unité de l'être et du néant. La coïncidence avec le commencement de la *Science de la logique* est telle que l'on s'attend à voir poursuivre le processus, catégorie après catégorie.

Déchantons tout de suite. En lieu et place de la philosophie de l'*être-là* qui devrait faire suite à celle du devenir, on ne dispose guère que de la philosophie de l'*être-pour-soi* qu'est par excellence, dans l'*Encyclopédie* comme dans les *Leçons sur l'histoire de la philosophie*, le premier atomisme grec [2]. Hegel justifie ce tête-à-queue logique : l'être-là relève de la conscience dénuée de pensée, de la simple apparence et non de la philosophie [3]. Mais le mal est fait : le lien ne sera jamais rétabli entre le fil de la Logique et celui de l'histoire de la philosophie. Walter Jaeschke constate donc à bon droit que le parallélisme logico-historique promis par Hegel depuis les brouillons de 1820 [4] jusqu'aux dernières versions du

1. G. W. F. Hegel, *LHP I*, *op. cit.*, p. 112.
2. G. W. F. Hegel, *Petite Logique*, *op. cit.*, §98, Remarque, p. 361.
3. G. W. F. Hegel, *LHP I*, *op. cit.*, p. 186-187.
4. G. W. F. Hegel, « Geschichte der Philosophie (1820) », dans G. W. F. Hegel, *Gesammelte Werke 18 : Vorlesungsmanuskripte II (1816-1831)*, Hamburg, Meiner, 1995, p. 49.

cours a fait long feu [1]. La désillusion a intrigué plus d'un commentateur éminent et donné lieu à des explications diverses, quoique non exclusives.

Walter Jaeschke conjecture que les références de Hegel au caractère logique de l'histoire de la philosophie sont un simple reliquat de l'époque de Iéna ; programme de recherche auquel il n'aurait été donné ni suite ni même justification dans le système hegelien, l'histoire de l'esprit étant aussi indépendante de la logique que l'est l'histoire de la nature. L'explication du décalage entre logique et histoire de la philosophie serait donc d'ordre *génétique*.

Daniel Parrochia a également montré sur un exemple court mais suffisant – les débuts de la philosophie grecque – que la composition dialectique de l'histoire de la philosophie exigeait parfois de rompre avec l'ordre historique. L'auteur associe la figure historique de Pythagore au concept de quantum, de Parménide à l'être, de Héraclite au devenir, de l'atomisme à l'être-pour-soi – autant d'affectations que la lettre des *Leçons sur l'histoire de la philosophie* cautionne indubitablement. Non sans précautions, Daniel Parrochia propose, en s'appuyant sur une brève allusion au *Philèbe* dans l'*Encyclopédie* [2], d'associer Platon à l'être-là, ce qui lui permet de proposer le schéma suivant, où l'ordre historique est à lire de bas en haut [3] :

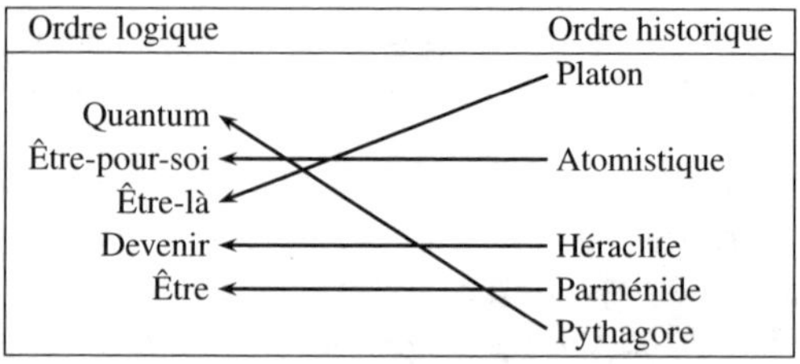

De ce brouillage, rendu flagrant par l'intersection des flèches, D. Parrochia conclut que l'on ne saurait rapprocher la logique de l'histoire de la philosophie qu'en instituant entre elles une relation floue [4], c'est-à-dire un

1. W. Jaeschke, « Die Philosophie », *op. cit.*, p. 491-492. Le fait fut d'ailleurs assez tôt remarqué : « le principe que la succession des systèmes philosophiques dans l'histoire est identique à celle des catégories en logique [est] certainement faux, comme l'évidence des faits a forcé certains hégéliens [notamment Schwegler et Zeller] à le reconnaître » (R. Flint, *La Philosophie de l'histoire en Allemagne*, Paris, Germer Baillère, 1878, p. 285).

2. G. W. F. Hegel, *Petite Logique*, *op. cit.*, §95, Remarque, p. 359.

3. D. Parrochia, *La Raison systématique*, *op. cit.*, p. 209-210.

4. La logique floue (*fuzzy logic*) est un système dans lequel la valeur de vérité des propositions n'est pas simplement le vrai ou le faux, mais peut être prélevée sur l'intervalle

ensemble de coefficients déterminant avec plus ou moins de rigueur – mais en tout état de cause selon une variation toujours contrôlée, quoique la détermination des coefficients ne puisse échapper à un certain arbitraire quantitatif – l'ordre des systèmes philosophiques à partir de celui des concepts logiques. L'explication de la dissonance entre le programme hegelien et son exécution serait donc mathématiquement, pour ainsi dire, probabiliste, en tout cas *rigoureusement floue* : « la correspondance Logique/Histoire de la Philosophie respecte tout de même une certaine identité d'ordre, mais à un niveau très général. [...] Les philosophies s'inscrivent [...] à plusieurs endroits, mais principalement, croyons-nous, à l'un d'entre eux ». Le philosophe dialectique aurait donc « à peu près », mais seulement à peu près, suivi son programme.

Hegel avait du reste averti ses auditeurs de ne pas chercher à plaquer aveuglément sur l'histoire de la philosophie l'ordre de la logique. Dans les Remarques de l'*Encyclopédie*, il en appelle certes aux « divers degrés de l'Idée logique, que nous trouvons dans l'histoire de la philosophie dans la figure de systèmes philosophiques qui ont fait leur apparition les uns à la suite des autres et dont chacun a pour assise fondamentale une définition particulière de l'absolu » [1] ; mais que l'on ne s'attende pas pour autant à trouver entre la Logique et l'histoire de la philosophie une correspondance terme à terme : « on laisse à l'histoire de la philosophie le soin de montrer de façon plus précise jusqu'à quel point le déploiement – qui a lieu en elle – de son contenu, d'un côté s'accorde avec le déploiement de l'Idée logique pure, et d'un autre côté s'en écarte ». En dépit de ce que les allégations liminaires de Hegel pourraient laisser croire, ce n'est donc pas dans la seule Logique qu'il faut chercher la structure des *Leçons sur l'histoire de la philosophie*.

D'autres ressources peuvent-elles alors nous éclairer ? Constatant que le parallélisme entre logique et histoire de la philosophie n'est vérifié que « dans l'ensemble », Bernard Bourgeois avance une hypothèse phénoménologique qui nous paraît déterminante :

> L'ordre *logique* des concepts et l'ordre *chronologique* des principes qui les absolutisent dans l'histoire de la philosophie sont identiques « dans l'ensemble », les variations de détail s'expliquant par la différence des

complet des valeurs comprises entre 0 et 1. Elle s'appuie donc sur des « degrés de vérité » : 1 reste la vérité absolue, 0 la fausseté absolue, mais toutes les valeurs intermédiaires sont celles des énoncés « plus ou moins vrais » ou leurs degrés de probabilité.

1. G. W. F. Hegel, *Petite Logique*, *op. cit.*, §86, Remarque 2, p. 520.

> « milieux » respectifs du développement : d'un côté, le concept absolu, de l'autre, la conscience philosophique de l'absolu, laquelle ne peut retenir comme principes les déterminations logiques constitutives de la conscience *commune* (par exemple celle de l'« être-là [*Dasein*] »)[1].

En soulignant la différence de « milieux » entre les deux parties du système – « concept absolu » d'une part, « conscience philosophique de l'absolu » de l'autre –, B. Bourgeois nous semble non seulement rendre compte de l'inadéquation entre la *Science de la logique* et les *Leçons sur l'histoire de la philosophie*, mais également d'une éventuelle nature phénoménologique de l'histoire de la philosophie : celle-ci engage en effet la conscience et les représentations qu'elle se fait de l'absolu.

L'histoire de la philosophie n'est pas un simple décalque de la Logique : elle retrace les étapes de la réalisation de la conscience de soi de l'esprit, dont le terme doit être la « conscience de soi absolue »[2]. Aussi faut-il envisager l'hypothèse d'une *structure phénoménologique* de l'histoire de la philosophie.

PHÉNOMÉNOLOGIE ET HISTOIRE DE LA PHILOSOPHIE

De la conscience à la conscience de soi

Les principaux systèmes exposés dans les *Leçons sur l'histoire de la philosophie* font manifestement écho à certains moments de la *Phénoménologie de l'esprit*.

De même que la Phénoménologie commence par la « certitude sensible », la philosophie, à l'époque ionienne, prend sa source dans la *connaissance sensible*. Si les Ioniens doivent être considérés comme les premiers philosophes, c'est parce qu'ils ont, les premiers, recherché un principe unique de toutes choses ; or c'est exclusivement parmi les réalités sensibles qu'ils ont cherché ce principe : l'accès y étant immédiat, elles s'imposaient naturellement comme ressource première de la pensée. Ayant pensé « l'universel sous la forme d'une détermination naturelle : l'eau, l'air »[3], ces philosophes « en restent encore à considérer l'essence des choses comme quelque chose de matériel (comme une ὕλη) »[4]. La

1. B. Bourgeois, *Éternité et historicité de l'esprit selon Hegel*, *op. cit.*, p. 114.
2. G. W. F. Hegel, *LHP VII*, *op. cit.*, p. 2116.
3. G. W. F. Hegel, *LHP I*, *op. cit.*, p. 40.
4. G. W. F. Hegel, *Petite Logique*, *op. cit.*, *Addendum* 3 au §104, p. 540.

sensibilité est ainsi le point de départ commun à la Phénoménologie et à l'histoire de la philosophie.

La philosophie prend ensuite conscience, avec le pythagorisme, l'éléatisme et le νοῦς d'Anaxagore, de l'impossibilité de se satisfaire d'un principe sensible, et s'élève à l'universel. La signification générale de l'évolution de la première philosophie grecque est une montée progressive de la connaissance sensible à la prise de conscience abstraite de la pensée. Comme la conscience engagée dans la « certitude sensible » de la *Phénoménologie de l'esprit*, la première philosophie grecque a pris la mesure de l'impossibilité de fixer définitivement un principe simplement sensible : celui-ci tend toujours à l'universel, trahissant inlassablement l'activité sous-jacente de la pensée.

La prise en compte de cet universel comme activité de la pensée mène, dans la Phénoménologie comme dans l'histoire de la philosophie, à la sophisterie de la *perception*. La pensée étant fixée comme principe, c'est sur ses objets que portera la variation : tout devient fluent face à elle. Ainsi commence le « vertige du mouvement de toutes choses considérées simplement dans leur côté négatif » [1] qu'est la pensée des Sophistes. Toutes les vérités deviennent relatives. Les Sophistes, hommes cultivés [2], montrent les différents aspects sous lesquels un objet peut être considéré ; précurseurs antiques des Lumières, ils mettent en crise l'autorité reçue pour la soumettre à l'examen personnel. Mais faute d'admettre quelque principe ferme que ce soit, ce « stade de la pensée réfléchissante » [3] verse dans l'arbitraire. Telle est la pensée des Sophistes, décrite dans les *Leçons sur l'histoire de la philosophie*. Dans la *Phénoménologie de l'esprit*, le stade de la perception mène à la même « sophisterie » :

> Tandis que [l'entendement percevant] est ballotté de côté et d'autre par ces essences tenant du néant, jeté des bras de l'une dans ceux de l'autre, et qu'il s'efforce, usant de sa sophisterie, de fixer et d'affirmer alternativement, maintenant, l'une de ces essences, ensuite, l'essence directement opposée, tandis qu'il entre en conflit avec la vérité, il s'imagine, au sujet de la philosophie, qu'elle n'a affaire qu'avec des *choses de pensée*. [...] [La conscience] flaire bien l'inessentialité [des déterminations entre lesquelles elle oscille] ; les sauver du danger qui les menace, elle le fait en s'engageant dans la sophisterie consistant, pour elle, à affirmer

1. G. W. F. Hegel, *LHP II*, *op. cit.*, p. 241.
2. *Ibid.*, p. 243-245.
3. *Ibid.*, p. 253.

> maintenant comme le vrai ce qu'elle-même, l'instant d'avant, affirmait comme le non-vrai [1].

La dialectique de la perception mène à une sophisterie hypothéquant toutes les chances qu'a la pensée de parvenir à un repère fixe.

L'insatisfaction où conduisent ces apories rend ensuite nécessaire une pensée de l'*entendement*, c'est-à-dire de la faculté qu'a le concept de saisir les objets ; tel est le rôle que jouent les philosophies platonicienne et aristotélicienne. Selon les *Leçons sur l'histoire de la philosophie*, la pensée de Platon reproduit en effet l'élévation de la conscience sensible à l'entendement :

> Conscience sensible, représentation d'abord sensible, opinion, savoir immédiat, Platon a englobé tout cela sous le nom de δόξα. À mi-chemin de l'opinion et de la science en soi et pour soi se trouve la connaissance par raisonnement, la réflexion discursive, la connaissance réfléchissante qui forme pour son compte des lois universelles des genres déterminés à partir des données précédentes. Mais ce qui est le plus élevé est le penser en soi et pour soi, qui porte sur ce qui est le plus élevé [2].

Le parallélisme est ici transparent avec le vocabulaire de la *Phénoménologie de l'esprit*. Il est difficile de ne pas reconnaître la « certitude sensible » derrière ce que les *Leçons sur l'histoire de la philosophie* appellent « conscience sensible » ou « savoir immédiat » ; et lorsque Platon veut mettre au jour les « lois universelles » régissant le rapport du « phénomène » au « monde suprasensible » [3], en s'éloignant de la δόξα il incarne l'« entendement » qui, dans la *Phénoménologie de l'esprit*, s'écarte de la « certitude sensible ».

Aristote est, comme Platon, le penseur de l'idée – non plus l'idée abstraite, mais l'« idée en tant que concrète dans son efficacité » [4], c'est-à-dire telle qu'elle est à l'œuvre dans la réalité effective. Le concept d'entendement ne trouve plus sa vérité hors du monde, mais dans la diversité même des choses : « Aristote a pénétré la masse entière et tous les aspects de l'univers réel, dont il a assujetti au concept la richesse et la diversité » [5]. Le concept est redescendu sur terre. Ici enfin la pensée

1. G. W. F. Hegel, *PhE*, *op. cit.*, ch. II, p. [56-58].
2. G. W. F. Hegel, *LHP III*, *op. cit.*, p. 432.
3. G. W. F. Hegel, *PhE*, *op. cit.*, ch. III, p. [59-100].
4. G. W. F. Hegel, *LHP III*, *op. cit.*, p. 610.
5. *Ibid.*, p. 499.

a « saisi son *concept* (*Begriff*) comme *concept* »[1], c'est-à-dire comme préhension ou appréhension (*greifen*) du réel.

Par cette analyse, Hegel entend sauver Aristote de l'opposition frontale à Platon dans laquelle on le place trop souvent :

> C'est une opinion très largement répandue (c'est l'opinion ordinaire) de dire que les philosophies platonicienne et aristotélicienne sont diamétralement opposées : celle-là serait un idéalisme, celle-ci un réalisme, et un réalisme au sens le plus trivial. Platon aurait pris pour principe l'idée, l'idéal, il tirerait de lui-même l'idée intérieure ; selon Aristote, l'âme serait une *tabula rasa*[2], recevrait d'une manière entièrement passive toutes ses déterminations du monde extérieur, sa philosophie serait un empirisme, le lockisme le plus vulgaire, etc. Nous verrons que ce n'est pas le cas. En réalité, Aristote est supérieur à Platon en profondeur spéculative en tant qu'il a connu la spéculation, l'idéalisme le plus rigoureux, et qu'il l'affirme au sein du plus ample développement empirique. Aujourd'hui encore, notamment chez les Français, existent des vues entièrement fausses au sujet d'Aristote[3].

Penser le concept ne suffit pas si l'on ne le rapporte pas à la conscience dont il procède : ainsi vient le moment de la *conscience de soi* qui, dans la Phénoménologie comme dans l'histoire de la philosophie, se spécifie en stoïcisme, scepticisme et conscience malheureuse ; les *Leçons sur l'histoire de la philosophie* y ajoutent simplement la figure de l'épicurisme.

Deux pensées se font désormais face : une pensée de la conscience, dont l'apogée est le système aristotélicien, et une pensée de la conscience de soi, incarnée par les philosophies hellénistiques. Réunir ces deux pensées en un tout vivant est la gageure des philosophies de la *raison*, selon un long processus amorcé par le néoplatonisme et achevé par Descartes.

Raison

Le point de vue scolastique est certes plus élevé que celui de la plupart des écoles de l'Antiquité, en ceci que, système de la « raison », il soutient l'unité de la conscience de soi et du monde. Cette unité est posée en Dieu.

1. G. W. F. Hegel, *PhE*, *op. cit.*, ch. II, p. [59].
2. G. W. F. Hegel, *LHP III*, *op. cit.*, p. 579.
3. *Ibid.*, p. 500. L'allusion à Victor Cousin est à peine voilée : nous verrons qu'il souscrit sans réserve à l'opposition frontale d'un « idéalisme » platonicien et d'un « sensualisme », parfois appelé « empirisme », aristotélicien (*cf.* la 3e partie de notre étude).

Mais, d'une part, l'identification de la conscience et de la réalité n'est pas thématisée comme elle le sera à partir de Descartes ; et d'autre part, cette époque n'a pas encore pris la mesure de la réalité effective, c'est-à-dire du caractère pensable de l'expérience. Au contraire, la philosophie scolastique

> laisse entièrement de côté la réalité effective : celle-ci est l'objet de son mépris, elle n'a aucun intérêt pour elle. Car la raison trouve alors son action, son être-là dans un autre monde, et non pas ce monde-ci ; or tout le progrès de la culture tend à restaurer la foi en ce monde-ci. Tout savoir et toute action se rapportant à l'intérêt pour ce monde étaient donc entièrement bannis [1].

La dévaluation du monde perdurera jusqu'au développement, par la philosophie moderne, d'abord de l'idée de nature, de Francis Bacon à John Locke, ensuite de la « culture » dans les philosophies anglo-saxonne et française du XVIIIe siècle. Héritant du principe de la philosophie antique et préparant à pas comptés le terrain de la philosophie moderne, la philosophie médiévale n'apparaît ainsi que comme une trop longue période de gestation, qui ne mérite pas de pendant phénoménologique propre.

Présentant Descartes en successeur du néoplatonisme, Hegel ne cache pas son dédain pour la philosophie médiévale dans son ensemble : franchissons-la « en chaussant des bottes de sept lieues » [2]. Le nom d'Augustin est à peine évoqué ; seuls Ockham et Anselme se voient accorder plus de deux pages, et encore le long commentaire du *Proslogion* n'est-il que l'occasion de montrer comment la réfutation criticiste de la preuve ontologique – Gaunilon jouant le rôle de Kant [3] – peut être dépassée.

S'il n'est pas tout à fait nul, le bilan de la période est maigre. Le Moyen Âge a certes, notamment grâce au christianisme dont il se nourrissait, comblé certaines lacunes du néoplatonisme en démontrant la doctrine de la Trinité et en développant la notion d'esprit individuel [4], dotant par là-même de liberté l'unité de la conscience et de la conscience de soi, que le néoplatonisme lui avait léguée comme programme de travail. Mais pour l'essentiel, la philosophie médiévale s'est contentée de développer le point

1. G. W. F. Hegel, *LHP V*, *op. cit.*, p. 1059.

2. *Ibid.*, p. 997. Hegel ne s'est effectivement guère attardé dans les bibliothèques de philosophie médiévale : Walter Jaescke constate de manière génétique qu'il ne semble avoir étudié de près, hormis les manuels généraux, que Maïmonide, qui avait été traduit en latin, et Anselme. *Cf.* W. Jaeschke, « Die Philosophie », *op. cit.*, p. 498.

3. G. W. F. Hegel, *LHP V*, *op. cit.*, p. 1076-1077.

4. *Ibid.*, p. 999 et 1011.

de vue antique : « au fondement de la philosophie arabe comme de la philosophie scolastique et de tout ce qui s'est produit dans la philosophie chrétienne, il y a l'idée alexandrine ou néoplatonicienne : elle est leur essence » [1].

L'embarras de Hegel devant cette longue période de stagnation historique transparaît jusque dans le plan du chapitre, qui se résume à l'énumération de « points de vue historiques généraux » [2]. Thématiquement, l'énumération est manifestement rhapsodique [3], et chronologiquement, Albert le Grand eût dû trouver sa place entre Pierre Lombard et Thomas d'Aquin, et Roscelin n'eût pas dû figurer aux côtés d'Ockham (fig. 2.3). Ce plan composite semble, si l'on en croit le nombre et la diversité des variantes, avoir laissé l'auteur sur sa faim. Mais la faute en incombe à la pensée scolastique même, qui par sa vacuité résiste à la dialectique [4] : « il y a bien une histoire des hommes, mais non pas à proprement parler une histoire de la science » [5]. Compromettre la logique aristotélicienne dans des recherches sur l'âge de résurrection des morts, leur corpulence et leur chevelure, c'était en effet « mettre un collier d'or à des porcs » [6]. Cette dégradation de la logique est responsable de l'« insipide métaphysique d'entendement » [7] qui caractérise la période et à laquelle seuls échappent les mystiques Jean de Gerson, Raymond de Sabunde, Roger Bacon et Raymond Lulle, qui « ont eu moins de part à cette activité de disputer et de démontrer, et ont conservé leur pureté en ce qui concerne la doctrine de l'Église et la réflexion philosophique » [8].

1. *Ibid.*, p. 1024.

2. *Ibid.*, p. 1069.

3. « Les vestiges latins de philosophie ancienne », « le commencement », « la doctrine de l'église considérée philosophiquement », « le développement systématique de la théologie scolastique », « l'aristotélisme au Moyen Âge », « l'opposition du réalisme et du nominalisme », « la dialectique formelle », « les mystiques ».

4. Constatant que le plan n'est pas chronologique, Daniel Parrochia suggère que Hegel « se donne la possibilité d'organiser la période comme le requièrent les principes fondamentaux de la dialectique et non pas le respect servile de la chronologie » (D. Parrochia, *La Raison systématique*, *op. cit.*, p. 205). Si le fait nous semble incontestable en règle générale, la structure dialectique de la philosophie médiévale ne nous paraît en l'espèce guère manifeste. Il nous semble plutôt que Hegel cède ici à un exposé simplement thématique, précisément contraint par l'absence de dialectique véritable dans la philosophie médiévale.

5. G. W. F. Hegel, *LHP V*, *op. cit.*, p. 1066-1067.

6. *Ibid.*, p. 1115.

7. *Ibid.*, p. 1122.

8. *Ibid.*, p. 1116.

La marche de la conscience qu'est l'histoire de la philosophie ne reprend véritablement qu'après la Renaissance. C'est « seulement [avec Descartes] que nous entrons dans la philosophie proprement dite depuis l'école néoplatonicienne et ce qui s'y rattache ; c'est un recommencement de la philosophie »[1]. Si Bacon et Böhme ont en effet donné à la pensée moderne les directions antagonistes en lesquelles elle se résout – à savoir le conflit entre pensée et nature, chacun des deux auteurs subordonnant l'une à l'autre –, « c'est seulement avec Descartes que commence la philosophie du temps moderne, le penser abstrait »[2]. Descartes posant explicitement le principe de l'unité de la conscience et de la conscience de soi dans la raison, « c'est seulement avec lui que nous entrons proprement dans une philosophie autonome, qui sait qu'elle vient de la raison en toute autonomie, et que la conscience de soi est un moment essentiel du vrai »[3]. Descartes n'est pas le premier penseur de la raison, mais le premier qui l'ait reconnue comme telle. Il parachève ainsi un processus amorcé par le néoplatonisme et que la longue période médiévale n'a pas su achever, s'étant par là rendue presque inutile :

> C'est [...] pour cela que dans les histoires de la philosophie datant du XVIIe siècle, on ne trouve que la philosophie des Grecs et des Romains, et le christianisme fait la clôture, de sorte qu'en lui et à partir de lui, il n'aurait plus existé de philosophie, parce qu'elle ne serait plus nécessaire – c'est par exemple le cas de Stanley[4].

Descartes tire la philosophie d'une léthargie millénaire et donne à la pensée un nouveau sol. Il n'est pas le penseur sceptique qu'en fait Kant dans la Réfutation de l'idéalisme[5], car le doute n'est pour lui qu'une méthode et non un résultat. Contrairement au doute sceptique qui nous éloigne du monde, le doute cartésien nous y ramène : « [Descartes] a commencé par le commencement, par le penser comme tel ; c'est là un commencement absolu. Qu'il ne faille commencer que par le penser, c'est ce qu'il exprime en disant qu'il faut douter de tout[6] ». Le doute cartésien

1. G. W. F. Hegel, *LHP VI*, *op. cit.*, p. 1380.
2. *Ibid.*, p. 1255.
3. *Ibid.*, p. 1379.
4. *Ibid.*, p. 1380. Voir en effet T. Stanley, *Historia philosophiæ*, Venise, Coleti, 1731, t. III, chapitre « *De philosophia eclectica* », notamment p. 361 pour une évocation, on ne peut plus laconique, de la philosophie ultérieure.
5. I. Kant, *KRV*, *op. cit.*, B 275, AK III 191.
6. G. W. F. Hegel, *LHP VI*, *op. cit.*, p. 1389.

a donc un résultat positif : il mène au *cogito*, identité concrète du penser et de l'être [1].

De l'esprit au savoir absolu

À bien des égards, cependant, l'intuition cartésienne est demeurée incomplète et ne sera pleinement réalisée que par Fichte. En des termes similaires à ceux de la *Phénoménologie de l'esprit* [2], Hegel affirme que Descartes en est resté à la « certitude » de la raison, sans l'avoir élevée, faute de démonstration adéquate, à la « vérité » :

> Descartes [...] n'en a pas apporté de démonstration, il s'est uniquement contenté d'en appeler à la conscience. Fichte également a par la suite commencé à nouveau par la même certitude absolue, par le moi, mais il a procédé ensuite au développement de toutes les déterminations à partir de cette pointe [3].

La tâche de la philosophie moderne est d'élever à une vérité cette certitude qu'a la pensée d'être toute la réalité, et ce par la démonstration, ébauchée par Kant, achevée par Fichte.

Lors de ce processus, la raison affronte ses manifestations extérieures, et la philosophie française du XVIIIe siècle – notamment celle d'Holbach, Robinet, Helvetius et Rousseau – est le pendant, dans l'histoire de la philosophie, du moment phénoménologique de la « culture », où l'*esprit* s'aliène à lui-même et dévaste l'autel des idoles jusqu'à finir dans le fanatisme de la liberté, transposant la Terreur en philosophie.

Après que la raison se fut ainsi opposée à elle-même – comme l'avait précédemment fait l'entendement dans la sophisterie de la perception –, la philosophie trouve sa fin dans le *savoir du savoir*, qui est non seulement certitude ou vérité de la raison en elle-même, non seulement prise en compte de la présence de l'esprit dans l'objectivité naturelle, mais également et surtout adoption d'un point de vue logique sur les transformations dont elle procède. C'est à la philosophie allemande récente – celle de Kant, de Jacobi, de Fichte et de Schelling – qu'il revient de mener la pensée au savoir absolu, en prenant sa source dans les résultats les plus aboutis des philosophies anglaise et française que sont les pensées de Hume et de Rousseau [4]. La tâche de la pensée allemande, après les grandes

1. *Ibid.*, p. 1398.
2. G. W. F. Hegel, *PhE*, *op. cit.*, ch. V, p. [162-173].
3. G. W. F. Hegel, *LHP VI*, *op. cit.*, p. 1398-1399.
4. *Ibid.*, p. 1755.

révolutions philosophiques, est de « prendre pour objet l'unité même du penser et de l'être » [1], principe fondamental de la pensée moderne qui ne doit plus seulement être pris comme point de départ mais comme objet privilégié.

Si Jacobi décrivit l'unité de l'être et du penser, son tort fut d'en croire immédiat le lien. Son vaste concept de savoir immédiat ne recouvre pas moins le savoir sensible que le savoir de Dieu, de conserve opposés aux savoirs médiatisés de l'entendement. Hegel a épinglé dans le Concept préliminaire de l'*Encyclopédie* et dans la *Phénoménologie de l'esprit* cette pensée qui fait prompte justice des problèmes philosophiques [2], cet « enthousiasme qui commence immédiatement, comme en tirant un coup de pistolet, avec le savoir absolu, et qui en a déjà fini avec les autres points de vue pour autant qu'il déclare n'en tenir aucun compte » [3] : l'« esprit immédiat » n'est que le commencement du savoir. Soutenir l'immédiateté du savoir, c'est oublier le rôle crucial de la culture, de l'éducation, du travail [4] ; c'est également faire peu de cas de la connaissance, *appréhension* active de l'objet, que de la réduire à un simple *contact* avec lui. Son mérite est donc faible : le savoir immédiat ne manifeste qu'une conscience fort embryonnaire de l'unité de l'être et du penser.

La pensée de Kant est dans l'histoire de la philosophie un tournant autrement plus décisif. Elle est une philosophie de la subjectivité, celle du « concept absolu se pensant soi-même, rentrant en soi-même » [5]. Kant réalise un pas décisif en direction de la démonstration de l'unité subjective de la conscience et de la conscience de soi, reprenant à son compte, pour l'élever à un principe supérieur, un large pan du passé de l'histoire de la philosophie :

> Kant retourne au point de vue de Socrate, au penser, mais avec la détermination infinie au concret, avec la règle de la perfection. Descartes pensait la certitude en tant qu'unité du penser et de l'être. Nous avons à présent la conscience du penser dans sa subjectivité, c'est-à-dire : α) comme déterminité vis-à-vis de l'objectivité ; β) comme finité, progression en des déterminations finies. Nous voyons la liberté du sujet, comme chez Socrate et les Stoïciens, mais eu égard au contenu, la tâche est située à un niveau plus élevé. On exige le remplissement avec l'idée

1. G. W. F. Hegel, *LHP VII*, *op. cit.*, p. 1827.
2. G. W. F. Hegel, *Petite Logique*, *op. cit.*, Concept préliminaire, §61 *sq.*
3. G. W. F. Hegel, *PhE*, *op. cit.*, Préface, p. XXXII–XXXIII.
4. G. W. F. Hegel, *LHP VII*, *op. cit.*, p. 1839.
5. *Ibid.*, p. 1853.

> de la perfection, c'est-à-dire que le contenu lui-même soit l'unité du concept et de la réalité [1].

Mais l'héritage est sélectif : Socrate, les Stoïciens et Descartes se sont distingués selon Hegel par une insistance sur le caractère subjectif de la conscience, sur la conscience de soi, au détriment de la philosophie de la nature en tant que telle ; la maigreur, par rapport aux développements de la *Critique de la raison pure*, de *Premiers Principes métaphysiques de la science de la nature* réduits à l'exposition des concepts généraux de la matière, sans mise en lumière de la nécessité des concepts [2], montre suffisamment combien Kant a négligé cette partie de la philosophie. C'est que Kant appréhende la faculté de connaître comme un « instrument » permettant de s'emparer de la vérité, et non encore comme la vérité elle-même [3] – conception dénoncée en des termes analogues par l'Introduction de la *Phénoménologie de l'esprit* [4], et qui revient, selon une image que Hegel affectionne, à vouloir apprendre à nager avant de se jeter à l'eau [5].

C'est donc dans la connaissance du monde que le kantisme a trouvé sa limite : en affirmant l'impossibilité de connaître la chose en soi, il est resté prisonnier d'une opposition que la conscience n'a pas faite sienne. Kant a confiné le savoir de la conscience de soi dans la subjectivité finie et son objet privilégié – le phénomène [6]. En cela il ne s'est guère écarté de l'*Aufklärung* et de Hume, ce qui dans le Concept préliminaire de l'*Encyclopédie* motive le provocant amalgame de l'empirisme et du criticisme [7].

Fichte a relevé le défi de *démontrer* l'identité de l'être et du penser, dont Descartes s'était contenté d'afficher la certitude : « Le connaître spéculatif ou déduction à partir du concept, le libre développement autonome du concept n'a été instauré que par Fichte » [8]. En entreprenant

1. *Ibid.*, p. 1851.
2. *Ibid.*, p. 1878.
3. *Ibid.*, p. 1854.
4. G. W. F. Hegel, *PhE*, *op. cit.*, Introduction, p. [3].
5. G. W. F. Hegel, *LHP VII*, *op. cit.*, p. 1854 et 2053. Pierre Garniron trouve l'origine de cette anecdote dans *Philogelos le rieur* de Hiéroclès : « Un scolastique qui voulait nager manqua de se noyer. Il jura de ne plus toucher à l'eau tant qu'il n'aurait pas appris à nager » (*ibid.*, p. 2106, note *m*). Voir également, entre autres références, G. W. F. Hegel, *Petite Logique*, *op. cit.*, Introduction, §10, Remarque, p. 175.
6. G. W. F. Hegel, *LHP VII*, *op. cit.*, p. 1853-1854.
7. G. W. F. Hegel, *Petite Logique*, *op. cit.*, §37-60, p. 298-323.
8. G. W. F. Hegel, *LHP VI*, *op. cit.*, p. 1435.

cette démonstration de la raison comme identité de la conscience et de la conscience de soi, Fichte a du même coup systématisé la philosophie kantienne : « c'est ce défaut, l'inconséquence kantienne irréfléchie qui fait que le système entier manque d'unité spéculative, que Fichte a supprimé »[1]. Selon les *Leçons sur l'histoire de la philosophie*, le grand mérite de Fichte est d'avoir déduit toutes les déterminations à partir d'un seul principe[2] et d'avoir érigé en fin de la philosophie le savoir du savoir, c'est-à-dire le savoir des catégories telles qu'elles ont été construites[3].

N'avoir pas poussé à son terme la déduction des catégories est également le reproche que la *Phénoménologie de l'esprit* adresse de manière anonyme mais transparente à Kant, en l'opposant à une figure fichtéenne tout aussi aisément reconnaissable :

> accueillir la pluralité des catégories, d'une quelconque manière, derechef, comme un objet trouvé, par exemple à travers les jugements[4], et s'en accommoder ainsi, doit en réalité être regardé comme un outrage à la science ; où l'entendement pourrait-il encore montrer une nécessité s'il ne le pouvait pas en lui-même, qui est la nécessité pure[5] ?

Histoire de la philosophie et phénoménologie suivent donc ici aussi un cours parallèle.

La philosophie de Fichte n'est pourtant pas définitive. Elle est certes « l'achèvement de la philosophie kantienne », et « en dehors de [Fichte] et de Schelling il n'existe pas de philosophies »[6] ; mais Fichte est, comme Kant, resté prisonnier du dualisme, préservant notamment entre le moi et le non-moi une relation de devoir-être[7] au lieu de prendre acte des réalisations effectives et concrètes de l'esprit.

C'est à Schelling que semble revenir la gloire de clore l'histoire de la philosophie : « Le dépassement le plus important, ou même, philosophiquement parlant, le seul dépassement important de la philosophie fichtéenne a été effectué finalement par Schelling. La forme supérieure authentique qui a fait suite à Fichte est la philosophie schellingienne »[8]. Schelling a en effet surmonté l'opposition frontale de la pensée et de la

1. G. W. F. Hegel, *LHP VII*, *op. cit.*, p. 1978.
2. *Ibid.*, p. 1979.
3. *Ibid.*, p. 1982.
4. I. Kant, *KRV*, *op. cit.*, A 79/B 104-105, AK III 92.
5. G. W. F. Hegel, *PhE*, *op. cit.*, ch. V, p. [168].
6. G. W. F. Hegel, *LHP VII*, *op. cit.*, p. 1977.
7. *Ibid.*, p. 1985-1986.
8. *Ibid.*, p. 2045.

nature qui structurait depuis Bacon et Böhme la philosophie moderne. Avec lui, la nature devient « un système du rationnel au même titre que le savoir » [1]. Dans son concept de nature, Schelling a pris conscience que la subjectivité était unie à l'objectivité et que la nature tendait vers l'intelligence. Il a ainsi, contre Kant et Fichte, réhabilité le contenu de la connaissance, sans pour autant nuire au connaître lui-même : « Examiner le connaître signifie connaître le connaître ; mais comment vouloir connaître sans connaître, c'est ce qu'on ne peut dire. – Tel est donc le point de vue de la philosophie schellingienne en général » [2]. Aussi Schelling figure-t-il comme le dernier nom propre de l'histoire hegelienne de la philosophie.

L'histoire n'est pourtant pas encore achevée. Il manque à cette pensée d'avoir montré l'aspect logique de l'unité de la pensée et de la nature qu'elle révélait [3]. Il aurait en effet fallu montrer comment la logique structure le développement de l'intelligence ; « le résultat de la *considération pensante* serait alors que chaque terme se transforme *en sous-main* en son contraire, et que seule l'identité des deux est la vérité ». Cet échec à montrer la corrélation de la Logique à la Philosophie de la nature ne pouvait qu'entraîner une méconnaissance totale de la Philosophie de l'esprit qui s'y appuie.

Nul n'est dupe du tour de modestie par lequel Hegel passe son propre nom sous silence en conclusion des *Leçons sur l'histoire de la philosophie* : les critiques qu'il adresse à Schelling laissent au terme de l'histoire de la philosophie un creux que seule la philosophie hegelienne peut prétendre combler. Hegel semble certes attribuer à Schelling la dernière place dans l'histoire de la philosophie en le décrivant comme « la dernière figure intéressante, la dernière figure véritable de la philosophie que nous avions à considérer » [4] ; mais Schelling est précisément la dernière figure de l'*histoire* de la philosophie, la dernière figure du passé, c'est-à-dire celle qui précède immédiatement la vraie philosophie. La philosophie hegelienne, « résultat » de l'histoire, n'y appartient pour ainsi dire déjà plus. Elle s'est élevée de l'histoire des figures de l'absolu à l'éternité du concept : « Voilà jusqu'où l'esprit du monde est parvenu. La dernière philosophie est le résultat de toutes les philosophies antérieures ; rien n'est perdu, tous les principes sont conservés » [5].

1. *Ibid.*, p. 2047-2048.
2. *Ibid.*, p. 2053.
3. *Ibid.*, p. 2057.
4. *Ibid.*, p. 2071.
5. *Ibid.*, p. 2112.

Le « Résultat » de l'histoire de la philosophie est donc à trouver dans la dernière philosophie : non celle de Schelling, mais celle qu'elle a manqué d'être. « Avec cela cette histoire de la philosophie est close. [...] La dernière philosophie contient par conséquent les précédentes, comprend en elle tous les stades, est le produit et le résultat de tous les précédents »[1]. Notre point de vue, écrit Hegel, est le connaître de l'idée, le savoir de l'idée en tant qu'esprit. Non pas esprit fini mais esprit absolu, c'est-à-dire un esprit qui ne s'enferme pas dans l'extériorité de la pensée et de la nature, celle de la Logique et de la Philosophie de la nature, mais pense, par la Philosophie de l'esprit, leur unité dans les formes positives et concrètes que sont en particulier la politique, l'art, la religion et la philosophie. La pensée parvient ainsi au « véritable royaume des esprits », formule qui n'est pas sans rappeler le « royaume » de l'esprit qu'est la science selon la Préface de la *Phénoménologie de l'esprit*[2].

Il n'est jusqu'au public idéal des *Leçons sur l'histoire de la philosophie* qui ne semblât finalement commun avec celui que Bernard Bourgeois prête à la *Phénoménologie de l'esprit* :

> il apparaît que la conscience à laquelle s'adresse Hegel, c'est la conscience contemporaine la plus cultivée (chrétienne-schellingienne) se saisissant dans la philosophie la plus avancée (schellingienne), et qui se tient de la sorte au seuil du savoir absolu véritable. – Mais il faut encore aller plus loin. [...] En réalité, Hegel s'adresse, dans la *Phénoménologie de l'esprit*, à une conscience *déjà hégélianisante*, c'est-à-dire, au fond, *à lui-même*. Son discours n'est pas une *affirmation à autrui*, mais une *confirmation de lui-même*, une *justification* de sa propre démarche spéculative par la monstration de la nécessité de la marche qui l'a élevé à elle[3].

Est-ce alors le crépuscule, ou la mort, de la philosophie ? Rien de tout cela : de même que la *Phénoménologie de l'esprit* ne doit pas être vue comme une clôture mais comme l'ouverture sur un monde nouveau – « Il n'est pas difficile de voir [...] que notre époque est une époque de naissance et de passage à une nouvelle période »[4] –, les *Leçons sur l'histoire de la philosophie* se devaient de terminer sur une ouverture, sur une nouvelle tâche : « Je vous souhaite de très bien vivre ». La philosophie,

1. *Ibid.*, p. 2116.
2. *Ibid.*, p. 2117 ; G. W. F. Hegel, *PhE*, *op. cit.*, Préface, p. XXIX.
3. B. Bourgeois, « Présentation », dans G. W. F. Hegel, *Phénoménologie de l'esprit*, Paris, Vrin, 2006, p. 19.
4. G. W. F. Hegel, *PhE*, *op. cit.*, Préface, p. XIII.

parvenue au terme de son histoire, peut commencer à produire des effets nouveaux.

La structure des *Leçons sur l'histoire de la philosophie* paraît ainsi dictée par celle de la *Phénoménologie de l'esprit*, ce qui n'est génétiquement guère surprenant si l'on tient compte du fait que Hegel a prononcé ses premiers cours d'histoire de la philosophie et rédigé la plupart des pages du « Résultat » dans les années 1805-1806, c'est-à-dire parallèlement à l'écriture de la *Phénoménologie de l'esprit*[1]. Les idées de Hegel ont été suffisamment constantes pour qu'il poursuive sans discontinuer, et avec peu de modifications, ses cours d'histoire de la philosophie[2] tout en s'apprêtant, peu avant sa mort, à rééditer la *Phénoménologie de l'esprit*[3].

L'impossible généralisation

Enhardi par ce parallélisme global, on pourrait être tenté d'aller plus loin dans l'assimilation du plan des *Leçons sur l'histoire de la philosophie* à celui de la *Phénoménologie de l'esprit*. Dans le seul passage véritablement explicite sur la structure conceptuelle générale de l'histoire de la philosophie, Hegel résume les huit étapes du développement, en y associant explicitement les noms des auteurs concernés, à l'exception de lui-même :

1) l'élément objectif est pris comme un donné, transformé en idée : l'être ;
2) la pensée abstraite, le νοῦς, se connaît lui-même, mais encore de manière non subjective (l'universel de Platon) ;
3) le concept libre, ingénu, pénètre tout l'univers (Aristote) ;
4) le concept se saisit comme sujet, sur le mode de la séparation absolue avec le monde (stoïcisme, épicurisme, scepticisme) ;
5) l'idée devient concrète, pensée de la totalité, monde intelligible (néoplatonisme) ;

1. W. Jaeschke, « Die Philosophie », *op. cit.*, p. 489 ; G. W. F. Hegel, *LHP VII*, *op. cit.*, p. 1820 et la note *i*.

2. K. Rosenkranz, *Georg Wilhelm Friedrich Hegel's Leben*, Darmstadt, Wissenschaftliche Burggesellschaft, 1977, p. 201-202. Voir également W. Jaeschke, « Die Philosophie », *op. cit.*, p. 487 : le cours fut prononcé à Iéna en 1805-1806, à Heidelberg en 1816-1817 et en 1817-1818, à Berlin à l'été 1919, à l'hiver 1820-1821, puis en 1823-1824, 1925-1826, 1827-1828, 1829-1830 ; le cours prévu pour 1831-1832, interrompu par la mort de l'auteur, ne dépassa pas l'introduction.

3. B. Bourgeois, « Présentation », *op. cit.*, p. 45.

6) l'idée passe au savoir de soi, c'est-à-dire à la conscience de la scission absolue (Descartes, Spinoza, Leibniz) ;

7) le Moi se saisit comme forme infinie, mais encore dans une relation négative à autre chose (Fichte) ;

8) l'identité entre contenu absolu et forme absolue est enfin appréhendée, sous forme d'intuition intellectuelle (Schelling) puis de savoir absolu [Hegel].

Ce plan en huit parties peut globalement rappeler celui de la *Phénoménologie de l'esprit* : 1) « la certitude sensible ou le ceci et le point de vue intime », 2) « la perception, ou la chose et l'illusion », 3) « force et entendement, phénomène et monde suprasensible », 4) « la vérité de la certitude de soi-même », 5) « certitude et vérité de la raison », 6) « l'esprit », 7) « la religion » et 8) « le savoir absolu ». La correspondance est même parfois triviale : le premier moment est celui où la pensée prend conscience de la limite des principes sensibles qu'elle a d'abord élus ; le second, celui de l'élévation à l'universel ; le troisième, celui du concept ; le quatrième, celui de la conscience de soi, composé notamment des figures du stoïcisme et du scepticisme ; le cinquième, celui de la raison assumant l'identité de la conscience et de la conscience de soi.

Mais la correspondance terme à terme s'arrête là. Si le huitième moment, celui du savoir absolu, paraît commun aux deux schémas, il serait en effet bien difficile d'identifier à quels systèmes philosophiques correspondraient les moments de l'esprit et de la religion. Il faudrait prendre des décisions que le texte ne suffit pas à motiver. La philosophie française du XVIIIe siècle exprime certes l'un des moments de l'esprit, celui de la culture (*Bildung*), mais où trouver le moment de la *Sittlichkeit* qui le précède ? Et à quelle philosophie répondrait le moment de la religion ? Jacobi aurait éventuellement pu être candidat au poste, mais certainement pas Fichte, qui incarne pourtant le sixième moment de l'histoire de la philosophie.

Si Hegel avait voulu suivre l'ordre strict de la *Phénoménologie de l'esprit*, il aurait conservé pour la philosophie allemande moderne un ordre qu'il n'a pas retenu. La majorité des éditions des *Leçons sur l'histoire de la philosophie* adopte l'ordre suivant : Jacobi, Kant, Fichte, Schelling. Mais Hegel semble avoir été tenté d'adopter un autre plan : Kant, Fichte,

Jacobi, Schelling [1]. Eu égard aux enjeux de ces différents plans, l'hésitation est fort compréhensible. Le premier donne à Jacobi une position extérieure ou liminaire, pour mieux préserver l'intégrité de la filiation traditionnellement reconnue, de Kant à Fichte, de Fichte à Schelling, et implicitement de Schelling à Hegel. Mais le second plan préserve les connexions naturelles du système hegelien, et ce sous deux rapports. En premier lieu, cet ordre épouse celui des trois « positions de la pensée relativement à l'objectivité » dans le Concept préliminaire de la *Logique* [2] : d'abord la métaphysique telle qu'elle survit jusqu'à Wolf, ensuite l'empirisme de Hume et le criticisme de Kant, enfin le savoir immédiat de Jacobi. Exposer Jacobi après Kant permet de conserver cet ordre. Mais cela permet aussi de faire écho à la *Phénoménologie de l'esprit*, où les philosophies de Descartes, Kant et Fichte, correspondant collectivement au moment de la Raison, auraient progressivement mené la raison de la simple certitude de soi à la vérité démontrée, tandis que la pensée de Jacobi aurait incarné le moment religieux de l'esprit se sentant immédiatement en soi, pénultième chapitre de la *Phénoménologie de l'esprit*, et que le chemin qui mène de Schelling à Hegel arriverait en conclusion, comme le chapitre du savoir absolu de la *Phénoménologie*. Telle pourrait être la justification du second plan. Le premier préservait les filiations historiques, le second les échos architectoniques. Hegel semble avoir finalement préféré le premier, plus fidèle à l'histoire empirique.

Ce choix manifeste la volonté de suivre autant que possible dans les *Leçons sur l'histoire de la philosophie* le cours de l'histoire plutôt que du système. L'exemple de l'épicurisme, absent de la *Phénoménologie de l'esprit*, montre du reste que ce cas d'inadéquation entre Phénoménologie et histoire de la philosophie n'est pas isolé. Du reste, ce serait considérablement appauvrir la signification de la *Phénoménologie de l'esprit* que de la résumer à une simple histoire de la philosophie. Les deux contresens dont elle est, selon Bernard Mabille, le plus souvent victime, sont justement

> d'abord [de] réduire la *Phénoménologie de l'esprit* au récit des progrès de la conscience dans la pensée occidentale, ensuite [d']y voir une sorte

1. G. W. F. Hegel, *LHP VI*, *op. cit.*, p. 1255. À Iéna, Hegel avait également envisagé le plan suivant : Kant, Jacobi, Fichte (G. W. F. Hegel, *Foi et savoir. Kant, Jacobi, Fichte*, Paris, Vrin, 1988). Signe d'un embarras évident, Jacobi a donc finalement occupé toutes les places possibles par rapport à Kant et à Fichte.

2. G. W. F. Hegel, *Petite Logique*, *op. cit.*, §26-78.

> de théorie génétique des stades de la conscience qui s'élèverait par complexification graduelle de la sensation à la perception puis à l'entendement, etc.[1]

Mais c'est inversement préserver la richesse de la *Phénoménologie de l'esprit* que d'y voir, non le miroir, mais le tuteur des *Leçons sur l'histoire de la philosophie*. Après avoir rejeté la tentation de « prendre la suite des figures selon l'ordre linéaire d'une chronologie », Bernard Mabille avance au contraire « une direction de lecture : l'histoire ne constitue pas le sens qui s'exprime en elle, mais s'éclaire au contraire à partir de ce sens »[2]. La Phénoménologie n'est pas une histoire de la philosophie, mais elle donne les clefs de son intelligence.

UNE CLASSIFICATION ARBORESCENTE

Une fois restitués le contenu et la structure générale de l'histoire hegelienne de la philosophie, il nous semble possible de dégager sa forme mathématique.

Évoquer la modélisation mathématique de la dialectique hegelienne ne peut au premier abord qu'éveiller de légitimes soupçons : Hegel n'a-t-il pas montré les limites de l'entendement mathématique, l'extériorité de la pensée à l'objet qui caractérise cette science[3] ? Répondre que Hegel n'a dans ces textes considéré les mathématiques que comme science des grandeurs, au moment même où son contemporain Évariste Galois les en affranchissait, ne suffira pas à lever toute la difficulté. Affirmer également que Hegel fut le premier à utiliser des formes mathématiques comme un triangle de triangles[4] pour représenter certains aspects de la dialectique ne saurait suffire, et ce ne serait du reste guère rendre hommage au modèle mathématique que de le considérer comme un simple symbole.

1. B. Mabille, « Hegel », *op. cit.*, p. 263. Voir également B. Bourgeois, « Présentation », *op. cit.*, p. 11-12.

2. B. Mabille, « Hegel », *op. cit.*, p. 269-270.

3. G. W. F. Hegel, *PhE*, *op. cit.*, Préface, p. L, LII. Voir également G. W. F. Hegel, *Philosophie de la nature*, *op. cit.*, §259, Remarque.

4. G. W. F. Hegel, « Zeichnung aus Zeichnungen », dans G. W. F. Hegel, *Gesammelte Werke 5 : Schriften und Entwürfe (1799-1808)*, Hamburg, Meiner, 1998, dessin datant environ de 1800, où Hegel représente la trinité comme un grand triangle muni en chaque sommet d'un triangle plus petit : chaque terme de la trinité contient, selon des proportions diverses, la trinité tout entière.

Nous entendons mettre au jour plus qu'un symbole et moins qu'une mathématisation : il ne s'agit pas de réduire la dialectique hegelienne à un simple jeu formel, car à mettre en gage le contenu de cette dialectique on ne peut que le perdre. Mais il existe une certaine analogie de construction entre la dialectique hegelienne et certaines structures, analogie qui n'est ni plus triviale ni plus contraignante que la numérotation tripartite des parties et sections de l'*Encyclopédie*, dont Hegel ne s'est jamais effarouché. Il nous paraît ainsi que l'on peut mathématiser la forme du discours hegelien sans pour autant prétendre mathématiser son contenu ; l'illégitimité de cette dernière prétention tient à ce que nous avons appelé le caractère *constructif* de la dialectique hegelienne (*cf. supra*, p. 101), et à l'absence qu'elle implique de toute algèbre dialectique.

L'entreprise de formalisation de la logique hegelienne a connu un précédent. C'est en toute connaissance de cause que Dominique Dubarle transgressa l'avertissement de Hegel : « le discours de la pensée hegelienne peut, malgré ce que Hegel lui-même en a pensé, donner occasion à un effort de formalisation analogue à celui de la logique mathématique classique », ce qui nous permettrait « de caractériser ce qu'il y a de spécifique dans une formalisation correspondant aux structures les plus apparentes de la logique de Hegel » [1]. Au moment de montrer concrètement la forme que prendrait la dialectique hegelienne [2], Dubarle propose un arbre ternaire : chaque concept peut se subdiviser de manière récursive en trois concepts de niveau immédiatement inférieur (fig. 2.6). Cette présentation revient donc en définitive à une exposition arborescente de la table des matières de l'*Encyclopédie*. Daniel Parrochia propose également de recourir à la forme arborescente, toujours sous forme d'arbres ternaires, du reste parfaitement appropriés au propos classificatoire qui est le sien [3].

Mais si l'idée d'arbre ternaire épouse littéralement l'ordre des triades hegeliennes, elle risque d'en manquer l'esprit. Car elle est conduite à poser sur le même plan chaque triade de concepts, dont le troisième terme, hormis dans les tréfonds de la Philosophie de la nature, unit toujours les deux premiers. La Philosophie de l'esprit ne vient pas « à côté » de la

1. D. Dubarle, « Dialectique hégélienne et formalisation », dans D. Dubarle et A. Doz, *Logique et dialectique*, Paris, Larousse, 1972, p. 165.

2. *Ibid.*, p. 122-131 et tout particulièrement p. 129-130.

3. D. Parrochia, *La Raison systématique*, *op. cit.*, p. 164, 169 et 179. Dans ces pages, D. Parrochia met également également au jour des exemples de *morphismes* entre classifications, en montrant par exemple comment, dans le domaine du droit, la classification kantienne peut se voir transformer chez Hegel en classification arborescente ternaire.

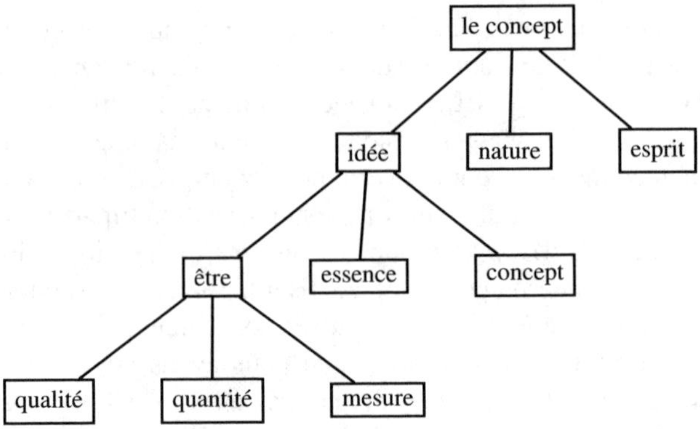

FIGURE 2.6. L'arbre ternaire de la dialectique hegelienne selon Dominique Dubarle.

Logique et de la Philosophie de la nature, mais en est l'unification ; de même, le Concept ne vient pas s'ajouter à l'Être et à l'Essence, mais surmonter leur opposition ; et la Mesure montre comment la Quantité verse aussi bien dans la Qualité que celle-ci dans celle-là.

Il nous semble au contraire crucial, dans notre représentation mathématique, de préserver à la fois la dualité et sa suppression : selon les mots d'Emmanuel Cattin, « en un sens dans la dialectique hégélienne il n'y aura jamais de Troisième »[1]. L'arbre ternaire nivelle le troisième terme de la dialectique en le mettant sur le même plan que les opposés dont il procède, masquant ainsi à la fois la structure duelle de l'opposition et l'appartenance des opposés à une dimension commune.

L'arborescence binaire nous paraît un modèle plus adéquat. Une triade consiste toujours chez Hegel en l'opposition de deux concepts, dont un troisième montre l'unité concrète. L'opposition classique de l'être et du néant exprime une opposition formelle dont le dépassement n'est pas à chercher dans une essence commune, typiquement celle d'un genre dont ils seraient les espèces, mais dans la mise au jour *effective* – ce mot opportunément ambigu pouvant ici être pris dans le sens hegelien d'activité comme dans le sens logique de constructivité – d'un concept qui les unifie, comme le devenir transforme par le « passer » l'être en néant, par l'« advenir » le néant en être. L'ensemble des relations de la

1. E. Cattin, *Vers la Simplicité. Phénoménologie hégélienne*, Paris, Vrin, 2010, p. 23.

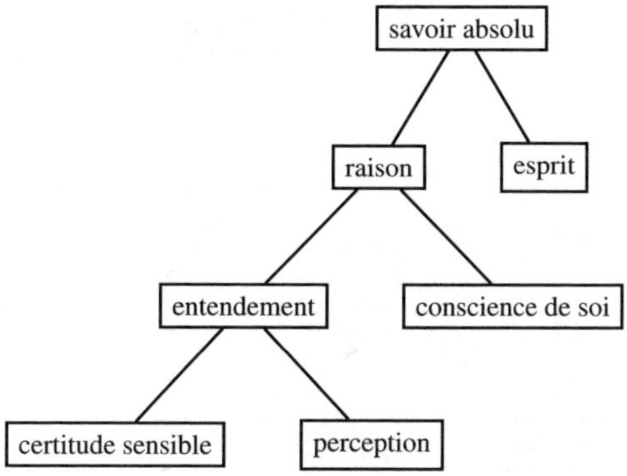

FIGURE 2.7. L'arbre des principes de l'histoire de la philosophie.

triade dialectique peut être représentée par un arbre binaire, dont les arêtes représentent la relation d'*Aufhebung*.

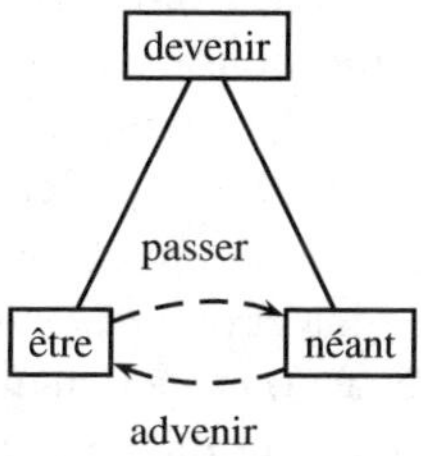

L'arbre doit naturellement être muni d'un ordre de lecture postfixe, c'est-à-dire être lu de gauche à droite et de bas en haut, en l'occurrence selon l'ordre « être, néant, devenir ».

Cette représentation permet même de donner une expression formelle à la distinction entre entendement et raison : la pensée d'entendement est celle qui reste sur l'axe horizontal de l'opposition formelle des concepts opposés, tandis que la pensée rationnelle est celle qui emprunte les arêtes pour s'élever à ce qui unifie les concepts opposés – distinction dont l'arbre ternaire de Dubarle ne peut pas rendre compte. En outre, le recours à l'arborescence binaire montre comment le troisième terme d'une triade peut devenir le premier d'une nouvelle triade : Platon et Aristote unifient les principes respectifs des présocratiques et des Socratiques, mais leur point de vue est à son tour unifié, des Alexandrins à Descartes, avec celui des philosophes qui posent l'absolu dans la conscience de soi.

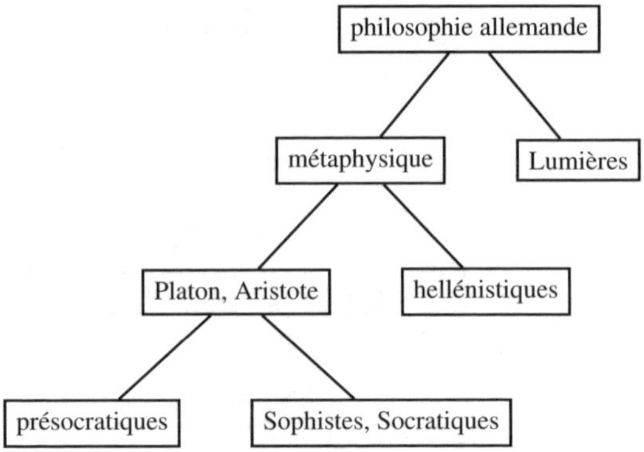

FIGURE 2.8. L'arbre des systèmes de l'histoire de la philosophie.

Si l'histoire de la philosophie est, comme Hegel l'assure, structurée par la dialectique des concepts, alors sa mise en forme devra se présenter comme l'assemblage récursif de structures arborescentes de ce type, c'est-à-dire comme un arbre binaire muni d'un ordre de lecture. On pourrait ainsi construire l'arbre des principes dans lesquels la conscience a placé l'absolu (fig. 2.7) et celui des systèmes qui leur correspondent (fig. 2.8).

Dans cet arbre, les nœuds, au même titre que les feuilles, incarnent des systèmes : l'arbre de la dialectique des systèmes philosophiques est, de par l'unification de systèmes opposés, une classification convergente. La remontée dialectique jusqu'à la racine n'est pas une ascension dans l'arbre des genres et des espèces ; si c'était le cas, le terme de la philosophie aurait l'indistinction radicale du genre suprême. Les classificateurs par oppositions analytiques et les éclectiques qui pensent par *Synthesis* sont complices en ceci qu'ils refusent de concevoir les nœuds de l'arbre comme des systèmes à part entière. Les premiers coupent la philosophie en des morceaux que les seconds recollent : ils manquent ainsi la structure essentielle de la philosophie et de son développement. Bien au contraire, l'ascension dialectique dans l'arbre met de plus en plus clairement au jour les interactions et la complémentarité active entre les doctrines opposées, auxquelles le système hegelien entend rendre justice. La « racine » de l'arbre, vers laquelle on remonte, n'est pas le système le plus indéterminé, mais le plus riche de déterminations.

Les *Leçons sur l'histoire de la philosophie* peuvent donc être vues comme une tentative remarquablement détaillée de classification des systèmes philosophiques selon un modèle arborescent, ordonné, convergeant vers sa racine : la structure dialectique par excellence.

Cette structure dialectique ne met pas seulement au jour l'ordre des systèmes, mais également les relations que ceux-ci entretiennent mutuellement. On voit en effet apparaître en toute pureté les contradictions entre systèmes sur un axe horizontal – celui de la pensée d'entendement –, les héritages sur un axe transversal – celui de la pensée rationnelle. La dialectique révèle ainsi, par sa seule structure, jusqu'à la manière dont les philosophes se sont interprétés entre eux : pourquoi Anaxagore a déçu Socrate ; en quoi Platon est héritier de Héraclite ; comment l'épicurisme entre en contradiction avec le stoïcisme ; pourquoi le scepticisme radicalise le geste stoïcien de suspension du jugement ; en quoi Kant a reconnu l'héritage leibnizien en même temps que humien, etc.

Par la dialectique, Hegel n'a pas, comme on le lui reproche souvent, imposé une interprétation partiale de l'histoire de la philosophie : il a rendu compte, non seulement de la façon dont les philosophes se comprenaient eux-mêmes, mais aussi de la manière dont, par transitivité, leurs successeurs pensaient à chaque fois les comprendre mieux qu'ils ne s'étaient compris eux-mêmes. Démêler l'écheveau de ces relations et les intégrer à une structure unitaire tenait probablement de l'impossible ; la dialectique ne s'en est pas mal acquittée.

CONCLUSION

Malgré la défiance de Hegel envers l'idée générale de classification, l'histoire hegelienne de la philosophie trouve sa place parmi les *classifications* des systèmes philosophiques en ceci qu'elle soumet la diversité des systèmes, non à une chronologie passivement reçue, mais à une structuration conceptuelle. Cette conceptualisation repose sur l'analyse détaillée de chaque système, qui en extrait la *signification* générale, montre sa *systématicité* et l'inscrit dans le cours *dialectique* de l'histoire de la philosophie. Ces trois caractéristiques exigent de l'historien philosophe de prendre des décisions libres autant que nécessaires.

La nature dialectique de l'histoire de la philosophie donne à la « classification » hegelienne une structure arborescente, dont le modèle, tout en lui étant propre, nous semble davantage tenir de la *Phénoménologie de l'esprit* que de la *Logique*. L'histoire de la philosophie est « dialectique » exactement dans le même sens que le sont la Logique et la Phénoménologie : elle s'articule essentiellement autour d'une structure ternaire, dont le troisième terme ne s'agrège pas plus aux deux premiers qu'il n'en est lui-même l'agrégat. Le procès général de l'histoire de la philosophie suit la dynamique interne de la raison, qui, des concepts les plus indéterminés au savoir absolu, engendre et surmonte les oppositions en elle-même, se découvrant ainsi dans toute sa vérité.

L'arbre révèle en outre le caractère structural des affinités et des tensions que les systèmes ont nourries les uns envers des autres et qui ne trouvent pas leur source dans de simples contingences biographiques, mais dans leurs déterminations conceptuelles profondes. Il faut prendre au sérieux l'ambition de Hegel : bien loin d'être imposée de l'extérieur comme un schéma arbitraire, la dialectique est d'abord immanente aux systèmes eux-mêmes.

Contrairement à ce que sa table des matières pouvait laisser supposer, la dialectique de l'histoire de la philosophie n'est donc ni moins rigoureuse ni plus approximative que celle de l'*Encyclopédie* : l'histoire de la philosophie n'est pas dialectique en un sens affaibli du terme.

Troisième partie

Système et éclectisme chez Victor Cousin

CHAPITRE PREMIER

LA THÉORIE COUSINIENNE DES SYSTÈMES

LE RENDEZ-VOUS MANQUÉ AVEC L'IDÉALISME ALLEMAND

On aurait pu attendre du lecteur de Kant et de l'ami de Hegel qu'était Victor Cousin une prise en compte du concept de système tel qu'il fut élaboré par l'idéalisme allemand. Mais si Cousin a consacré un ouvrage à Kant [1], le jugement qu'il lui porte en le réduisant à un idéalisme mâtiné d'un scepticisme sans rigueur témoigne d'une lecture assez superficielle, ainsi que le remarque Dominique Janicaud : « Il est surprenant de constater avec quelle légèreté Cousin traite l'auteur de la *Critique de la raison pure*. Orateur puissant, écrivain habile, traducteur de Platon et de Proclus, éditeur de Descartes et de Maine de Biran, le philosophe quasi officiel de la monarchie de Juillet fut un penseur peu rigoureux » [2]. Et si Cousin a bien connu Hegel, l'immense admiration intellectuelle qu'il lui portait ne fut payée en retour que d'une sincère et durable amitié.

Malgré toute l'estime de Hegel pour le travail éditorial de Cousin, il s'en faut de beaucoup que l'éclectisme et le spiritualisme l'aient soulevé du même enthousiasme, comme l'atteste cruellement leur correspondance [3]. Hegel réagit avec joie – et retard – à l'envoi des éditions de Descartes, de Proclus (5 avril 1826) et de Platon (1er juillet 1827), mais l'admiration cède la place à la désillusion le 25 avril 1826, jour funeste où Cousin lui envoie ses *Fragments philosophiques* en lui demandant un avis

1. V. Cousin, *Examen de la métaphysique de Kant*, Lyon, Boitel, 1842.

2. D. Janicaud, « Spiritualisme », dans *Dictionnaire de la philosophie*, Paris, Encyclopædia Universalis–Albin Michel, 2006.

3. G. W. F. Hegel, *Correspondance III. 1823-1831*, Paris, Gallimard, 1967.

sur la Préface : « aujourd'hui avec l'égoïsme d'un auteur, je viens vous prier de lire attentivement la préface de mes fragments philosophiques et de m'en dire votre avis avec la rigueur d'un homme qui m'aime, et veut mon avancement. Ne lisez que la préface, mais lisez-la ». Dans le texte en question, longue profession de foi où sont exprimées toutes les grandes lignes de l'éclectisme, Cousin soutient le sens commun, pourfend l'esprit de système et cherche, au nom d'« un éclectisme impartial appliqué aux faits de conscience », la réunion de tous les systèmes, qui sont nécessairement partiaux et incomplets [1].

Le déjà long silence de Hegel est payé d'une relance le 1er août, où Cousin l'exhorte d'être « impitoyable ». Apprenant d'Eduard Gans que Hegel a entrepris de rédiger un compte-rendu des *Fragments*, Cousin insiste le 15 décembre pour en connaître l'orientation générale – lettre qui demeure une fois encore sans réponse. Il en fallait plus pour décourager Cousin, qui, tenace, presse encore Hegel le 15 mars 1827 :

> Gans et Hotho m'avaient annoncé que vous vous proposiez d'écrire quelque chose sur mes Fragments dans le *Nouveau Journal de Berlin* ? Qu'est-il arrivé ? Votre article désiré et redouté comme le jugement du maître, a-t-il paru ? et ne pourriez-vous m'envoyer le cahier où il se trouve ? Hélas ! Je veux me former ; personne ici n'est en état de m'être utile, et mes amis d'Allemagne me délaissent.

Lorsque Hegel répond enfin avec la bagatelle de quinze mois de retard, le 1er juillet, c'est pour éluder habilement la requête de Cousin :

> L'intérêt que les Fragments m'ont inspiré, m'a fait engager d'en faire un article pour notre journal critique ; je n'y ai pas renoncé, mais l'accomplissement sera tard ; au reste manquer de l'à propos est une de nos qualités allemandes.

Lorsque Hegel planifie, au même moment, un séjour à Paris, Cousin ne l'y encourage pas sans rappeler, s'il en était besoin, qu'il attend toujours le commentaire des *Fragments* (16 juillet 1827).

Hegel passe en septembre un agréable séjour parisien en compagnie de Cousin, comme en témoignent les lettres enthousiastes qu'il envoie à son épouse. Nous ne connaîtrons hélas jamais toutes les ruses qui lui permirent d'esquiver pendant plus d'un mois toute discussion franche sur l'éclectisme cousinien. Le 3 mars 1828, Hegel envoie enfin à Cousin ses leçons sur l'histoire de la philosophie et le félicite encore pour son édition

1. V. Cousin, *Fragments philosophiques*, Paris, Ladrange, 1833, Préface, p. 47-48.

de Platon, mais il élude encore le commentaire sur les *Fragments* : le contraste est plus que jamais saisissant entre une admiration prolixe pour le travail de l'éditeur et un silence pesant sur le travail du philosophe. Le fait est que Cousin ne s'estime toujours pas satisfait : le 15 août 1828, envoyant à Hegel le texte du *Vrai, du beau et du bien*, dont il lui décrit le succès avec une fierté mal déguisée, Cousin écrit : « je voudrais que vous trouvassiez qu'il y a un progrès de ma préface des Fragments à cette introduction », manière habile de solliciter une fois de plus l'avis qu'il n'avait toujours pas reçu.

Tout vient à point pour qui sait attendre : le 26 février 1830, presque quatre ans après réception et lecture du texte, Hegel envoie enfin un très bref commentaire à Cousin, où l'on voit surtout l'amitié entraver la franchise.

> Je n'étais pas libre d'un sentiment [...] qui concernait des données historiques que vous avez mêlées dans vos expositions, sur la marche de la philosophie dans vos temps et chez les étrangers, c'est-à-dire, surtout en Allemagne. [...] Ainsi je n'aurais pu passer en silence de dire devant le public, que j'aurais préféré que vous n'ayez parlé du tout que d'avoir traité cette partie historique de la manière que vous avez fait. J'aurais dû dire que la philosophie de Schelling, dont vous faites mention, embrassait dans ses principes beaucoup plus que vous ne lui attribuez, et que vous-même deviez bien savoir cela.

C'est donc en somme l'ignorance par Cousin de la philosophie allemande qui s'avère, aux yeux de Hegel, dirimante. Regret qu'il avait déjà exprimé, s'agissant de la lecture cousinienne de Kant, dans sa lettre du 3 mars 1828 : « Kant tant au-dessous de Platon ? Les modernes au dessous des anciens ? Pour beaucoup de rapports sans doute, mais pour la profondeur et l'étendue des principes, nous sommes en général sur une ligne plus élevée » [1]. En pointant l'ignorance française de la philosophie allemande contemporaine chez celui même qui entendait y remédier, Hegel avait identifié le nœud du problème, qu'il relève également dans les *Leçons sur l'histoire de la philosophie* :

> En France les Alexandrins sont encore appelés éclectiques ; cela est tolérable dans un pays où *système* est synonyme d'unilatéralité, et où

1. Dans les *Leçons sur l'histoire de la philosophie*, Hegel met le lecteur en garde contre la tentation de placer Platon au firmament de la pensée : G. W. F. Hegel, *LHP III*, *op. cit.*, XVIII, p. 178.

> il faut bien avoir un mot particulier qui soit dépourvu le plus possible des résonances suspectes du mot système [1].

Ce système « synonyme d'unilatéralité », si contraire à l'esprit de l'idéalisme allemand et dont hérite un éclectisme cousinien ici visé de manière transparente, s'inscrit en réalité dans un débat amorcé par Condillac et poursuivi par Gérando.

LE DÉBAT FRANÇAIS SUR LES SYSTÈMES

La philosophie cousinienne des systèmes ne doit pas tant être comprise à la lumière de la philosophie allemande qu'à celle des mutations conceptuelles survenues peu de temps auparavant dans la philosophie française.

Condillac : ordre déductif et systèmes abstraits

Dans le *Traité des systèmes* (1749), Condillac avait donné l'exemple de l'excursion d'un philosophe parmi les doctrines adverses : non simplement pour les réfuter, mais pour les reconstruire. En définissant le système comme « la disposition des différentes parties d'un art ou d'une science dans un ordre où elles se soutiennent mutuellement, et où les dernières s'expliquent par les premières » [2], Condillac avait mis en lumière la *rigueur déductive* qui les caractérise : certains principes étant posés, le systématicien est l'homme qui s'applique à les poursuivre inexorablement jusque dans leurs dernières conséquences.

Mais la rigueur cède à l'imaginaire ou à la fausseté, pour peu que les principes soient erronés, arbitraires ou simplement hypothétiques sans être reconnus comme tels. Condillac reproche aux systèmes qu'il analyse – notamment ceux de Descartes, Malebranche, Leibniz, Laurent-François Boursier [3] et Spinoza – d'avoir d'abord choisi des principes abstraits, purement rationnels et incontrôlables par l'expérience, puis de les avoir suivis par la seule logique ; c'est-à-dire, par les principes comme par la méthode, d'être resté hors du contrôle de toute expérience.

1. G. W. F. Hegel, *LHP IV*, *op. cit.*, p. 850.

2. É. B. de Condillac, *Traité des systèmes*, Paris, Fayard, 1991, chap. I, p. 1.

3. Condillac critique un ouvrage publié anonymement : L.-F. Boursier, *De l'Action de Dieu sur les créatures*, Paris, Barbuty, 1713.

À ces systèmes abstraits, Condillac oppose les doctrines qui, se fondant sur l'expérience, échappent à ce défaut. Il prolonge ainsi l'opposition, marquée dès l'*Essai sur l'origine des connaissances humaines* en 1746, entre une bonne et une mauvaise métaphysique :

> L'une, ambitieuse, veut percer tous les mystères ; la nature, l'essence des êtres, les causes les plus cachées, voilà ce qui la flatte et ce qu'elle se promet de découvrir ; l'autre, plus retenue, proportionne ses recherches à la faiblesse de l'esprit humain, et aussi peu inquiète de ce qui doit lui échapper, qu'avide de ce qu'elle peut saisir, elle sait se contenir dans les bornes qui lui sont marquées [1].

Dans ce texte polémique qu'est le *Traité des systèmes*, Condillac semble donc déplorer les effets de la rigueur déductive.

Mais le rejet de cette forme de métaphysique s'accompagne d'une ambivalence à laquelle la postérité immédiate de Condillac n'a guère rendu justice. Le fait est que l'abbé reconnaît à la déduction toute sa place et que son analyse de la monadologie leibnizienne est, par la méthode, un modèle de reconstitution architectonique : « Pour moi, dans la vue d'exposer [le système des monades], avec toute la netteté que permet une matière qui n'en est pas toujours susceptible, je vais présenter par quelle suite d'idées j'imagine qu'il s'est formé dans la tête de Leibnitz » [2]. Condillac est donc conscient de la cohérence et de la méthode des doctrines qu'il récuse : il ne les dénonce pas thèse par thèse de manière extérieure, mais s'efforce de les reconstruire de l'intérieur. Il ne cache pas un certain respect pour le « génie » [3] dont savent témoigner les plus grands métaphysiciens.

Il faut avouer que le signe le plus flagrant de cette ambivalence n'était pas connu de sa postérité : Condillac n'hésita pas, l'année même de l'*Essai sur l'origine des connaissances humaines*, à rédiger un « nouveau système sur les monades », qu'il envoya en 1747 à l'Académie de Berlin et qui y fut publié l'année suivante, un an seulement avant le *Traité des systèmes*. Non que Condillac eût cédé au travers qu'il dénonçait déjà dans l'*Essai* ; mais il estimait possible d'amender la monadologie pour en faire un système acceptable, ainsi que l'a d'abord montré Laurence Bongie, qui en a exhumé le texte :

1. É. B. de Condillac, *Essai sur l'origine des connaissances humaines*, Paris, Vrin, 2014, p. [2-3].
2. É. B. de Condillac, *Traité des systèmes*, *op. cit.*, VIII, p. 86.
3. *Ibid.*, chap. XIII.

> Condillac en 1747, alors qu'il n'avait peut-être pas pris toute la mesure du rationalisme de ses propres convictions, connaissait assez de Leibniz et se plaisait suffisamment à le fréquenter pour ressentir l'envie de l'améliorer en éliminant celles des hypothèses du philosophe allemand qui lui semblaient les plus « arbitraires » et en repensant la métaphysique leibnizienne de la substance dans une perspective plus acceptable du point de vue *empirique* – bref pour produire une monadologie lockienne [1].

Condillac ne se défie donc pas du raisonnement : celui-ci est un guide sûr pour peu que ses principes le soient. Un système déductif méthodologiquement prudent serait irréprochable :

> Le meilleur moyen de découvrir le vrai et le faux d'un système, c'est de rechercher par quelle suite d'idées les principales parties en ont été trouvées et assemblées. En analysant les premières notions d'où part un auteur et les principes qu'il en forme, on voit s'il a eu la précaution de ne rien établir que sur des idées bien déterminées. Si à ce sujet on n'a point de reproches à lui faire, on ne saurait être fondé à rejeter les paradoxes qu'il avance : mais le surprend-on en faux, son système est aussitôt détruit [2].

À défaut de pouvoir énoncer tout de go un système déductif et complet, le philosophe doit du moins penser avec souplesse, ne défendre de thèses que rigoureusement certaines, avouer ses hypothèses en tant que telles – prudence réclamée par le *Traité des systèmes* [3] et que Condillac s'était déjà imposée dans sa monadologie : « j'aurai la précaution de ne rien avancer dont auparavant je ne me sois fait des idées exactes. Si je hasarde quelques conjectures, ce sera en ne leur attribuant jamais que le degré de certitude qui leur peut convenir » [4]. Des systèmes, Condillac ne répudie donc pas tant la rigueur que la rigidité.

Dans l'ignorance – sciemment orchestrée par l'auteur lui-même [5] – d'un texte plus modéré que le *Traité des systèmes*, la postérité de

1. L. L. Bongie, « Introduction », dans É. B. de Condillac, *Les Monades*, Grenoble, J. Millon, 1994, p. 43.

2. É. B. de Condillac, *Les Monades*, Grenoble, J. Millon, 1994, p. 129.

3. É. B. de Condillac, *Traité des systèmes*, *op. cit.*, XII, p. 232-233 : « j'avoue que des suppositions comme les miennes, lorsqu'elles ne sont indiquées que par l'analogie, n'ont pas la même évidence que les suppositions que l'expérience indique elle-même, et qu'elle confirme ; [...] il ne faut pas [...] regarder comme des vérités évidentes, toutes les vérités dont on ne doute pas ».

4. É. B. de Condillac, *Les Monades*, *op. cit.*, p. 171.

5. L. L. Bongie, « Introduction », *op. cit.*, p. 9 *sq.*

Condillac lui attribua une thèse radicale : celle d'une opposition frontale entre des systèmes reposant sur la seule expérience et des systèmes purement abstraits. De ce quiproquo, Élisabeth Schwartz a décrit l'inertie séculaire :

> Notre siècle a fait justice, assurément, de la version qu'avait donnée du condillacisme le siècle de Cousin ; seule l'hostilité avait pu inspirer l'amalgame avec un dogmatisme monolithique, et seule l'ignorance, qui l'accompagne, pouvait entretenir la confusion entre la pensée de l'abbé et celle de tous ceux, indistinctement décriés, que le siècle de Diderot avait honorés du nom de « Philosophes » [1].

Le dispositif était donc installé, qui réduirait la pensée de Condillac à un « sensualisme » radical, frontalement opposé à la cohorte des systèmes abstraits.

Gérando : systèmes et sources de connaissance

C'est sur cette opposition frontale que semble avoir fait fond Gérando dans son *Histoire comparée des systèmes de philosophie* ; mais l'opposition est retournée contre Condillac, réduit à n'être que l'un des auteurs mis en balance dans une histoire comparative excluant toute hiérarchie prédéterminée :

> Cet ouvrage n'a point, avec le *Traité des systèmes* de Condillac, l'analogie qu'on supposerait peut-être d'après son titre. [...] Condillac se proposait de démontrer les inconvénients et le danger des systèmes fondés sur les *principes abstraits*. Ici, nous n'avons point formé d'avance la résolution de démontrer les inconvénients de tels ou tels systèmes déterminés, nous projetons seulement d'exposer les divers systèmes, de quelque nature qu'ils soient, avec le tableau de leurs motifs, de leurs causes, de leurs effets [2].

Gérando reproche principalement à Condillac la partialité du *Traité des systèmes* [3] et entend y remédier par une attitude aussi neutre que possible à l'égard des systèmes du passé. Aussi François Picavet écrit-il que Gérando « fait appel, non seulement aux philosophes du XVIIIᵉ siècle, mais aux

1. É. Schwartz, *Les Idéologues et la fin des grammaires générales raisonnées*, Lille, Atelier National de Reproduction des Thèses, 1982, p. 201.

2. J.-M. de Gérando, *Histoire comparée des systèmes de philosophie, considérés relativement aux principes des connaissances humaines I*, Paris, Eymery, Rey et Gravier, Aillau, 1822, p. xxvii-xxviii.

3. *Ibid.*, p. 156.

philosophes de tous les siècles, et bien longtemps avant Cousin il est éclectique »[1]. Gérando veut éviter le piège de la partialité et c'est la démarche classificatoire qui lui en fournit l'occasion.

L'auteur promet en Introduction de son ouvrage l'exposition d'un « tableau historique des systèmes » qui « serait comme une carte géographique des doctrines et des opinions qui composent le monde intellectuel »[2]. C'est plus précisément dans les sources de connaissance que Gérando souhaite placer l'unique point de démarcation des systèmes :

> Si nous cherchons [...] le véritable point de séparation auquel commence la divergence de ces sectes, nous trouverons qu'il réside essentiellement dans la lutte établie dès l'origine, entre l'expérience et le raisonnement, entre les sens et la réflexion, entre les faits et les principes, entre l'instinct et la spéculation, entre les idées de l'homme et le témoignage de la nature, ou dans le besoin de concilier ces autorités en apparence contraires[3].

De cette comparaison systématiquement ancrée dans l'étude de la « génération des connaissances humaines »[4], on eût été en droit d'attendre une « bonne classification méthodique »[5] empruntant ses critères au *Mémoire sur la génération des connaissances humaines* (1802) du même auteur, d'autant plus que Gérando souligne, tambour battant, la nécessité d'adopter un ordre « logique » plutôt que « chronologique »[6] et de ne pas retomber dans la simple histoire de la philosophie dont, avant Hegel, Delbos, Gueroult et Braun, il retrace l'histoire[7].

Mais du programme à la réalisation il y a loin. L'ouvrage ne propose finalement qu'une histoire de la philosophie de facture classique, certes soucieuse de montrer la cohérence interne et la démarche déductive de chaque doctrine, mais largement incapable d'en subsumer l'ensemble sous un nombre déterminé de classes. L'inventaire, « conçu comme une réalisation du vœu baconien d'une histoire inductive, où l'on traiterait les

1. F. Picavet, *Les Idéologues. Essai sur l'histoire des idées et des théories scientifiques, philosophiques, religieuses, etc. en France depuis 1789*, Paris, Alcan, 1891, p. 508.
2. J.-M. de Gérando, *Histoire comparée I*, *op. cit.*, p. xvii.
3. *Ibid.*, p. 81.
4. *Ibid.*, p. 90.
5. *Ibid.*, p. xxxvi.
6. *Ibid.*, p. 91.
7. *Ibid.*, chap. II.

systèmes philosophiques comme des faits d'expérience », selon les termes d'Élisabeth Schwartz [1], reste essentiellement empirique.

Parvenu page 431 du premier tome, l'auteur, semblant s'aviser de cet oubli, y remédie ponctuellement en rapportant sur deux pages le conflit des Ioniens et des pythagoriciens à celui des sens et des notions abstraites. Pour le reste, il ne s'agit bien en définitive que d'une simple « histoire comparée » : Gérando expose les doctrines et les compare entre elles, parfois leur accole des étiquettes telles que le dogmatisme et le scepticisme, l'empirisme et le rationalisme, le matérialisme et l'idéalisme ; mais les étiquettes restant toujours d'ordre historique, le terme de classification s'avère pour le moins usurpé. Le projet initial a fait long feu.

L'*Histoire comparée* de Gérando n'en a pas moins joué un rôle crucial en transformant le concept de système. Gérando appelle système toute doctrine philosophique, quelle que soit la nature des principes sur lesquels elle s'appuie. Le terme ne désigne donc pas exclusivement le cheval de Troie spéculatif qu'en ont fait certains philosophes qui, se réclamant de Condillac, souscrivaient en réalité à une interprétation radicale du *Traité des systèmes*. Élisabeth Schwartz a montré le conflit terminologique qui ne pouvait manquer de naître entre ces conceptions, l'une neutre et l'autre polémique, de l'idée de système :

> Gérando avait trouvé à redire, dans son *Histoire comparée des systèmes de philosophie*, contre le « système général » de [Tracy], qui lui paraissait inexact, même si le style et les observations de détail étaient bons. Tracy répond qu'il lui importe peu qu'on loue sa forme et par pièces détachées quand c'est la pensée qui fait le fond de l'ouvrage : « En effet, je n'ai pas fait de système. Au contraire, différant en cela de M. Degérando, qui improuve l'idée fondamentale du *Traité des systèmes*, je fais profession de croire que c'est le meilleur ouvrage de Condillac, et que le plus beau titre de gloire de ce fondateur de la science de l'intelligence humaine (l'Idéologie) est d'avoir prouvé que tout système de métaphysique est un roman, fruit de l'impatience de dogmatiser » [2].

Auteur d'une simple « histoire comparée » des systèmes philosophiques, Gérando n'a pas réalisé de classification digne de ce nom. Mais en neutralisant et en généralisant la notion de système, autant qu'en proclamant la nécessité d'une classification des systèmes philosophiques, il fut très

1. É. Schwartz, *Les Idéologues et la fin des grammaires générales raisonnées*, *op. cit.*, p. 151.

2. *Ibid.*, p. 1190.

vraisemblablement à l'origine du projet classificatoire tel que le pensa Victor Cousin.

Cousin : partialité et démembrement des systèmes

Cousin se saisit du problème de la classification des doctrines à un moment où le concept de système désigne un ensemble *déductif* de thèses privilégiant une *source de connaissance* donnée. Si Cousin fut d'abord, via Laromiguière, un disciple de Condillac, avant de se laisser séduire, sous l'influence de Royer-Collard, par les penseurs du sens commun, il hérite de la transformation par Gérando du concept condillacien de système.

Après Gérando, Cousin rapporte chaque système à la source de connaissance qu'il privilégie. Par ce privilège, le système se condamne à la partialité, car il impose un certain point de vue à l'ensemble du réel ; et cette partialité, non moins flagrante chez les philosophes de la sensation [1] que chez ceux des principes abstraits, lui interdit d'emblée tout accès à la vérité. La pluralité et le conflit des systèmes impliquent la fausseté de chacun : « les systèmes philosophiques sont nécessairement imparfaits, sans quoi il n'y en aurait jamais eu deux dans le monde » [2]. Cousin n'en tire pourtant pas des conclusions agrippéennes sur l'impossibilité de trouver la vérité : dans un appel au sens commun et à sa répugnance pour le scepticisme, il entend rétablir la possibilité d'une connaissance philosophique.

Cette connaissance ne pouvant prendre appui sur des conceptions partiales, elle doit précisément partir du renoncement à la partialité : « Puisque l'esprit de parti nous a si mal réussi jusqu'à présent, essayons de l'esprit de conciliation » [3]. Au lieu de bâtir des « systèmes particuliers et exclusifs », le philosophe doit partir à la recherche « d'une vaste doctrine qui réfléchisse toute la connaissance naturelle avec toutes ses parties, l'âme humaine avec tous ses principes, toutes ses tendances, tous ses aspects » [4]. Mais dans la mesure où tout système part nécessairement d'un principe pour en déduire les conséquences, la vérité ne peut être atteinte que hors de tout système : « les systèmes philosophiques ne sont

1. V. Cousin, *Du Vrai, du beau et du bien*, noté *VBB*, Paris, Didier, 1853, p. 296-297.

2. *Ibid.*, p. 289.

3. *Ibid.*, p. 12.

4. V. Cousin, *Histoire générale de la philosophie depuis les temps les plus anciens jusqu'à la fin du* XVIII*e* *siècle*, noté *HGP*, Paris, Didier, 1863, p. 9.

pas la philosophie »[1]. Dans son rejet de l'« esprit de système », Cousin ne s'en prend donc pas, comme Condillac, à l'abstraction des principes : lui-même répugne moins que tout autre à admettre des principes abstraits tels que le principe de la substance ou des causes finales[2]. C'est la partialité du point de départ et l'esprit déductif qu'il vilipende.

Si l'accès à la vérité doit se passer de tout esprit « déductif » – aussi bien dans le sens logique d'une dérivation formelle que dans le sens kantien d'une justification par des principes –, il ne reste que la ressource du sens commun, c'est-à-dire la possibilité de juger une doctrine, non par l'examen des principes et de la nécessité de leurs conséquences, mais thèse par thèse :

> nous n'avons pas fait de la géométrie et de l'algèbre en théodicée, à l'exemple de beaucoup de philosophes, et des plus illustres. Nous n'avons pas déduit les attributs de Dieu les uns des autres, comme on convertit les différents termes d'une équation, ou comme d'une propriété du triangle on déduit ses autres propriétés, ce qui aboutit à un Dieu tout abstrait, bon peut-être pour l'école, mais qui ne suffit pas au genre humain[3].

En appeler, thèse après thèse, au seul sens commun : telle serait, selon Cousin, la véritable méthode expérimentale, que Locke et Condillac auraient manquée :

> C'est en effet pour avoir voulu l'emporter d'abord que Locke et Condillac se sont tant égarés, et qu'ils ont, il faut bien le dire, corrompu à sa source toute la philosophie. L'école empirique, qui célèbre si fort la méthode expérimentale, y tourne le dos, pour ainsi parler, lorsqu'au lieu de commencer par l'étude des caractères actuels de nos connaissances, tels qu'ils nous sont attestés par la conscience et par la réflexion, elle se jette sans lumière et sans guide à la poursuite de leur origine[4].

Le vrai étant plus complexe que tout système, le moindre recours au raisonnement nous détournerait du rapport immédiat au réel que nous offre le sens commun. Aussi les systèmes sont-ils soumis, pour examen, à un démembrement revendiqué : « nul système, même le meilleur, n'est à lui seul toute la vérité, et on ne la peut trouver entière que dans tous »[5].

1. V. Cousin, *VBB*, *op. cit.*, p. 289.
2. *Ibid.*, p. 22-23.
3. *Ibid.*, p. 479.
4. *Ibid.*, p. 38.
5. *Ibid.*, p. 459.

Gérando avait osé parler de « système » pour les héritiers de Condillac, s'attirant les foudres de Destutt ; mais en dépit de ce que Picavet appelle son « éclectisme », il était loin d'exclure que la vérité advienne en un système de nature déductive et avait toujours pris soin d'exposer les doctrines du passé selon leur cohérence propre. Cousin va autrement plus loin : non content de parler de « système » pour les empiristes qui refusent ce terme, il récuse jusqu'à la rigueur méthodologique qu'ils revendiquaient et qui devient elle-même signe de partialité, donc de fausseté. Non seulement on peut faire abstraction des liens déductifs d'un système, mais c'est un devoir pour qui cherche la vérité.

Nulle part cette attitude de démembrement des systèmes en thèses isolées ne pouvait être plus flagrant que dans l'étude du philosophe qui poussa le plus loin l'idée de système déductif. Si Cousin mentionne la démarche géométrique de Spinoza, sa restitution de l'*Éthique* se résume à une litanie de « citations », à un inventaire de thèses dont l'enchaînement déductif devient pour ainsi dire inessentiel :

> La substance est ce qui est de soi et par soi et n'a besoin de rien d'autre pour être. Par conséquent, la substance ne peut être produite par rien autre, et elle est cause de soi-même, *causa sui*.
>
> Une telle substance est éternelle et infinie.
>
> Une substance éternelle et infinie est nécessairement unique, deux essences éternelles et infinies étant inadmissibles.
>
> Cette substance unique est Dieu.
>
> Dieu seul est libre ; car un être est dit libre quand il existe par la seule nécessité de sa nature, et n'est déterminé à agir que par soi-même.
>
> Une substance infinie et éternelle ne peut avoir que des attributs éternels et infinis. Les deux attributs éternels et infinis de Dieu [*sic* [1]] sont l'esprit et la matière.
>
> Hors de là, rien d'éternel et d'infini, rien de libre ; tout ce qui n'est pas Dieu est déterminé, non seulement à exister à sa manière, mais à agir d'une certaine manière ; il n'y a rien de contingent. [etc.] [2]

1. Dieu ne possède en réalité pas deux, mais une infinité d'attributs : « Par Dieu, j'entends un étant absolument infini, *c'est-à-dire une substance consistant en une infinité d'attributs*, dont chacun exprime une essence éternelle et infinie » (B. Spinoza, *Éthique*, Paris, Seuil, 1988, partie I, définition VI ; nous soulignons). L'étendue et la pensée ne sont que les deux attributs dont nous ayons connaissance (partie II, propositions I et II).

2. V. Cousin, *HGP*, *op. cit.*, p. 428-430.

Bouvard et Pécuchet ne procèdent pas autrement, annotant d'ailleurs bien souvent les mêmes passages que celui dont ils sont, via Jouffroy et Damiron, les disciples indirects :

> L'*Éthique* les effraya avec ses axiomes, ses corollaires. Ils lurent seulement les endroits marqués d'un coup de crayon, et comprirent ceci :
>
> La Substance est ce qui est de soi, par soi, sans cause, sans origine. Cette substance est Dieu.
>
> Il est seul l'Étendue, et l'Étendue n'a pas de bornes. Avec quoi la borner ?
>
> Mais, bien qu'elle soit infinie, elle n'est pas l'infini absolu, car elle ne contient qu'un genre de perfection, et l'Absolu les contient tous.
>
> Souvent ils s'arrêtaient pour mieux réfléchir. Pécuchet absorbait des prises de tabac et Bouvard était rouge d'attention.
>
> « Est-ce que cela t'amuse ?
>
> — Oui ! sans doute ! va toujours ! »
>
> Dieu se développe en une infinité d'attributs, qui expriment, chacun à sa manière, l'infinité de son être. Nous n'en connaissons que deux : l'Étendue et la Pensée.
>
> De la Pensée et de l'Étendue découlent des modes innombrables, lesquels en contiennent d'autres.
>
> Celui qui embrasserait, à la fois, toute l'Étendue et toute la Pensée n'y verrait aucune contingence, rien d'accidentel, mais une suite géométrique de termes, liés entre eux par des lois nécessaires.
>
> « Ah ! ce serait beau ! » dit Pécuchet.
>
> Donc il n'y a pas de liberté chez l'homme, ni chez Dieu.
>
> « Tu l'entends ! » s'écria Bouvard. [...]
>
> Il leur semblait être en ballon, la nuit, par un froid glacial, emportés d'une course sans fin, vers un abîme sans fond, et sans rien autour d'eux que l'Insaisissable, l'Immobile, l'Éternel. C'était trop fort. Ils y renoncèrent [1].

L'*Éthique* de Cousin, comme celle de Bouvard et de Pécuchet, est une suite de propositions sans démonstration. Une fois privés des raisonnements qui les structurent et les justifient, les systèmes philosophiques se réduisent naturellement à une liste de thèses, à un squelette spéculatif d'apparence arbitraire, simple conjonction sécable de thèses isolables.

Si la notion cousinienne de système n'est pas celle de Kant et de Hegel, elle ne s'inscrit dans l'héritage condillacien qu'en le renversant.

1. G. Flaubert, *Bouvard et Pécuchet*, Paris, Alphonse Lemerre, 1881, chap. 8, p. 276-277.

Condillac se défiait des systèmes fondés sur des principes abstraits, mais ne condamnait pas la déduction en tant que telle, dût-elle aboutir à des « paradoxes ». Cousin soutient au contraire que toutes les sources de connaissance peuvent également prétendre à une part de vérité, seul l'ordre déductif étant source de fausseté. La déduction conduit au paradoxe et celui-ci répugne au sens commun.

C'est sur fond de ce démembrement revendiqué que les systèmes seront classés (chapitre II) et que l'éclectique pourra procéder au choix des thèses composant sa conception du vrai (chapitre III).

CHAPITRE II

LES CLASSIFICATIONS DE VICTOR COUSIN

« DU VRAI, DU BEAU ET DU BIEN » : LA CLASSIFICATION EN NEUF PARTIES DES THÈSES PHILOSOPHIQUES

Dans son cours *Du Vrai, du beau et du bien*, publié en 1836, Cousin promet la répartition de tous les philosophes en seulement deux écoles, guidées respectivement par la sensibilité et la raison :

> Lorsqu'on examine toutes [les principales écoles du XVIIIe siècle] avec attention, on les ramène aisément à deux : l'une qui, dans l'analyse de la pensée, sujet commun de tous les travaux, fait à la sensibilité une part excessive ; l'autre qui dans cette même analyse, se jetant à l'extrême opposée, tire la connaissance presque tout entière d'une faculté différente de la sensibilité, la raison [1].

Cousin appelle ces écoles respectivement « empirique » et « spiritualiste ou rationaliste ».

Mais bien souvent, au fil des leçons, se trouve également décrite de manière distincte une troisième école : celle du sentiment. Confinant au mysticisme, elle prétend à une connaissance immédiate, indépendante des sens comme de la raison : « le mysticisme corrompt le sentiment en exagérant sa puissance » [2]. Mais en se réclamant du seul sentiment, le mysticisme ignore que ce dernier « n'est qu'un écho de la raison » : il n'est en définitive qu'un rationalisme qui s'ignore. En première approche, la structure classificatoire du *Vrai, du beau et du bien* n'est donc pas tant la bipartition promise par le Discours d'ouverture qu'une tripartition

1. V. Cousin, *VBB*, *op. cit.*, p. 14.
2. *Ibid.*, p. 119.

des systèmes selon la faculté qu'ils privilégient : sensation, raison ou sentiment.

Cette partition est croisée avec l'éponyme *division de la philosophie* selon le « vrai », le « beau » et le « bien », division qui n'est évidemment pas déduite par le raisonnement, mais simplement induite de l'histoire de la philosophie :

> La philosophie, dans tous les temps, roule sur les idées fondamentales du vrai, du beau et du bien. L'idée du vrai, philosophiquement développée, c'est la psychologie, la logique, la métaphysique ; l'idée du bien, c'est la morale privée et publique ; l'idée du beau, c'est cette science qu'en Allemagne on appelle l'esthétique [1].

Par la combinaison de ces deux listes ternaires, la classification prend la forme d'un tableau à neuf cases, dont chaque colonne correspond à une partie de la philosophie et chaque ligne à une faculté (fig. 3.1). On dénombre ainsi neuf thèses fondamentales, équitablement réparties sur trois systèmes cohérents. Aucun ordre particulier n'est défini sur ce tableau : ni entre les systèmes, ni entre les parties de la philosophie. Toutes les thèses sont pour ainsi dire coéternelles.

On ne manquera pas d'observer la cohérence horizontale du tableau : lorsque le nom d'un philosophe connaît plusieurs occurrences – c'est le cas de Condillac et de ses disciples, de Platon, de Kant, de Hutcheson et de Smith – celles-ci sont alignées. Seul Plotin emprunte une diagonale, pensant le vrai sur le mode du sentiment et le beau sur le mode de la raison ; mais ce parcours n'a rien d'extravagant, Cousin décrivant dans ces mêmes pages le sentiment comme une hypertrophie de la raison [2]. C'est d'ailleurs parce que la frontière est parfois poreuse entre le sentiment et la raison que le Discours d'ouverture ne mentionne que deux systèmes antagonistes au lieu de trois.

Ce tableau ne classe pas tant des systèmes que des *thèses* philosophiques : plus qu'aux trois systèmes, Cousin s'intéresse aux neuf thèses. S'il remarque des cohérences architectoniques, il n'en expose pas moins chacune des neuf thèses isolément, sans la déduire des précédentes ; même si « Diderot est matérialiste, dans l'art comme dans la philosophie » [3], c'est-à-dire choisit la même option quant au beau et au vrai, Cousin

1. *Ibid.*, p. 14. *Cf.* également p. 271.
2. *Ibid.*, p. 120, 127 *sq.* et 161 *sq.*
3. *Ibid.*, p. 147.

	Vrai	Beau	Bien
Sensation	Hume, Locke, Condillac, Maine de Biran, Aristote, Diderot	Diderot, Hippias, Émeric-David, disciples de Condillac	Fontenelle, disciples de Condillac, Helvétius, Épicure, Hobbes
Raison	Thomas Reid, Kant, Leibniz, Platon, Socrate, Thomas d'Aquin, Descartes, Malebranche, Bossuet, Augustin, Fénelon	Platon, Plotin, Quatremère de Quincy	Platon, Kant, Stoïciens, Royer-Collard
Sentiment	Plotin, Alexandrins, Indiens, Chinois, Paracelse, Van Helmont, Swedenborg	Hutcheson, Smith	Hutcheson, Smith, Jacobi, Rousseau

FIGURE 3.1. La classification des doctrines de *Du Vrai, du beau et du bien*, d'après Victor Cousin.

n'envisage pas de montrer *comment* le matérialisme théorique de Diderot mène à son matérialisme esthétique.

Chaque système est ainsi démembré en thèses élémentaires engendrées par une division de la philosophie. L'empirisme tire le vrai des seules sensations ; il réduit le beau à l'agréable ; il ramène le bien à l'intérêt. Le rationalisme voit le vrai dans la seule raison ; il dérive le beau de l'idéal ; il reconduit le bien au devoir. La philosophie du sentiment prétend obtenir le vrai de manière immédiate ; elle refuse de réduire le sentiment du beau au plaisir sensible ; elle voit dans un plaisir désintéressé la source du bien. La classification livrée dans *Du Vrai, du beau et du bien* n'est donc pas tant une classification des systèmes philosophiques qu'une classification des thèses philosophiques.

L'« HISTOIRE GÉNÉRALE DE LA PHILOSOPHIE » : LA CLASSIFICATION QUADRIPARTITE DES SYSTÈMES PHILOSOPHIQUES

Dans l'*Histoire générale de la philosophie*, publiée en 1863, Victor Cousin construit une nouvelle classification, assez différente du tableau tripartite, ou plutôt « novipartite », du *Vrai, du beau et du bien.* Elle comprend quatre classes, non plus de thèses mais de systèmes, que Cousin reconnaît dans toute l'histoire de la philosophie : sensualisme, idéalisme, scepticisme, mysticisme. La classification, désormais arborescente, est d'abord donnée d'une manière que Cousin revendique « *a priori* », non dans le sens kantien où elle serait indépendante de l'expérience – puisqu'elle en est induite –, mais dans le sens ordinaire où elle est exposée *avant* d'être reconnue dans chacune des périodes de l'histoire [1].

L'histoire de la philosophie se réduit en effet à « un petit nombre de systèmes principaux, qui comprennent tous les autres » [2] et dont l'historien doit dresser l'inventaire. Cet inventaire se présente d'abord sous la forme d'un récit, c'est-à-dire de la narration du *processus typique* d'apparition des systèmes [3].

La première tendance consiste à tout dériver de la sensibilité, la plus immédiate des sources de connaissance. Cette philosophie est le *sensualisme*, néologisme que l'on a parfois attribué à tort à Cousin ou à Gérando et qui vient plus vraisemblablement de Kant, via Villers [4]. Le sensualisme conduit au fatalisme, au matérialisme et à l'athéisme, autant de

1. Selon la définition des classifications *a priori* proposée *supra* (p. 18), la classification de Cousin satisfait le critère de pureté conceptuelle, mais non ceux de complétude et de déductibilité.

2. V. Cousin, *HGP*, *op. cit.*, p. 4-5.

3. *Ibid.*, p. 12-26.

4. Le *Trésor de la langue française* renvoie au *Dictionnaire universel de la langue française* de Boiste, où figure en effet la définition suivante : « Sensualisme, *s. m.* système de ceux qui, dédaignant la métaphysique, ne reconnaissent que les sens et leur empire. K. » (P. C. V. Boiste, *Dictionnaire universel de la langue française*, Paris, Desray, 1803, p. 365). Le mot y fut ajouté entre les deux premières éditions, datées respectivement de 1800 et de 1803 – c'est-à-dire avant la deuxième édition de l'*Histoire comparée des systèmes de philosophie* (1804), où Gérando emploie pour la première fois le terme. Il semble donc bien que le mot vienne de Villers, comme l'ont soutenu Élisabeth Schwartz puis Pierre-Frédéric Daled. La lettre « K. » en fin de définition indique que Boiste attribue l'invention du terme à Kant (*cf.* la nomenclature p. xii du *Dictionnaire*). Gérando n'ayant en 1803 pas encore publié ce mot, Boiste aurait-il par exemple pris renseignement auprès de Villers ? Le mot était en tout cas déjà entré dans le dictionnaire et attribué à Kant avant que Gérando

systèmes que la critique kantienne voulait éradiquer [1]. En réaction contre le sensualisme, la réflexion aperçoit bientôt la liberté, l'identité personnelle et Dieu : en privilégiant ces objets, elle verse dans l'*idéalisme*. De ce que les idées sont distinctes des sens, on induit qu'elles en sont séparées. La guerre de ces deux systèmes dogmatiques que sont le sensualisme et l'idéalisme mène au *scepticisme* :

> Le scepticisme est la première forme, la première apparition du sens commun sur la scène de la philosophie. *(Quelques applaudissements dans une partie de la salle.)* Patience, messieurs : vous voyez comment le scepticisme commence ; vous verrez tout à l'heure comment il finit.

Le scepticisme fait par principe obstacle à toute connaissance : « Au lieu de dire : il y a bien du faux dans les deux systèmes de l'idéalisme et du sensualisme, le scepticisme dit : Tout est faux dans ces deux systèmes ». Mais la stérilité du scepticisme signe son arrêt de mort. Bientôt la connaissance n'a plus pour dernier refuge que le *mysticisme*, prétention à une connaissance immédiate, hors de toute réflexion.

Dans la première leçon de l'*Histoire générale de la philosophie*, Cousin expose ainsi non seulement la *liste* des systèmes, mais également leur *ordre* caractéristique d'apparition : *dogmatisme, scepticisme, mysticisme*. Cousin reconnaît la difficulté de se prononcer en toute généralité sur l'ordre respectif des systèmes dogmatiques que sont le sensualisme et l'idéalisme ; souvent le premier précède le second, mais il survient parfois en réaction à un idéalisme antérieur.

Par rapport à sa précédente classification, Cousin a donc ajouté deux classes, poursuivant un élargissement remontant à l'Antiquité, dont Jacques Moutaux a brièvement retracé l'historique :

> La philosophie antique a légué à toute la tradition philosophique deux systèmes de classification des philosophies qui n'ont cessé, à travers des modifications diverses, des redéfinitions et des aménagements, d'avoir cours et chez les philosophes et chez leurs historiens. Le premier est établi par Platon qui, dans le *Sophiste*, définit le conflit entre les « amis des idées », et les « fils de la terre » quant à ce qui peut se nommer être.

ne l'utilise. *Cf.* C. F. D. de Villers, *Philosophie de Kant, ou Principes fondamentaux de la philosophie transcendantale*, Metz, Collignon, 1801, p. 154, 200 et 357 ; É. Schwartz, *Les Idéologues et la fin des grammaires générales raisonnées*, *op. cit.*, p. 193-194 ; et P.-F. Daled, *Le Matérialisme occulté et la genèse du « sensualisme ». Écrire l'histoire de la philosophie en France*, Paris, Vrin, 2005, p. 60 *sq.*, notamment p. 66 *sq.* sur Villiers, Gérando et l'Histoire de la raison pure de Kant.

1. I. Kant, *KRV*, *op. cit.*, B XXXIV, AK III 21.

> Le second principe, plus tardif, a été mis en avant par les sceptiques, qui ont opposé scepticisme et dogmatisme [1].

Cousin a enrichi cette double classification par sources et par méthode d'une nouvelle classe, celle du mysticisme. La classification est désormais un arbre partiellement muni d'un ordre de lecture (fig. 3.2).

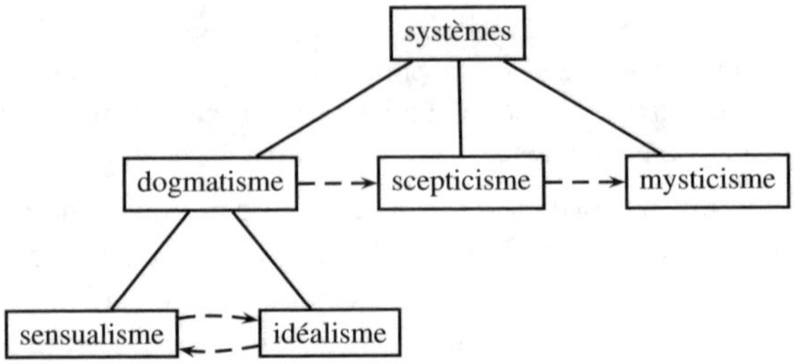

FIGURE 3.2. Arbre partiellement ordonné des systèmes philosophiques dans l'*Histoire générale de la philosophie* de Victor Cousin.

Cousin *expose* les quatre systèmes, mais il se garde bien de les *déduire* autrement que par le récit de l'Introduction – récit que, de l'aveu même de l'auteur, l'histoire met bien souvent en défaut. Davantage statistique que conceptuelle, la classification esquisse des types idéaux dont l'histoire montre la répétition.

Les leçons du *Vrai, du beau et du bien* croisaient une classification *tripartite* des systèmes philosophiques (sensation, raison, sentiment) avec une *division de la philosophie* (vrai, beau, bien). La classification *quadripartite* de l'*Histoire générale de la philosophie* (sensualisme, idéalisme, scepticisme, mysticisme) est quant à elle croisée, non avec une division de la philosophie, mais avec une histoire de la philosophie, ou plus précisément une *périodisation*, qui ne recherche pas l'originalité : Orient, Grèce, Moyen Âge, Renaissance, XVIIe siècle et XVIIIe siècle, certaines périodes pouvant être à leur tour subdivisées. L'ordre général d'exposition est donc essentiellement chronologique.

1. J. Moutaux, « La classification des systèmes philosophiques par Jules Vuillemin (deuxième partie) », *Cahiers philosophiques*, vol. 47, 1991, p. 68. L'auteur fait allusion à Platon, *Le Sophiste*, dans Platon, *Œuvres complètes*, Paris, Flammarion, 2008, 246a *sq.*, notamment en 248c sur les γηγενεῖς et en 248a sur les εἰδῶν φίλοι.

Les périodes sont livrées sous forme d'une simple énumération ; leurs significations respectives ne sont pas construites conceptuellement, comme elles le sont chez Hegel. La périodisation est donc, comme la division en quatre systèmes, empirique et largement contingente ; Hegel n'aurait jamais pris ses aises avec les périodes historiques au point d'écrire de Jean Scot qu'« Alexandrin attardé, il aurait dû naître trois ou quatre siècles plus tôt ou plus tard »[1]. Dans l'histoire cousinienne de la philosophie, les périodes, globalement dénuées de signification propre, ne sont qu'un moyen commode de classement.

Engendrée par la combinaison de la quadripartition des systèmes philosophiques et de la liste des périodes historiques, la classification est un tableau. Ce tableau, on l'a vu, est doublement empirique : la liste des quatre systèmes, comme celle des six périodes historiques, est exposée sans déduction. Les vingt-quatre cases principales qui en résultent sont donc, à double titre, *a posteriori*. Nous marquons dans ce tableau par des flèches l'ordre d'exposition des systèmes (fig. 3.3).

1. V. Cousin, *HGP*, *op. cit.*, p. 196.

Période	Dogmatisme →		Scepticisme →	Mysticisme
	Sensualisme	Idéalisme		
Philosophie indienne	Kanada, Kapila →	Gotama, Vedānta	?	Patañjali, *Bhagavad-Gita*
Première philosophie grecque	*Ioniens* : Thalès, Anaximandre, Anaximène, Diogène d'Apollonie, Héraclite. *Atomistes* : Leucippe, Démocrite →	Pythagore. *Éléates* : Xénophane, Parménide, Zénon d'Élée. Anaxagore	*Sophistes* : Gorgias, Protagoras	
	Cyrénaïques ←	Socrate, Cyniques	Mégariques	
	Aristote ←	Platon		
Deuxième philosophie grecque	Lycée ←	Académie	*Nouvelle Académie* : Carnéade	Philon, gnosticisme, Cabbale
	Épicuriens →	Stoïciens	*Scepticisme* : Énésidème, Agrippa, Sextus Empiricus	*Alexandrins* : Plotin, Proclus, Eunape, Porphyre, Jamblique
Première époque du Moyen Âge	Roscelin ↔	Augustin, Anselme, Guillaume de Champeaux, Abélard		Jean Scot
Deuxième époque du Moyen Âge	Thomas d'Aquin, Alexandre de Halès, Bonaventure, Duns Scot, Roger Bacon, franciscains ↔	dominicains, Albert le Grand	rejet de la philosophie scolastique	Lulle

Période	Dogmatisme →		Scepticisme →	Mysticisme
	Sensualisme	Idéalisme		
Troisième époque du Moyen Âge	Ockham →	Henri de Gand, Burleigh, Thomas de Bradwardine		Tauler, Pétrarque, Sabunde, Jean de Gerson
Renaissance	*école de Padoue* : Pomponazzi, Cesalpino, Vanini. ←	Marsile Ficin, Pic de la Mirandole, Patrizi, Giordano Bruno, Pierre de la Ramée, école de Florence	Sánchez, Montaigne, Charron	Nicolas de Cuse, Reuchlin, Paracelse, Cardan, J.-B. Van Helmont, Robert Fludd, Böhme
XVIIe siècle	Francis Bacon, Hobbes, Gassendi, Locke, Dodwell, Clarke, Mandeville ↔	Descartes, Spinoza, Malebranche, Leibniz, Collier, Berkeley, Wolf, Vico	Hirnhaim, Glanville, Pascal, La Mothe le Vayer, Huet, Bayle	F.-M. Van Helmont, Cudworth, Henri More, Pordage, Fénelon, Mme Guyon, Poiret.
XVIIIe siècle	Voltaire, Condillac, Helvétius, Saint-Lambert →	Rousseau, Turgot, Price, Hutcheson, Smith, Reid, Ferguson, Beattie, Stewart, Berkeley, Kant, Royer-Collard	Voltaire, Hume, Schulze, Jacobi, Schelling	Swedenborg et son école, Schlegel, Baader

FIGURE 3.3. La classification des systèmes philosophiques d'après l'*Histoire générale de la philosophie* de Victor Cousin.

Le caractère doublement empirique de la classification a souvent pour conséquence une inadéquation criante entre les thèses que soutient le Cousin philosophe et les faits que constate le Cousin historien.

Cousin le philosophe soutient que toute période de l'histoire de la philosophie présente des exemples des quatre systèmes, qu'« une philosophie n'est pas constituée tant qu'elle n'a pas tous ses éléments organiques, et elle n'a tous ses éléments organiques que lorsqu'elle est en possession des quatre systèmes »[1]. Cousin l'historien lui rétorque que l'on n'a guère de trace d'un scepticisme indien et que « le scepticisme n'a dû y trouver qu'une assez faible place ». Qu'à cela ne tienne, répond le philosophe, que la pétition de principe n'effarouche guère : elles ont bien dû exister, « car il est impossible que deux dogmatismes opposés se combattent sans s'ébranler réciproquement, et sans qu'il en résulte des doutes graves sur la parfaite solidité de l'un et de l'autre »[2]. Un embarras similaire transparaît au moment de déterminer le scepticisme médiéval :

> [la polémique du nominalisme] ne pouvait engendrer autre chose que du scepticisme, et elle l'engendra. L'Université de Paris, et, à son exemple, toutes les autres universités se lassèrent peu à peu de la haute spéculation ; le dogmatisme recula, et fit place au doute. Mais quel scepticisme pouvait-il y avoir au moyen âge ? L'esprit humain ne mettait pas encore en question le fond lui-même, c'est-à-dire la théologie ; le scepticisme ne pouvait donc tomber que sur la forme, c'est-à-dire sur la philosophie scholastique. De là le décri de la scholastique auprès de tous les bons esprits du quinzième siècle, et de là encore la formation d'un nouveau système, de ce système que nous avons vu jusqu'ici sortir, après le scepticisme, de la lutte du sensualisme et de l'idéalisme, à savoir le mysticisme[3].

Il fallait qu'il y eût un scepticisme médiéval, donc il y eut un scepticisme médiéval, même s'il ne s'est guère exprimé et qu'on n'en a aucune trace. Certains points aveugles de l'histoire sont ainsi postulés dans l'intérêt supérieur de la classification. Ce n'est pas le moindre paradoxe de cette classification que de forcer les faits historiques sur lesquels elle prétend s'appuyer.

Enfin, si le philosophe affirme la succession stricte des quatre systèmes, l'histoire lui montre des exemples d'intrication, notamment entre le

1. *Ibid.*, p. 505.

2. *Ibid.*, p. 73. Dans ses analyses de la philosophie indienne, Cousin est, comme Hegel, tributaire des études de Colebrooke.

3. *Ibid.*, p. 238-239.

sensualisme et l'idéalisme. Le sensualiste Francis Bacon a précédé l'idéaliste Descartes, qui lui-même a précédé Locke. Mais pourquoi s'embarrasser de la chronologie ? Il suffit d'exposer la philosophie de Locke avant celle de Descartes [1]. Devons-nous en inférer qu'elle ne lui doit rien ?

L'histoire dément ainsi en mainte occasion la théorie que Cousin prétend en induire, défaut récurrent dont Charles Renouvier se fera une joie de dresser l'inventaire (*cf. infra*, p. 179).

COMPARAISON DES DEUX CLASSIFICATIONS

Bon nombre de doctrines philosophiques ayant été classées successivement dans *Du Vrai, du beau et du bien* et dans l'*Histoire générale de la philosophie*, il est instructif de comparer systématiquement les deux tableaux, pour voir si la classification cousinienne s'est modifiée selon des règles.

Le graphe de cette fonction comparative devrait s'inscrire dans un tableau à quatre dimensions, ce dont une base de données rendrait facilement compte. Mais on peut aplatir le tableau sur deux dimensions en le réduisant à l'essentiel, car il n'est pas sûr que la division de la philosophie d'une part, la périodisation de l'autre, soient d'un grand intérêt pour la comparaison. Construisons donc la « classification quotient » du tableau comparatif en ne gardant que la combinaison de la tripartition du *Vrai, du beau et du bien* et de la quadripartition de l'*Histoire générale de la philosophie* (fig. 3.4).

Il apparaît d'abord que la « philosophie de la sensation » s'est presque intégralement transformée en « sensualisme » (Locke, Condillac, Aristote, Helvétius, Épicure, Hobbes). Ensuite, la « philosophie de la raison » est généralement devenue « idéalisme » (Reid, Kant, Leibniz, Platon, Socrate, Descartes, Malebranche, Augustin, Royer-Collard). Enfin, la « philosophie du sentiment » correspond majoritairement au « mysticisme » (Plotin, Paracelse, Van Helmont, Swedenborg).

Les rares exceptions à ce schéma global n'en sont pas moins instructives. Que la sensation ait fourni des sceptiques (Hume) et la raison des mystiques (Plotin, Fénelon) n'a rien de surprenant, Cousin soulignant régulièrement l'affinité existant entre ces systèmes pris deux à deux : les

1. *Ibid.*, p. 329 *sq.* et 361 *sq.*

		2. *Histoire générale de la philosophie*			
		Sensualisme	Idéalisme	Scepticisme	Mysticisme
1. *Du Vrai, du beau et du bien*	Sensation	Locke Condillac Aristote Helvétius Épicure Hobbes		Hume	
	Raison	Thomas d'Aquin	Reid Kant Leibniz Platon Socrate Descartes Malebranche Augustin Royer-Collard		Plotin Fénelon
	Sentiment		Hutcheson Smith	Jacobi	Plotin Paracelse Van Helmont Swedenborg

FIGURE 3.4. Comparaison systématique des classifications du *Vrai, du beau et du bien* et de l'*Histoire générale de la philosophie*.

sceptiques ont souvent des aspects sensualistes et les mystiques entr'aperçoivent les idées les plus élevées de la raison, à commencer par celle de Dieu. La seule véritable exception est finalement Jacobi, mais c'est parce que son scepticisme est déjà bien infléchi en direction du mysticisme : « Frédéric Jacobi a combattu également l'empirisme et l'idéalisme, et il a renouvelé le scepticisme de Hume en en changeant radicalement le caractère, au profit du sentiment et de l'enthousiasme » [1]. Dans le cas général, la philosophie de la sensation s'est scindée en sensualisme et en scepticisme, la philosophie de la raison s'est transformée en idéalisme et la philosophie du sentiment en mysticisme. Dans l'une et l'autre classification, Cousin a classé les systèmes selon le principe qu'ils privilégient, la principale modification étant l'ajout, dans la seconde, d'une dimension temporelle.

Reste à déterminer le but de la classification, qui n'a rien de spéculatif : elle doit alimenter le choix philosophique.

1. *Ibid.*, p. 518.

CHAPITRE III

L'ÉCLECTISME

LE CHOIX ÉCLECTIQUE

Ἐκλέγω signifie « choisir, arracher, prélever » : l'éclectisme se veut une philosophie du *choix*. Il se nourrit conjointement de la théorie cousinienne des systèmes et de la classification des systèmes philosophiques.

Il n'est assurément pas question de choisir un *système*. Si Cousin oppose les systèmes, ce n'est pas pour prendre parti pour l'un contre les autres : « le temps des théories exclusives est passé. Les renouveler, c'est perpétuer la guerre en philosophie » [1]. Refusant la tendance naturelle à la partialité, « l'éclectisme, c'est-à-dire la tolérance philosophique » [2], prétend apporter la paix perpétuelle.

La pacification est permise par l'examen attentif de chacun des systèmes et un tri entre sa « part d'erreur » et sa « part de vérité », comme l'exprime entre autres exemples la Préface de Cousin à sa traduction de Tennemann : « Cette prétention de ne repousser aucun système et de n'en accepter aucun en entier, de négliger ceci, de prendre cela, de choisir dans tout ce qui paraît vrai et bon, et par conséquent durable, d'un seul mot, c'est l'éclectisme » [3]. Aussi Cousin peut-il se déclarer spiritualiste, c'est-à-dire idéaliste, tout en ayant retenu l'essentiel de l'empirisme : « Le fond de notre doctrine est donc l'idéalisme tempéré par une juste

1. V. Cousin, *VBB*, *op. cit.*, p. 391.

2. V. Cousin, « Préface », dans W. G. Tennemann, *Manuel de l'histoire de la philosophie*, Paris, Pichon et Didier, 1829, p. xviii.

3. *Ibid.*, p. xiii.

part d'empirisme »[1]. Il s'inscrit en ceci dans la continuité de philosophes que le sens commun aurait pu protéger d'une partialité excessive, s'ils n'étaient retombés dans l'un ou l'autre excès : Socrate, Platon, Aristote, Descartes et Leibniz[2]. Éclectiques avant l'heure, ces philosophes surent saisir la vérité là où ils la trouvaient, en les séparant des erreurs du système comme le bon grain de l'ivraie :

> La critique philosophique ne se borne point à discerner les erreurs des systèmes ; elle consiste surtout à reconnaître et à dégager les vérités mêlées à ces erreurs. Les vérités éparses dans les différents systèmes composent la vérité totale que chacun d'eux exprime presque toujours par un seul côté[3].

Éclectisme et syncrétisme

Une objection vient alors naturellement : en rompant avec la rigueur déductive qui caractérise l'esprit de système, ne court-on pas inéluctablement le risque de la rhapsodie ou de l'incohérence ? Faire sienne la sentence leibnizienne selon laquelle « la plupart des sectes ont raison dans une bonne partie de ce qu'elles avancent, mais non pas tant en ce qu'elles nient »[4] n'est-il pas s'exposer, chaque fois que les affirmations impliquent des négations, à des contradictions ?

Placé devant ce dilemme, Cousin assume la rhapsodie mais récuse l'incohérence, s'appuyant sur une distinction opportune entre éclectisme et syncrétisme :

> Non, certes, que je conseille ce syncrétisme aveugle qui perdit l'école d'Alexandrie, et qui tentait de rapprocher forcément des systèmes contraires ; ce que je recommande, c'est un éclectisme éclairé qui, jugeant avec équité et même avec bienveillance toutes les écoles, leur emprunte ce qu'elles ont de vrai, et néglige ce qu'elles ont de faux[5].

Le syncrétisme est un « mélange sans critique », où l'on se contente d'assembler des thèses éparses en une même doctrine sans les examiner outre mesure. De ce travers se seraient rendus coupables Philon, les gnostiques et la Cabbale, « dont le commun caractère est un mélange sans critique de

1. V. Cousin, *VBB*, *op. cit.*, p. 468.
2. V. Cousin, *HGP*, *op. cit.*, p. 2-5 et 34.
3. V. Cousin, *VBB*, *op. cit.*, p. 355-356.
4. Lettre à Nicolas Rémond du 10 janvier 1714, dans G. W. Leibniz, *Die Philosophische Schriften*, Hildesheim, Olms, 1978, III, 607.
5. V. Cousin, *VBB*, *op. cit.*, p. 12.

la philosophie grecque et d'assez vagues traditions orientales, mélange où se rencontraient ensemble Platon, Moïse et Zoroastre, le théisme et le panthéisme, la doctrine de la création et celle de l'émanation »[1], mais également bien des philosophes de la Renaissance, à l'exemple de Francesco Patrizi, qui à vouloir concilier Platon et Aristote n'aurait finalement rien retenu du premier et aurait réduit le second à une caricature[2]. Cousin détourne ainsi sur les « syncrétistes » les critiques dont il fait l'objet.

Cousin ne reproche pourtant pas à ces penseurs, comme on pourrait s'y attendre, le défaut de conséquence ou de rigueur déductive, mais seulement le défaut de critique dans la validation des thèses. Le personnage du syncrétiste se soumet à l'autorité comme l'éclectique au sens commun ; or ce n'est pas par l'autorité d'Anselme mais par la force du bon sens que Descartes a prouvé l'existence de Dieu[3].

En distinguant l'éclectisme du syncrétisme, Cousin s'écarte une fois encore de la philosophie allemande récente. Kant et Hegel n'ont pas jugé utile de distinguer les deux termes[4] et il est certain qu'aux yeux du second l'éclectisme cousinien n'est rien de plus qu'un syncrétisme. C'est Diderot, en revanche, qui insiste avec emphase sur cette distinction dans l'article « Éclectisme » de l'*Encyclopédie* :

> L'éclectique est un philosophe qui foulant aux pieds le préjugé, la tradition, l'ancienneté, le consentement universel, l'autorité, en un mot tout ce qui subjugue la foule des esprits, ose penser de lui-même, remonter aux principes généraux les plus clairs, les examiner, les discuter, n'admettre rien que sur le témoignage de son expérience et de sa raison ; et de toutes les philosophies, qu'il a analysées sans égard et sans partialité, s'en faire une particulière et domestique qui lui appartienne[5].

L'un en réfère au sens critique, l'autre aux autorités :

> Il ne faut pas confondre l'Éclectisme avec le Syncrétisme. Le syncrétiste est un véritable sectaire ; il s'est enrôlé sous des étendards dont il n'ose

1. V. Cousin, *HGP*, *op. cit.*, p. 165.
2. *Ibid.*, p. 262.
3. *Ibid.*, p. 198.
4. Kant parle ainsi indifféremment de l'« éclectisme » et du « syncrétisme » des écoles grecques (I. Kant, *KPV*, *op. cit.*, AK V 24 ; I. Kant, « Que signifie s'orienter dans la pensée ? », dans I. Kant, *Vers la Paix perpétuelle. Que signifie s'orienter dans la pensée ? Qu'est-ce que les Lumières ? et autres textes*, Paris, Flammarion, 1991, AK VIII 143, n.).
5. D. Diderot, « Éclectisme », dans *Encyclopédie ou Dictionnaire raisonné des sciences, des arts et des métiers*, t. 5, Paris, Briasson, David, Le Breton et Durand, 1755.

> presque pas s'écarter. Il a un chef dont il porte le nom : ce sera, si l'on veut, ou Platon, ou Aristote, ou Descartes, ou Newton ; il n'importe. La seule liberté qu'il se soit réservée, c'est de modifier les sentiments de son maître, de resserrer ou d'étendre les idées qu'il en a reçues, d'en emprunter quelques autres d'ailleurs, et d'étayer le système quand il menace ruine.

Ne manquent à ces types caricaturaux et manichéens que des noms propres à la manière de La Bruyère. La figure du syncrétiste est un bouc émissaire : sa seule fonction est d'aimanter les traits destinés à l'éclectique. Dénonce-t-on l'éclectique pour son incohérence ? c'est confondre éclectisme et syncrétisme. Raille-t-on l'aspect composite et chaotique des systèmes éclectiques ? syncrétisme encore.

Toute la difficulté est de trouver à cet homme de paille la moindre figure historique : on est contraint de se rabattre sur des figures pour le moins secondaires de l'histoire de la philosophie. Il y a donc des raisons profondes à l'embarras que confie Lucien Braun sur la frontière entre éclectisme et syncrétisme [1]. Le syncrétisme est un système dont, en ce sens, nul ne s'est jamais réclamé, dont on peine à trouver des exemples historiques et dont la seule utilité est extrinsèque [2] : elle permet à l'éclectique de se défausser de toute critique. Il n'est qu'un cas-limite dont l'éclectique agite la menace. N'est-ce pas sous la seule hypothèse de son existence que l'éclectique peut prétendre incarner le juste milieu entre l'étanchéité de l'esprit de système et la perméabilité de la conciliation sans critique ?

On peut donc appliquer au concept de syncrétisme la sentence que Cousin lui-même prononce sur le platonisme caricatural : « une pareille théorie n'est qu'une chimère qu'Aristote a créée pour avoir le plaisir de la combattre » [3]. La distinction entre éclectisme et syncrétisme est le fait de tous les éclectiques ; mais d'eux seuls.

Le rejet de la déduction

Si, grâce au personnage fictif du syncrétiste, Cousin récuse le reproche d'*incohérence*, il n'en assume pas moins l'aspect *rhapsodique* du système qu'il compose. On chercherait en vain dans son œuvre la moindre tentative

1. L. Braun, *Histoire de l'histoire de la philosophie*, *op. cit.*, p. 143.

2. Autant de caractéristiques qu'il partage avec le terme contemporain de « philosophie continentale ».

3. V. Cousin, *VBB*, *op. cit.*, p. 75.

de démonstration. Ce n'est pas par le raisonnement que l'on prouve les principes abstraits de la substance, de l'unité, des causes, des causes finales, de l'espace et du temps. Pour montrer que ces principes ne sont pas de simples habitudes de l'esprit comme le croit Hume [1], Cousin en appelle au simple sens commun :

> « Que deviendrait la logique, ces mathématiques de la pensée, si vous lui ôtez un certain nombre de principes, un peu barbares peut-être dans leur forme scholastique, mais qui doivent être universels et nécessaires pour présider à tout raisonnement, à toute démonstration ?
>
> Y a-t-il même une physique possible, si tout phénomène qui commence à paraître ne suppose pas et une cause et une loi ?
>
> Sans le principe des causes finales, la physiologie pourrait-elle faire un seul pas, se rendre compte d'un seul organe, déterminer une seule fonction [2] ? »

Une question oratoire vaut tous les arguments. Le seul sens commun suffit même à montrer par des voies mystérieuses, contre Kant, que ces principes ne sont pas simplement régulateurs : il suffit de révoquer cette pensée comme sceptique, autrement dit stérile [3].

Non seulement Cousin esquive tout raisonnement, se contentant des applaudissements de ses auditeurs, mais il le refuse avec détermination quand le choix se présente. Un auditeur attentif du *Vrai, du beau et du bien* pouvait en effet, par analogie avec la méthode employée pour définir la nature du vrai puis du beau, inférer celle du bien. Mais Cousin refuse ce qu'il considère comme un expédient :

> Il semble qu'au point où nous sommes arrivés, la métaphysique que nous avons enseignée porte évidemment avec elle telle morale et non pas telle autre ; qu'ainsi la question du bien, cette question si féconde et si vaste, est pour nous toute résolue, et que nous pouvons déduire, par voie de raisonnement, la théorie morale qui dérive de notre théorie du beau et de notre théorie du vrai. Nous le pourrions peut-être, et nous ne le ferons pas. Ce serait abandonner la méthode que nous avons suivie jusqu'ici, cette méthode qui procède par l'observation et non par la déduction, et se fait une loi de consulter l'expérience. Ne nous lassons pas de l'expérience [4].

1. *Ibid.*, p. 26.
2. *Ibid.*, p. 21-22.
3. *Ibid.*, p. 57.
4. *Ibid.*, p. 272-273.

Avec une abnégation qui force l'admiration, Cousin a toujours su résister à la tentation de l'argumentation.

La doctrine ainsi assemblée ne possède pas l'unité que donne le raisonnement, c'est-à-dire l'esprit de système, qui sacrifie la vérité à l'unité. L'éclectisme tire son unité de celle du sens commun lui-même : « l'unité de la doctrine que nous professons est dans celle de l'âme humaine où nous l'avons puisée » [1]. Ce n'est pas l'unité qui mène à la vérité, c'est bien plutôt la vérité qui mène à une unité radicalement *inaccessible* à la déduction – mais « ce n'est pas notre faute si Dieu a fait l'âme humaine plus grande que tous les systèmes » [2]. S'il est un choix à effectuer, ce n'est donc pas celui du sensualisme ou de l'idéalisme, du scepticisme ou du mysticisme, mais de l'éclectisme ou de l'esprit de système :

> Ici commence le rôle de la philosophie. Elle a devant elle deux routes différentes ; elle peut faire de deux choses l'une : ou bien accepter les notions du sens commun, les éclaircir, par là les développer et les accroître, et fortifier, en les exprimant fidèlement, les croyances de l'humanité ; ou bien, préoccupée de tel ou tel principe, l'imposer aux données naturelles du sens commun, admettre celles qui sont conformes à ce principe, plier les autres artificiellement à celles-là, ou les nier ouvertement ; c'est ce qu'on appellera faire un système [3].

À cette alternative, Jules Vuillemin souscrira pleinement – empruntant la voie opposée [4].

Le refus de la déduction, plus qu'un mode d'exposition, est un trait de méthode ; c'est lui qui rend possible la séparation entre la « part de vérité » et la « part d'erreur ». Comment les séparer, en effet, lorsque l'une implique l'autre ou que les mêmes principes mènent indistinctement aux deux ? Briser le lien déductif permet d'isoler les thèses, partant de les piocher. Contre celui qui penserait que l'Analytique et la Dialectique kantiennes sont régies par les mêmes critères de vérité et possèdent une orientation commune, Cousin s'autorise d'abord à distinguer les deux parties : « dogmatique dans l'analyse, Kant est sceptique dans ses conclusions ». Au sein de ce qu'il considère comme un « scepticisme savant »,

1. *Ibid.*, p. 393.

2. *Ibid.*, p. 296-297 et 459. À la suite de son maître, Jouffroy soutiendra l'idée d'une unité non systématique réalisée par la seule force du sens commun. *Cf.* T. Jouffroy, « De la Philosophie et du sens commun », dans T. Jouffroy, *Mélanges philosophiques*, Paris, Hachette, 1901, p. 112-113.

3. V. Cousin, *VBB*, *op. cit.*, p. 288-289.

4. *Cf. infra*, p. 242.

Cousin peut ensuite procéder au tri : « Il y a dans Kant deux parties : la partie analytique et la partie dialectique, comme il l'appelle. Nous admettons l'une, nous repoussons l'autre »[1]. Mais c'est uniquement parce que Cousin a d'abord donné congé à toute notion de conséquence théorique qu'il peut briser le lien architectonique par lequel Kant articule les deux parties de la Critique. La brisure est revendiquée :

> Lorsque Kant n'est pas dans les liens de son système, il a la vue nette et vaste ; nul n'a mieux connu le jeu de nos facultés, leurs différences, leur harmonie, et les lois qui président à leur développement [...] ; mais, il faut en convenir, la partie systématique des diverses *Critiques* ne résiste point à un sérieux examen[2].

Pour distinguer chez Kant la part systématique de celle qui ne l'est pas, il fallait ou bien avoir l'œil perçant ou bien subordonner en toute désinvolture l'architectonique au thématique[3]. C'est donc de Cousin que Pécuchet a hérité la faculté à faire flèche de tout bois sans s'inquiéter de la cohérence des moyens employés :

> Mais si Dieu n'existe pas ?
> — Comment ? Et Pécuchet débita les trois preuves cartésiennes ; primo, Dieu est compris dans l'idée que nous en avons ; secundo, l'existence lui est possible ; tertio, être fini, comment aurais-je une idée de l'infini ? – et puisque nous avons cette idée, elle nous vient de Dieu, donc Dieu existe !
>
> Il passa au témoignage de la conscience, à la tradition des peuples, au besoin d'un créateur[4].

Ainsi l'éclectisme supplée-t-il les preuves rationnelles par celles, réputées plus fortes, du sens commun.

Conclusion

On a souvent, à juste titre, critiqué l'arbitraire des choix doctrinaux de Cousin. Pourquoi en effet piocher telle thèse plutôt son contraire,

1. *Ibid.*, p. 457 et 465.
2. V. Cousin, *HGP*, *op. cit.*, p. 549.
3. Nous verrons que Jules Vuillemin préconise rigoureusement l'inverse : J. Vuillemin, *What Are Philosophical Systems ?*, noté *WAPS*, Cambridge, Cambridge University Press, 1986, p. 128.
4. G. Flaubert, *Bouvard et Pécuchet*, *op. cit.*, chap. 8, p. 275.

sinon par caprice ? Mais cette contingence des *choix éclectiques* ne doit pas occulter la rigueur architectonique qui sous-tend en réalité la *théorie éclectique du choix*. Cousin est en ceci, sans doute à son insu, systématique.

L'éclectisme repose sur trois théories : une théorie du *système* entendu comme simple ensemble de thèses, dont le lien déductif est inessentiel ; une *classification* des systèmes philosophiques selon les sources ou les méthodes ; une théorie du *choix* entre les thèses. La théorie des systèmes soutient la classification, car elle permet de ranger les systèmes selon les thèses qu'ils promeuvent et qui, une fois détachées des systèmes dont elles procèdent, peuvent être comparées directement entre elles. Elle soutient également la théorie du choix, car c'est une fois que les systèmes ont été démembrés qu'il devient possible d'en trier les thèses. La classification fournit à la théorie des systèmes un contenu à débiter, et à la théorie du choix un vivier de thèses à réunir en « une théorie assez large » [1]. L'éclectisme ne saurait se passer d'une histoire de la philosophie, car « il est évident que toute philosophie éclectique a nécessairement pour base une connaissance profonde de tous les systèmes dont elle prétend combiner les éléments essentiels et vrais » [2].

Les trois fondements de l'éclectisme que sont la théorie des systèmes, la classification et la théorie du choix sont donc indissociables. Sans la théorie des systèmes conçus comme prises de position partiales, la classification s'effondrait. Sans la possibilité de briser les liens déductifs, la possibilité d'un choix éclectique s'évanouissait. Il n'est jusqu'au personnage fictif du syncrétiste qui ne joue un rôle architectonique déterminant. C'est donc en toute rigueur que l'éclectisme cousinien s'appuie sur ces trois piliers.

Cette rigueur ne préjuge pas de celle, sans doute plus faible, du *spiritualisme* cousinien, dont la fadeur est bien plutôt revendiquée : « cette doctrine est si simple, elle est tellement dans toutes nos puissances, elle est si conforme à nos instincts, qu'elle paraît à peine une doctrine philosophique » [3]. C'est par rigueur éclectique que Victor Cousin souscrit à un spiritualisme arbitraire. Aussi son éclectisme et son spiritualisme

1. V. Cousin, *VBB*, *op. cit.*, p. 327.

2. V. Cousin, « Préface », *op. cit.*, p. xvii. Après Cousin, Janet relaiera cette exigence. *Cf.* P. Janet, « L'Histoire de la philosophie et l'éclectisme », *Revue des deux mondes*, vol. 61, 1866.

3. V. Cousin, *VBB*, *op. cit.*, p. 488.

connurent-ils des destins divergents. Si le second connut des disciples, notamment Théodore Jouffroy et Paul Janet, le succès du premier déborda largement leur cercle [1]. Quelque opposés qu'ils fussent au spiritualisme, la plupart des philosophes et des historiens de la philosophie français qui succédèrent à Cousin, jusqu'au jeune Renouvier des *Manuels*, reprirent à leur compte le principe général de l'éclectisme et la théorie des quatre systèmes.

L'histoire de la philosophie de Paul-Mathieu Laurent [2] est à cet égard particulièrement instructive – pour ainsi dire à ses dépens. Elle présente aussi peu d'intérêt que d'originalité, ce qui n'est pas peu dire. Tout développement un tant soit peu technique se réduit à une longue citation de plusieurs pages, alternativement tirée de Buhle, Brucker, Tennemann ou Gérando. Mais si la sympathie de l'auteur pour l'idéologie est flagrante [3], c'est à l'éclectisme cousinien qu'il emprunte ses catégories classificatoires : il décrit l'« idéalisme » presque « sceptique » de Parménide, le triomphe de l'« idéalisme » sur le « sensualisme » chez Platon, l'« éclectisme » de Clitomaque de Carthage et de Carnéade, distingue l'« éclectisme » du « syncrétisme » en évoquant les philosophes alexandrins, décrit les phases successivement « idéaliste », « sceptique » et « éclectique » de Campanella, et retrace la généalogie du « scepticisme » à partir du conflit entre « idéalisme » et « sensualisme », avant de l'illustrer par les figures respectives de Hume, de Berkeley et de Locke [4]. Il était naturel que l'auteur dédie son livre à Victor Cousin, par delà leur divergence philosophique [5].

L'éclectisme de Cousin se diffusa donc plus largement qu'un spiritualisme faible et rapidement caduc ; celui-là s'imposa comme une évidence jusque chez les adversaires de celui-ci. Sous les options subsiste une même théorie du choix.

1. Paul Janet n'est donc pas loin de la vérité lorsqu'il prétend en 1866 que la méthode éclectique a récolté une unanimité que le spiritualisme ne peut que lui jalouser. *Cf.* P. Janet, « L'Histoire de la philosophie et l'éclectisme », *op. cit.*, p. 523.

2. P.-M. Laurent, *Résumé de l'histoire de la philosophie*, Paris, Lecointe et Durey, 1826.

3. Il ne manque pas de prononcer l'éloge de chaque philosophe réputé sensualiste : Archélaüs (p. 49), Hippocrate (p. 87), Démocrite (p. 91), Locke (p. 366 *sq.*) et Garat (p. 410-411) pour ses cours à l'École Normale. Kant, malgré son « idéalisme vulgaire » (p. 457), ne doit son salut qu'à certain passage où Laurent croit reconnaître le sensualisme de Condillac (p. 467-470).

4. P.-M. Laurent, *Résumé de l'histoire de la philosophie*, *op. cit.*, p. 70-74, 135-139, 200 *sq.*, 207, 212, 300-301, 311 et 382.

5. *Ibid.*, p. 428-429.

Quatrième partie

Catégories et principe de contradiction chez Charles Renouvier

Chapitre premier

HISTOIRE DE LA PHILOSOPHIE ET PRINCIPE DE CONTRADICTION

> « L'adversaire est bien petit garçon : l'adversaire je veux dire l'éclectisme. »
>
> C. Renouvier et C. Secrétan, *Correspondance*, Paris, Armand Colin, 1910, p. 9, lettre de Renouvier à Secrétan du 24 janvier 1869.

Les classifications des systèmes philosophiques proposées par Charles Renouvier dans l'*Esquisse d'une classification systématique des doctrines philosophiques* (1885-1886) et dans les *Dilemmes de la métaphysique pure* (1901), plus encore que le reste de son œuvre, ont encore fait l'objet de peu d'études approfondies [1].

Rares furent aussi les études objectives. Sous l'admiration répétée de Jean Largeault pour la classification de Renouvier – dont il ne reprend pourtant guère à son compte que la très générale opposition des « doctrines de la Chose » et des « doctrines de la conscience » [2] – il faut avant tout lire une critique à peine voilée de celle de Vuillemin [3].

1. Gaston Milhaud ne traite de l'*Esquisse* qu'en quatre pages fort anecdotiques de sa *Philosophie de Charles Renouvier*. Le jeune Jules Vuillemin, dans la notice qu'il consacre en 1956 à Renouvier, ne compte ni l'*Esquisse* ni les *Dilemmes* parmi ses œuvres principales. Lucien Braun ne l'évoque qu'au détour d'une note, comme un lointain héritier de Gérando. *Cf.* G. Milhaud, *La Philosophie de Charles Renouvier*, Paris, Vrin, 1927, p. 151-154 ; J. Vuillemin, « Renouvier, Charles (1815-1903) », dans *Les Philosophes célèbres*, Paris, Mazenod, 1956 ; L. Braun, *Histoire de l'histoire de la philosophie*, *op. cit.*, p. 233, n. 73.

2. J. Largeault, *Intuition et intuitionisme*, Paris, Vrin, 1993, p. 71.

3. Ainsi de la critique par Largeault du concept de « philosophie de l'examen » : « interpréter le constructivisme brouwerien comme un criticisme ou une "philosophie de

La classification de Renouvier a en retour servi de faire-valoir à celle de Vuillemin, celle-ci étant *a priori* tandis que celle-là était qualifiée d'*a posteriori* [1]. Les travaux de Martial Gueroult et de Laurent Fedi sont dans ce paysage une heureuse exception [2]. Il faut reconnaître que la forme même de la classification, le caractère souvent implicite de sa structure, sans compter les longueurs caractéristiques du style de Renouvier, ne plaident guère en sa faveur.

DE L'ÉCLECTISME AU REJET DU PRINCIPE DE CONTRADICTION DANS LA PREMIÈRE PHILOSOPHIE DE RENOUVIER

Renouvier se fit d'abord connaître pour ses *Manuels* des années 1840 : le *Manuel de philosophie moderne* et le *Manuel de philosophie ancienne* [3].

l'examen" est inadéquat par méconnaissance des véritables prémisses de ce constructivisme » (J. Largeault, *Intuitionisme et théorie de la démonstration*, Paris, Vrin, 1992, p. 10, n. 3). La critique devient frontale dans un texte où Largeault reproche à Vuillemin de s'être, dans *Nécessité ou contingence*, limité conceptuellement au problème de la nécessité, restreint historiquement à la période médiévale, et de n'avoir pas étudié « les relations entre les thèses suscitées par des dilemmes différents ». C'est sur la base de ces trois reproches clairement contre-factuels (*cf.* la 5e partie de notre étude et notamment, pour le second reproche, la fig. 5.14) que Largeault se prononce, contre Vuillemin, en faveur de la classification de Renouvier (J. Largeault, « Réalisme », dans *Dictionnaire de la philosophie*, Paris, Encyclopædia Universalis–Albin Michel, 2006, p. 1755-1758).

1. Nous n'avons pas trouvé sous la plume de Vuillemin d'assertion explicite du caractère *a posteriori* de la classification de Renouvier. Tout au plus peut-on la conjecturer derrière l'allusion aux « classifications partielles, occasionnelles et *a posteriori* » (J. Vuillemin, *WAPS*, *op. cit.*, p. 115). C'est un pas que franchit Jacques Bouveresse, notamment dans ses cours du 10 janvier et du 24 janvier 2007 au Collège de France.

2. L. Fedi, *Le Problème de la connaissance dans la philosophie de Charles Renouvier*, Paris, L'Harmattan, 1998, p. 381-412. M. Gueroult, « Renouvier et l'histoire de la philosophie », *Revue de théologie et de philosophie*, vol. 17, no 6, 1967. De manière assez surprenante, Gueroult reproche à la classification de Renouvier son caractère *a priori*, en un sens qui nous paraît bien peu kantien car il semble désigner, plutôt que la simple indépendance par rapport à l'expérience, une contradiction avec elle.

3. C. Renouvier, *Manuel de philosophie moderne*, Paris, Paulin, 1842 ; C. Renouvier, *Manuel de philosophie ancienne*, Paris, Paulin, 1844. Les *Manuels* laissent ainsi béante toute une part de l'histoire de la philosophie, dans la continuité d'une tradition – toujours vivante – d'occultation de la philosophie médiévale. Sans doute est-ce pour y remédier que l'Académie des Sciences morales et politiques propose en 1845, pour le concours de l'année 1848, l'étude de la philosophie scolastique en France. Le concours est remporté par Hauréau, dont la méthode même trahit, comme du reste l'intitulé du concours, une inspiration éclectique

Gaston Milhaud, voulant défendre sa mémoire, récuse toute influence cousinienne [1], ignorant peut-être que Renouvier avait d'avance désavoué son avocat en clamant haut et fort : « il faut comprendre l'*éclectisme* et le réaliser » [2]. Renouvier fut d'abord un éclectique heureux.

Cet éclectisme n'est pas sans accents hegeliens. Mais cette inspiration, qui se limite à la recherche d'une « conciliation des contraires au sein de l'être » [3], est à relativiser au vu de la connaissance très indirecte que Renouvier a de la philosophie hegelienne [4]. Renouvier ne s'inspire pas tant de Hegel que d'un certain style conciliateur, tacitement assimilé à l'éclectisme : si l'avenir de la philosophie résidait dans la conciliation des contraires, il eût du reste été contre-productif de s'interroger sur l'éventuelle différence des pensées de Cousin et de Hegel.

Mais si l'influence de Hegel se résume à quelques slogans – le rejet de la logique traditionnelle, l'unité de l'être et du néant – exprimés sur un ton exalté et millénariste, Renouvier a en revanche très tôt pris conscience de l'enjeu logique de sa doctrine, consacrant un développement aussi long qu'enthousiaste au refus du « principe de contradiction » [5]. Sans être vraiment hegelien, Renouvier a retenu de Hegel que la philosophie de l'histoire de la philosophie dictait une logique, dont l'enjeu principal était le principe de contradiction.

dont la revendication finale était devenue presque inutile (J.-B. Hauréau, *De la Philosophie scolastique*, Paris, Pagnerre, 1850, t. 1, p. I–II et t. 2, p. 515).

1. G. Milhaud, *La Philosophie de Charles Renouvier*, *op. cit.*, p. 21.

2. C. Renouvier, *Manuel de philosophie moderne*, *op. cit.*, p. 411.

3. L. Fedi, *Le Problème de la connaissance*, *op. cit.*, p. 10. Voir C. Renouvier, *Manuel de philosophie moderne*, *op. cit.*, p. 426 pour le rêve de conciliation universelle des catégories contraires. Sur la philosophie des *Manuels*, *cf.* L. Fedi, *Le Problème de la connaissance*, *op. cit.*, p. 37-49 et L. Fedi et G. Sibertin-Blanc, « Les Additions à *La Nouvelle Monadologie* de Charles Renouvier », *Cahiers philosophiques*, vol. 99, oct. 2004, p. 86.

4. N'étant pas germanisant, il aurait eu pour principale source, outre le cours de 1828 de Victor Cousin (V. Cousin, *Leçons d'histoire de la philosophie*, Paris, Marmet, Papinot, Ponthieu et Lecointe, 1828), le livre de Barchou de Penhoën, qui détaille successivement les philosophies de Leibniz, Kant, Fichte, Schelling et Hegel. On ne peut d'ailleurs s'empêcher de remarquer que Barchou consacre de longs développements à la question de la méthodologie de l'histoire de la philosophie et effleure le concept de classification des systèmes philosophiques en se référant à Gérando, à qui il reproche d'avoir privilégié la question de la source des connaissances, selon une perspective trop exclusivement condillacienne (A. T. H. Barchou de Penhoën, *Histoire de la philosophie allemande depuis Leibnitz jusqu'à Hegel*, Paris, Charpentier, 1836, t. 1, p. 1-6 et t. 2, p. 117 *sq.*).

5. C. Renouvier, *Manuel de philosophie moderne*, *op. cit.*, p. 363-365 et 377-389.

DU PRINCIPE DE CONTRADICTION À LA CLASSIFICATION DES SYSTÈMES

L'*Esquisse d'une classification systématique des doctrines philosophiques*, comme plus tard les *Dilemmes de la métaphysique pure*, s'ouvre sur une défense du principe de contradiction [1] : nulle entrée en matière ne pouvait être plus opposée à l'esprit des *Manuels*.

C'est que le point de vue de Renouvier sur la contradiction a changé du tout au tout, comme il s'en explique au seuil du premier *Essai de critique générale* (1854), qui lui tient lieu de Logique :

> Mon effort spéculatif a été constamment dirigé sur le principe de contradiction et sur la loi réelle ou prétendue des antinomies de la raison. Cette question capitale de toutes les doctrines, à peine entrevue autrefois, jette le trouble dans les intelligences, et je m'en suis ressenti [2].

Renouvier n'aura de cesse, à partir de cette date, de promouvoir ce qu'il appelle principe de contradiction, qui comprend ce que nous distinguerions aujourd'hui sous les noms de principe d'identité, de principe de contradiction et de principe du tiers-exclu [3], et qu'il voit « impliqué dans tout exercice de l'entendement » [4].

Autrefois considéré comme illusoire, ce principe est devenu inviolable : ceux mêmes qui le rejettent œuvrent à le confirmer, selon une

1. C. Renouvier, *Esquisse d'une classification systématique des doctrines philosophiques*, noté *Esquisse*, Paris, Bureau de la critique philosophique, 1885-1886, t. 1, p. 1-4 ; C. Renouvier, *Les Dilemmes de la métaphysique pure*, noté *Dilemmes*, Paris, Alcan, 1927, p. 2-4.

2. C. Renouvier, *Essais de critique générale. Premier Essai : Traité de logique générale et de logique formelle*, noté *Essais I*, Paris, Armand Colin, 1912, Préface, p. XVII.

3. Le « principe de contradiction » dont parle Renouvier est donc à prendre en un sens plus large encore que chez Kant, à qui Louis Couturat reproche de confondre les principes d'identité et de contradiction (L. Couturat, « La Philosophie des mathématiques de Kant », dans L. Couturat, *Les Principes des mathématiques*, Paris, Blanchard, 1980, p. 244), mais qui n'en opère pas moins la distinction, autrement plus sensible, du principe de contradiction et du tiers-exclu. Renouvier prétend par exemple prouver le finitisme en dévoilant une contradiction dans l'infinitisme (C. Renouvier, *Esquisse*, *op. cit.*, t. 1, p. 95 *sq.*), ce que Kant s'est interdit de faire, en vertu, d'une part, du rejet du principe de contradiction en métaphysique (I. Kant, *KRV*, *op. cit.*, A 789-794/B 817-822, AK III 513-516), de l'autre, du refus d'une opposition involutive du fini et de l'infini (*ibid.*, A 503-504/B 531-532, AK III 346). Renouvier, quant à lui, fait un usage immodéré des raisonnements apagogiques.

4. C. Renouvier, *Esquisse*, *op. cit.*, t. 1, p. 95. *Cf.* aussi C. Renouvier, *Essais I*, *op. cit.*, p. 155-160 ; et L. Fedi, *Le Problème de la connaissance*, *op. cit.*, p. 220-225.

« démonstration » apagogique qui n'est pas sans rappeler celle d'Aristote : « le principe qui interdit la contradiction a cette vertu de ne pouvoir être combattu sans être supposé » [1]. Renouvier n'a, à cette époque, pas encore pris conscience du paradoxe qu'il y avait à prétendre prouver apagogiquement le principe même sur lequel se fonde toute démonstration apagogique. Des *Manuels* à l'*Esquisse*, le principe de contradiction est demeuré le problème central de la philosophie de Renouvier. Mais autrefois entrave à la pensée philosophique, il en est devenu la condition.

Ce changement radical de cap en logique – « plût à Dieu que je n'eusse pas écrit une ligne auparavant [2] ! » – ne pouvait manquer de transformer en profondeur la conception par Renouvier de l'histoire de la philosophie. L'*Esquisse* peut ainsi être vue comme un effort visant à tirer toutes les conséquences de l'adoption du principe de contradiction. Alors que les *Manuels* arguaient de la convergence des systèmes pour réfuter le principe de contradiction, l'*Esquisse* part de ce principe pour en déduire l'inéluctabilité des divergences. L'*Esquisse* peut ainsi être lue comme la contraposée des *Manuels*.

La prise de conscience de la contradiction remonterait, selon l'Avant-propos de l'*Esquisse*, aux origines de la pensée : elle apparaît en même temps que les premiers désaccords entre écoles sur les causes premières. La question de savoir s'il faut accepter ou rejeter le principe de contradiction est donc capitale pour l'historien de la philosophie. Mais la symétrie entre les deux partis n'est qu'apparente : par une sorte d'argument diagonal, parallèle à la démonstration du principe de contradiction, Renouvier montre que tout philosophe niant l'existence de contradictions dans l'histoire de la philosophie est paradoxalement contraint d'admettre que « toutes les autres philosophies sont inconciliables avec la sienne sur ce chapitre », c'est-à-dire qu'il existe, au moins sur ce point, une contradiction dans l'histoire de la philosophie [3]. Le principe de contradiction s'impose donc à l'historien de la philosophie exactement comme il s'impose au logicien.

À ces arguments logiques s'en ajoutent d'autres, d'ordre pour ainsi dire moral : « ceux qui cherchent la conciliation [sont] souvent suspects d'être mus en cela par des motifs d'ordre extérieur ». Renouvier reproche

1. Aristote, *Métaphysique*, *op. cit.*, Γ, 8, 1012*b* ; C. Renouvier, *Essais I*, *op. cit.*, p. 156.

2. C. Renouvier et C. Secrétan, *Correspondance*, Paris, Armand Colin, 1910, p. 8, lettre de Renouvier à Secrétan du 10 janvier 1869.

3. C. Renouvier, *Esquisse*, *op. cit.*, t. 1, p. 2 ; et t. 2, p. 128.

notamment à Hegel d'avoir voulu s'arroger une place à part dans l'histoire de la philosophie : le « système absolu » auquel aboutit l'histoire hegelienne de la philosophie « ne pouvait être, on le comprend, que celui de l'auteur lui-même d'une telle exégèse de l'histoire des systèmes »[1]. Décomplexé dans son usage du principe de contradiction et de la pensée d'entendement, Renouvier prend un malin plaisir à replonger la dialectique hegelienne au niveau même des systèmes qu'elle absorbe, pour les lui opposer de manière frontale : « on voudrait [...] apprendre d'un hégélien à quelle source il puise le droit de regarder son système comme complet et définitif, et comme échappant à la loi générale de la contradiction »[2]. Républicain dans le sens métaphorique où il rejette toute forme d'aristocratie intellectuelle, Renouvier nivelle résolument le système de Hegel avec la plèbe des doctrines de l'histoire de la philosophie.

Mais le républicanisme de Renouvier n'est pas que métaphore. Ses relations sont à couteaux tirés avec les cousiniens Janet et Jouffroy[3]. D'intellectuelle, la lutte contre l'éclectisme devient institutionnelle et politique. Le socialiste Pierre Leroux, directeur de l'*Encyclopédie nouvelle* dans laquelle Renouvier publia en 1847 l'article « Philosophie » qui marqua le début de sa conversion[4], était l'auteur de l'article « Éclectisme » (1838), devenu plus tard une *Réfutation de l'éclectisme*, où ce courant n'était pas tant flagellé pour son contenu philosophique que pour ses implications politiques et sociales[5]. Louis-Philippe avait revendiqué en 1831 un « juste milieu » entre les « excès du pouvoir populaire » et les « abus du pouvoir royal » : républicains et socialistes de la Monarchie de Juillet, peinant à voir quels pouvaient être ces « excès du pouvoir populaire », ont vite remarqué que la rhétorique éclectique servait de caution intellectuelle à la répression. Cousin lui-même, dans la réédition du *Vrai, du beau et du bien* en 1853, encense la Charte libérale de 1830 pour avoir refusé à la fois le sacrifice, par la Charte de 1814, de la société au gouvernement et le sacrifice du gouvernement à la société, c'est-à-dire

1. *Ibid.*, t. 1, p. 1.
2. *Ibid.*, t. 2, p. 136.
3. C. Renouvier, « De la Philosophie du XIXe siècle en France », *L'Année philosophique, première année (1867)*, 1868, Paris, Alcan, p. 3 ; C. Renouvier et C. Secrétan, *Correspondance*, *op. cit.*, p. 137, lettre de Renouvier à Secrétan du 23 avril 1877 ; C. Renouvier, *Philosophie analytique de l'histoire. Les idées, les religions, les systèmes IV*, noté *Philosophie analytique IV*, Paris, Leroux, 1897, p. 61-64.
4. C. Renouvier, *Essais I*, *op. cit.*, Préface, p. XVII.
5. P. Leroux, *Réfutation de l'éclectisme*, Paris, Charles Gosselin, 1839, p. 75 *sq.* et 88.

le socialisme [1]. C'est donc à bon droit que Renouvier dénonce dans son *Manuel républicain* une connivence profonde entre éclectisme et conservatisme politique, dans un texte d'une extrême violence qui ne fait pas mystère de viser Cousin [2]. La malhonnêteté de Hegel n'est qu'intellectuelle ; Cousin l'a redoublée d'une compromission politique.

Aussi les deux conciliateurs ne subissent-ils pas le même traitement. L'« éclectisme dogmatique et transcendant » de Hegel n'est pas l'« éclectisme incertain et terre à terre » de Cousin [3]. Pour être dans l'erreur, Hegel n'en est pas moins philosophe, tandis que « l'éclectisme avait cette habitude, partout où il s'appliquait, de couper les nerfs des systèmes et de les concilier en en extrayant des propositions banales ». C'est par hauteur que Hegel effectue des synthèses, tandis que c'est par impuissance à prendre parti que Cousin concilie les systèmes, la « part de vérité » et la « part d'erreur » devant être distinguées « au moyen d'on ne sait quel procédé ». Les deux auteurs n'en partagent pas moins le titre d'« endormeurs philosophiques », épithète que Gueroult a remarquée et dont Vuillemin saura se souvenir [4].

Le principe de contradiction doit être sauvé du complot dont il fait l'objet et redevenir le principe de la pensée qu'il n'aurait jamais dû cesser d'être. L'histoire de la philosophie doit être repensée à sa lumière :

> S'il faut renoncer à chercher, pour les doctrines philosophiques, un système de classification où elles puissent entrer toutes comme des moments d'un développement et les parties d'un tout organique, il est clair qu'on doit, au contraire, les décrire et les classer d'après leurs oppositions.

Renonçant à « composer des synthèses de conceptions réellement contradictoires entre elles » [5], Renouvier semble renouer, contre Hegel, avec la notion kantienne d'antinomie, apparence que renforce la revendication croissante, à partir de l'article « Philosophie » de l'*Encyclopédie nouvelle*,

1. V. Cousin, *VBB*, *op. cit.*, p. 418, p. 421 n. 1 et p. 427.

2. C. Renouvier, *Manuel républicain de l'homme et du citoyen*, Genève, Slatkine, 2000, p. 80-81.

3. C. Renouvier, *Esquisse*, *op. cit.*, t. 2, p. 143-144 et 154.

4. M. Gueroult, « Renouvier et l'histoire de la philosophie », *op. cit.*, p. 376 ; J. Vuillemin, *NC*, *op. cit.*, p. 289 : « l'historien sait d'instinct que l'ennemi de la philosophie ce n'est pas tant la sophistique, qui défie la raison, que l'éclectisme qui l'endort ». *Cf. infra*, 5e partie de notre étude.

5. C. Renouvier, *Esquisse*, *op. cit.*, t. 1, p. 2-3.

de l'héritage kantien [1]. Ne s'agit-il pas, en effet, de poser des conflits binaires entre systèmes ?

Rien ne saurait pourtant être plus contraire à l'idée kantienne d'antinomie que l'invocation par Renouvier du principe de contradiction. Ce principe fait en effet résolument obstacle au principal ressort de la stratégie logique des Antinomies kantiennes : la révélation du caractère contraire ou subcontraire des thèses opposées (*cf. supra*, p. 62 *sq.*). Reprochant à Kant d'avoir présenté comme contraires les thèses de la première antinomie [2], Renouvier reformule les antinomies mathématiques kantiennes pour les ramener à de simples dilemmes, dont l'un des partis, finitiste, oppose à la représentation une simple résistance, tandis que le parti infiniste, lui étant radicalement étranger, s'auto-réfute. S'appuyant sur ce qu'il appelle la « loi du nombre » [3], selon laquelle il n'est de grandeur que déterminée, c'est-à-dire finie, Renouvier montre que, dans ce dilemme, l'impossibilité absolue de l'un des points de vue prouve automatiquement le parti opposé. Il substitue ainsi à la contrariété kantienne une pure et simple contradiction.

Renouvier rejette tout autant la subcontrariété, coupable d'avoir ouvert la voie à Schelling et Hegel. De fait, dans les troisième et quatrième antinomies kantiennes, « la conciliation s'opère en distinguant entre la chose en soi et le monde des phénomènes » [4] pour placer la liberté et la nécessité dans les choses en soi, signe d'une prétention kantienne à « *connaître assez* cet *inconnaissable* » [5]. En cédant aux attraits de la chose en soi, Kant aurait présupposé ce qui précisément faisait problème et ouvert la voie à la « doctrine de l'union des contradictoires », trahissant la « doctrine de la Conscience » en la replongeant dans la « doctrine de la Chose » dont elle devait justement être délivrée [6]. Achever ce geste sera la tâche du néo-criticisme. Contrairement aux antinomies kantiennes, qui sont toujours soit en-deçà soit au-delà de la contradiction, celles de Renouvier s'y maintiennent en toute rigueur, obéissant au principe de contradiction dans toute son intransigeance.

Sur fond de ce parti radical, Renouvier construit *d'abord* de véritables dilemmes *a priori*, dans lesquels s'inscriront *ensuite* les systèmes ainsi

1. L. Fedi, *Le Problème de la connaissance*, *op. cit.*, p. 54 et 273-334.
2. C. Renouvier, *Dilemmes*, *op. cit.*, §19, p. 43.
3. C. Renouvier, *Essais I*, *op. cit.*, p. 162 *sq.*
4. C. Renouvier, *Esquisse*, *op. cit.*, t. 2, p. 214.
5. *Ibid.*, t. 1, p. 84.
6. *Ibid.*, t. 2, p. 217-218.

reconduits à leurs « familles naturelles »[1] : « Il s'agit des doctrines, non des individus, et les déterminations de détail, arbitraires et passagères, sont à négliger »[2]. Fondée dans la logique, cette classification prétend à la neutralité : « Un grand avantage de cette méthode, c'est que pour la mettre en œuvre on n'a pas besoin soi-même d'un système »[3]. Mais cette neutralité classificatoire est paradoxalement la condition de la *partialité éclairée* qui doit lui emboîter le pas : « j'ai marqué franchement, sur chaque question, mes préférences, et donné les raisons qui me semblent bonnes contre chacune des thèses que personnellement je rejette », plutôt que d'« observer à leur égard une impartialité apparente » et de « feindre une indifférence que je n'éprouve pas »[4]. Si la prise de parti ne remet pas en cause la neutralité de la classification, c'est parce que toutes deux dérivent d'un même principe. Le principe de contradiction au sens strict engendre les dilemmes ainsi que le principe du tiers-exclu, qui permet de privilégier l'un des termes par négation de l'autre. Tous deux étant confondus dans le « principe de contradiction » au sens large, neutralité et partialité de la classification y trouvent la source de leur corrélation.

Renouvier peut ainsi se livrer à une critique systématique de la classification quadripartite de Cousin. Fausse dans ses *principes*, en tant qu'elle refuse le principe de contradiction et plus généralement se défie de la logique[5], la classification de Cousin aboutit à des *résultats* fautifs[6]. Avec méthode, Renouvier conteste ainsi successivement la *définition* des quatre classes et leur *ordre* prétendu.

En premier lieu, la distinction du « sensualisme » et de l'« idéalisme » est branlante. Le premier est supposé recouvrir « la sensation, le phénoménal, le multiple, le fini, etc. », et le second « l'unité, l'identité, la substantialité, l'infini, etc. » ; mais dans les faits, certains philosophes de la sensation ont défendu l'infini, certains philosophes de l'idée le fini, si bien que les classes de Cousin, n'étant pas véritablement exclusives, portent à faux. Quant à l'ordre d'apparition des deux classes, Renouvier ne prend pas même la peine de l'évoquer, Cousin ayant pris les devants en avouant son caractère problématique (*cf. supra*, p. 151).

1. *Ibid.*, t. 2, p. 242.
2. *Ibid.*, t. 1, p. 5.
3. *Ibid.*, t. 1, p. 3.
4. *Ibid.*, t. 2, p. 1.
5. C. Renouvier, *Philosophie analytique IV*, *op. cit.*, p. 61.
6. C. Renouvier, *Esquisse*, *op. cit.*, t. 2, p. 143-146.

Le « scepticisme » cousinien est tout aussi mal défini : Renouvier lui conteste jusqu'à l'appellation de « système », Cousin ayant par ce concept « confon[du] [...] le fait d'un état de l'esprit, état plus ou moins répandu parmi les hommes cultivés d'une époque et d'une contrée, avec une doctrine toute particulière, dont le domaine est très distinct et circonscrit ». Les sceptiques n'étant pas des faiseurs de systèmes, ils ne méritent pas le nom de philosophes. Et le moment d'apparition de cet état d'esprit n'est pas celui que veut Cousin : « en tant que né de la lutte de "deux systèmes", on ne saurait où le trouver ». À l'époque moderne – Renouvier semble ici faire allusion au « scepticisme » de Descartes –, le scepticisme aurait en effet bien plutôt précédé que suivi la spéculation.

Enfin, les mêmes défauts – définition incertaine, ordre chimérique – gangrènent la notion cousinienne de « mysticisme ». Pas plus que le scepticisme, le mysticisme n'est un système : il n'est qu'un état d'esprit, « parce que le doute engendre la lassitude, et qu'un besoin de croire est inhérent à l'âme humaine ». Il ne faut voir en lui que le « passage du doute absolu aux affirmations plus ou moins arbitraires, dans un esprit donné ». Mais l'ordre de la succession n'est guère si rigoureux : le mysticisme a

> précédé les sophistes, Socrate et le pyrrhonisme, de même qu'il a suivi Platon et régné dans le néoplatonisme, sans préjudice d'autres doctrines, ses contemporaines, très différemment qualifiées. On le retrouve, en un mot, dans tous les temps, sans qu'on ait à lui reconnaître un rapport de filiation avec le scepticisme.

Bien loin de succéder docilement au scepticisme, le mysticisme a si souvent précédé le scepticisme ou suivi l'idéalisme que l'on ne peut lui imposer un ordre sans s'opposer aux faits.

C'est donc avec méthode, sinon avec délectation, que Renouvier atomise deux des piliers de la classification cousinienne : l'éclectisme et la définition ordonnée des quatre systèmes. La rupture avec l'éclectisme est consommée, tant sur le terrain de la logique que sur celui de l'histoire de la philosophie.

CHAPITRE II

LA CLASSIFICATION PAR DILEMMES

« [Les catégories sont] le problème le plus ardu qui se puisse présenter à un philosophe. C'est la clé de tout. »

C. Renouvier, *Les Derniers Entretiens*, éd. par L. Prat, Paris, Vrin, 1930, p. 9.

L'« ESQUISSE D'UNE CLASSIFICATION SYSTÉMATIQUE DES DOCTRINES PHILOSOPHIQUES »

Le dilemme principal : chose et idée

Renouvier choisit de classer les doctrines contradictoires selon six dilemmes : la chose et l'idée, l'infini et le fini, l'évolution et la création, la nécessité et la liberté, le bonheur et le devoir, l'évidence et la croyance. Le principal de ces dilemmes est le premier : la « plus ancienne séparation, et de doctrine et de méthode, accomplie par la spéculation des Grecs, source de la nôtre », est celle des doctrines de la chose et des doctrines de l'idée.

La doctrine de la chose est matérialiste et « s'attache avec une sorte d'absolutisme naïf à définir le principe de l'univers en se fiant à la vue objective et spontanée des choses »[1]. Telle serait la doctrine de Thalès et de Héraclite, d'Anaximandre et d'Anaxagore, de Leucippe et de Démocrite, d'Épicure, de Büchner, de Gassendi, de Locke, de

1. *Ibid.*, t. 1, p. 4.

Condillac, de Hume – et, au premier abord, d'Aristote et de Leibniz [1]. Le second parti, idéaliste – Renouvier préfère ce terme à celui de spiritualiste « à cause des doctrines qu'il rappelle » [2] –,

> laisse entièrement de côté les choses, *les substances*, bien plus, *les phénomènes* eux-mêmes, et l'on n'est frappé que de l'existence d'un principe abstrait qui en constitue la forme, l'essence et l'ordre, qui parfois même est regardé comme les réduisant à néant par la force d'opposition de sa propre unité ; et ce principe, c'est la pensée pure qui le suggère [3].

Cette philosophie est celle de Pythagore, de Descartes, de Leibniz et de Kant, de Platon et d'Aristote.

On peut être surpris de voir les noms d'Aristote et de Leibniz figurer dans l'une et l'autre classe ; c'est que si les causes formelles d'Aristote et les monades de Leibniz peuvent « être regardées comme des progrès accomplis dans les vues d'Anaximandre et d'Anaxagore », donc comme un certain matérialisme des « qualités objectives » qui prolonge celui des « atomes qualitatifs », il faut néanmoins leur reconnaître « un rapprochement plus intime avec l'école idéaliste de l'antiquité qu'avec l'école matérialiste ». Ces deux philosophes ne transgressent donc pas le principe de contradiction ; Renouvier les affranchit de l'éclectisme dont Cousin croyait les honorer.

Une subdivision permet de distinguer trois sortes de matérialisme et trois d'idéalisme.

Le premier matérialisme est celui « qui consiste à prendre un de ces *éléments* sensibles de l'univers », pour affirmer d'une part qu'il incarne la substance du monde, de l'autre qu'il s'y transforme pour constituer les choses diverses qui le composent : ce matérialisme est donc à la fois un « *substantialisme* » et un « *transformisme* ». C'est celui de Thalès, d'Anaximène, de Diogène d'Apollonie, de la doctrine héraclitéenne du « feu toujours vivant, s'allumant et s'éteignant avec mesure » – et même de Büchner [4]. Pensant la transformation à partir de la substance, ce matérialisme est celui qui pense la *diversité* à partir de l'*unité*.

1. *Ibid.*, t. 1, p. 11-12.

2. Il s'agit bien évidemment du spiritualisme que Cousin revendique dans *Du Vrai, du beau et du bien* (V. Cousin, *VBB*, *op. cit.*, Avant-propos, p. III).

3. C. Renouvier, *Esquisse*, *op. cit.*, t. 1, p. 4-5.

4. *Ibid.*, t. 1, p. 5-6.

Les deux autres sortes de matérialisme « sont toutes deux opposées à la première en ce que l'idée de multiplicité essentielle des données primitives y domine l'idée d'unité ». Elles renoncent l'une autant que l'autre à privilégier un principe unique : ces deux formes de « matérialisme pluralitaire » ne divergent entre elles que sur le type de multiplicité à adopter.

Selon l'une des options, « on imagine autant d'éléments premiers qualitatifs et fondamentaux qu'il en faut pour apporter dans les choses variées et complexes toutes les qualités qui les distinguent », comme chez Anaximandre, chez qui Renouvier, contre Zeller [1], lit « le débrouillement progressif d'un chaos de qualités sensibles et vitales », ainsi que dans les homéomères d'Anaxagore. Il s'agit de penser les choses à partir d'une *multiplicité qualitative*, c'est-à-dire en subordonnant la quantité à la qualité. Ce matérialisme n'est pas substantialiste et transformiste, mais repose sur la « *séparation* de principes *divers*, d'abord mêlés et confondus, dont chacun peut correspondre à la nature de chaque chose particulière ».

Selon l'autre option, on choisirait d'« expliquer la qualité par la quantité », c'est-à-dire de rendre compte de la diversité qualitative des choses par la variété des combinaisons d'éléments tous identiques, à l'instar des atomes de Leucippe et de Démocrite. L'apparente variété qualitative des choses n'est donc qu'un effet de surface d'une *multiplicité quantitative*, qui engendre les objets, non par transformation, ni par séparation, mais par « *combinaisons* variées de principes *identiques* ».

Les trois matérialismes sont ainsi le matérialisme unitaire de la *transformation*, le matérialisme pluralitaire quantitatif de la *combinaison* et le matérialisme pluralitaire qualitatif de la *séparation*. La classification des matérialismes est, en vertu du principe de contradiction, un arbre binaire (fig. 4.1).

Face au matérialisme se dresse un « idéalisme » qui, malgré l'homonymie, ne doit pas être confondu avec celui que décrit Cousin. L'idéalisme de Cousin se définit en effet par l'usage d'une *source* de connaissance, à savoir la raison, par opposition à la sensation. L'idéalisme de Renouvier se définit au contraire par un certain type d'*objets* de connaissance, à savoir les objets de la pensée au sens large, qui se rapportent à des activités de la conscience : « le grand parti pris de cette méthode [est] de chercher la connaissance dans une application de l'esprit au côté intellectuel des choses ». La distinction par Renouvier de l'idéalisme et du matérialisme

1. E. Zeller, *Die Philosophie der Griechen in ihrer geschichtlichen Entwicklung. I : Allgemeine Einleitung. Vorsokratische Philosophie*, Leipzig, Fues, 1869, p. 73 *sq*.

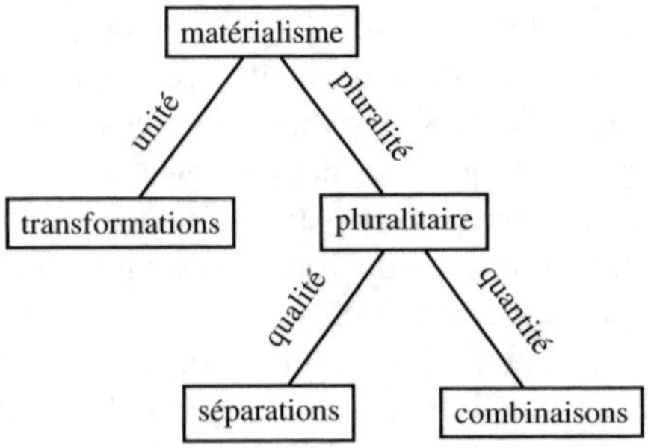

FIGURE 4.1. Classification des matérialismes selon Renouvier.

ne recouvre donc pas celle, par Cousin, de l'idéalisme et du sensualisme. Il est donc inexact de considérer la classification de Renouvier comme l'héritière de celle de Gérando, comme le croit Lucien Braun : Gérando classe les systèmes selon leur source, Renouvier selon leur objet.

Comme le matérialisme, l'idéalisme se subdivise à son tour, d'une manière dont Renouvier tarde pourtant à donner la clef : la « détermination des idées-principes » est soit « du genre intellectuel » – Renouvier parle alors d'« intellectualisme » – soit « du genre passionnel ». Chacun des deux idéalismes connaît des subdivisions propres.

Un premier intellectualisme est celui de Pythagore, qui, posant le nombre au principe de l'univers, expliquait les différences qualitatives par des différences quantitatives [1]. Ils ont ainsi subordonné la qualité à la quantité, ce qui n'est pas sans rappeler le matérialisme des combinaisons.

Platon a ensuite proposé, avec la théorie des idées, une

> généralisation du système pythagoricien, savoir une extension de la manière dont les pythagoriciens avaient traité le concept de *nombre* aux autres concepts divers qu'il est possible de regarder comme les causes formelles des choses sensibles, comme les principes de toutes les *qualités* des choses qui sont susceptibles de se définir pour l'intelligence [2].

Renouvier ne manque pas de souligner, entre pythagorisme et platonisme, « l'étroite parenté des méthodes » ; c'est que, par-delà l'insistance de l'un sur la *quantité* et de l'autre sur la *qualité*, tous deux développent un

1. C. Renouvier, *Esquisse*, *op. cit.*, t. 1, p. 13.
2. *Ibid.*, t. 1, p. 15. Nous soulignons.

système fondé sur l'idée de *multiplicité intellectuelle*. Ils n'en doivent pas moins être distingués, le premier privilégiant les nombres, le second les propriétés. Ce sont donc deux idéalismes intellectualistes distincts.

Renouvier décrit ensuite un troisième intellectualisme, tout entier consacré aux « idées de l'être pur ou absolu, ou de l'Un ». Il rassemble les pensées de Xénophane, Parménide, Zénon d'Élée, Plotin, la théologie chrétienne, Giordano Bruno, Spinoza et Hegel. Le Platon du *Timée* y aurait également souscrit, s'il n'avait voulu « y rattacher un monde intelligible, et, par l'intermédiaire de ce dernier, les existences phénoménales qui en sont les *ombres*, au lieu que les Éléates traitaient encore plus sévèrement les phénomènes ». Sont ici réunis les systèmes monistes, c'est-à-dire ceux qui ont choisi de « s'élever d'emblée au genre *généralissime* ». Ces systèmes mènent tout naturellement à contester le principe de contradiction : partant du principe d'« *indifférence du différent* », Hegel serait ainsi parvenu à « une construction logique que les purs adeptes sont les seuls à ne pas tenir pour absolument artificielle et chimérique ». Ceux qui s'opposent le plus radicalement à la classification de Renouvier y ont leur place.

L'intellectualisme se subdivise ainsi en trois branches : la première affirme la *multiplicité quantitative* des idées intellectuelles, la seconde leur *multiplicité qualitative*, la troisième leur *unité*. La classification des intellectualismes s'inscrit donc en un arbre (fig. 4.2).

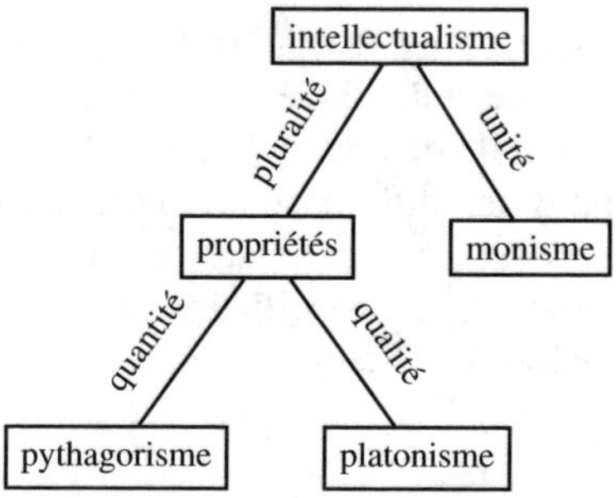

FIGURE 4.2. Classification des idéalismes intellectualistes selon Renouvier.

La seconde grande branche de l'idéalisme est, après l'intellectualisme, l'idéalisme des principes passionnels. Ce dernier se subdivise en deux grandes classes.

Le premier idéalisme des « idées générales exprimant la passion » est un *dualisme* : il repose sur l'affrontement de passions contraires. Faute de sources, Renouvier ne peut se prononcer sur le dualisme pythagoricien du bien et du mal qui figure dans « leur table des *dix oppositions* de principes (qui nous a été transmise toute nue) » [1], ni sur les dualités posées par certains Éléates. Mais peuvent y être rattachées avec certitude la théorie héraclitéenne de la discorde – par là-même étrangement détachée du matérialisme unitaire, c'est-à-dire substantialiste et transformiste, qui caractérisait la théorie du feu – ainsi que l'opposition chez Empédocle de l'amour et de la haine. Ces idéalismes passionnels reposent sur l'opposition de deux tendances morales, dont la lutte engendre les choses.

Il existe une autre forme d'idéalisme passionnel, dans laquelle une attirance asymétrique remplace la guerre frontale des principes. Au lieu d'une égalité de forces entre amour et haine ou entre paix et discorde, on assiste désormais à un « attrait » de l'inférieur pour « l'amour, l'union, le bien ». Ce système serait la matrice de l'inclination plotinienne des âmes vers le bien, du « désir » bouddhiste, gnostique ou manichéen, ainsi que de la volonté schopenhauerienne : « le principe passionnel, le désir, change de place, et, de moteur ou efficient qu'il était, devient motif et final ». Cette doctrine n'est rien de moins que la transposition rigoureuse du monisme dans l'idéalisme passionnel [2]. L'idéalisme passionnel se subdivise ainsi en une version pluralitaire, reposant sur le conflit de passions diverses, et une version unitaire, qui défend l'existence d'une convergence des principes moraux (fig. 4.3).

Nous pouvons réunir en un seul arbre la classification des doctrines selon le critère de la chose et de l'idée (fig. 4.4). En tant qu'arborescente, la forme peut rappeler celle de l'arbre hegelien (*cf. supra*, p. 128). Mais ce n'est que sur fond d'une différence première, enjeu fondamental des premières pages de l'*Esquisse* : la contestation de la convergence des systèmes et de toute forme de conciliation. La traduction formelle de cette divergence transforme le statut des nœuds de l'arbre. Chez Hegel,

1. *Ibid.*, t. 1, p. 23. Le texte d'Aristote auquel Renouvier renvoie probablement est en effet pour le moins laconique (Aristote, *Métaphysique*, *op. cit.*, A, 5). On trouve tout au plus quelques très brefs éclaircissements sur le bien et le mal dans le mémoire pythagoricien que retranscrit Diogène Laërce (Diogène Laërce, *Vies et doctrines des philosophes illustres*, *op. cit.*, VIII, 24-36, p. 961-966 ; *cf.* notamment VIII, 32, p. 966).

2. C. Renouvier, *Esquisse*, *op. cit.*, t. 1, p. 25-27 ; C. Renouvier, « Schopenhauer et la métaphysique du pessimisme », *L'Année philosophique, septième année (1892)*, 1893, Paris, Alcan.

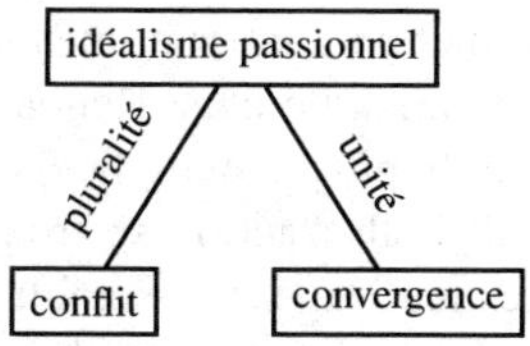

FIGURE 4.3. Classification des idéalismes passionnels par Renouvier.

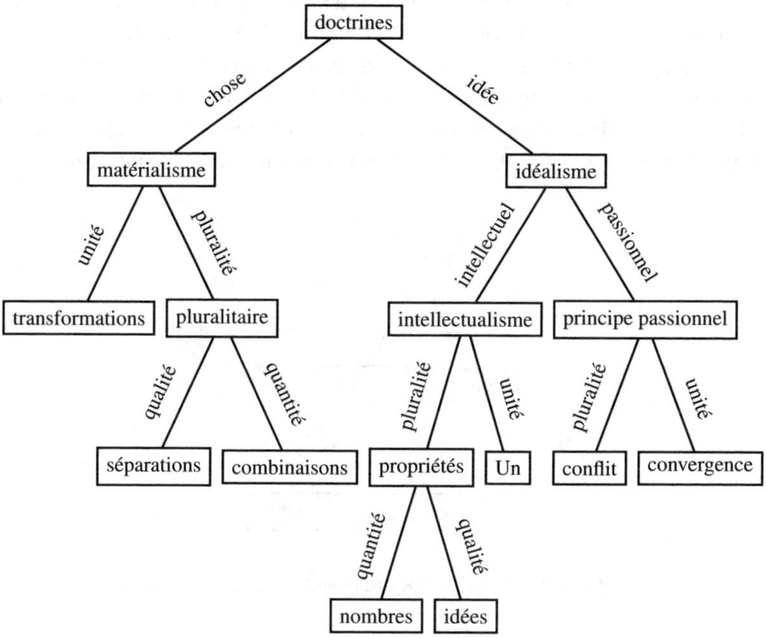

FIGURE 4.4. Présentation arborescente de la classification selon la chose et l'idée d'après l'*Esquisse* de Renouvier.

un nœud correspond au système philosophique *sui generis* qu'est l'unification en un principe concret des deux systèmes qu'il surmonte. À l'inverse, chez Renouvier, les nœuds ne sont que des abstractions, c'est-à-dire des genres supérieurs. Les deux philosophes ont dès lors des conceptions diamétralement opposées de la racine de l'arbre : chez Hegel il s'agit du système le plus riche, qui met en relation toutes les déterminations opposées dont il s'est nourri, tandis que chez Renouvier ce ne peut être que la classe la plus abstraite et la plus pauvre, la classe triviale des systèmes philosophiques en général. L'abstraction se trouve chez Renouvier à la racine, chez Hegel dans les feuilles. La ressemblance strictement formelle entre les deux arbres ne doit donc pas occulter la dissemblance fondamentale entre les classifications convergente de Hegel et divergente de Renouvier.

On ne peut déjà plus accuser Renouvier d'avoir classé les systèmes au petit bonheur. L'arbre des systèmes, où la suite des critères paraît d'abord improvisée au fil des rencontres, est en réalité l'itération, à trois reprises, d'une seule et même structure arborescente, dans laquelle le principe est divisé selon le critère d'unité ou de pluralité en un monisme et un pluralisme, ce dernier se divisant à son tour en des versions quantitative et qualitative (fig. 4.5). À défaut de pouvoir encore se prononcer sur le

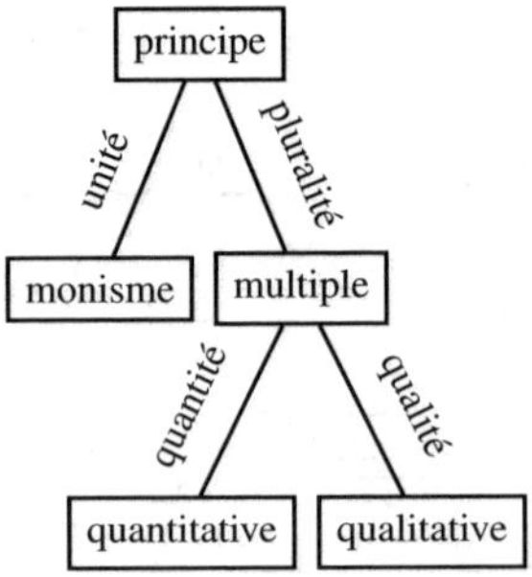

FIGURE 4.5. Le schéma classificatoire de Renouvier.

caractère *a priori* de la classification, on doit du moins reconnaître sa régularité formelle, c'est-à-dire l'uniformité de l'exposition à laquelle elle se prête, sans préjuger encore de sa déductibilité.

La classification a priori *du dilemme principal*

On peut aller plus loin et décider du caractère *a priori* de la classification en déduisant cette chaîne de critères de la table des catégories de

Renouvier, construite et justifiée dans le premier *Essai de critique générale*[1] (fig. 4.6).

CATÉGORIES	THÈSE	ANTITHÈSE	SYNTHÈSE
RELATION	DISTINCTION	IDENTIFICATION	DÉTERMINATION
Nombre	Unité	pluralité	totalité
Position	Point (*limite*)	espace (*intervalle*)	étendue
Succession	Instant (*limite*)	temps (*intervalle*)	durée
Qualité	Différence	genre	espèce
Devenir	Rapport	non-rapport	changement
Causalité	Acte	puissance	force
Finalité	État	tendance	passion
Personnalité	Soi	non-soi	conscience

FIGURE 4.6. La table des catégories de Renouvier.

La catégorie de la relation, précise Renouvier, n'est « reproduite ici » que « pour mémoire ». Son inscription en petites capitales dans le tableau récapitulatif souligne sa supériorité hiérarchique ; comme chez Aristote, la première des catégories sert de support aux suivantes.

Le tableau sépare ensuite d'une ligne blanche deux familles de quatre catégories : d'une part le nombre, l'étendue, la durée et la qualité ; de l'autre le devenir, la causalité, la finalité et la personnalité. La première famille est celle des catégories « statiques », qui ne décrivent que des « rapports invariables » ; la seconde est celle des catégories « dynamiques », qui tiennent compte de « l'instabilité des phénomènes »[2].

Si l'on observe de plus près les catégories statiques (nombre, étendue, durée, qualité), on s'aperçoit qu'elles se répartissent en vérité en deux classes : celle de la quantité, qui comprend les trois premières catégories, et celle de la qualité. Après avoir défini l'étendue et la durée, Renouvier

1. C. Renouvier, *Essais I*, *op. cit.*, p. 117 *sq.* Pour une comparaison entre cette table des catégories et celles d'Aristote, de Kant, de Hegel et de Hamilton, *cf. ibid.*, p. 123-146 ; L. Fedi, *Le Problème de la connaissance*, *op. cit.*, p. 102-179 ; G. Milhaud, *La Philosophie de Charles Renouvier*, *op. cit.*, p. 63 *sq.*

2. C. Renouvier, « Les Catégories de la raison et la métaphysique de l'absolu », *L'Année philosophique, septième année (1896)*, 1897, Paris, Alcan, p. 22 ; C. Renouvier, *Essais I*, *op. cit.*, p. 122.

précise en effet que « ces deux lois présentent à l'analyse des rapports de quantité, mais joints à des formes objectives spéciales dont la portée embrasse tous les phénomènes ». Il faut donc disposer sur le même plan les catégories de nombre et de qualité : « la qualité pourrait venir immédiatement après la relation, celle-ci ne l'impliquant pas moins qu'elle n'implique le nombre ». Cette opposition de la quantité et de la qualité comme seules catégories statiques demeurera dans la reconstruction de la table que Renouvier propose en 1896 [1]. Les catégories de qualité et de quantité sont donc les principales subdivisions des catégories statiques, inférieures hiérarchiques immédiates de la relation. La classification des catégories peut ainsi être représentée en un arbre [2] (fig. 4.7).

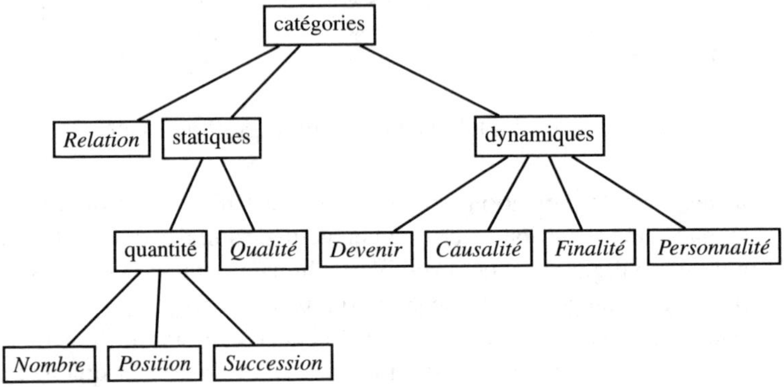

FIGURE 4.7. Présentation arborescente des catégories du premier *Essai de critique générale* d'après Renouvier.

La catégorie de la quantité est d'abord celle du *nombre*. Renouvier ayant choisi le principe de contradiction comme générateur de classification, il faut lui adjoindre les deux catégories contradictoires qui la subdivisent, à savoir, comme chez Kant, l'*unité* et la *pluralité* [3]. La totalité,

1. *Cf. infra*, p. 197. Pour une description et une analyse complètes des cinq tables successives de catégories, *cf.* L. Fedi, *Le Problème de la connaissance*, *op. cit.*, p. 102-179.

2. Rien n'interdit *a priori* que l'on puisse améliorer cette présentation, en découvrant des subdivisions plus fines, notamment pour les catégories dynamiques ; mais celle des catégories statiques suffit à notre propos.

3. *Cf.* I. Kant, *KRV*, *op. cit.*, A 80/B 106, AK III 93.

synthèse de la thèse et de l'antithèse, n'a pas sa place dans le schéma résolument binaire de Renouvier.

La classification des catégories statiques pourrait donc comporter deux branches principales, la Quantité et la Qualité, la première se subdivisant en Unité et Pluralité. Or la catégorie de qualité n'a de sens que pour mettre en relation des « phénomènes distincts et hétérogènes », c'est-à-dire en présupposant la pluralité. Un arbre équivalent consisterait alors à distinguer d'abord les branches de l'Unité et de la Pluralité, la seconde se subdivisant en Quantité et Qualité [1] (fig. 4.8). Ce dernier arbre permet de retrouver le schéma classificatoire employé par Renouvier pour subdiviser les matérialismes et les idéalismes (fig. 4.5).

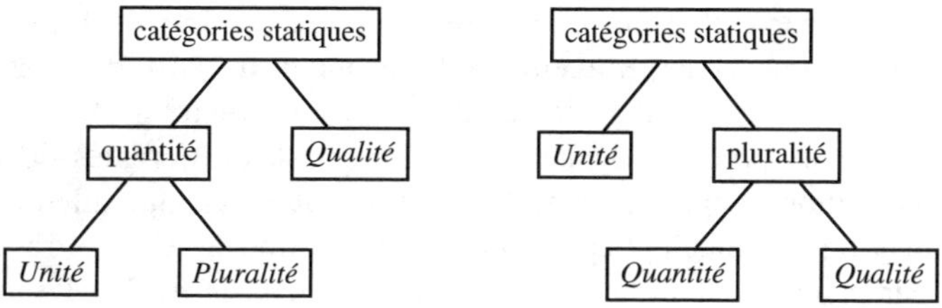

FIGURE 4.8. Deux classifications arborescentes des catégories statiques de Renouvier.

On peut donc construire l'arbre générateur de la première classification des systèmes philosophiques de l'*Esquisse* à partir de la table des catégories du premier *Essai de critique générale* ; sous des dehors empiriques et rhapsodiques, cette première classification est bel et bien *a priori*. Renouvier procède du général au particulier, en allant des classes aux systèmes plutôt qu'en suivant l'ordre historique.

Les dilemmes secondaires

La classification des systèmes philosophiques selon le critère de la chose et de l'idée est étonnamment courte : seules 24 pages lui sont

1. Chacun des deux arbres équivaut en effet à un même schéma de tableau :

	Unité	Pluralité
Quantité		
Qualité	∅	

consacrées, soit trois à huit fois moins que chacun des dilemmes suivants. Il s'agit pourtant bien du dilemme fondamental, centre de gravité de tous les autres. Lorsque, dans la longue conclusion de l'ouvrage, Renouvier ne distingue en définitive que « deux directions ou stations souverainement opposées de la pensée philosophique » [1], cette opposition structurante est celle de la chose et de la conscience, sur laquelle se greffent les autres conflits.

La différence entre le premier dilemme et les suivants n'est pas seulement hiérarchique : elle est également de méthode. Les dilemmes secondaires ne sont que juxtaposés les uns aux autres ; les transitions sont inexistantes ; leur exposition connaît bien des longueurs.

Plus surprenant encore : Renouvier y abandonne l'ordre classificatoire, purement conceptuel, pour un exposé d'histoire empirique. Il n'est plus question, comme précédemment, de faire œuvre d'« historien généralisateur », ni de dégager des classes d'équivalences entre systèmes, mais au contraire de procéder à une étude clinique des différentes doctrines envisagées monographiquement du point de vue de chaque dilemme. La classification ne connaît plus de subdivisions, hormis les classes très générales, par exemple, de finitisme et d'infinitisme, dans lesquelles Renouvier peine souvent à inscrire les philosophes de manière exclusive. L'exposé ne va plus des classes aux systèmes, mais des systèmes aux classes. Il ne s'agit donc plus tant de construire une classification des positions que de retracer une simple histoire des problèmes ou une histoire thématique de la philosophie.

Le chapitre consacré au dilemme du fini et de l'infini présente déjà toutes les caractéristiques de cette méthode *a posteriori*. Ce dilemme se rapporte, non plus à ce qui existe – la chose ou l'idée – mais à l'*origine* de ce qui existe [2]. Mais au moment d'aborder les subdivisions de ce dilemme, Renouvier, plutôt que de partir d'une distinction conceptuelle comme précédemment pour le matérialisme et l'idéalisme, se borne à suivre l'ordre historique : les mythes et les présocratiques, Socrate et Platon, Aristote, les Stoïciens, Plotin, les théologiens chrétiens, Giordano Bruno et Nicolas de Cuse, Descartes, Malebranche et Spinoza, Leibniz, Hobbes, Locke, Berkeley, Hume, Kant, Schopenhauer et Hartmann, Mill et Hamilton. Renouvier balaie chaque système du regard, pour déterminer ses positions sur l'infinité spatiale, temporelle et divine.

1. C. Renouvier, *Esquisse*, *op. cit.*, t. 2, p. 243.
2. *Ibid.*, t. 1, p. 28 et 44.

La litanie des monographies n'est pas des plus digestes ; sa monotonie n'est finalement rompue que par une preuve « fort simple que je ne me souviens d'avoir rencontrée nulle part » de l'impossibilité d'un infini actuel. Il y aurait sous cette hypothèse, avance Renouvier, autant de nombres entiers que de nombres pairs, ce qui serait absurde [1]. Une succession de portraits suivie d'une conclusion parfois expéditive, en forme de prise de position : tel est le schéma de construction des dilemmes secondaires de l'*Esquisse*.

On ne trouve en définitive dans l'*Esquisse* que vingt-cinq pages proprement classificatoires sur les neuf-cents de l'ouvrage. Le titre n'était donc pas si mensonger, annonçant que la « classification systématique des doctrines philosophiques » en resterait à l'état d'« esquisse ». Pour le reste, une classification *a posteriori* est venue se greffer sur la classification *a priori*.

La thèse que Renouvier entend défendre dans la conclusion de l'ouvrage est celle d'une connivence entre les différentes options philosophiques. Le premier des choix serait celui de la chose et de l'idée : « la grande division binaire que nous avons établie nous met en présence d'un dilemme général de la croyance philosophique » ; puis ce choix favoriserait, à défaut de déterminer complètement, une série d'autres options [2]. Le matérialisme tendrait ainsi vers l'infinitisme, l'évolutionnisme, le nécessitarisme, la doctrine du bonheur et celle de l'évidence ; tandis que l'idéalisme favoriserait le finitisme, le créationnisme, la doctrine de la liberté, du devoir et de la croyance – c'est-à-dire l'ensemble des thèses qui constituent le néocriticisme (fig. 4.9).

Une lecture attentive de l'*Esquisse* montre pourtant que l'assimilation dichotomique est rarement aussi nette. Les analyses de détail contredisent même parfois franchement les conclusions que l'auteur prétend en tirer : dans la philosophie antique, Renouvier constate « que l'infinitisme, à

1. *Ibid.*, t. 1, p. 100, n. 1. L'auteur ne pouvait évidemment connaître la correspondance qu'avaient échangée quelques années auparavant deux mathématiciens allemands et dont Louis Couturat ne manquera pas de lui opposer les conclusions (G. Cantor et R. Dedekind, *Correspondance*, dans J. Cavaillès, *Philosophie mathématique*, Paris, Hermann, 1962 ; L. Couturat, *De l'Infini mathématique*, Paris, Blanchard, 1973, p. 443-456).

2. C. Renouvier, *Esquisse*, *op. cit.*, t. 2, p. 243. *Cf.* aussi L. Fedi, *Le Problème de la connaissance*, *op. cit.*, p. 384 : « Il existe non pas certes un lien nécessaire, mais en tout cas une connexion potentielle, entre le substantialisme, l'infinitisme, le déterminisme, le panthéisme, le matérialisme et le transformisme, ou ce que [Renouvier] nomme aussi doctrine de l'évolution ».

Doctrine de la Chose	Doctrine de la Conscience
Chose	Idée
Infini	Fini
Évolution	Création
Nécessité	Liberté
Bonheur	Devoir
Évidence	Croyance

FIGURE 4.9. Les connivences entre systèmes selon Renouvier.

l'égard des phénomènes du temps et de ceux de l'espace à la fois, a été professé, depuis Démocrite, par l'école mécaniste » et que « l'infinitisme dans l'espace est plus ou moins évité au fond par les écoles idéalistes », mais que « le cas est précisément inverse pour la philosophie moderne, à partir du moment où l'identification de l'infinité et de la perfection devint une sorte de lieu commun des écoles idéalistes » [1], de Descartes à Leibniz. En somme, que les analyses révèlent une chose puis son contraire n'empêche pas Renouvier de conclure unilatéralement que l'infinitisme accompagne volontiers le matérialisme.

L'*Esquisse*, une fois passée la construction *a priori* du premier dilemme, présente donc bien des imperfections de structure. Les dilemmes secondaires suivent un ordre chronologique, où le concept perd son primat ; Renouvier va des doctrines aux classes, renversant la méthode promise ; et quand il prétend à nouveau prendre de la hauteur pour en tirer des conclusions ambitieuses, c'est en allant bien souvent à contre-courant des analyses de détail.

LES « DILEMMES DE LA MÉTAPHYSIQUE PURE »

Le choix moral de la dichotomie

Les *Dilemmes de la métaphysique pure* tentent de pallier les défauts de la classification de l'*Esquisse*. Le projet général est toujours de classer les systèmes par dilemmes en s'appuyant sur le principe de contradiction. C'est sur fond de cette classification dichotomique que l'on pourrait « prendre un parti sur le meilleur fondement à donner à des motifs de

1. C. Renouvier, *Esquisse*, *op. cit.*, t. 1, p. 55 et 73.

croire en ces matières inaccessibles à l'expérience et placées au-dessus du raisonnement »[1]. Il s'agit donc encore d'opposer pour choisir.

L'histoire n'a plus son mot à dire, de crainte qu'elle n'égare le classificateur : l'histoire de la philosophie n'est plus qu'« une sorte d'expérience variée et répétée des solutions possibles »[2], c'est-à-dire une forme d'expérimentation naturelle, « l'objet que nous nous sommes proposé ici [étant] d'ordre exclusivement logique »[3].

Mais si Renouvier s'appuie une fois encore sur le principe de contradiction, il a désormais reconnu « l'impossibilité de [le] démontrer, sans pétition de principe »[4]. Le voici dès lors contraint de renoncer aux démonstrations par l'absurde : le principe de contradiction ne suffit plus pour choisir entre les systèmes[5].

On ne peut soumettre par la logique celui qui refuse le principe de contradiction. Ce n'est plus la logique qui s'affirme elle-même, mais la liberté, et les conflits de la raison pure ne peuvent être résolus que par les injonctions de la raison pratique[6]. À la suite de son ami Jules Lequier, qui posait la liberté comme « principe de la connaissance » et dont il fut en 1865 l'éditeur posthume[7], Renouvier se trouve ainsi conduit à expliciter la complicité, qu'il constatait incidemment en 1851, entre les doctrines métaphysiques et les opinions morales ou politiques (*cf. supra*, p. 176). De simple constat secondaire, cette affinité a acquis un statut de droit.

Le lecteur assiste ainsi à un renversement de la hiérarchie du théorique et du pratique, qui modifie jusqu'à l'interprétation du principe de contradiction.

1. C. Renouvier, *Dilemmes*, *op. cit.*, §1, p. 2.

2. *Ibid.*, p. 12.

3. *Ibid.*, p. 261.

4. *Ibid.*, p. 256. En théorie moderne de la démonstration, les preuves de la formule du tiers-exclu pour la logique classique utilisent en effet la règle d'absurdité classique, qui équivaut elle-même à poser le tiers-exclu comme axiome. On ne peut donc pas démontrer le principe du tiers-exclu sans l'avoir d'abord implicitement décrété.

5. *Ibid.*, p. 12.

6. *Ibid.*, p. 277-278.

7. J. Lequier, *La Recherche d'une première vérité. Fragments posthumes*, Paris, Armand Colin, 1924.

Exposition des dilemmes

Dans les *Dilemmes*, Renouvier s'appuie encore sur une liste d'antinomies, dont certaines figuraient déjà dans l'*Esquisse* ; mais cette fois la contradiction est plus nette et les oppositions peuvent être figurées sous forme de dilemmes explicites [1].

Le premier dilemme, qui ne figurait pas explicitement dans l'*Esquisse*, est celui de l'*inconditionné* et du *conditionné*, c'est-à-dire du relatif et de l'absolu. L'antithèse prétend pouvoir parvenir à un terme absolu ; la thèse adopte le *principe du relatif* [2], qui, comme le concept hamiltonien de « conditionnel » [3], stipule qu'il n'existe pas de chose absolue, mais seulement des relations.

Le deuxième dilemme, également absent de l'*Esquisse*, est celui de la *substance* et de la *loi des phénomènes*. Il oppose deux conceptions de la substance : soit ce concept est simplement logique, et il se trouve à portée de notre connaissance ; soit il est ontologique, et il est hors de notre portée.

Le troisième dilemme oppose le *fini* à l'*infini*, c'est-à-dire l'infini potentiel et l'infini actuel. La thèse affirme qu'il n'existe de quantité que finie et que l'infini n'est que la possibilité de poursuivre un processus aussi loin que l'on voudra ; l'antithèse affirme l'existence de quantités réellement infinies. Ce dilemme correspond très exactement au deuxième de l'*Esquisse* ; il recouvre trois aspects de la quantité, que Renouvier associait déjà dans le premier *Essai de critique générale* : le nombre, l'espace et le temps (*cf. supra*, p. 189).

Le quatrième dilemme est celui du *déterminisme* et de la *liberté*. Comme dans la troisième antinomie de Kant, il s'agit ici de savoir si tous les phénomènes obéissent au mécanisme, ce qui impliquerait un nécessitarisme, ou si certains d'entre eux peuvent y échapper, trahissant l'existence de la liberté. Ce dilemme reprend le quatrième de l'*Esquisse*.

Le cinquième et dernier dilemme est celui de la *chose* et de la *personne*. L'enjeu est de déterminer de quoi est composé le monde, c'est-à-dire si la conscience est un épiphénomène des choses ou si au contraire la notion de chose est le produit d'une conscience qui lui préexiste. On reconnaît ici sans peine le dilemme principal de l'*Esquisse*, dont la thèse incarne sans mystère une doctrine chère à Renouvier : selon la formule de

1. C. Renouvier, *Dilemmes*, *op. cit.*, p. 247-254.

2. C. Renouvier, *Essais I*, *op. cit.*, p. 65 *sq.*

3. W. Hamilton, *Fragments de philosophie*, Paris, Ladrange, 1840, p. 23 *sq.* Renouvier se réfère explicitement à ce passage (C. Renouvier, *Essais I*, *op. cit.*, p. 144-146).

Lucien Jerphagnon, « la personnalité, catégorie des catégories, est l'assemblage de toutes les autres et celle qui les possède toutes »[1].

Déduction des dilemmes

Il apparaît assez nettement que les dilemmes de l'*Esquisse* et des *Dilemmes* ne présentent pas de correspondance exacte. Certains apparaissent et d'autres disparaissent, comme le montre le tableau suivant :

	Esquisse	*Dilemmes*
1	chose et idée	inconditionné et conditionné
2	infini et fini	substance et loi
3	évolution et création	infini et fini
4	nécessité et liberté	déterminisme et liberté
5	bonheur et devoir	chose et personne
6	évidence et croyance	

Une remarque conclusive de Renouvier donne pourtant un indice crucial sur la structure logique des *Dilemmes* :

> Les thèses des cinq dilemmes sont liées entre elles par le *principe de relativité*, qu'elles affirment et qu'elles appliquent aux notions fondamentales de la métaphysique : à la notion de la *condition*, considérée dans sa plus grande généralité, puis aux déterminations de *qualité*, de *quantité* et de *causalité*, et enfin à la détermination de conscience, ou *personnalité*. Cette dernière condition amène avec elle la *finalité* et tous les attributs moraux de la personne[2].

On peut donc résumer l'ensemble des dilemmes par un arbre (fig. 4.10).

Mais d'où viennent les dilemmes eux-mêmes ? D'où provient cette liste de concepts ? En 1896, Renouvier avait élaboré une nouvelle table de catégories[3] : 1. Relation et Personnalité ; 2. Quantité et Qualité ; 3. Devenir et Succession ; 4. Causalité et Finalité ; 5. Espace. Or les catégories spatiales et temporelles relèvent de la quantité au sens large ; et c'est la personnalité qui « amène avec elle la *finalité* et tous les attributs moraux de la personne ». Muni de ces indications, on peut faire correspondre les « notions fondamentales de la métaphysique » avec les catégories que Renouvier reconnaît à l'époque des *Dilemmes* (fig. 4.11).

1. L. Jerphagnon, « Personne (philosophies de la) », dans *Dictionnaire de la philosophie*, Paris, Encyclopædia Universalis–Albin Michel, 2006, p. 1546.

2. C. Renouvier, *Dilemmes*, *op. cit.*, p. 255.

3. C. Renouvier, « Les Catégories de la raison et la métaphysique de l'absolu », *op. cit.*, p. 42.

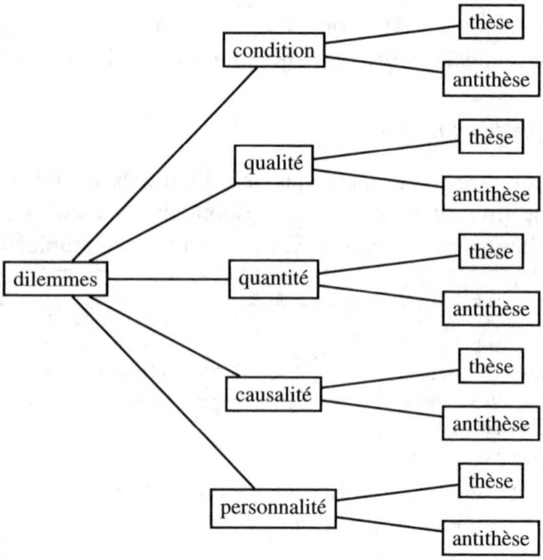

FIGURE 4.10. Arbre des « dilemmes de la métaphysique pure » par thèses et antithèses, d'après Renouvier.

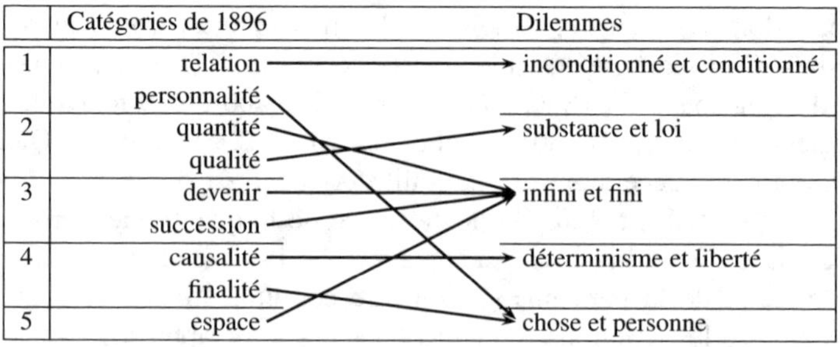

FIGURE 4.11. Correspondance entre les catégories de 1896 et les Dilemmes de Renouvier.

Quelques remarques s'imposent au sujet de cette correspondance et des limites que l'on pourrait lui supposer. Premièrement, l'application des catégories dans les dilemmes n'est manifestement pas *injective*[1]. Nous observons en effet que le troisième dilemme réunit les catégories de quantité, de temps et d'espace, et le dernier dilemme les catégories de personnalité et de finalité. Mais il ne s'agit pas moins d'une *application* proprement dite, c'est-à-dire qu'à chaque catégorie correspond un dilemme et un seul : aucune catégorie ne se diffracte en deux dilemmes distincts. Les dilemmes représentent donc *sans perte*, quoique non sans fusion, tous les conflits possibles sur l'ensemble des catégories.

Deuxièmement, l'*ordre* des dilemmes ne suit certes pas celui des catégories – les flèches s'entrecroisent – mais nous allons montrer que le désordre n'est pas total.

D'abord, les deux catégories fondamentales que sont la relation et la personnalité gardent leur position stratégique : la relation ouvre la marche, la personnalité la ferme, au lieu d'être toutes deux placées en tête ; mais ce n'est que revenir à un ordre similaire à celui de la table des catégories présentée dans le premier *Essai de critique générale*, où la relation était la première catégorie et la personnalité la dernière. Dans les deux cas, ces catégories occupent une position privilégiée.

Ensuite, les catégories de quantité et de qualité ont connu une légère permutation : la table des catégories les présente dans l'ordre « quantité et qualité ; devenir et succession ; espace », tandis que dans les dilemmes elles apparaissent dans l'ordre « qualité ; quantité, devenir, succession et espace ». Mais on observera d'abord que cela revient uniquement à grouper les catégories de la quantité (quantité au sens strict, temps, espace) ; et surtout que, malgré cette permutation, le groupe des catégories statiques (qualité et quantité) reste intact, et conserve le second rang qu'il occupe aussi bien dans la table des catégories du premier *Essai de critique générale* que dans celle de 1896. Les catégories dynamiques de la causalité et de la finalité conservent quant à elles le troisième rang qu'elles occupent dans l'une et l'autre table. L'ordre global des catégories est donc invariable : catégories fondamentales, catégories statiques, catégories dynamiques.

Sous son désordre apparent, la liste des dilemmes hérite donc son contenu de la table des catégories, aussi bien que son ordre. Plus encore que dans l'*Esquisse*, la classification est *a priori*.

1. Une application est injective quand à chaque élément de l'ensemble d'arrivée correspond au plus un élément de l'ensemble de départ, ce qui dans le cas présent signifierait que chaque dilemme soit tout au plus l'image d'*une* catégorie.

L'imparfaite subsomption des systèmes

Les *Dilemmes* échouent pourtant à classer adéquatement les systèmes philosophiques. Autant, dans l'*Esquisse*, les systèmes éclipsaient les classes, autant dans les *Dilemmes* les classes éclipsent les systèmes.

La classification est en effet, cette fois, intégralement *a priori* ; elle est engendrée par la seule application du principe de contradiction aux thèses les plus naturellement relatives à chacune des catégories. Mais c'est paradoxalement pour ne plus classer grand chose : dans chaque dilemme, la thèse n'est généralement défendue que par le personnalisme de Renouvier, parfois simplement anticipé par Descartes et Jules Lequier, tandis que l'antithèse a été proclamée, pour ainsi dire, par tout le reste de l'histoire de la philosophie. La majorité des systèmes prometteurs, comme le criticisme, a fini par replonger dans l'antithèse. Les classes définies par Renouvier sont donc aussi inégales en extension que suspectes en compréhension : la classification se réduit en définitive à une *exposition comparative* de la doctrine de Renouvier.

Renouvier assume ce paradoxe d'une classification parfaite dans laquelle les systèmes ne s'inscrivent qu'imparfaitement : il en rejette la faute sur les philosophes à classer. On espérait d'abord que « chacun des deux corps de propositions contradictoires chacune à chacune forme [...] un système de propositions cohérent en lui-même, de sorte qu'ils semblent [...] renfermer *a priori* les doctrines métaphysiques dans une rigoureuse dichotomie logique », mais on s'aperçoit finalement que les « opinions philosophiques » sont souvent « mêlées », partant difficilement classables, les philosophes étant rarement conscients des contradictions inhérentes à leurs systèmes [1]. C'est ainsi que la classification *a priori* des *Dilemmes* ne classe *a posteriori* plus rien, sinon le personnalisme de Renouvier lui-même.

Conclusion

L'œuvre classificatoire de Renouvier a connu trois périodes. La première est celle de l'éclectisme qui s'exprime dans les *Manuels* et où la volonté de conciliation mène au refus du principe de contradiction. La seconde période est celle du néocriticisme de l'*Esquisse* : le principe de

1. C. Renouvier, *Dilemmes*, *op. cit.*, p. 255-256 et 260.

contradiction, posé comme absolu, jette, par combinaison avec les catégories du premier *Essai de critique générale*, les bases d'une classification *a priori* par dilemmes ; dans chaque dilemme, le principe de contradiction – et plus précisément du tiers-exclu – permet de favoriser une position. La troisième période est celle du personnalisme des *Dilemmes* ; le principe de contradiction est toujours revendiqué, mais comme un choix – un choix qui n'est plus strictement logique, mais avant tout moral. Par combinaison avec les catégories de 1896, ce choix engendre une nouvelle succession de dilemmes, que l'on ne tranche plus par la logique pure des raisonnements apagogiques mais par des choix moraux.

À chacune de ces périodes correspond une *classification*, selon des critères et des buts différents. À chacune correspond également une *logique* : négation du principe de contradiction, démonstration du principe de contradiction, choix moral du principe de contradiction.

Mais surtout, à chacune correspond une *philosophie du choix*. La période des *Manuels* défend le choix éclectique, qui est un *choix entre des thèses* : reprendre à son compte la « part de vérité » et répudier la « part d'erreur », c'est démembrer les systèmes pour piocher parmi leurs morceaux épars. Ensuite, la période de l'*Esquisse* adopte un *choix logiquement contraint entre des systèmes* : il n'est plus question de démembrer des systèmes, mais au contraire de montrer des solidarités internes entre leurs thèses ; et c'est par la logique que peut s'opérer le choix entre les systèmes. Enfin, la période des *Dilemmes* défend l'idée d'un *choix moralement libre entre des systèmes* : les systèmes gardent leur intégrité et leurs connexions internes, mais cette fois la logique seule ne suffit plus à décider : c'est à la liberté de se déterminer [1].

La forme des classifications de Renouvier – à commencer par la plus développée d'entre elles, le dilemme de la chose et de l'idée dans l'*Esquisse* – est éminemment analytique et arborescente. Elle est analytique, car le principe de contradiction que martèle Renouvier interdit toute synthèse entre des systèmes opposés ; elle est arborescente, car sa construction dépend de l'arbre des couples de catégories : quantité ou qualité, unité ou pluralité. Dictée d'une part par le principe de contradiction et de l'autre par une théorie des catégories, la classification est, à

1. C'est seulement cette dernière conception du choix qu'évoque Martial Gueroult en parlant de « la décision arbitraire d'une liberté qui, en face de doctrines opposées sur lesquelles la raison seule est par elle-même impuissante à statuer, se prononce par un "pari" qu'inspirent nos croyances » (M. Gueroult, « Brunschvicg et l'histoire de la civilisation », *Bulletin de la Société française de philosophie*, n° 1, 1954, Paris, Arman Colin, p. 19-20).

double titre, *a priori*. Sa principale limite n'est donc pas tant sa construction logique que les problèmes de subsomption qu'elle pose à son auteur.

Cinquième partie

Architectonique et axiomatique chez Jules Vuillemin

CHAPITRE PREMIER

LES FORMES DE PRÉDICATION

LE CONCEPT DE FORME DE PRÉDICATION

La classification des systèmes philosophiques par Jules Vuillemin dérive d'une classification de ce qu'il appelle « assertions fondamentales », « formes fondamentales de prédication » ou « catégories du langage naturel » [1]. Le terme de catégorie n'a rien d'innocent : Vuillemin livre sa table des catégories comme il a reconstruit le système de celles d'Aristote [2].

What Are Philosophical Systems peut être vu comme une nouvelle « construction logique du monde », après celles de Russell, de Nicod, de Carnap et de Goodman, que Vuillemin a analysées dans *La Logique et le monde sensible* [3]. Après avoir, dans un premier chapitre, proposé une « phénoménologie des apparences sensibles » [4], dont l'enjeu est de dégager la structure du monde sensible indépendamment de la psychophysiologie, de la psychologie génétique, du physicalisme et même de la phénoménologie husserlienne, Vuillemin décrit dans son deuxième chapitre les conditions de l'assertion : « réduite à sa structure la plus

1. J. Vuillemin, *NC*, *op. cit.*, p. 275 ; J. Vuillemin, « Les Formes fondamentales de la prédication : un essai de classification », *Recherches sur la philosophie et le langage*, n° 4, 1984, noté « FP » ; J. Vuillemin, *WAPS*, *op. cit.*, p. 45.

2. J. Vuillemin, *De la Logique à la théologie. Cinq études sur Aristote*, Louvain-la-Neuve, Peeters, 2008, 2e étude.

3. J. Vuillemin, *La Logique et le monde sensible. Études sur les théories contemporaines de l'abstraction*, Paris, Flammarion, 1971.

4. J. Vuillemin, *NC*, *op. cit.*, p. 1.

simple, l'assertion a pour fin de communiquer à autrui le savoir ou l'expérience qu'a le sujet parlant dans ce qu'ils ont de singulier » [1]. Le propos de Vuillemin dans ce chapitre n'est donc plus de décrire le monde dont on parle, mais les structures qui nous permettent d'en parler. La communication étant une relation entre deux personnes, les « formes de prédication » mettent en relation trois termes : le monde sensible, le locuteur et son interlocuteur.

La principale caractéristique de la classification de ces formes est qu'elle ne se veut ni strictement logique ni strictement grammaticale, mais proprement ontologique :

> on se propose ici de classer systématiquement les assertions non d'après des formes logiques ou grammaticales imposées par les contraintes de la communication, mais d'après les différences ontologiques que révèle le recours à des domaines d'individus différents [2].

L'expression purement logique des formes mène en effet à des confusions ontologiquement regrettables. En ligne de mire se trouve le critère quinien d'engagement ontologique :

> s'il est clair que nous nous engageons à tenir pour un être l'individu qui est la valeur de la variable dans un énoncé vrai, la question reste entière de savoir ce que nous avons le droit d'accepter comme domaines d'individus. C'est préjuger de la question et mettre la charrue devant les bœufs que de décider que les classes et les atomes sont des domaines acceptables plutôt que les objets perçus ou les données des sens, si l'on ne s'est pas préalablement demandé quels types d'individus peuvent *a priori* constituer ces domaines [3].

Présupposer le langage logique habituel – typiquement celui, complice d'une extensionnalité philosophiquement partiale, de la logique classique du premier ordre – c'est vouloir résoudre les problèmes sans les avoir d'abord posés. À traduire les formes fondamentales dans le langage logique, on corrompt souvent ce qui constitue leur spécificité et leur simplicité :

> sitôt qu'on les paraphrase et qu'on les enrégimente dans l'idiome canonique de la logique du premier ordre, elles cessent d'être élémentaires

1. *Ibid.*, p. 275-276. *Cf.* également *ibid.*, p. 274 : les assertions fondamentales « communiquent un aspect irréductible de l'expérience et dont la distribution remonte donc, à travers les formes prédicatives, à l'articulation de la perception ».

2. *Ibid.*, p. 281.

3. J. Vuillemin, « FP », *op. cit.*, p. 9.

> et requièrent la quantification et même le recours à certaines expressions d'attitudes propositionnelles [1].

Il faudra donc se défier du langage logique, qui n'a pas la neutralité exigible d'une classification des attitudes ontologiques.

Les formes de prédication doivent être soumises à une exposition et à une déduction. L'*exposition* de chaque forme doit en dévoiler d'abord la *syntaxe*, c'est-à-dire le « type de signes dont on use pour construire l'assertion », puis la *sémantique*, autrement dit les « conditions d'accès à la vérité dont les locuteurs doivent disposer pour assigner à l'assertion sa valeur » [2]. La syntaxe définit les lois auxquelles le locuteur doit souscrire pour que son énoncé relève de telle ou telle forme de prédication : elle en promulgue les *règles de construction*. La sémantique édicte, quant à elle, les conditions qui doivent être satisfaites par l'interlocuteur pour vérifier l'énoncé prononcé par le locuteur ; ce sont des *règles d'interprétation*. Vuillemin a manifestement une conception dialogique du rapport entre syntaxe et sémantique : elles expriment les points de vue respectifs du producteur et du destinataire du discours [3]. Une fois que l'on a *exposé* les lois syntaxiques et sémantiques de chaque forme, la *déduction* doit garantir, d'une part, la nécessité de chaque forme, de l'autre, la clôture de la liste.

Dans l'article « Les Formes fondamentales de la prédication » et plus encore dans *What Are Philosophical Systems*, Vuillemin choisit de représenter graphiquement les caractéristiques des formes de prédication. Mais afin de ne pas laisser les images nous détourner des concepts, nous entreprendrons, après avoir exposé les éléments graphiques constitutifs des

1. *Ibid.*, p. 10.
2. J. Vuillemin, *NC*, *op. cit.*, p. 276.
3. La même intuition guide aujourd'hui la « sémantique des jeux », où, dans la lignée de Paul Lorenzen, Kuno Lorenz et Jaakko Hintikka, la logique est vue « comme une opposition entre un joueur (qui cherche à démontrer) et un opposant (qui cherche à réfuter) » (J.-Y. Girard, *Le Point aveugle. Cours de logique, I : Vers la Perfection*, Paris, Hermann, 2006, p. 103-104). Si le premier gagne, il exhibe directement une démonstration (syntaxique) ; si le second gagne, il exhibe du même coup un contre-modèle (sémantique). Jean-Yves Girard n'y voit qu'une paraphrase du calcul des séquents, les deux parties d'un séquent permettant d'exprimer la même dualité entre syntaxe et sémantique (J.-Y. Girard, *Le Point aveugle. Cours de logique, II : Vers l'imperfection*, Paris, Hermann, 2007, p. 292). Comme nous l'a fait remarquer Jean-Baptiste Joinet, cette dualité permet de démontrer par contraposition la complétude sémantique de la logique du premier ordre : si une formule n'est pas démontrable, alors elle n'est pas valide, puisque l'on en possède un contre-modèle.

schémas, de les résumer par une formule algébrique qui en condense toutes les propriétés essentielles.

Les formes de prédication sont respectivement 1. la prédication pure, 2. la prédication substantielle, 3. la prédication accidentelle, 4. la prédication circonstantielle, 5. le jugement de méthode, 6. le jugement d'apparence.

EXPOSITION DES FORMES DE PRÉDICATION

La prédication pure

La prédication pure consiste à subsumer un universel sous un autre universel : ces énoncés « sont composés d'un universel dans le rôle de fonction et d'un universel transformé en nom d'individu [...] dans le rôle d'argument » [1]. Si l'on cède à la tentation de les écrire sous la forme $P(a)$, il faut garder à l'esprit que a incarne ici un universel plutôt qu'un individu. C'est pourquoi la formule

$$\forall x(P(x) \to Q(x)),$$

qui pour montrer une implication entre propriétés suppose de parcourir exhaustivement la liste de tous les individus qui les satisfont, ne saurait convenir à la prédication pure. La nuance ontologique qui la caractérise échappe ainsi à la logique classique du premier ordre.

Elle n'échappe pas moins à l'idée d'une hiérarchie d'ordres, comme notre notation algébrique permettra de le voir. Notons les universaux par des majuscules et les individus par des minuscules, notons le sujet par la lettre s s'il est individuel et par la lettre S s'il est universel, notons le prédicat par la lettre P ; alors la forme générale de la prédication pure est

$$P(S),$$

c'est-à-dire que son schéma applique un prédicat universel à un sujet universel, sans distinction de principe entre des degrés d'universalité [2].

Les énoncés de prédication pure trouvent leur expression syntaxique privilégiée dans la phrase nominale latine. Toute flexion du verbe lui

1. J. Vuillemin, *NC*, *op. cit.*, p. 276.

2. C'est précisément l'absence d'une hiérarchie de types qui, dans *Le Dieu d'Anselme*, expose la preuve ontologique aux paradoxes ensemblistes.

adjoindrait inéluctablement des déterminations contingentes : « nombre, temps, personne, aspect, mode ». L'exemple latin, pour isolé qu'il soit, suffit à attester la possibilité d'une forme grammaticale exprimant naturellement la prédication pure : un énoncé évitant toute conjugaison du verbe *être*.

C'est dans les domaines mathématique et moral que Vuillemin prélève invariablement des exemples de phrases nominales tels que « 2 (est) un nombre pair » et « l'humilité (est) une vertu (*humilitas virtus*) » [1]. La pureté des énoncés mathématiques les prédestine à la prédication pure. Quant aux énoncés moraux, Vuillemin souscrit – ne serait-ce que pour les besoins de l'exposé – au « rigorisme » kantien, qui dénie aux exemples et aux expériences le statut de modèles [2]. Dire que l'humilité est une vertu est un énoncé pur, général et *a priori* : dire que tous les gens humbles sont vertueux, c'est risquer de verser dans le constat *a posteriori*, dans l'empirisme moral. En puisant dans les domaines rationnellement purs de la mathématique et de la morale, Vuillemin montre que la prédication pure a l'intelligible pour milieu naturel.

Du point de vue sémantique, « il suffit que les interlocuteurs comprennent le code ordinaire du langage utilisé – c'est-à-dire la liste des mots d'universels » [3]. Aucune connaissance spatiale, temporelle, sensible ou historique n'est requise : « la phrase nominale, par définition, véhicule un message purement conceptuel, puisqu'elle subsume un universel-argument sous un universel-fonction » [4]. Indépendants de toute connaissance empirique et même de toute énonciation historiquement ou géographiquement déterminée, ils sont le lot commun des êtres rationnels. L'ontologie spontanée des énoncés purs est donc celle des idées [5] : ils ne traitent que d'universaux et de leurs subsomptions éternelles. Quand ils évoquent le monde sensible, ce n'est que de manière transitive, le sensible participant à l'universel.

S'inspirant des diagrammes d'Euler [6], Vuillemin représente graphiquement la prédication pure en schématisant l'individu par une croix, l'universel par un disque, la prédication par une inclusion, et, s'inspirant

1. J. Vuillemin, « FP », *op. cit.*, p. 11 ; J. Vuillemin, *NC*, *op. cit.*, p. 276 ; J. Vuillemin, *WAPS*, *op. cit.*, p. 49.
2. J. Vuillemin, *WAPS*, *op. cit.*, p. 50.
3. J. Vuillemin, *NC*, *op. cit.*, p. 276.
4. J. Vuillemin, « FP », *op. cit.*, p. 14.
5. J. Vuillemin, *NC*, *op. cit.*, p. 276 et 284 ; J. Vuillemin, *NC*, *op. cit.*, p. 56.
6. J. Vuillemin, « FP », *op. cit.*, p. 13 ; J. Vuillemin, *WAPS*, *op. cit.*, p. 52.

de Venn, l'univers du discours par un rectangle. Sous cette convention, recourir à la prédication pure, c'est inscrire une croix dans un disque, lui-même tracé à l'intérieur d'un rectangle (fig. 5.1).

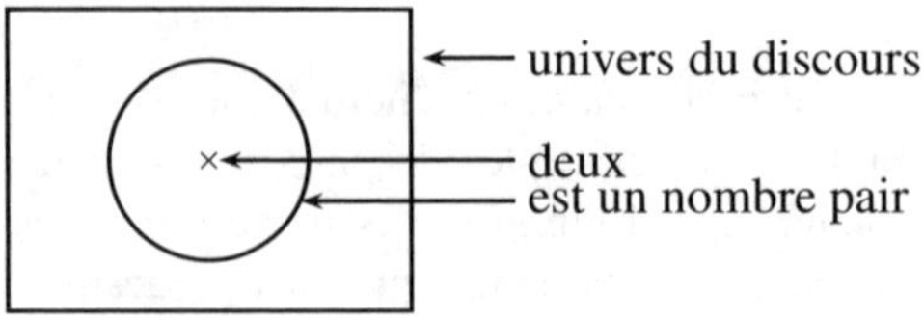

FIGURE 5.1. Schéma de la prédication pure par Jules Vuillemin.

La prédication substantielle

Toutes les formes de prédication autres que la prédication pure relèvent des énoncés de participation, c'est-à-dire s'appliquent au monde de la perception : « on appellera assertion de *participation* toute assertion qui s'écarte de la prédication pure et porte sur le monde sensible ». Les énoncés de participation se divisent en deux séries : la « série indicative » et la « série réflexive ».

La série indicative « a pour objet de communiquer les phénomènes perçus sans se mêler de faire allusion au procès de la perception ». Elle parle des choses telles qu'elles sont en elles-mêmes plutôt que dans leur rapport au sujet : elle décrit le monde sensible tel qu'il est *en soi*, alors que la série réflexive le décrira tel qu'il est pour nous.

La première forme de la série indicative est la prédication substantielle. Sa syntaxe consiste à user d'une part de *noms propres* pour désigner les individus, car l'universel ne suffit pas à lui seul pour les isoler sans ambiguïté, et d'autre part du *verbe être* [1], porteur de l'affirmation d'existence. Dire « Jupiter est une étoile », c'est affirmer qu'il existe dans le monde sensible un objet unique que l'on désigne par convention sous le nom de Jupiter et auquel s'applique le prédicat « être une étoile » [2].

1. J. Vuillemin, *NC*, *op. cit.*, p. 276-277 ; J. Vuillemin, *WAPS*, *op. cit.*, p. 58.

2. Vuillemin est sur ce point fidèle à la théorie russellienne de la dénotation, encore qu'il la restreigne au monde sensible. *Cf.* B. Russell, « On Denoting », dans *Logic and Knowledge. Essays 1901-1950*, Nottingham, Spokesman, 2007, p. 44.

La sémantique de la prédication substantielle tient à ce que les interlocuteurs « doivent pouvoir, non seulement identifier l'individu subsumé sous l'universel, mais encore le réidentifier, en étendant l'univers du discours au passé et à l'avenir ». Il faut pouvoir retrouver l'individu dénommé Jupiter à chaque fois que l'on voudra vérifier l'assertion, sans que l'étiquette ait entre-temps changé d'attribution. L'interlocuteur doit partager les conventions du locuteur, c'est-à-dire non seulement parler le même langage, comme l'exigeait la prédication pure, mais posséder la même nomenclature de noms propres et disposer des organes sensitifs, ce que la prédication pure n'exigeait pas. « Opération dénuée de sens dans la phrase nominale » [1], la réidentification de l'individu devient indispensable dans la prédication substantielle. Il serait vain de demander à qui soutient la thèse *humilitas virtus* de *quelle* vertu il est question et plus encore *où* la trouver. Pouvoir identifier et réidentifier, c'est s'appuyer sur la faculté qu'a l'individu sensible de s'inscrire dans le temps et de le traverser tout en restant lui-même.

La différence de la prédication substantielle avec la prédication pure tient tout entière dans le fait que « l'instance de l'universel n'est plus une idée, mais un individu sensible ». Son ontologie naturelle est donc celle des « substances sensibles » [2], c'est-à-dire des phénomènes sensibles en tant qu'ils peuvent être rattachés à leur substrat fixe et permanent.

Le schéma de la prédication substantielle est présenté dans l'article « Les Formes fondamentales de prédication » comme dans *What Are Philosophical Systems* sans modification significative [3]. N'était l'ajout de la temporalité, la prédication substantielle s'écarterait peu de la prédication pure ; on peut donc se contenter de garnir son schéma de cette dimension supplémentaire. L'univers du discours ne sera donc plus représenté par un rectangle, mais par un parallélépipède : aux deux dimensions originelles, on ajoute celle du temps (fig. 5.2).

En conservant les conventions précédemment énoncées, la forme algébrique de la prédication substantielle est

$$P(s) \times \text{temps},$$

c'est-à-dire que le schéma $P(S)$ constitutif de la prédication pure est limité à un individu s et démultiplié par la suite des moments du temps,

1. J. Vuillemin, « FP », *op. cit.*, p. 15.
2. J. Vuillemin, *NC*, *op. cit.*, p. 284.
3. J. Vuillemin, « FP », *op. cit.*, p. 16 ; J. Vuillemin, *WAPS*, *op. cit.*, p. 64.

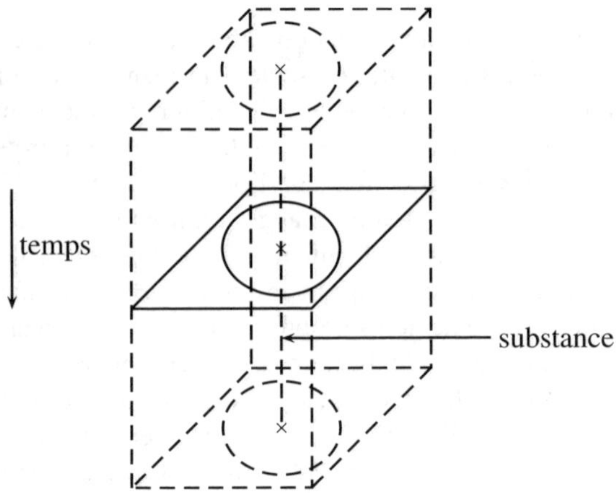

FIGURE 5.2. Schéma de la prédication substantielle par Jules Vuillemin.

qui sont autant de « coupes » temporelles ; il existe donc un schéma $P(s)$ par instant.

La prédication accidentelle

En regard de la prédication substantielle, qui régit l'identification de l'individu dans le temps, la prédication accidentelle correspond à la manière dont « la perception place l'accident dans la substance » : elle exprime les propriétés variables de l'individu.

La syntaxe de la prédication accidentelle fait intervenir « le nombre, l'aspect et les éléments temporels objectifs de la conjugaison verbale (en français : aoriste, imparfait, plus-que-parfait et prospectif, à l'exclusion du présent et des futurs simple et composé) » [1]. La caractéristique commune de ces formes de conjugaison est de renvoyer au passé. Celui qui recourt à la prédication accidentelle reconnaît l'irrévocabilité du passé : on ne peut pas faire que ce qui ait été n'ait jamais été. Le présent et le futur ne garantissant pas nécessairement le même privilège, ils sont exclus de la prédication accidentelle.

1. J. Vuillemin, *NC*, *op. cit.*, p. 278-279. Ailleurs, Vuillemin exclut également le parfait (J. Vuillemin, « FP », *op. cit.*, p. 15). Le « futur composé » est l'autre nom du futur antérieur.

La sémantique de la prédication accidentelle présuppose l'identification des individus, donc la prédication substantielle ; aussi son ontologie est-elle toujours celle des substances sensibles [1]. Mais elle « fait surgir, à la différence de la sémantique de la substance, les changements de valeurs de vérité ». Non seulement le sujet est temporel, comme dans tout énoncé de participation, mais la prédication elle-même devient sujette à la caducité (fig. 5.3).

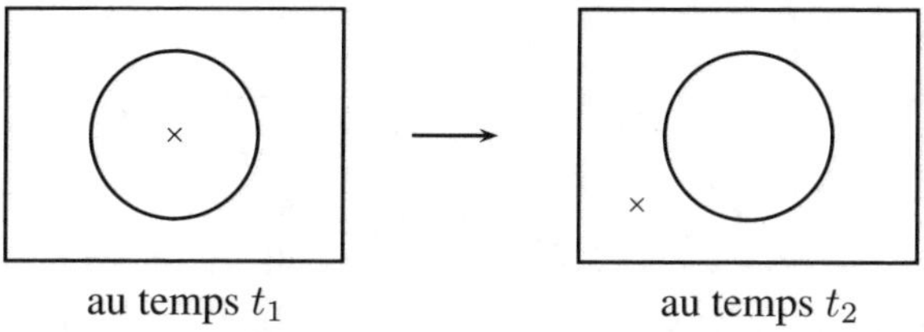

FIGURE 5.3. La temporalité des propriétés dans la prédication accidentelle.

La schématisation de la prédication accidentelle doit tenir compte de deux faits : la variabilité des propriétés et la possibilité d'identifier l'individu dans le temps. Vuillemin reprend ainsi le schéma de la prédication substantielle en y représentant une seconde propriété, qui prend congé de l'individu auquel elle appartient d'abord. Le schéma doit donc contenir, non pas un, mais deux disques, dont l'un représente la permanence de la substance et la possibilité de la réidentifier, l'autre la volatilité des accidents (fig. 5.4). En s'appuyant sur les schémas respectifs des prédications substantielle et accidentelle, Vuillemin démontre topologiquement qu'il ne peut exister de troisième forme de prédication des substances sensibles :

> Ou bien dans toutes les coupes pratiquées dans le prisme le point reste à l'intérieur du cercle. Telle est la prédication substantielle [...]. Ou bien le point passe de l'intérieur à l'extérieur selon qu'on change de coupe. On a alors affaire à la prédication accidentelle [2].

Plus qu'un simple mode d'exposition, la schématisation devient ainsi outil de démonstration.

1. J. Vuillemin, *NC*, *op. cit.*, p. 284.
2. J. Vuillemin, « FP », *op. cit.*, p. 17.

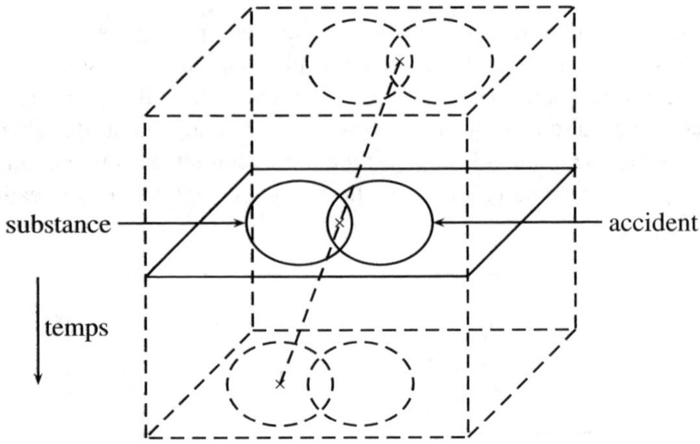

FIGURE 5.4. Schéma de la prédication accidentelle par Jules Vuillemin.

La forme générale de la prédication accidentelle est

$$\neg_{t_i} P(s) \times \text{temps},$$

c'est-à-dire que le schéma $P(S)$ de la prédication pure est modifié, non seulement par le recours à l'individu s et l'ajout de la dimension temporelle, mais également par un indice temporel t_i affectant l'affirmation ou la négation du prédicat P.

La dépendance de la prédication accidentelle par rapport à la prédication substantielle n'est pas sans conséquence. Privilégier l'une des deux formes de prédication suppose de mobiliser l'autre en l'y subordonnant. Vuillemin appelle « élémentaire » ou « simple » la forme que l'on promeut et « composite » celle que l'on lui soumet[1]. La prédication substantielle élémentaire implique ainsi la prédication accidentelle composite, tandis que la prédication accidentelle élémentaire implique la prédication substantielle composite.

Associer la prédication substantielle élémentaire à la prédication accidentelle composite, c'est affirmer qu'il existe *d'abord* des substances résistant au temps et que ces substances peuvent *ensuite* recevoir des

1. J. Vuillemin, « FP », *op. cit.*, p. 18-19 ; J. Vuillemin, *NC*, *op. cit.*, p. 277-279 et 284 ; J. Vuillemin, *WAPS*, *op. cit.*, p. 62 *sq.*

propriétés variables. Tel est Jupiter, dont la substance est éternelle et qui entre de manière contingente et éphémère en relation avec d'autres objets.

Adopter au contraire la prédication accidentelle élémentaire et la prédication substantielle composite, c'est décrire des substances corruptibles, comme le sont Socrate et M. Dupont. Mais pour qu'ils puissent se voir attribuer le même prédicat d'humanité, il faut que le prédicat ait lui-même survécu à la disparition des substances qui l'ont, un temps, porté :

> Supposons [...] que Socrate et M. Dupont individualisent l'humanité à des siècles de distance. Pour que nous puissions regarder ces individus comme des substances sujets d'une prédication véritablement substantielle, il faut que l'instantiation de l'humanité soit, en tant que telle, exactement la même, dans les deux cas. En conséquence, l'humanité comme espèce doit être supposée immuable. Certes elle n'existe qu'incarnée dans des individus transitoires. Mais une substantialité de second ordre doit lui être reconnue [1].

La prédication substantielle composite nous contraint ainsi à la prédication accidentelle élémentaire : il faut poser l'éternité des concepts pour justifier l'univocité de leur attribution à des individus corruptibles.

Chacune des deux formes de prédication reposant sur les substances sensibles appelle donc l'autre, pour l'asservir ou au contraire se ranger sous ses ordres.

Prédication circonstantielle

La prédication circonstantielle s'appuie sur la « matérialité du signe, l'énonciation même » [2]. En tant qu'énoncé de participation, elle suppose une individualisation, mais celle-ci ne peut avoir lieu sur le mode de la réidentification d'un individu, que les prédications substantielle et accidentelle ont épuisé ; c'est de l'événement énonciatif même que vient l'individualisation. L'acte d'énonciation inscrit l'objet du discours dans un « système de coordonnées spatio-temporelles » [3]. L'individualité n'est pas indiquée par un nom propre tel que Jupiter ou Socrate, mais par des indexicaux spatiaux (ici, là...) ou temporels (hier, demain...) et des déictiques (je, tu...). La position du locuteur devient ainsi un élément indispensable du discours : elle contribue à part entière à son propos.

1. J. Vuillemin, *NC*, *op. cit.*, p. 278.
2. J. Vuillemin, « FP », *op. cit.*, p. 19.
3. J. Vuillemin, *NC*, *op. cit.*, p. 279-280.

Il va de soi que, hors contexte, le propos circonstantiel perd ses conditions d'intelligibilité. La sémantique de la prédication circonstantielle exige donc l'accès aux conditions de l'énonciation :

> la sémantique de la prédication circonstantielle ne fixe [...] les conditions non ambiguës d'accès à la valeur de vérité que pour les protagonistes du dialogue. C'est la matérialité du dialogue qui fixe à chaque fois ces conditions et qui détermine par conséquent un changement spécifique des valeurs de vérité propres à la forme de ces énoncés.

« Hier » est ainsi un mot en lui-même infiniment plurivoque, mais à chaque fois univoque ; seule la participation de l'interlocuteur aux circonstances de l'énonciation peut en lever l'ambiguïté.

L'ontologie qu'exprime la prédication circonstantielle est une « ontologie d'événements », bien différente des ontologies de choses qui prévalent dans les prédications substantielle et accidentelle. Avec cette nouvelle forme de prédication, « l'universel ne sera pas [...] instancié. Il sera localisé. Mais cette localisation est une forme suffisante d'individuation par rapport à l'espace et au temps présent de l'énonciation »[1]. Il ne revient guère au même de désigner un individu par un nom propre ou de le localiser historiquement et géographiquement. La première désignation permet sa réidentification, la seconde le montre sous un jour toujours nouveau et toujours unique, dans un contexte toujours différent. Le temps lui-même n'est plus un ensemble d'instants subsistant par eux-mêmes mais l'ensemble des vecteurs qui les situent par rapport à celui du locuteur.

Pour tracer le schéma descriptif de la prédication circonstantielle, il nous faut enrichir le schéma prédicatif général (croix, disque, rectangle), d'une part de l'ensemble des circonstances dans lequel il peut s'inscrire, d'autre part du point de référence qui permet sa localisation. Vraisemblablement par souci de simplicité, Vuillemin adopte un système de coordonnées à trois dimensions (fig. 5.5). Il en aurait fallu bien davantage : les deux dimensions habituelles de la prédication, la dimension temporelle, les trois dimensions spatiales et peut-être d'autres encore pour représenter les déictiques ou les pronoms personnels, soit plus de six dimensions, dont les axes se croisent en la position exacte du locuteur lors de l'énonciation ; mais il eût été malaisé de projeter ce système sur l'espace à deux dimensions de la page.

1. J. Vuillemin, « FP », *op. cit.*, p. 19.

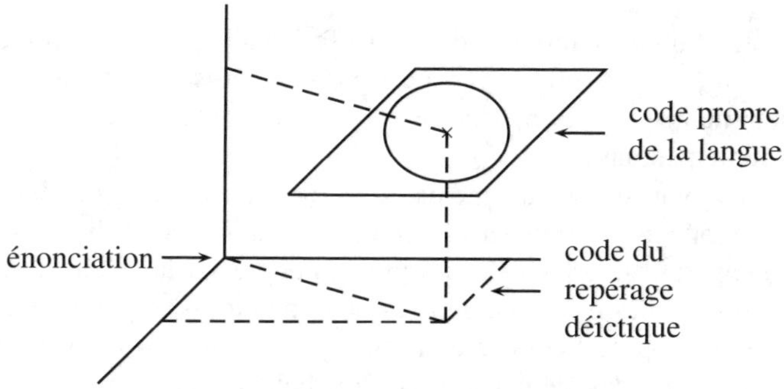

FIGURE 5.5. Schéma de la prédication circonstantielle par Jules Vuillemin.

La forme algébrique de la prédication circonstantielle est

$$P(s) \times \overrightarrow{\text{temps}} \times \overrightarrow{\text{autres circonstances}},$$

c'est-à-dire que le schéma de la prédication participative $P(s)$ est multiplié par les vecteurs des circonstances qui permettent de situer l'état de choses décrit par rapport à l'origine de l'axe énonciatif.

Jugement de méthode

Les prédications pure, substantielle, accidentelle et circonstantielle relèvent de la « série indicative » en ce qu'elles décrivent la nature objective des particuliers, que ceux-ci soient des idées, des substances sensibles ou des événements. Même la prédication circonstantielle fait abstraction de l'activité de perception et de la subjectivité du locuteur. Elle n'a recours à lui que comme à un repère objectif : il n'est qu'un point du monde sensible. La série indicative n'énonce que des *propositions*, énoncés objectifs dont la formulation comme la signification restent indépendantes de l'activité du locuteur.

Il en va tout autrement de la « série réflexive », qui repose sur des *jugements*, c'est-à-dire sur des énoncés dont la syntaxe comme la sémantique dépendent d'une activité subjective. Assertion « réfléchie » plutôt que « spontanée », le jugement « explicite l'expression, c'est-à-dire le mode d'accès cognitif à l'état de choses, mode dont la proposition fait abstraction »[1]. Par opposition à la « série indicative » des formes de prédication étudiées jusqu'ici, cette série « se refuse [...] à dissocier, dans la communication, l'objet de la communication de l'acte par lequel nous l'appréhendons »[2].

La syntaxe des jugements de méthode, premier type d'énoncés de la série réflexive, repose sur des injonctions adressées à l'interlocuteur : elle « exige de l'interlocuteur qui prétend apprécier la valeur de vérité de ce qu'on lui dit qu'il effectue pour son compte l'opération de construction que lui propose l'énoncé d'autrui »[3]. Tels sont le « soit » et les formules impératives des démonstrations mathématiques, qui leur confèrent ce pouvoir singulier, relevé par Aristote, Locke et Kant, de traiter du cas universel tout en ne s'appuyant que sur des énoncés singuliers, « à condition qu'ils soient choisis de façon quelconque ». Parler d'un triangle sans émettre aucune hypothèse sur sa configuration particulière, c'est parler de tous les triangles : le triangle quelconque est le triangle en soi.

La sémantique du jugement de méthode consiste tout naturellement à exécuter les instructions reçues : « la valeur de vérité des jugements de méthode dépend [...] non pas de la correspondance entre l'énoncé et un état de choses autonome, mais de l'adéquation entre l'énoncé et l'action, entre ce que le sujet dit et ce qu'il fait »[4]. Vérifier une démonstration, c'est l'exécuter par soi-même : le théorème de géométrie est un billet de banque dont la démonstration a valeur de provision[5]. L'activité de connaissance assure ainsi la subsomption du particulier à l'universel : « le lien de subsomption entre l'individu et l'universel ne donne lieu à un [univers du discours] que lorsqu'il résulte de la synthèse par laquelle j'en construis ou je peux en construire une image quelconque »[6]. Montrer l'irrationalité d'un nombre, à la manière de Théodore de Cyrène et de Platon, par une fraction continue telle que

$$\sqrt{2} = 1 + \cfrac{1}{2 + \cfrac{1}{2+\cfrac{1}{2+\cfrac{1}{\ddots}}}},$$

1. J. Vuillemin, *NC*, *op. cit.*, p. 280.
2. *Ibid.*, p. 276.
3. *Ibid.*, p. 282.
4. *Ibid.*, p. 282.
5. J. Vuillemin, « FP », *op. cit.*, p. 24 ; J. Vuillemin, *WAPS*, *op. cit.*, p. 81.
6. J. Vuillemin, « FP », *op. cit.*, p. 24.

c'est montrer l'impossibilité de l'exprimer sous la forme d'une fraction, puisqu'aucune de ses réduites ne l'atteint sans reste [1]. Le jugement de méthode ne se prononce ainsi que sur ce qu'il peut construire positivement. À l'inverse, prouver comme Pythagore l'irrationalité d'un nombre en réduisant à l'absurde l'hypothèse inverse, ce serait clôturer à l'avance l'univers du discours : en termes topologiques, ce serait conclure, de ce que le point ne s'inscrive pas dans le disque, qu'il lui est nécessairement extérieur sans l'y avoir expressément vu – selon le procédé, dogmatique par excellence, de la prédication pure.

L'ontologie du jugement de méthode n'est pas celle des idées, des substances sensibles ou des événements, mais des « actions de la connaissance », dont Vuillemin dresse une rapide typologie [2]. Le jugement de *constatation* – sensation et perception, souvenir et anticipation, opinion et ouï-dire – exprime « l'action de la connaissance qui aboutit à l'état de choses en transitant sur lui ». Le jugement de *réflexion* – certitude, évidence, doute – au sens strict décrit « l'état de la connaissance considérée dans son rapport avec l'état de choses, mais en tant qu'elle se trouve réfléchie par lui sur elle-même ». Le jugement de *construction*, quant à lui, montre « l'activité de la connaissance en tant que constitutive de l'état de choses même » : c'est un performatif théorique, dont l'activité même donne réalité au contenu [3]. On reconnaît en filigrane dans ces trois formes les figures respectives d'Épicure, de Descartes et de Kant, cas rare chez Vuillemin où une classification soit munie d'un ordre, ici historique [4].

Dans « Les Formes fondamentales de la prédication », Vuillemin ne proposait pas de schéma pour les jugements de méthode et d'apparence. Comment, en effet, représenter le sujet et son activité sans le confondre avec les objets qu'il se donne ? Dans *What Are Philosophical*

1. J. Vuillemin, « FP », *op. cit.*, p. 26 ; J. Vuillemin, *WAPS*, *op. cit.*, p. 82-83. Nous corrigeons ici la coquille dans la fraction continue de *WAPS*.

2. J. Vuillemin, *NC*, *op. cit.*, p. 281 n. 3 et p. 284.

3. Il se distingue ainsi des performatifs ordinaires : « De tels impératifs [que ceux des démonstrations mathématiques] ne sont pas des performatifs ; ils ne créent pas les choses par les mots. Mais ce ne sont pas non plus des performatifs ordinaires, qui sont efficaces ou non, mais qui ne sont pas vrais ou faux » (J. Vuillemin, « FP », *op. cit.*, p. 23). *Cf.* également J. Vuillemin, *WAPS*, *op. cit.*, p. 85.

4. Jacques Moutaux écrit ainsi que cette « classification », démunie d'ordre, n'est pas un « classement » (J. Moutaux, « La classification des systèmes philosophiques par Jules Vuillemin (première partie) », *Cahiers philosophiques*, vol. 46, 1991, p. 67-70).

Systems, Vuillemin choisit de représenter le sujet hors du schéma prédicatif élémentaire (croix, disque, rectangle) et d'indiquer par des pointillés le fruit de son activité [1]. Ainsi, dans le schéma du jugement de méthode (fig. 5.6), une flèche en pointillés rappelle que dans ce schéma, contrairement à ceux des prédications pure, substantielle, accidentelle et circonstantielle, l'individu n'est pas « donné » mais construit. L'universel lui-même et le domaine d'individus – c'est-à-dire le disque et le rectangle – n'ont également de sens qu'en tant que projections de la subjectivité du locuteur : le disque est projeté par le sujet et le rectangle est restreint à l'ensemble de ce que le sujet peut penser.

Ce schéma n'est pas sans rappeler la forme des chambres photographiques du XIXe siècle. La tête recouverte d'un voile noir, le photographe ne perçoit rien qui n'apparaisse dans les strictes limites de son viseur ; l'image qui s'imprime sur la plaque photographique ne garde trace que de ce champ de vision réduit et de rien alentour. Remplaçons l'œil du photographe par la subjectivité du locuteur, le viseur et le voile par les lignes diagonales qui limitent le rectangle de l'univers du discours aux bornes de ce que la subjectivité peut penser, substituons enfin la forme classique de l'énoncé à la plaque photographique : nous obtenons le schéma de Vuillemin. Le disque n'est ainsi rien d'autre que l'ensemble des valeurs que peut prendre la flèche projetée par la subjectivité, c'est-à-dire l'ensemble de la zone qu'elle peut parcourir, et le rectangle est l'ensemble des objets constructibles par le sujet. Le schéma de la prédication pure n'est donc pas posé comme déterminé en soi, mais comme le résultat d'une projection. Le jugement de méthode n'est pas une carte géographique représentant des rapports objectifs, mais une photographie de paysage : pas de photographie sans perspective.

Si l'on prend ce schéma au pied de la lettre, le jugement de méthode semble aboutir, comme la prédication pure, à un schéma composé strictement d'un rectangle, d'un disque et d'une croix [2], c'est-à-dire à une subsomption éternelle. Mais c'est bien un individu concret, par exemple un triangle quelconque mais toujours déterminé, que le jugement de méthode prend pour objet. C'est pourquoi le tableau récapitulatif de Vuillemin inscrit le jugement de méthode parmi les énoncés de participation et non de prédication pure (*cf.* le tableau p. 226).

1. J. Vuillemin, *WAPS*, *op. cit.*, p. 84 et 90.

2. J. Vuillemin, « FP », *op. cit.*, p. 24-25 ; J. Vuillemin, *WAPS*, *op. cit.*, p. 83.

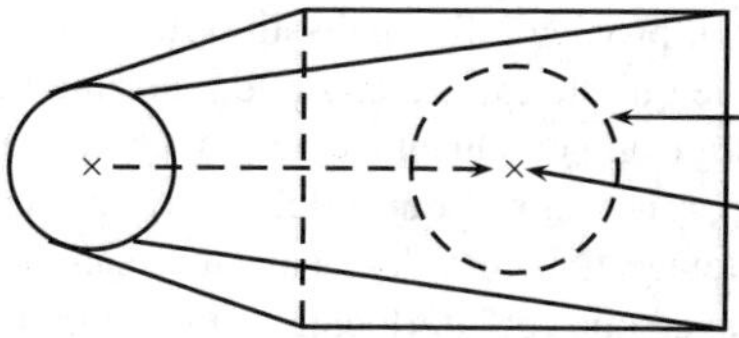

FIGURE 5.6. Schéma du jugement de méthode par Jules Vuillemin.

Si l'on note par une barre supérieure ce que projette l'activité subjective, c'est-à-dire ce que Vuillemin représente par des pointillés, la formule algébrique du jugement de méthode est

$$\overline{P}(\overline{s}),$$

le jugement de méthode construisant l'universel au même titre que l'individu.

Jugement d'apparence

Le jugement d'apparence ne se prononce pas sur les choses mêmes, mais sur la manière dont elles nous apparaissent. Ainsi, l'assertion

> devient un acte subjectif *sui generis* en ce qu'elle est réfléchie et qu'elle est posée par la réflexion. Ce qui se trouve asserté ce n'est plus alors un état de choses, brut ou construit, c'est une certaine modification de l'assertion [1].

La syntaxe rend compte de la modalisation du discours en remplaçant la copule « est » par les verbes « paraît » et « semble », comme dans l'énoncé « Le Soleil paraît tourner autour de la Terre ». Mais cette forme de prédication reste une assertion à part entière. Dire « je crois que le Soleil tourne autour de la Terre », c'est poser fermement le « je crois » pour mieux atténuer la proposition complétive « que le Soleil tourne autour de la Terre ». Le jugement d'apparence est l'assertion rigoureusement certaine d'une incertitude.

La sémantique du jugement d'apparence est en conséquence la plus rudimentaire et la moins exigeante de toutes :

1. J. Vuillemin, « FP », *op. cit.*, p. 27.

> L'apparence assure automatiquement l'adéquation. Ou plutôt elle en fait l'économie. Une action produit ne serait-ce qu'un état donné du sujet, et cet état est ou non propice à l'actualisation du vrai. Une représentation passive est tout ce qu'elle est. Lorsqu'elle renferme l'assentiment, l'apparence ne saurait tromper. Quant à celui qui écoute et doit apprécier un tel énoncé d'apparence, il sait qu'un tel énoncé est vrai si et seulement si son interlocuteur est sincère dans son dire, sans avoir pour autant à partager la croyance que cet interlocuteur lui communique [1].

Il suffit donc à l'interlocuteur d'écouter la confession du locuteur et d'avoir foi en sa parole.

L'ontologie du jugement d'apparence est, selon le mot de Vuillemin, celle des « représentations », terme « ici employé au sens subjectif de *Vorstellung*, non au sens sémantique de *Repräsentation* », c'est-à-dire de la représentation d'un objet par un sujet et non par un autre objet : la représentation est à entendre au sens de l'activité représentative.

Dans le schéma du jugement d'apparence, comme dans celui du jugement de méthode, la subjectivité du locuteur trouve sa place [2], à ceci près que la partie subjective, marquée par des pointillés, n'englobe pas simplement l'individu et l'universel, mais l'espace total de la proposition complétive. Le sujet ne se représente pas un individu comme légat de l'universel, mais une proposition complète. En outre, la flèche en pointillés est inversée par rapport au schéma du jugement de méthode ; dans le jugement d'apparence, le sujet ne construit plus activement l'objet : il est le jouet des représentations qui viennent à lui et qu'il ne peut s'approprier qu'en les thématisant.

La formule algébrique générale du jugement d'apparence est

$$\overline{P(s)} \text{ ou } \overline{\overline{P}(\overline{s})},$$

selon que la proposition complétive soit une proposition ou un jugement de méthode : le sujet ne construit plus seulement le prédicat et l'individu qu'il lui subsume, mais l'énoncé dans sa totalité, parenthèses comprises.

L'exposition des formes de prédication s'achevant ici, nous pouvons résumer en un tableau leurs syntaxes, sémantiques et ontologies respectives (fig. 5.8).

1. J. Vuillemin, *NC*, *op. cit.*, p. 283-284.
2. J. Vuillemin, *WAPS*, *op. cit.*, p. 90.

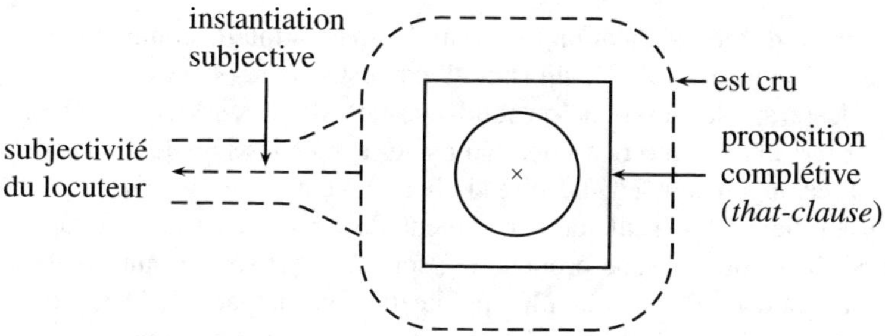

FIGURE 5.7. Schéma du jugement d'apparence par Jules Vuillemin.

Forme de prédication	Syntaxe	Sémantique	Ontologie
prédication pure	phrase nominale	connaissance du langage	idées
prédication substantielle	noms propres + « être »	traçabilité de l'individu	substances sensibles
prédication accidentelle	nombre, aspect, temporalité objective	changements de valeur de vérité	
prédication circonstantielle	temps indexé sur le locuteur, déictiques	accès à l'événement énonciatif	événements
jugement de méthode	invitation à la reconstruction	adéquation entre l'énoncé et l'action	action de la connaissance
jugement d'apparence	verbes d'apparence	confiance	activité représentative

FIGURE 5.8. Syntaxe, sémantique et ontologie des formes de prédication.

DÉDUCTION ARBORESCENTE

La liste des formes de prédication prétend à l'exhaustivité, non par une simple exposition *de facto* intégrale, mais par la garantie d'une « déduction » [1], celle-ci n'étant pas entendue dans un sens formel mais dans le sens

1. J. Vuillemin, « FP », *op. cit.*, p. 23 ; J. Vuillemin, *WAPS*, *op. cit.*, p. 45.

transcendantal d'une justification, qui vaut démonstration de complétude et montre, à chaque nœud de la division, l'exhaustivité des subdivisions.

Le concept que la classification subdivise est celui des assertions. Un premier critère classificatoire est de savoir si les assertions sont des propositions ou des jugements, c'est-à-dire si elles mettent en jeu l'activité du sujet (série réflexive) ou seulement le contenu de son discours (série indicative). Si l'assertion est une proposition, son objet est soit un universel (prédication pure) soit un individu (prédication participative). Dans le second cas, l'individu doit être identifié soit en lui-même (prédication substantielle et accidentelle) soit par rapport à autre chose (prédication circonstantielle). Ainsi se trouve achevée, par récurrence, la déduction de la série indicative.

Pour démontrer la complétude de la série réflexive, Vuillemin distingue les deux fonctions du verbe indo-européen [1], sur lesquelles peut porter la réflexion : l'une assure « l'unité syntactique entre universel et particulier » et l'autre la « fonction sémantique d'assertion » [2], qui pose comme vraie l'unité syntaxique ainsi constituée et qui dans le formalisme de la *Begriffsschrift* correspond à la notation

$$\vdash\!\!-\!\!-$$

Si la série indicative est dogmatique, c'est parce qu'elle conserve indistinctement les deux fonctions du verbe : ses propositions portent tantôt sur le monde intelligible et tantôt sur le monde sensible, mais toujours sur le monde en soi.

La série réflexive, à l'inverse, fait varier au moins l'une de ces deux fonctions. Si l'on fait varier la fonction d'unité syntaxique, on garde la force assertive de l'énoncé en déléguant à l'action de la subjectivité le pouvoir de subsumer le particulier sous l'universel :

> On peut [...] décrire objectivement une action ou une possibilité d'action dont on réfère l'accomplissement à la subjectivité. Dans ce cas, la fonction d'assertion reste invariante ; c'est la fonction d'unité syntaxique qu'on confie [à] l'action de la subjectivité.

1. L'exemple de l'indo-européen n'est pas à comprendre comme une limite ethnocentrique à la généralité du propos. Comme précédemment dans son évocation de la phrase nominale latine, Vuillemin s'appuie sur la généralisation d'une forme dont il suffit qu'il existe une seule attestation. L'exemple de l'indo-européen suffit à montrer que les distinctions mises au jour sont passibles d'une expression linguistique à part entière.

2. J. Vuillemin, *WAPS*, *op. cit.*, p. 79 ; J. Vuillemin, « FP », *op. cit.*, p. 23.

Tel est, nous l'avons vu, le jugement de méthode. Si l'on cède en revanche sur la vigueur de l'assertion – l'unité syntaxique étant conservée, sans préjuger sa nature indicative ou réflexive – on fait alors varier la modalité du jugement, ce qui caractérise le jugement d'apparence. Un tableau peut ainsi résumer la liste des formes de prédication relativement aux deux fonctions du verbe indo-européen, et montre sa complétude (fig. 5.9).

<table>
<tr><td colspan="2" rowspan="2"></td><td colspan="2">Fonction syntaxique</td></tr>
<tr><td>+</td><td>−</td></tr>
<tr><td rowspan="2">Fonction d'assertion</td><td>+</td><td>série indicative</td><td>jugement de méthode</td></tr>
<tr><td>−</td><td colspan="2">jugement d'apparence</td></tr>
</table>

FIGURE 5.9. Les formes de prédication et les fonctions du verbe indo-européen.

Il resterait bien évidemment la possibilité d'aller plus loin que le jugement d'apparence et d'affaiblir jusqu'à l'assertion que renferme sa *certitude* d'être incertain. Mais un tel énoncé, de la forme

$$\overline{\overline{P(s)}} \text{ ou } \overline{\overline{\overline{P}(\overline{s})}},$$

versant dans la fiction, quitte le domaine de l'assertion à proprement parler [1], qu'il s'agissait de classer. La croyance n'est pas une modalité involutive : croire que l'on croit n'est pas savoir. Aussi Vuillemin peut-il déclarer que « la déduction ne peut aller plus loin » [2]. La liste des formes de prédication n'a rien de rhapsodique : elle n'est pas un inventaire empirique, mais, si l'on en croit l'ordre de la déduction vuilleminienne, un arbre composé en chaque nœud de divisions binaires car bivalentes (fig. 5.10).

Mais cette déduction nous paraît demeurer, d'un point de vue strictement classificatoire, insatisfaisante.

Si, à chaque nœud de l'arbre, le caractère *a priori* de la division est en effet hors de doute, ce qui transparaît moins clairement est la nécessité de faire intervenir, à chaque niveau de l'arbre, tel ou tel critère. Si les critères sont comme improvisés au fil de l'arbre, ils permettent certes de classer *a priori* les formes de prédication, mais il s'en faut qu'ils soient eux-mêmes déduits *a priori*. La différence est analogue à celle qu'il y a

1. J. Vuillemin, « FP », *op. cit.*, p. 28 ; J. Vuillemin, *WAPS*, *op. cit.*, p. 79 et 92-94.
2. J. Vuillemin, « FP », *op. cit.*, p. 28.

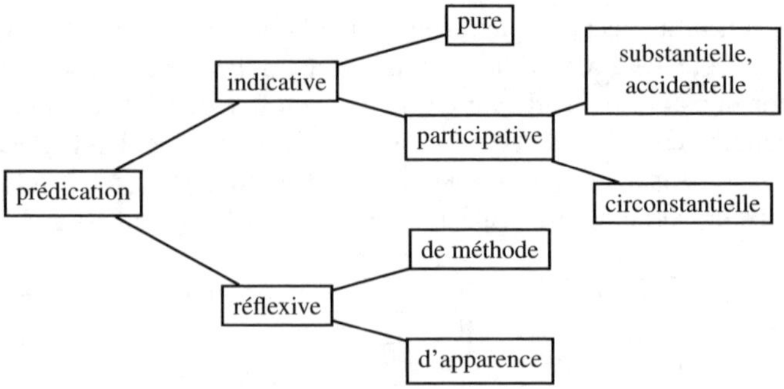

FIGURE 5.10. Présentation arborescente des formes de prédication d'après la déduction de Jules Vuillemin.

pour Dieu à créer le monde « une fois pour toutes » ou à assurer le service après-vente d'une « création continuée » : le créateur de classifications peut, de même, en donner la clef une fois pour toutes, ou choisir, en hôte soupçonneux, d'en ouvrir lui-même les portes une à une. La seconde méthode, souvent plus pédagogique, est conceptuellement moins pure ; elle obscurcit souvent l'*unité* de la classification. Vuillemin en a appelé à une déduction arborescente, mais n'a pas justifié la hiérarchisation des critères que celle-ci induit.

Une autre faiblesse formelle tient à la présentation que Vuillemin donne à sa classification, lorsqu'il choisit de la représenter sous la forme apparente d'un tableau[1]. En s'appuyant sur la version de *Nécessité ou contingence*, on peut lui donner la forme suivante :

	Série indicative	Prédication pure	
Participation		Prédication substantielle	Composite
			simple
		Prédication accidentelle	simple
			composite
		Prédication circonstantielle	
	Série réflexive	Jugements de méthode	
		Jugements d'apparence	

Malgré l'agencement de lignes horizontales et verticales, cette figure n'est en rien un tableau : elle n'est pas le produit d'une combinaison de critères. Elle montre bien plutôt, de gauche à droite, une suite de subsomptions.

1. J. Vuillemin, « FP », *op. cit.*, p. 29 ; J. Vuillemin, *NC*, *op. cit.*, p. 284 ; J. Vuillemin, *WAPS*, *op. cit.*, p. 95.

Il ne s'agit pas davantage d'un arbre : aucune des deux premières colonnes n'est une subdivision stricte de l'autre. La série indicative n'est pas tout entière subsumée sous la participation, puisque la prédication pure refuse de s'y soumettre. On ne pourrait pas davantage inverser les deux premières colonnes : la participation n'est pas l'apanage de la série indicative puisqu'elle comprend la série réflexive.

Le schéma de Vuillemin n'est donc pas plus un tableau qu'un arbre. Que Vuillemin place comme différence suprême celle de la prédication pure ou participative, comme dans le tableau de *Nécessité ou contingence*, ou celle de la série indicative ou réflexive, comme dans « Les Formes fondamentales de la prédication », n'y changera rien ; lorsqu'il choisit de promouvoir la distinction entre les séries indicative et réflexive, il est embarrassé par le caractère transversal que présente la participation [1]. Vuillemin ne semble donc pas avoir trouvé la forme adéquate à sa classification. Ni arbre ni tableau, la classification manque d'*univocité* formelle : on peut tout aussi bien la décrire par un autre arbre (fig. 5.11).

L'exposition et la déduction vuilleminiennes manquant d'*unité* autant que d'*univocité*, nous examinerons si l'on peut, sans altérer ni les critères ni la déduction choisies par Vuillemin, rendre à la classification l'une et l'autre propriétés. Détournons encore Mallarmé : ces présentations « imparfaites en cela que plusieurs, manque la suprême ».

DÉDUCTION TABULAIRE

Notre présentation devra à tout le moins respecter les deux critères que Vuillemin croise : l'opposition des prédications pure et participatives d'une part, celle des prédications indicatives et réflexives de l'autre. Si l'on en reste à combiner ces deux critères, la classification des formes de prédication n'est pas un arbre, mais un tableau à deux dimensions (fig. 5.12).

1. Dans « Les Formes fondamentales de prédication » (p. 29), la classe des énoncés de participation s'appelle « prédication verbale » :

<table>
<tr><td rowspan="3">Série dogmatique</td><td colspan="3">Prédication nominale</td></tr>
<tr><td rowspan="4">Prédication verbale</td><td rowspan="2">objective</td><td>Substantielle et accidentelle</td></tr>
<tr><td>Circonstantielle</td></tr>
<tr><td rowspan="2">Série subjective</td><td rowspan="2">subjective</td><td>Instructions (méthodes)</td></tr>
<tr><td>Apparences</td></tr>
</table>

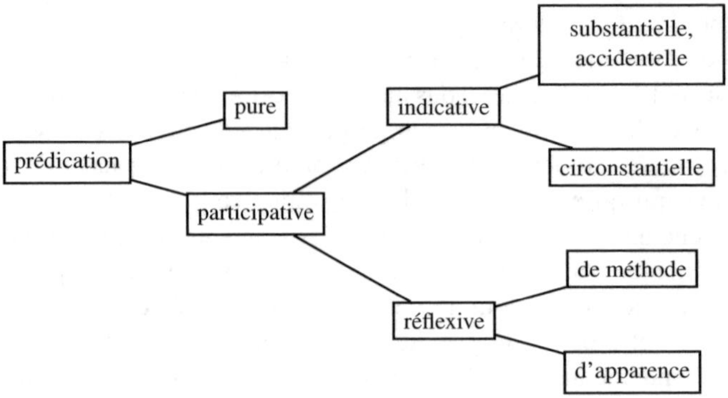

FIGURE 5.11. Deuxième présentation arborescente des formes de prédication d'après Jules Vuillemin.

	pureté	participation
proposition	prédication pure	prédication substantielle prédication accidentelle prédication circonstantielle
jugement	∅	jugement de méthode jugement d'apparence

FIGURE 5.12. Tableau bidimensionnel des critères de participation et de subjectivité des formes de prédication.

Cette présentation ne saurait nous satisfaire pleinement. Elle maintient en effet deux ambiguïtés fort dommageables : elle confond d'une part les prédications substantielle, accidentelle et circonstantielle, de l'autre les jugements de méthode et d'apparence. Le grain est encore trop gros.

Recourir à un troisième critère, demeuré implicite, permettra de l'affiner. La prédication pure, la prédication accidentelle élémentaire et le jugement de méthode ont pour point commun d'utiliser le particulier comme occurrence d'un universel qui le dépasse : elles utilisent l'objet pour s'élever à l'universel. La prédication pure en est évidemment le cas le plus radical, puisqu'elle progresse d'un universel à un universel encore plus large ; mais la prédication accidentelle élémentaire utilise également la substance corruptible comme un moyen de rejoindre le prédicat qui la dépasse et qui résiste au temps ; et le jugement de méthode ne construit un individu que pour montrer l'universel dont il est le légat. Dans ces formes de prédication, le particulier, qu'il soit lui-même universel ou individuel, n'est pas une fin mais un moyen. Le but est une connaissance de l'universel, possible et légitime : une connaissance que Vuillemin n'hésite pas, s'agissant de la prédication accidentelle élémentaire, à appeler *a priori* [1].

À l'inverse, la prédication substantielle élémentaire, la prédication circonstantielle et le jugement d'apparence ont pour point commun de montrer la variabilité de l'universel par rapport au particulier. La prédication substantielle élémentaire montre que seule la substance est pérenne et que les accidents sont si volatils qu'ils n'en permettent pas une connaissance éternelle. La prédication circonstantielle montre la dépendance de la prédication par rapport, non seulement au temps, mais à l'ensemble des circonstances énonciatives. Et le jugement d'apparence révèle la volatilité d'une assertion dépendant d'une opinion variable. Limitant la connaissance à des cas ponctuels, ces formes de prédication remettent en cause le caractère universel de la connaissance : l'universel n'est pas un but, mais un simple moyen pour connaître l'individuel. Ces formes de prédication sont *a posteriori*.

Le critère de l'aprioricité et de l'aposterioricité distingue ainsi ce que la combinatoire des deux autres critères confond. On peut alors proposer de croiser trois critères : 1. la pureté ou l'individualité de l'objet, 2. le caractère *a priori* ou *a posteriori* de la connaissance, 3. l'usage de propositions ou de jugements. Il n'y a plus d'ambiguïté qu'entre les prédications substantielle élémentaire et circonstantielle, que l'on sait indissociables (fig. 5.13).

Il reste à rendre compte des trois cases vides de notre tableau tridimensionnel. D'abord, il n'y a pas de connaissance universelle *a posteriori*, puisque l'universel est, par définition, *a priori*, et qu'il n'y a de connaissance de l'individu qu'*a posteriori*. Deux cases sont donc vides : celle de la proposition universelle *a posteriori* et du jugement universel *a posteriori*. Il ne peut exister non plus de jugement universel *a priori*, car la connaissance de l'universel en et par lui-même se veut objective et éternelle, c'est-à-dire indépendante des conditions d'accès subjectives et temporelles ; raison qui fait une seconde fois obstacle à l'hypothèse d'un jugement universel *a posteriori*. À nos trois critères, nous pouvons donc joindre deux axiomes : 1. la pureté implique l'aprioricité ; 2. la pureté implique l'usage de propositions. Chacun de ces deux axiomes grise deux cases du tableau, dont une en commun.

1. J. Vuillemin, *WAPS*, *op. cit.*, p. 55.

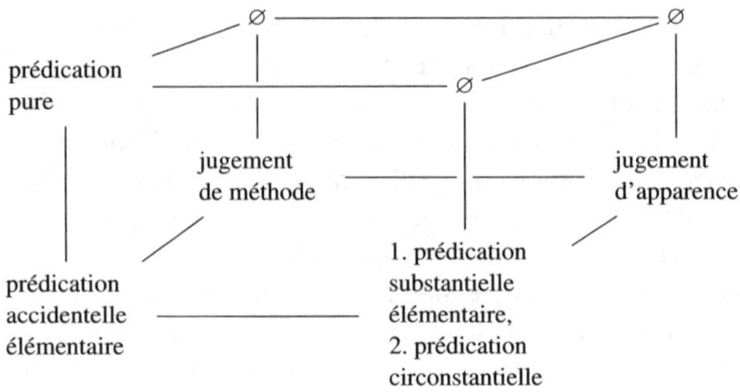

FIGURE 5.13. Classification tabulaire des formes de prédication.
Faces supérieure/inférieure : pureté/participation.
Faces de gauche/de droite : *a priori*/*a posteriori*.
Faces avant/arrière : série indicative/série réflexive.

Ainsi présentée, la classification des formes de prédication recouvre à la fois l'*unité* perdue – tous les critères classificatoires sont déterminés à l'avance, plutôt qu'au fil de l'arbre – et l'*univocité* – toutes ses ambiguïtés peuvent être résolues en une forme unique. Le tableau tridimensionnel est la classe d'équivalence des deux formes arborescentes que Vuillemin a données à sa classification, ainsi que de celles qu'il n'a pas mises au jour [1]. Il élimine l'arbitraire hiérarchisation des critères à laquelle se résout de manière insatisfaisante chacune de ces formes, en montrant le schéma unitaire, non hiérarchisé, dont elles procèdent.

La table des catégories de Jules Vuillemin est donc, comme celle d'Aristote [2], réductible à un tableau : en grisant les cases reconnues vides *a priori*, on en engendre la liste complète.

1. Chacune des vues arborescentes possibles d'un tableau correspond à un arrangement sans répétition des critères qui l'engendrent. Nos trois critères sont 1. la pureté ou l'individualité de l'objet, 2. le caractère *a priori* ou *a posteriori* de la connaissance, 3. l'usage de propositions ou de jugements. Vuillemin utilise dans l'arbre 5.10 (p. 226) l'ordre « 3-1-2 », dans l'arbre 5.11 (p. 228) l'ordre « 1-3-2 ». On peut mécaniquement déduire les arbres correspondant aux quatre arrangements restants.

2. J. Vuillemin, *De la Logique à la théologie*, *op. cit.*, 2e étude, notamment p. 55 *sq.*. Le parallélisme peut d'ailleurs être poussé plus loin : on pourrait rapprocher assez précisément la classification des formes de prédication et la théorie des prédications substantielle et accidentelle exposée dans le livre sur Aristote, notamment p. 38 *sq.*, 55 *sq.* et 227-228.

CHAPITRE II

LES SYSTÈMES PHILOSOPHIQUES

DE L'ARCHITECTONIQUE À L'AXIOMATIQUE

Dialogue avec l'idéalisme allemand

Valant immédiatement classification des ontologies, la « table des catégories » qu'est pour Vuillemin la classification des formes de prédication lui sert de fil d'Ariane pour la classification des systèmes philosophiques.

En quel sens faut-il d'abord entendre ce mot de système ? Vuillemin rapporte la systématicité aux principes inconditionnés que pose la raison :

> Appelons raison la faculté de poser ou d'élire des principes inconditionnés, quelle que soit leur détermination matérielle. La philosophie, dès son origine, fut un système. Elle le fut parce qu'elle donnait libre cours à l'essor de la raison [1].

On reconnaîtra ici la définition kantienne : « j'entends par système l'unité de diverses connaissances sous une idée. Cette idée est le concept rationnel de la forme d'un tout, en tant que c'est en lui que sont déterminées *a priori* la sphère des éléments divers et la position respective des parties » [2]. Si Vuillemin fut l'un des premiers en France à débattre avec la philosophie analytique, dont il admirait le dialogue avec la science et le recours à un attirail logique précis, il se défiait de la « scolastique de la

1. J. Vuillemin, *NC*, *op. cit.*, p. 285.
2. I. Kant, *KRV*, *op. cit.*, A 311/B 367, AK III 244.

logique » qui l'accompagnait souvent et qu'il voyait comme des « symptômes de décadence »[1]. Aussi n'a-t-il jamais rompu le dialogue avec la tradition philosophique, accordant aussi peu de prix que Gilles-Gaston Granger à la distinction entre « philosophie analytique » et « philosophie continentale »[2].

Comme celle de Kant, la conception vuilleminienne des systèmes philosophiques est indissociable d'une théorie des facultés, qu'expose en toute généralité *What Are Philosophical Systems*. Les philosophes élisent un principe inconditionné sous lequel ils subsument l'ensemble du réel. Ils sont la – ou plutôt les – voix de la raison. La systématisation est totalisation d'une pluralité sous un principe. Dès l'apparition de la philosophie en Grèce, les philosophes ont reconduit le réel à un principe unique : l'eau ou d'autres « causes matérielles », atomes, nombres, éléments, etc.[3]

Malgré l'hostilité que Vuillemin a tôt et définitivement exprimée à l'égard de Hegel[4], celui-ci n'eût pas renié son récit de la première philosophie grecque. Comme Hegel, Vuillemin fait étroitement dépendre la *systématicité* de l'unicité du *principe* que privilégie chaque doctrine. Et comme Hegel, Vuillemin lit les débuts de la philosophie comme une élévation depuis des principes matériels jusqu'à des principes intellectuels. Vuillemin partage également avec Hegel le soin de lier une analyse historique détaillée – et, autant que possible, de première main – à une déduction *a priori*. Hegel part toujours de la parole même des philosophes pour en induire la structure systématique et, de là, s'élever au plan général de l'histoire de la philosophie. De manière analogue, Vuillemin recourt dans les trois premières parties de *Nécessité ou contingence* à la méthode « analytique », examen patient de chaque système et extraction de sa structure, avant de passer dans la quatrième partie au point de vue « synthétique » en déduisant *a priori* les divergences précédemment constatées[5].

1. Entretien au journal *Le Monde*, 5 mars 1984.

2. É. Schwartz, « Le Sens et la portée de l'idéalisme allemand dans la philosophie de Jules Vuillemin », *Revue d'Auvergne*, vol. 585, 2007 ; G.-G. Granger, « Analyse des œuvres, analyse d'idées », dans, Paris, Vrin, 1997.

3. J. Vuillemin, *NC*, *op. cit.*, p. 284-285 ; J. Vuillemin, *WAPS*, *op. cit.*, p. 100-101.

4. J. Vuillemin, *La Philosophie de l'algèbre. I. Recherches sur quelques concepts et méthodes de l'Algèbre moderne*, Paris, P.U.F., 1962, p. 159 et p. 285-286 ; J. Vuillemin, « Perspective de la philosophie », *Janus*, vol. 4, 1964, p. 107 ; J. Vuillemin, *Le Dieu d'Anselme et les apparences de la raison*, Paris, Aubier, 1971, p. 5 ; J. Vuillemin, « Poincaré's Philosophy of Space », *Synthese, An International Journal for Epistemology, Methodology and Philosophy of Science*, vol. 24, 1972, p. 177 ; J. Vuillemin, *WAPS*, *op. cit.*, p. 106.

5. J. Vuillemin, *NC*, *op. cit.*, p. 7-12 et p. 273-275.

Vuillemin comme Hegel ont porté un soin particulier à respecter l'histoire de la philosophie non moins que la rigueur conceptuelle, montrant en ceci une meilleure connaissance que Kant et Cousin des œuvres du passé, et un esprit de système plus achevé que Cousin et Renouvier.

Ce n'est donc pas sur les notions de *principe* et de *systématicité* que Vuillemin s'écarte le plus de Hegel, mais sur le troisième pilier de l'histoire hegelienne de la philosophie qu'est la *dialectique* : ici le différend devient radical. Le jeune Vuillemin avait fait sienne la dialectique : les articles sur Nietzsche, Dilthey, Marx, Hartmann et Sartre, ainsi que *L'Héritage kantien*, passent systématiquement par une comparaison avec Hegel [1]. Vuillemin a poussé la dialectique jusqu'à, un temps, se vouloir marxiste ; il s'en est repenti. Dans son dernier manuscrit inédit, *Être et choix*, Vuillemin rendra compte en termes structuraux de son passé kantien [2] ; mais son passé marxiste ne semble pas passible d'une explication autre que génétique, en termes de « mode » et d'« opinion » [3]. La

1. J. Vuillemin, « La Mort dans la philosophie de Hegel », *Revue philosophique de la France et de l'étranger*, avr. 1947 ; J. Vuillemin, *Le Sens du destin*, en collaboration avec Louis Guillermit, Neuchâtel, Éditions de la Baconnière, 1948, chap. 4 à 7 ; J. Vuillemin, « La Dialectique négative dans la connaissance de l'existence. Note sur l'épistémologie et la métaphysique de Nikolaï Hartmann et de Jean-Paul Sartre », *Dialectica*, vol. 13, 1950 ; J. Vuillemin, « Le Monde de l'esprit selon Dilthey », *Revue philosophique de la France et de l'étranger*, oct. 1950, p. 518-519 ; J. Vuillemin, « Nouvelles traductions de Marx. Recension de la *Correspondance Fr. Engels–K. Marx et divers*, publié par F. A. Sorge », *Les Temps modernes*, vol. 59, sept. 1950, p. 549-550 ; J. Vuillemin, « Nietzsche aujourd'hui », *Les Temps modernes*, vol. 67, mai 1951, notamment p. 1948-1950 : Nietzsche serait encore plus hegelien que Hegel lui-même ; J. Vuillemin, *L'Héritage kantien et la révolution copernicienne. Fichte, Cohen, Heidegger*, Paris, P.U.F., 1954, p. 1-5.

2. J. Vuillemin, *Être et choix. Éléments de philosophie réaliste*, Archives Henri-Poincaré, Nancy, chap. 1, p. 42.

3. J. Vuillemin, *Trois Histoires de guerre*, Besançon, Cêtre, 1992, « Louis Tissot : aspirant », p. 19-20 : « Louis [...] me demanda mon sentiment sur le socialisme et sur Marx. / Je lui répondis que je n'en pensais pas grand bien. [...] Plus tard, dans les années d'après-guerre, je revins un moment sur mon jugement d'alors. En me reprochant ma réponse à Louis, je déguisais en scrupules d'impartialité ma complaisance à l'opinion. À présent, à presque cinquante ans de distance, toute mon expérience confirme mon premier sentiment. Une mode a chassé l'autre et leur inconstance a complètement discrédité les conformités successives ». *Cf.* également J. Vuillemin, *Le Miroir de Venise*, Paris, Julliard, 1965, p. 48. Le marxisme de Vuillemin transparaît dans J. Vuillemin, « Nouvelles traductions de Marx. Recension de la *Correspondance Fr. Engels–K. Marx et divers*, publié par F. A. Sorge », *op. cit.* ; J. Vuillemin, « La Psychologie industrielle au niveau du *Capital* de Marx », *Cours de l'année universitaire 1951-1952 (Psychologie de la vie sociale), Université de Clermont-Ferrand*, 1952.

Philosophie de l'algèbre manifeste à l'égard de Hegel une relation ambivalente : si Vuillemin dénonce l'« empirisme larvé » de la dialectique et montre que la conception réductrice des mathématiques qui l'accompagne « pourra, à juste titre, faire dresser les cheveux » [1], c'est paradoxalement pour mettre au jour un processus dialectique dans l'histoire des mathématiques depuis Galois ; comme l'a montré Élisabeth Schwartz, la thèse pourtant « contraire à l'inspiration hegelienne » d'une dialectique de l'histoire des mathématiques cache une « puissante présence hegelienne » héritée de Cavaillès [2]. Vuillemin est alors loin d'écrire, comme il en saisira ensuite l'occasion à plusieurs reprises, que le retour du hegelianisme aurait paradoxalement pour effet de nous jeter dans les bras de l'atomisme logique [3].

L'architectonique de Martial Gueroult

Gueroult semble avoir joué dans cette rupture, qui daterait des années clermontoises, un rôle déterminant ; Gueroult qui, selon Vuillemin, serait revenu du hegelianisme [4]. De celui à qui il ne cessa de rendre allégeance,

1. J. Vuillemin, *La Philosophie de l'algèbre*, *op. cit.*, respectivement p. 285 et p. 159.

2. É. Schwartz, « Histoire des mathématiques et histoire de la philosophie chez Jules Vuillemin », dans *Philosophie des mathématiques et théorie de la connaissance. L'Œuvre de Jules Vuillemin*, Paris, Albert Blanchard, 2005, p. 23 ; É. Schwartz, « Jean Cavaillès (1903-1944) », *op. cit.*, p. 320 ; É. Schwartz, « Le Sens et la portée de l'idéalisme allemand dans la philosophie de Jules Vuillemin », *op. cit.*, p. 122.

3. J. Vuillemin, « Perspective de la philosophie », *op. cit.*, p. 107. *Cf.* également J. Vuillemin, *Le Dieu d'Anselme*, *op. cit.*, p. 5 : « on ne peut tenir pour des succès des restaurations ambiguës [de l'argument ontologique] comme celle de Hegel » ; J. Vuillemin, « Poincaré's Philosophy of Space », *op. cit.*, p. 312 : « La reviviscence récente de Hegel nous invite à reconsidérer l'atomisme logique avec bienveillance et avec des arguments plus solides » ; J. Vuillemin, « De la Philosophie analytique à l'idée d'un système critique », dans *Ist systematische Philosophie möglich ? Stuttgarter Hegel-Kongreß 1975*, Bonn, Bouvier Verlag Herbert Grundmann, 1977, p. 327-333.

4. J. Vuillemin, *Le Miroir de Venise*, *op. cit.*, p. 52 *sq.* J. Vuillemin, « Martial Gueroult † 13.8.1976 : I. Fichte », *Archiv für Geschichte der Philosophie*, vol. 59, nº 3, 1977, p. 290, 292-293 ; J. Vuillemin, « Notice nécrologique : Gueroult (Martial) », dans *Association amicale des anciens élèves de l'École Normale Supérieure*, Paris 1977, p. 61 ; J. Vuillemin, « Guillermit et Kant », dans *Louis Guillermit, historien de la philosophie. In memoriam*, Aix-en-Provence, Université de Provence, 1986, p. 55-57 ; J. Vuillemin, « Introduction », dans L. Guillermit, *L'Élucidation critique du jugement de goût selon Kant*, Paris, Éditions du CNRS, 1986.

Vuillemin garda la méthode structurale d'histoire de la philosophie [1], qu'il enrichit pour sa part de l'étude des sciences, à commencer par la mathématique [2].

La méthode était pourtant déjà en germe dans les premiers textes de Vuillemin. Dès l'article de 1951 « Nietzsche aujourd'hui », il énonçait « quelques règles de l'interprétation historique » dont le dernier Vuillemin n'eût pas eu à rougir :

— Partir de l'ordre et de l'importance des textes tels qu'ils sont *pour l'auteur*, non tels qu'ils sont *pour nous*. [...]

— Supposer, chez l'auteur qu'on veut comprendre, le maximum de cohérence ; ne jamais partir de contradictions apparentes comme étant des contradictions dernières [...] ; chaque fois qu'on rencontre une difficulté, chercher si l'auteur ne l'a pas résolue et s'accuser soi-même avant d'accuser l'auteur.

— Examiner les problèmes qu'un écrivain s'est posés à la lumière de *son* propre devenir ; [...] considérer le devenir d'une pensée comme un tout organique. Il n'y a pas d'accident dans la pensée d'un philosophe qui mérite ce nom [3].

Vuillemin n'a donc pas attendu Gueroult pour rêver d'une méthode objective d'histoire de la philosophie : mais la méthode architectonique de Gueroult lui en a donné les outils systématiques, que résume celle des deux maximes de *Physique et métaphysique kantiennes* que Vuillemin n'a jamais reniée : « une connaissance historique de la philosophie kantienne peut être absolument rigoureuse et objective ; l'histoire de la philosophie peut être une science » [4].

1. J. Vuillemin, *L'Héritage kantien*, *op. cit.* ; J. Vuillemin, *Leçon inaugurale, faite le mercredi 5 décembre 1962 par M. Jules Vuillemin, Professeur. Collège de France, Chaire de Philosophie de la connaissance*, 1963, p. 25-28 ; J. Vuillemin, « Martial Gueroult † 13.8.1976 : I. Fichte », *op. cit.* ; J. Vuillemin, « Notice nécrologique : Gueroult (Martial) », *op. cit.* ; J. Vuillemin, « Guillermit et Kant », *op. cit.* ; J. Vuillemin, « Introduction », *op. cit.* ; J. Vuillemin, « Les Philosophes et la pluralité des disciplines », dans *Annales 1992-1993*, Neuchâtel, Université de Neuchâtel, 1993, p. 167.

2. J. Vuillemin, *Le Miroir de Venise*, *op. cit.*, p. 48 ; J. Vuillemin, « Les Philosophes et la pluralité des disciplines », *op. cit.*, p. 167. Le rapprochement entre les formes de rationalité de la philosophie et des mathématiques trouvera sa pleine expression dans la *Philosophie de l'algèbre*, dont le second tome, inédit, est conservé dans le fonds Jules-Vuillemin des Archives Henri-Poincaré de Nancy.

3. J. Vuillemin, « Nietzsche aujourd'hui », *op. cit.*, p. 1945-1946.

4. J. Vuillemin, *Physique et métaphysique kantiennes*, Paris, P.U.F., 1987, p. 2. En 1955, Vuillemin avance un second postulat, qu'il ne soutient plus dans l'édition de 1987 : « la philosophie est elle-même une science ».

La *Philosophie de l'histoire de la philosophie* à laquelle aboutit Gueroult, publiée à titre posthume [1], fut pourtant loin de soulever chez Vuillemin un enthousiasme comparable à celui qu'avait suscité la méthode structurale. Après avoir retracé l'« histoire de l'histoire de la philosophie » [2], Gueroult s'était en effet efforcé de penser à la fois le caractère éternel de chaque système pris isolément et la temporalité de leur succession. Victor Goldschmidt, Louis Guillermit et Élisabeth Schwartz ont montré ce que la « dianoématique » de Gueroult devait à l'ambition kantienne d'une paix perpétuelle en philosophie [3]. Gueroult en vient à distinguer autant de « réels » qu'il y a de systèmes philosophiques, tous distincts du « réel commun » qu'ils prétendent refléter [4]. Comme l'écrit Bernard Bourgeois, « ces mondes autosuffisants, monadiques, que sont les systèmes philosophiques ne sont pas soumis à une organisation monadologique qu'un savoir absolu suprême et unique pourrait alors maîtriser » [5]. Un système ne peut être jugé que par et pour lui-même, autonomie radicale qui rappelle celle de l'œuvre d'art.

Mais cet idéal de paix est celui de la Société des Nations : il réduit l'idéal de paix à une simple absence de guerre. Les systèmes deviennent des absolus existant de manière autonome, que l'on ne saurait comparer en terrain neutre. C'est ainsi avec une nuance de regret ou de déception que Vuillemin commente en 1993 la paix faible à laquelle aboutit l'« l'idéalisme radical » de son maître :

> Discipline particulière dans la philosophie, l'histoire de la philosophie conduit à une constatation à première vue décourageante : celle du désaccord entre les philosophes. Gueroult s'accommodait de ce désaccord. Il

1. M. Gueroult, *Dianoématique, livre II. Philosophie de l'histoire de la philosophie*, Paris, Aubier-Montaigne, 1979.

2. M. Gueroult, *Histoire de l'histoire de la philosophie I*, *op. cit.* ; M. Gueroult, *Histoire de l'histoire de la philosophie II*, *op. cit.* ; M. Gueroult, *Dianoématique, livre I. Histoire de l'histoire de la philosophie, 3. En France, de Condorcet à nos jours*, Paris, Aubier, 1988.

3. V. Goldschmidt, « Martial Gueroult † 13.8.1976 : IV. La dianoématique », *Archiv für Geschichte der Philosophie*, vol. 59, n° 3, 1977 ; L. Guillermit, « Martial Gueroult † 13.8.1976 : III. Kant », *Archiv für Geschichte der Philosophie*, vol. 59, n° 3, 1977, p. 303 ; É. Schwartz, « Louis Guillermit : les travaux publiés sur Kant », dans *Louis Guillermit, historien de la philosophie. In memoriam*, Aix-en-Provence, Université de Provence, 1986, p. 35 ; É. Schwartz, « Le Sens et la portée de l'idéalisme allemand dans la philosophie de Jules Vuillemin », *op. cit.*, p. 111.

4. M. Gueroult, *Philosophie de l'histoire de la philosophie*, *op. cit.*, p. 104.

5. B. Bourgeois, « L'invention philosophique : de l'idéalisme absolu de Hegel à l'idéalisme radical de Gueroult ? », dans *Comment écrire l'histoire de la philosophie ?*, Paris, P.U.F., 2001, p. 192.

> regardait les philosophies comme autant d'idées ou de monuments, dont chacun obéit à un plan singulier d'architecte et forme système en vertu des moyens de preuve spécifiques qu'il utilise. L'irréductible variété des philosophies s'explique, en fin de compte, par la diversité dans le choix de ces moyens de preuve [1].

Si la diversité des moyens de preuve engendre celle des systèmes, il ne s'ensuit pas que cette diversité soit le « mauvais infini » d'un inventaire de « et aussi » qui se termine par un « *et cætera* ». Qui nous dit que les moyens de preuve sont en nombre indéfini ? On pourrait envisager de réduire les systèmes à un nombre fini de classes :

> Les philosophes se contredisent certes les uns les autres en faisant dépendre leurs systèmes de principes qui s'opposent. Mais l'un trouve contradictoire le système de l'autre parce qu'il y déduit une conséquence incompatible avec ses propres principes, rejetés par son adversaire. Si l'on examinait ce genre de principes, on parviendrait peut-être à répartir les philosophies en un petit nombre de classes entre lesquelles il nous serait demandé de choisir.

Vuillemin sait gré à Gueroult de l'avoir « libéré » de la dialectique, qui intègre les systèmes dans une structure considérée comme extrinsèque, et de l'avoir éveillé à l'analyse interne et objective des systèmes philosophiques. Mais il n'a jamais séparé les systèmes au point de rendre impossible leur comparaison.

Le rationalisme de Vuillemin s'écarte finalement autant de Gueroult que de Hegel : Élisabeth Schwartz suggère de l'appeler, « plutôt qu'absolu, et plutôt que "radical", comme l'avait proposé, contre Hegel, Gueroult, "axiomatique" ou "élémentaire" » [2]. Contre Hegel, Vuillemin refuse la traduction de systèmes distincts en un système unique ; mais contre Gueroult, il rejette tout autant l'autocensure par laquelle l'historien de la philosophie se condamne à la monographie [3]. C'est dans l'histoire des mathématiques et l'axiomatique que Vuillemin trouve le remède commun à l'idéalisme absolu et à l'idéalisme radical.

1. J. Vuillemin, « Les Philosophes et la pluralité des disciplines », *op. cit.*, p. 167-168.
2. É. Schwartz, « Histoire des mathématiques et histoire de la philosophie chez Jules Vuillemin », *op. cit.*, p. 12.
3. B. Bourgeois, « L'invention philosophique : de l'idéalisme absolu de Hegel à l'idéalisme radical de Gueroult ? », *op. cit.*, p. 195.

L'axiomatique

Comme Hegel, Vuillemin reconnaît que la pluralité des systèmes philosophiques engendre naturellement une dialectique dont Zénon d'Élée fut l'inventeur : le rejet des principes opposés se transforme en volonté de les surmonter, c'est-à-dire d'expliquer le point de vue adverse et par là de « sauver les phénomènes » [1]. Mais à la différence de Hegel, Vuillemin reconnaît l'existence de *plusieurs* dialectiques : chacune sauve un principe en surmontant les points de vue de ses adversaires. Tel est le « pluralisme » de Vuillemin, qui n'a pas tant récusé que démultiplié la dialectique : il existe une dialectique *par* classe de systèmes philosophiques. Le vrai n'est pas le tout [2].

À la dialectique, Vuillemin a substitué l'axiomatique. Apparues simultanément en Grèce [3], philosophie et mathématique pure sont jumelles : toutes deux reposent sur la définition rigoureuse d'entités élémentaires et sur l'explicitation stricte de règles de construction appliquées sous le contrôle de la logique. Interprétée, à ses débuts, comme l'était la géométrie grecque, l'axiomatique philosophique peut ensuite au moins localement devenir formelle ; c'est ce qu'atteste le traitement par Vuillemin de l'argument Dominateur. Telle est la raison à la fois du vif intérêt de Vuillemin pour la philosophie analytique et de son rejet de la dialectique hegelienne : le motif héraclitéen du devenir comme unité d'opposés, « répété *ad nauseam* par les hegeliens et les marxistes », résulte d'une pure et simple « confusion entre la contradiction logique et l'opposition factuelle ou le conflit » [4]. Contre les hegeliens, à défaut de se prononcer sur Hegel lui-même [5], Vuillemin fait valoir la distinction kantienne entre

1. J. Vuillemin, *NC*, *op. cit.*, p. 285-287 et 304.

2. J. Vuillemin, *WAPS*, *op. cit.*, p. 130 : la classification « exclut un mythe populaire qui identifie le vrai à la totalité, concept vraisemblablement incohérent ». *Cf.* également J. Vuillemin, « Un Français peut-il encore comprendre les philosophes d'outre-Manche ? », *Les Études philosophiques*, vol. 1, nº 112, 2015, p. 19.

3. J. Vuillemin, *WAPS*, *op. cit.*, p. 100. Comme le fait remarquer Thomas Bénatouïl en s'appuyant sur des inédits conservés dans le fonds Jules-Vuillemin, les textes publiés sur ce sujet sont à lire « moins comme des réécritures logiques de l'histoire de la pensée antique que comme des présentations didactiques », Vuillemin ayant été conscient du caractère progressif du passage du mythe à la science. Voir T. Bénatouïl, « La naissance des systèmes philosophiques dans l'Antiquité », *op. cit.*, p. 88.

4. J. Vuillemin, *WAPS*, *op. cit.*, p. 106.

5. Élisabeth Schwartz a fait observer que Vuillemin, dans son livre sur Russell, rejetait davantage le hegelianisme anglais que la pensée de Hegel lui-même : *cf.* É. Schwartz, « Le

l'opposition (*Entgegensetzung*) logique, ou contradiction au sens propre, et l'opposition réelle (*real*) [1] : l'axiomatique exclut la dialectique.

L'axiomatique joue également un autre rôle : elle fournit à Vuillemin le levier d'une comparaison méthodique des systèmes philosophiques, comme l'illustre encore l'utilisation de l'argument de Diodore Kronos dans *Nécessité ou contingence*. L'axiomatique permet de mettre au jour la contradiction que contient un certain ensemble d'axiomes ; elle contraint de ce fait tout philosophe soucieux de cohérence à nier l'un d'entre eux, ce qui engendre du même coup autant de classes de systèmes philosophiques qu'il y a d'axiomes — de même que les systèmes d'équations linéaires ne deviennent cohérents qu'une fois supprimées les équations surnuméraires. Il y a donc chez Vuillemin une véritable fécondation de l'architectonique par l'axiomatique. Dans une conférence oxfordienne, il n'hésite pas à associer l'histoire structurale de la philosophie à l'idée de philosophie analytique, celle-là fournissant même le guide pour étudier celle-ci, comme le montre l'application de la méthode de Gueroult à la philosophie russellienne [2]. Cette architectonique axiomatique rejette la dialectique au profit d'un pluralisme.

Comme Cavaillès dans *Méthode axiomatique et formalisme*, Vuillemin considère l'axiomatique non comme le bras armé d'un formalisme radical réduisant toute pensée à de simples manipulations syntaxiques mais comme un moyen d'expression privilégié de la rationalité [3]. Toutefois, plutôt que d'inscrire après Cavaillès l'axiomatique dans l'histoire dialectique d'une pensée thématisant sa propre activité, Vuillemin l'utilise avant tout pour engendrer la géographie des conflits rationnels possibles.

Sens et la portée de l'idéalisme allemand dans la philosophie de Jules Vuillemin », *op. cit.*, p. 115. Le cas est également flagrant dans plusieurs autres textes, en 1964 comme en 1986 : voir J. Vuillemin, « Perspective de la philosophie », *op. cit.*, p. 107 ; J. Vuillemin, *WAPS*, *op. cit.*, p. 106.

1. I. Kant, *Essai pour introduire en philosophie le concept de grandeur négative*, Paris, Vrin, 1991, AK II 171 *sq.*

2. J. Vuillemin, « Un Français peut-il encore comprendre les philosophes d'outre-Manche ? », *op. cit.*, p. 19 et 21. *Cf.* aussi B. Mélès, « Un Français peut-il encore comprendre les philosophes d'outre-Manche ? Présentation », *Les Études philosophiques*, vol. 1, n° 112, 2015, p. 14. Gueroult, quant à lui, n'avait que dédain pour Russell en tant qu'historien de la philosophie : « Ces 900 pages ne méritent guère qu'on s'y attarde. Chaque chapitre, pris un à un, brille par son indigence » (M. Gueroult, « Deux histoires de la philosophie », *Revue Philosophique de la France et de l'étranger*, vol. 144, 1954, p. 420).

3. J. Cavaillès, *Méthode axiomatique et formalisme. Essai sur le problème du fondement des mathématiques*, Paris, Hermann, 1981, p. 21, 43-44, 164-165, 182. *Cf.* également H. Benis Sinaceur, *Cavaillès*, *op. cit.*, p. 50-51.

Reste à fonder ce pluralisme dans une classification, dont seule la méthode synthétique peut prouver la complétude. C'est à cette fin que Vuillemin déduit la classification des systèmes philosophiques de la classification des formes de prédication qui lui tient lieu de table des catégories. Comme Renouvier, mais sans doute indépendamment de lui [1], c'est à une table des catégories que Vuillemin adosse sa classification des systèmes philosophiques.

Des formes de prédication aux systèmes

Dans le premier chapitre, « phénoménologique », de *What Are Philosophical Systems*, Vuillemin diagnostique sous le nom de « principe de Helmholtz » notre tendance à ériger nos sensations en propriétés objectives des choses. Ce principe de Helmholtz connaît une nouvelle application, à un niveau de complexité supérieur, avec les formes de prédication, qui nous permettent de communiquer les données du monde sensible [2]. Nous tendons en effet à ne pas considérer les formes de prédication comme de simples manières de communiquer notre vécu, mais comme exprimant la structure du monde : de catégories de langue, elles deviennent catégories de pensée et même catégories de l'être. Comme la phénoménologie, la grammaire incline à l'ontologie.

De même que le sens commun mobilise indifféremment toutes les formes de prédication, selon les aspects du réel qu'il veut mettre en valeur, de même a-t-on tendance à agglutiner plusieurs ontologies – d'idées, de substances sensibles, d'événements, d'actions de la connaissance, de

1. Vuillemin a-t-il étudié Renouvier ? Dans ses cours du Collège de France, Jacques Bouveresse pense qu'il s'y serait peu intéressé ; pourtant le jeune Vuillemin s'y réfère dans *Le Sens du destin* (J. Vuillemin, *Le Sens du destin*, *op. cit.*, p. 44-45 et 154) et lui consacre une notice dans le recueil *Les Philosophes célèbres* (J. Vuillemin, « Renouvier, Charles (1815-1903) », *op. cit.*, p. 44-45 et 154). À la même époque, il envisage les conditions d'un amendement du criticisme (J. Vuillemin, *Physique et métaphysique kantiennes*, *op. cit.*, Préface, p. 2-3) et s'interroge, comme Renouvier, sur les conclusions que le criticisme doit tirer des géométries non euclidiennes ; bien des années plus tard, il évoquera, après Renouvier, la vertu soporifique de l'éclectisme sur la raison (*cf. supra*, p. 177). Rien n'indique pour autant que Vuillemin ait eu conscience du fait que Renouvier appuie sa classification sur la table des catégories ; sans doute n'a-t-il vu en lui qu'un classificateur *a posteriori*.

2. J. Vuillemin, *WAPS*, *op. cit.*, p. 32-34 et 96.

représentations. Ainsi va le mythe, « rapiéçant des bouts, sans s'inquiéter du disparate »[1] : il est le sens commun promu ontologie.

Avec l'axiomatique advint en Grèce l'exigence, en mathématiques comme en philosophie, d'un contrôle tant sur les objets constitutifs de l'ontologie que sur leurs règles de construction. Les géomètres n'acceptent d'objets que ceux qu'ils ont définis, de règles de construction que celles qu'ils ont explicitement autorisées dans les axiomes et postulats, de règles de déduction que cautionnées par la logique. La philosophie, appliquant l'axiomatique à l'ontologie, n'accepte plus les ontologies mêlant les idées et le sensible, le monde et sa représentation, les concepts et les faits :

> les systèmes ne durent plus [...] leur respectabilité qu'à leur capacité d'énoncer clairement leurs principes, d'en organiser logiquement les conséquences, de montrer comment ils permettent de résoudre les apories connues.

La philosophie naît ainsi d'« une révolution dans l'usage des signes au moyen desquels, pour chaque civilisation, le langage représente le monde sensible »[2]. L'axiomatique arrache l'ontologie à la mythologie.

Le seul moyen d'éviter l'ontologie monstrueuse que le mythe hérite du sens commun est de privilégier une forme de prédication et d'y réduire les autres. On peut ainsi dresser une correspondance biunivoque entre les formes de prédication et les classes de systèmes philosophiques : « chaque assertion fondamentale donne naissance à un système philosophique et à un seul »[3]. L'établissement de cette correspondance a pour corollaire immédiat le rejet de tout « éclectisme », conciliation de systèmes hétérogènes qui « aurait les voiles pour le vent et le moteur pour la bonasse ». Aussi la classification vuilleminienne des systèmes philosophiques est-elle résolument normative. Elle privilégie les « systèmes authentiques », c'est-à-dire mutuellement exclusifs :

> Montrer que chaque assertion fondamentale absolue ou chaque couple d'assertions fondamentales corrélatives [prédication pure et participation, prédication substantielle et prédication accidentelle], préalablement transformée en principe, suffit à fonder un système philosophique complet, c'est écarter *ispo facto* la possibilité pour plusieurs assertions fondamentales hétérogènes de s'associer et de fournir un principe composite à un système philosophique authentique.

1. J. Vuillemin, *NC*, *op. cit.*, p. 285 ; J. Vuillemin, *WAPS*, *op. cit.*, p. 96 *sq.*
2. J. Vuillemin, *WAPS*, *op. cit.*, p. 96.
3. J. Vuillemin, *NC*, *op. cit.*, p. 284 *sq.*

Vuillemin pourrait ainsi parfaitement souscrire au diagnostic de Victor Cousin : puisque la rigueur déductive mène les philosophes à la partialité et au conflit, il faut trancher entre éclectisme et systématicité. Mais tandis que Cousin n'achète la paix qu'en renonçant à la rigueur déductive, Vuillemin, soucieux de rigueur, renonce à toute paix perpétuelle en même temps qu'il bannit l'éclectisme. Selon le mot de Jacques Moutaux, « il n'y a pas de droit international en philosophie » [1]. Si Cousin a fait sien le jugement de Leibniz selon lequel « la plupart des sectes ont raison dans une bonne partie de ce qu'elles avancent, mais non pas tant en ce qu'elles nient », Vuillemin le renverse : « vraies dans ce qu'elles nient des thèses adverses, [les doctrines opposées] paraissent toutes deux excessives dans ce qu'elles affirment » [2]. Après Kant, Hegel et Renouvier, Vuillemin rejette l'éclectisme, qui prend à la légère la cohérence architectonique.

Cette condamnation est d'ailleurs ancienne : le jeune Vuillemin déplorait l'« éclectisme » de Tiepolo et tirait de la *Psychologie de l'art* d'André Malraux une notion de pluralisme qu'il distinguait de l'éclectisme [3]. En 1951 comme en 1984, le pluralisme consiste selon Vuillemin à reconnaître la diversité de systèmes dont chacun est un absolu, plutôt que d'en privilégier un seul ou de les fondre tous en un système unique. Le pluralisme exclut donc à la fois absolutisme et éclectisme [4].

À chacune des formes de prédication correspond une classe de systèmes philosophiques :

> le philosophe, du moins le philosophe dans le sens que ce terme a reçu jusqu'à ce jour, s'interrogera sur l'authenticité de ces formes : sont-elles toutes irréductibles ? Ne pourrait-on pas choisir un petit nombre,

1. J. Moutaux, « Philosophiques (systèmes) », *op. cit.*, p. 1634a.

2. J. Vuillemin, « La Raison au regard de l'instauration et du développement scientifiques », dans *Rationality To-day. La Rationalité aujourd'hui*, Ottawa, Éditions de l'Université d'Ottawa, 1979, p. 76.

3. J. Vuillemin, « Tiepolo à Venise », *Les Temps modernes*, vol. 74, 1951, p. 1136 : « On ne marie point ainsi des traditions contraires. Il est arrivé au grand Tiepolo de vouloir unir ce que les petits maîtres vénitiens du XVIIIe siècle avaient conçu séparément : les spectacles clairs, tranquilles, objectivés de Canaletto, d'autre part les féeries mouvementées, allusives, impressionnistes de Guardi. L'exposition de Venise vient, peut-être involontairement, de punir son éclectisme ». *Cf.* aussi J. Vuillemin, « Le Souffle dans l'argile. Recension d'André Malraux, *Psychologie de l'art, III : La Monnaie de l'Absolu*, éd. Skira et *Saturne, Essai sur Goya*, éd. Gallimard », *Les Temps modernes*, vol. 63, jan. 1951, p. 1230-1231.

4. Comme l'a montré Gabriella Crocco, le pluralisme sauve également Vuillemin, en logique, de l'absolutisme de Frege et de l'instrumentalisme de Carnap (G. Crocco, « Pour une défense du pluralisme logique. Le choix d'une logique », thèse de doct., Paris I Panthéon-Sorbonne, 1999).

> voire une seule d'entre elles, et simuler par son moyen ce que les autres prétendent apporter d'original [1] ?

La prédication pure engendre ainsi le réalisme ; la prédication accidentelle, le conceptualisme ; la prédication substantielle, le nominalisme des choses ; la prédication circonstantielle, le nominalisme des événements ; le jugement de méthode, l'intuitionnisme ; le jugement d'apparence, le scepticisme.

Réalisme

La prédication pure, dont l'ontologie est celle des idées, donne naissance au réalisme. Ses plus éminents représentants sont Platon, Augustin, Anselme, Plotin et les néoplatoniciens [2]. Le réalisme refuse le principe de nécessité conditionnelle (noté NC), selon lequel « ce qui est ne peut pas ne pas être pendant qu'il est » [3] : selon le réalisme, au contraire, « un être composé est par nature et restera donc toujours sujet à la corruption. Toujours, du fait qu'il a été engendré, il pourra être corrompu » [4]. Si le réaliste ne renonce pas aux énoncés de participation, il les subordonne à la prédication purc, seule authentique. Il pense les *universalia « ante rem »* [5].

Les philosophes que Vuillemin appelle réalistes sont tous des intellectualistes noologistes dogmatiques chez Kant et des « idéalistes » chez Cousin et Renouvier. Mais la réciproque n'est pas valide : Kant, Cousin et Renouvier regroupent dans ces classes des systèmes que Vuillemin ne tient pas pour réalistes : notamment les Stoïciens et Spinoza selon Cousin [6] ; Descartes et Kant selon Cousin et Renouvier [7] ; enfin Leibniz selon Kant, Cousin et Renouvier [8]. En termes vuilleminiens, Cousin a confondu le réalisme avec le nominalisme ; Cousin et Renouvier ont tous deux confondu le réalisme avec l'intuitionnisme ; Kant, Cousin et Renouvier ont tous confondu le réalisme avec le conceptualisme. Ces trois

1. J. Vuillemin, « FP », *op. cit.*, p. 10.
2. J. Vuillemin, *NC*, *op. cit.*, p. 253-269 et 363-364 ; J. Vuillemin, *WAPS*, *op. cit.*, p. 119 ; J. Vuillemin, *Le Dieu d'Anselme*, *op. cit.*
3. J. Vuillemin, *NC*, *op. cit.*, p. 7.
4. *Ibid.*, p. 254.
5. J. Vuillemin, *WAPS*, *op. cit.*, p. 119.
6. *Cf. supra*, p. 154 et 155.
7. *Cf. supra*, respectivement p. 155 et 182 pour Descartes, p. 164 et 182 pour Kant.
8. *Cf. supra*, respectivement p. 50, 155 et 182.

confusions sont la source de la fréquente réduction de la classification des systèmes philosophiques au conflit de deux écoles, « amis des idées » et « fils de la terre », à la manière de Raphaël.

Seul Hegel a résisté à cette tentation. Ses analyses de la philosophie platonicienne présentent plus d'un écho avec celles de Vuillemin. Platon est selon Hegel un philosophe de la conscience et non de la conscience de soi, c'est-à-dire des choses en elles-mêmes et non de la subjectivité – en termes vuilleminiens, il est un *dogmatique*. Il défend une philosophie de l'essence et non de l'être – la connaissance qu'il préconise est donc *a priori*. Il a en vue la connaissance du concept en tant que séparé de la réalité objective – le monde suprasensible de la *prédication pure*. Hegel a ainsi considéré comme essentiels les critères que Vuillemin a retenus, dans une classification pourtant fort différente : dogmatisme, aprioricité, prédication pure.

Conceptualisme

Le conceptualisme est la famille de systèmes qui mettent en avant la participation par prédication accidentelle et lui soumet la prédication substantielle. Il en existe de deux sortes. Le « conceptualisme limite » de Duns Scot et de Leibniz se rapproche du réalisme en réduisant simplement la portée du principe de nécessité conditionnelle, alors que le réalisme le récuse absolument [1]. Le « conceptualisme proprement dit » d'Aristote et de Thomas d'Aquin maintient le principe de nécessité conditionnelle mais affaiblit le principe de bivalence [2]. Ayant pour principal ressort la prédication accidentelle, le conceptualisme pense les *universalia* « *in re* », ou plutôt « *cum re* ». Le conceptualisme joue ainsi le rôle de système « médiateur » entre réalisme et nominalisme. Comme le réalisme, il affirme la possibilité d'une connaissance *a priori* ; comme le nominalisme, il s'appuie avant tout sur des énoncés de participation. Comme eux deux, il est dogmatique.

Cette position médiane du conceptualisme dans la classification de Vuillemin peut éclairer rétrospectivement certains choix des classifications antérieures. Kant était embarrassé par les pensées d'Aristote et de

1. J. Vuillemin, *NC*, *op. cit.*, p. 379, n. 82, et p. 356 ; J. Vuillemin, *WAPS*, *op. cit.*, p. 122 : « Leibniz propose un système conceptualiste bien plus proche du réalisme » que celui d'Aristote.

2. J. Vuillemin, *NC*, *op. cit.*, p. 149-187 et 368 *sq.* J. Vuillemin, *WAPS*, *op. cit.*, p. 122 : « c'est à Aristote que j'ai emprunté les principales caractéristiques du conceptualisme ».

Leibniz : le sensualisme du premier incline au noologisme, le noologisme du second au sensualisme. De même, Cousin voyait en Aristote un philosophe sensualiste à tendances idéalistes, et en Leibniz un philosophe idéaliste à tendances sensualistes. Le grain de sa classification ne lui permettait pas d'affiner la distinction autrement que par l'appel au concept d'éclectisme, que les deux philosophes auraient préfiguré. Renouvier, quant à lui, avait successivement rangé ces auteurs dans le matérialisme puis dans l'idéalisme, avant de se décider en faveur du second. La classification de Vuillemin donne un statut de droit à ces hésitations : elle justifie jusqu'aux jugements que ces classificateurs sont tentés de porter, mais que leurs classifications leur interdisent.

Les points d'accord avec Hegel sont d'autant plus saillants. Hegel a en effet très clairement exprimé son rejet d'une opposition frontale entre Platon et Aristote : Aristote a assumé l'héritage platonicien de la rationalité de la connaissance, mais en l'enrichissant par la connaissance de la réalité effective, d'une manière qui ne fait pourtant pas intervenir à proprement parler l'action de la subjectivité : la philosophie d'Aristote est une philosophie de la conscience, non de la conscience de soi. Autant de caractéristiques que la classification de Vuillemin préserve : celle d'avoir établi un système *dogmatique*, donc sans intervention jugée déterminante de la subjectivité, un système *a priori*, c'est-à-dire, comme Platon, du concept, et un système de *participation*, c'est-à-dire soucieux de la réalité effective. Malgré leurs principes classificatoires opposés et la prévention de Vuillemin envers le hegelianisme, les deux philosophes s'accordent sur ce qu'il y a à retenir d'essentiel chez Aristote. La notion vuilleminienne de conceptualisme permet ainsi d'expliquer jusqu'aux réticences des classifications antérieures et aux résultats positifs de la plus détaillée d'entre elles.

Nominalisme

Le *nominalisme des choses* est l'ontologie qui privilégie la prédication substantielle en lui subordonnant la prédication accidentelle : « les accidents sont nécessairement dans leurs substances, et des substances privées de leurs accidents se réduiraient à néant » [1]. Il est pluralitaire dans l'atomisme de Leucippe et de Démocrite [2], unitaire dans le substantialisme de Spinoza, où une substance unique précède en nature toutes ses affections [3]. Cette classe de systèmes soutient l'existence éternelle d'une ou de plusieurs substances, pouvant recevoir sur une durée toujours finie des propriétés accidentelles. La prédication circonstantielle gouverne quant à elle le *nominalisme des événements*, système des Stoïciens et Mégariques, qui ont approfondi l'ontologie du devenir pressentie par Héraclite [4]. Les divers nominalismes se définissent par le rejet de l'une des prémisses du paradoxe du Dominateur énoncé par Diodore (*cf. supra*, p. 11). Leur point commun est de penser les *universalia « post rem »*.

Le nominalisme est la classe de systèmes que les classificateurs du passé ont le plus diversement traitée. Cousin considère le stoïcisme et le spinozisme comme des systèmes idéalistes, mais l'atomisme de Leucippe et de Démocrite comme un sensualisme ; Renouvier traite, de même, l'atomisme comme un matérialisme et le spinozisme comme un idéalisme ; enfin, Hegel ne relie pas explicitement l'atomisme antique, pour lequel il n'a guère de sympathie, avec le stoïcisme – qu'il pense comme un système de la conscience de soi au même titre que l'épicurisme – et le spinozisme. C'est ici que les analyses de Hegel et de Vuillemin divergent le plus nettement.

D'autant plus remarquable est ici la parenté avec la classification kantienne. Kant semble considérer les Stoïciens comme des rationalistes, qu'il oppose à l'empirisme d'Épicure [5] ; mais il regroupe dans la *Critique de la faculté de juger* le système du hasard d'Épicure et de Démocrite avec le système de la fatalité de Spinoza dans la classe des « idéalismes de la finalité » [6]. Le sensualisme empiriste dogmatique que Kant prête à Épicure

1. J. Vuillemin, *WAPS*, *op. cit.*, p. 117.

2. J. Vuillemin, *NC*, *op. cit.*, p. 194, 321, 388 ; J. Vuillemin, *WAPS*, *op. cit.*, p. 123.

3. J. Vuillemin, *NC*, *op. cit.*, p. 385-389 ; J. Vuillemin, *WAPS*, *op. cit.*, p. 123 ; J. Vuillemin, « Physique panthéiste et déterminisme : Spinoza et Huygens », dans *Studia Spinozana, 6 : Spinoza and Leibniz*, Würzburg, Königshausen und Neumann, 1990.

4. J. Vuillemin, *WAPS*, *op. cit.*, p. 123-125.

5. I. Kant, *Logique*, *op. cit.*, AK IX 29-30 ; I. Kant, *KPV*, *op. cit.*, AK V 115 *sq.*

6. I. Kant, *Critique de la faculté de juger*, *op. cit.*, AK V 391-392.

possède les caractéristiques du nominalisme vuilleminien : ces systèmes sont ceux qui prennent pour objet le monde sensible (sensualisme chez Kant, système de participation chez Vuillemin), substance première sur laquelle les accidents glissent (connaissance *a posteriori*), et que l'on peut connaître en soi, non simplement comme produit de la pensée (dogmatisme).

À l'idéalisme de la finalité, Kant oppose deux « réalismes de la finalité ». Le premier est « physique » : l'hylozoïsme injecte la vie dans la matière. Le second est « hyperphysique » : le théisme « dérive les fins du fondement originaire de l'univers, conçu comme un être intelligent et produisant avec une intention ». Les deux systèmes sont dogmatiques [1] et, attribuant une certaine existence aux fins, reconnaissent la possibilité d'une connaissance *a priori*. Le théisme, qui affirme l'existence suprasensible des fins, est également intellectualiste ; l'hylozoïsme, qui soutient l'existence des fins dans les êtres sensibles, est, quant à lui, sensualiste. Le théisme correspond donc à la classe des systèmes intellectualistes noologistes dogmatiques, tandis que l'hylozoïsme correspond à la classe problématique des systèmes sensualistes noologistes dogmatiques, à laquelle Kant hésite à donner un statut à part entière, mais vers laquelle tendraient Aristote et Leibniz.

Dans l'article « La Conception kantienne des beaux-arts comme exemple de théorie intuitionniste », Vuillemin rapproche très nettement la typologie kantienne de la *Critique de la faculté de juger* et sa propre classification. « Posant les Idées hors des choses » [2], la pensée de Platon s'inscrirait parmi les « systèmes réalistes de la finalité » : c'est ce qui définit l'intellectualisme chez Kant et le réalisme chez Vuillemin. L'hylémorphisme d'Aristote, quoique « s'écartant de ce réalisme des idées séparées », donc passant de l'intellectualisme au sensualisme, n'en souscrit pas moins au « réalisme de la finalité en [...] ne faisant qu'exprimer le développement normal de l'idée dans l'individu et l'actualisation adéquate de la forme dans la matière » ; il reste, dans le lexique kantien, un noologisme, en tant qu'il maintient la possibilité d'une connaissance *a priori* ; il souscrit au conceptualisme vuilleminien. Le nominalisme, quant à lui, pousse le sensualisme jusqu'à « rédui[re] les idées aux mots » ; il n'autorise de connaissance qu'*a posteriori* : les idées ne sont pas un

1. *Ibid.*, AK V 395.

2. J. Vuillemin, « La Conception kantienne des beaux-arts comme exemple de théorie intuitionniste », dans J. Vuillemin, *L'Intuitionnisme kantien*, Paris, Vrin, 1994, p. 229.

guide pour la connaissance. Il relève dès lors, non seulement du sensualisme dogmatique, mais de l'empirisme au sens de l'Histoire de la raison pure.

Ce commentaire de Vuillemin nous paraît démontrer trois faits cruciaux : d'abord, la cohérence de la classification kantienne, de l'Histoire de la raison pure à la *Critique de la faculté de juger* ; ensuite, la convergence structurelle des classifications de Kant et de Vuillemin, qui rangent Platon dans le réalisme des idées séparées, Aristote dans le réalisme des idées immanentes aux choses sensibles, Démocrite et Spinoza dans l'idéalisme des idées par rapport aux substances sensibles ; cela montre enfin que Vuillemin a eu conscience de cette forte ressemblance structurelle entre sa propre classification et celle de Kant – au moins sous la forme qu'elle prend dans la *Critique de la faculté de juger*.

Intuitionnisme

L'intuitionnisme est la classe de systèmes qui repose sur le jugement de méthode. Anaxagore en fut le père [1], mais ce type de système ne fut pleinement développé que par Épicure, Descartes et Kant [2]. L'intuitionnisme soumet toute assertion au contrôle de la subjectivité. Il rejette le tiers-exclu, qui permet de valider par le pur raisonnement un énoncé dont nous n'avons pas d'intuition directe.

Les philosophes que Vuillemin appelle intuitionnistes sont ceux que Kant a eu le plus de mal à classer. Ce n'est pas sans hésitation que Kant inscrit la pensée d'Épicure dans un sensualisme empiriste dogmatique. Il semble considérer Descartes comme un sceptique, mais montre bien plus de sympathie pour son « idéalisme problématique » (ou « idéalisme sceptique ») que pour l'« idéalisme dogmatique » de Berkeley [3]. Enfin, Kant ne se classe pas lui-même dans le tableau de l'Histoire de la raison

1. J. Vuillemin, *NC*, *op. cit.*, p. 194 et 331.

2. J. Vuillemin, *Mathématiques et métaphysique chez Descartes*, Paris, P.U.F., 1960 ; J. Vuillemin, « Trois philosophes intuitionnistes : Épicure, Descartes et Kant », *Dialectica*, vol. 35, nº 1-2, 1981 ; J. Vuillemin, « Intuitionnisme et "critères" épicuriens », dans *Histoire et structure. À la mémoire de Victor Goldschmidt*, Paris, Vrin, 1985 ; p. 126 J. Vuillemin, *Le Dieu d'Anselme*, *op. cit.*, p. 49 ; J. Vuillemin, *WAPS*, *op. cit.*, p. 126 ; J. Vuillemin, « Le Bonheur selon Descartes », *Tijdschrift voor Filosofie*, vol. 49, nº 2, 1987 ; J. Vuillemin, « L'Intuitionnisme moral de Descartes et le *Traité des passions de l'âme* », *Kant-Studien*, vol. 79, nº 1, 1988 ; J. Vuillemin, *NC*, *op. cit.*, p. 208-229 ; J. Vuillemin, *L'Intuitionnisme kantien*, Paris, Vrin, 1994.

3. I. Kant, *KRV*, *op. cit.*, A 377, AK IV 236 ; *ibid.*, B 274-275, AK III 191.

pure. En inscrivant Épicure, Descartes et Kant dans une même case de la classification, Vuillemin corrige les interprétations de Kant – Épicure n'est pas plus dogmatique que Descartes n'est sceptique – et rend compte des affinités que Kant s'est senties à l'égard de ses deux prédécesseurs.

Cousin a montré moins de scrupules que Kant à ranger Épicure parmi les sensualistes. Mais il hésite à qualifier Descartes et Kant d'idéalistes : Descartes devient un éclectique et la philosophie kantienne un certain assemblage d'idéalisme et de scepticisme. Renouvier considère quant à lui Épicure comme un matérialiste, Descartes et Kant comme des idéalistes. Vuillemin corrige cette interprétation d'Épicure et montre que Descartes et Kant, loin d'être éclectiques, ont en réalité surtout su concilier l'idée d'une connaissance *a priori* à la prise en compte de la subjectivité : telle est la fonction, chez Descartes, des idées claires et distinctes, et chez Kant des connaissances synthétiques *a priori*.

Une fois encore, c'est Hegel qui se montre le plus proche de Vuillemin, ayant caractérisé la philosophie d'Épicure comme une philosophie, non de la conscience, mais de la conscience de soi. Si l'épicurisme relève du « dogmatisme », ce n'est pas au sens vuilleminien – prétention à connaître le monde tel qu'il est en soi et non simplement pour nous – mais par opposition au scepticisme qui lui est contemporain, et qui appelle dogmatique toute philosophie autre que sceptique. Mais en réalité, il existe une continuité entre épicurisme et scepticisme : du premier au second, la conscience de soi pousse jusqu'à sa limite l'idéal d'une liberté absolue. De même, Descartes et Kant sont pour Hegel les penseurs d'une subjectivité plus riche encore que celle d'Épicure, devenue raison et non plus simplement conscience de soi : chez eux la subjectivité recouvre le monde. Hegel montre également que ces trois auteurs se sont montrés de connivence avec le scepticisme de leur époque : Épicure a, comme le scepticisme antique, affirmé la liberté absolue du sujet, même s'il la rapporte à un principe que les sceptiques jugent arbitraire ; Descartes s'est appuyé, après Montaigne, sur le doute, tout en prenant soin de ne pas rester engoncé dans le scepticisme et de le dépasser par une connaissance positive ; et Kant a su faire fructifier l'héritage humien pour briser les idoles qu'avait laissées intactes la métaphysique classique. Les analyses par Hegel des philosophes intuitionnistes montrent donc avec celles de Vuillemin de réels points de convergence.

Scepticisme

Le jugement d'apparence engendre enfin le scepticisme, philosophie d'Arcésilas, de « Carnéade, ce Hume antique », de Buridan et naturellement de Hume lui-même [1]. Cette classe de systèmes rejette le principe de correspondance entre le vrai et le réel : ce qui m'apparaît n'est pas nécessairement ce qui est.

Seul Renouvier ne considère pas le scepticisme comme une philosophie à proprement parler, mais comme un simple état d'esprit, préférant ranger Hume au côté des matérialistes (*cf. supra*, p. 180). Pour Vuillemin comme pour les autres classificateurs, le doute est au contraire une assertion à part entière. Sans grande surprise, Kant, Hegel et Cousin appellent généralement sceptiques les philosophes que Vuillemin considère comme tels, notamment Carnéade et Hume. On observera simplement que la définition vuilleminienne du scepticisme est autrement plus sélective que celle de Cousin : Vuillemin ne considérerait pas que le « rejet de la métaphysique scolastique » puisse compter comme un système philosophique à part entière, et il se garde bien d'évoquer Montaigne, qui, à supposer qu'il ait eu un véritable système, s'est bien gardé de l'exposer comme tel.

La classification vuilleminienne, quant à son *contenu*, aboutit dans ses analyses concrètes à des conclusions que Hegel n'eût, pour la plupart, pas reniées. Aussi radicalement divergents que soient la téléologie de la dialectique hegelienne et le pluralisme de Vuillemin, les deux classifications convergent par leurs résultats – privilège, peut-être, des grands philosophes qui furent aussi de bons lecteurs.

Un tableau résumera l'ensemble des principales subsomptions explicitement assumées par Vuillemin (fig. 5.14).

LA CLASSIFICATION CUBIQUE DES SYSTÈMES PHILOSOPHIQUES

Présentation arborescente

Vuillemin résume la liste des correspondances entre formes de prédication et classes de systèmes philosophiques [2] sous la forme d'un schéma que l'on pourrait croire tabulaire (fig. 5.15). Mais cette présentation n'est

1. J. Vuillemin, *Le Dieu d'Anselme*, *op. cit.*, Avertissement ; J. Vuillemin, *NC*, *op. cit.*, p. 401 *sq.* J. Vuillemin, *WAPS*, *op. cit.*, p. 127.

2. J. Vuillemin, *NC*, *op. cit.*, p. 291 ; J. Vuillemin, *WAPS*, *op. cit.*, p. 128.

Classes		Auteurs
Réalisme		Platon, Augustin, Anselme, Plotin
Conceptualisme	limite	Duns Scot, Leibniz
	proprement dit	Aristote, Thomas d'Aquin
Nominalisme	des choses	Leucippe, Démocrite, Spinoza
	des événements	Héraclite, Mégariques, Stoïciens
Intuitionnisme		Épicure, Descartes, Kant
Scepticisme		Carnéade, Buridan, Hume

FIGURE 5.14. Tableau des principales subsomptions assumées par Vuillemin.

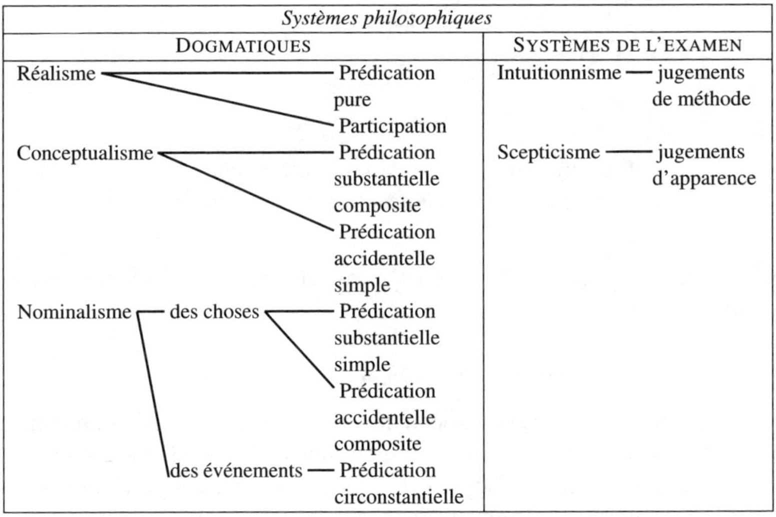

FIGURE 5.15. Tableau des systèmes philosophiques par Jules Vuillemin.

tabulaire qu'en apparence. Elle ne donne lieu qu'à des subdivisions, jamais à des combinaisons ; la forme de la classification semble donc être en réalité arborescente plutôt que tabulaire (fig. 5.16). Mais cette présentation arborescente souffre des mêmes défauts que celle des formes de prédication : elle est mise en crise par le critère transversal de la participation, qui rassemble tous les systèmes de l'examen et une partie – mais seulement une partie – des systèmes dogmatiques. La forme arborescente

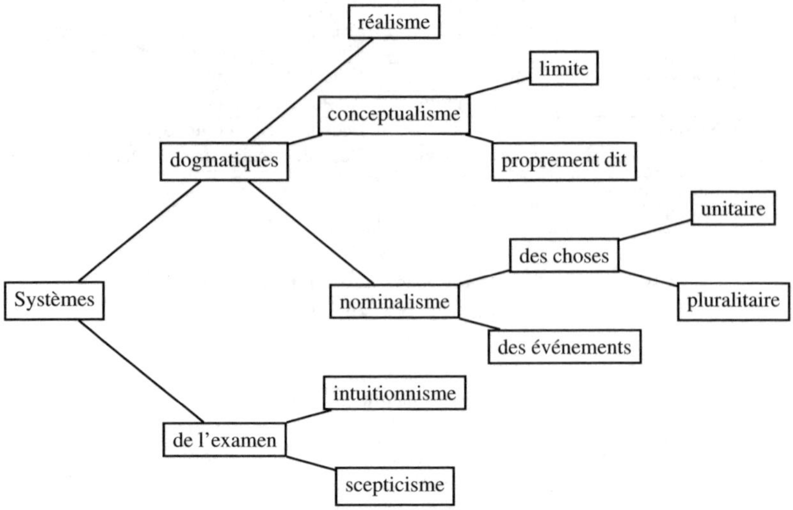

FIGURE 5.16. Présentation arborescente de la classification des systèmes d'après Jules Vuillemin.

n'est donc pas adéquate à l'ensemble des relations que Vuillemin entend mettre au jour.

Le tableau des systèmes dogmatiques

La recherche de la forme adéquate à la classification vuilleminienne a pu réaliser une grande avancée grâce au travail de Joseph Vidal-Rosset [1]. Celui-ci a montré que la typologie des systèmes de philosophie des mathématiques proposée par Quine ne pouvait reposer sur le seul critère de l'engagement ontologique [2], mais nécessitait comme second critère la tolérance ou le refus de l'imprédicativité.

Une définition est imprédicative si le *definiendum* intervient dans le *definiens*. La circularité est parfois innocente – Ramsey donne l'exemple

1. J. Vidal-Rosset, « Philosophies des mathématiques et systèmes philosophiques. Essai sur les classifications de William von Orman Quine et de Jules Vuillemin », sous la direction d'Élisabeth Schwartz, thèse de doct., Université d'Aix-en-Provence, 1996.

2. W. V. O. Quine, « De ce qui est », dans W. V. O. Quine, *Du Point de vue logique*, Paris, Vrin, 2003, p. [12-15] ; W. V. O. Quine, « La Réification des universaux », dans W. V. O. Quine, *Du Point de vue logique*, Paris, Vrin, 2003.

de « la plus grande personne de ce groupe »[1] – mais parfois fatale puisqu'elle engendre des antinomies comme celle du Menteur si l'on prétend construire l'ensemble des ensembles qui ne se contiennent pas eux-mêmes. En termes logiques, le propre de ces définitions est de quantifier sur l'ensemble à définir ou sur un ensemble qui le contient.

La combinaison des deux critères – quantification sur les ensembles et imprédicativité – permet, selon J. Vidal-Rosset, de reconstruire la classification de Quine, d'une manière que l'on peut résumer en un tableau (fig. 5.17). La seule combinaison absurde est celle d'une définition imprédicative qui ne quantifie pas sur des ensembles.

	Quantification sur les ensembles	
	+	−
Imprédicativité	réalisme	∅
Prédicativité	conceptualisme	nominalisme

FIGURE 5.17. Classification des systèmes dogmatiques d'après Joseph Vidal-Rosset.

J. Vidal-Rosset propose ensuite d'utiliser cette classification pour rendre compte de celle des systèmes dogmatiques chez Vuillemin ; il met au jour un morphisme injectif de la « classification » de Quine dans celle de Vuillemin. Il émet à cette occasion l'hypothèse selon laquelle l'imprédicativité logique correspond, au moins dans une certaine mesure, aux énoncés nominaux de la prédication pure[2], hypothèse qui, selon le rapport de thèse, aurait surpris Jules Vuillemin :

> « M. Vidal-Rosset s'interroge (p. 242-245) sur la compatibilité du réalisme philosophique et des définitions imprédicatives ou, plutôt, sur l'implication de celles-ci par celui-là. Il répond par l'affirmative et sa réponse est justifiée.

1. F. P. Ramsey, « Foundations of Mathematics », dans F. P. Ramsey, *The Foundations of Mathematics and other Logical Essays*, London, Routledge et Kegan Paul, 1931, p. 41. Le panneau d'un montreur d'éléphants rapporté par Swift évite astucieusement la circularité : « C'est ici le plus grand éléphant qu'il y ait dans le monde, excepté lui-même » (J. Swift, « De l'Anti-sublime ou l'art de ramper en poésie », dans *Traité des dissensions entre les nobles et le peuple*, Lausanne, Marc-Michel Bousquet, 1750, p. 161 ; cité dans F. Nietzsche, *Considérations inactuelles*, Paris, Folio, 1990, II, §6, p. 132).

2. J. Vidal-Rosset, « Philosophies des mathématiques et systèmes philosophiques », *op. cit.*, p. 242-245.

> Cet aspect important de la question m'avait échappé. Je me demande pourquoi, maintenant qu'on m'en a fait prendre conscience. Comment celui qui voyage à la découverte du monde intelligible éviterait-il l'imprédicativité [1] ? »

C'est l'étonnement ici formulé qui devrait nous surprendre. Vuillemin avait lui-même, dans le *Dieu d'Anselme*, explicitement énoncé le critère d'imprédicativité comme caractéristique du réalisme, après avoir distingué deux « matrices » de preuves de l'existence de Dieu :

> la matrice générale [de la preuve ontologique] contient une définition imprédicative caractéristique du réalisme, tandis que la matrice spéciale n'enveloppe qu'une définition prédicative caractéristique du conceptualisme [2].

Le réalisme semble n'avoir nulle prévention contre l'imprédicativité, « puisque l'être déborde le connaître » [3]. À l'inverse, le conceptualisme refuse l'imprédicativité mais revendique la quantification sur les ensembles, puisqu'il « admet l'existence de propriétés ou de classes inéliminables au profit d'énoncés portant sur les seuls individus, ou, en d'autres termes, il reçoit propriétés et classes comme variables de quantification » tout en soutenant que

> pour qu'une propriété ou une classe puisse être considérée comme existante, il faut qu'il lui corresponde un concept constructif possible, c'est-à-dire qu'elle doit être introduite « prédicativement », la construction ne devant jamais se référer à une entité que suppose déjà le concept à construire [4].

Le conceptualisme posséderait ainsi la position intermédiaire entre réalisme et nominalisme que lui reconnaît J. Vidal-Rosset en croisant les deux critères : « [il] ne correspond ni au réalisme proprement dit, qui exigerait une preuve véritablement ontologique, ni au nominalisme qui, n'admettant que l'existence des individus, se reflète dans les preuves véritablement *a posteriori* ». Ce texte de Vuillemin semble confirmer à l'avance les analyses de J. Vidal-Rosset, ce qui rend d'autant plus surprenantes les réserves émises deux décennies plus tard.

1. J. Vuillemin, « Rapport de soutenance de thèse de Joseph Vidal-Rosset », 13 janvier 1996, p. 3.
2. J. Vuillemin, *Le Dieu d'Anselme*, *op. cit.*, p. 137-138.
3. *Ibid.*, p. 50.
4. *Ibid.*, p. 137 ; voir aussi la n. 1.

Peut-être Vuillemin a-t-il, entre *Le Dieu d'Anselme* et *Nécessité ou contingence*, renoncé au critère d'« engagement ontologique » et à l'expression logique des critères qu'il n'avait alors aucun scrupule à citer, pour leur préférer une expression *sui generis* tirée des formes de prédication. Joseph Vidal-Rosset aurait ainsi retrouvé de manière indépendante une solution que Vuillemin avait volontairement abandonnée. Il nous semble néanmoins que J. Vidal-Rosset a vu juste en proposant une classification tabulaire des systèmes dogmatiques, qui se verraient ainsi ordonner, non en un simple arbre, mais en un tableau inclus dans un arbre (fig. 5.18).

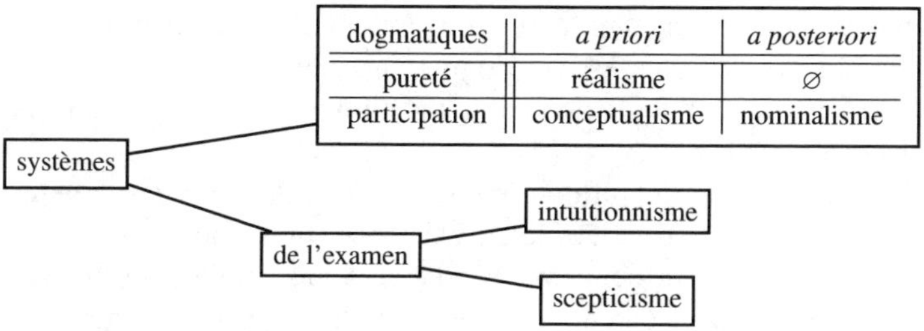

FIGURE 5.18. La classification de Jules Vuillemin d'après Joseph Vidal-Rosset.

Présentation tabulaire tridimensionnelle

Si notre déduction tabulaire de la classification des formes de prédication est correcte et si la classification des formes de prédication dicte celle des systèmes philosophiques, alors la classification des systèmes philosophiques devrait se prêter à son tour à une déduction tabulaire régie par la combinaison de trois critères (fig. 5.20). Cette présentation expliquerait plusieurs « affinités » entre systèmes philosophiques. Nous entendons par *affinité*, non une vague ressemblance, mais très précisément ce que représente chaque arête du cube, à savoir l'équivalence entre deux systèmes à un (et un seul) critère près, c'est-à-dire lorsqu'il existe une projection bidimensionnelle – une façon d'écraser le cube – qui les confond.

Il existe d'abord une affinité entre les deux variantes du dogmatisme *a priori* que sont le *réalisme* et le *conceptualisme* : tous deux attribuent aux prédicats une forme d'éternité, considérée comme objective. Leur seule divergence tient dans le caractère universel ou singulier du particulier qu'ils subsument sous l'universel ; l'un traite du monde intelligible, l'autre du monde sensible. On observe ensuite une affinité entre *conceptualisme et nominalisme* : tous deux parlent du monde tel qu'il est en soi et en tant que constitué de particuliers. Le conceptualisme pense possible une connaissance *a priori* des individus que le nominalisme lui dénie, mais ils ont en commun d'être des systèmes dogmatiques reposant d'abord sur la participation. Il existe enfin une affinité entre *intuitionnisme et scepticisme* : ils thématisent l'action du sujet dans l'assertion. Aussi partagent-ils une certaine parenté de méthode, notamment un certain recours au doute : Descartes s'appuie sur le doute méthodique, Kant sur la méthode sceptique [1]. Intuitionnisme et scepticisme sont les deux systèmes subjectifs de participation. Ces trois premières affinités sont celles que reconnaît explicitement Vuillemin : on voit qu'elles ne franchissent pas le Rubicon qui sépare les systèmes dogmatiques des systèmes de l'examen. Si la présentation tabulaire de la classification est correcte, nous pouvons le traverser à pied sec.

Il existe en effet une affinité entre *conceptualisme et intuitionnisme*. Quoiqu'ils refusent aux idées toute existence transcendante, ce sont des systèmes *a priori* : le conceptualisme refuse les preuves *a posteriori* [2] et l'intuitionnisme « soumet [...] l'activité du sujet à un contrôle réglé *a priori* » [3]. Leur seul conflit réside dans le caractère essentiel ou non de l'activité du sujet pour cette connaissance *a priori* du monde sensible.

Cette affinité est particulièrement sensible dans la définition synthétique que donne Vuillemin de l'un et l'autre système dans *Nécessité ou contingence*. Le conceptualisme se caractérise par le rejet, dans le cas des futurs contingents, du principe de *bivalence*, selon lequel un énoncé a toujours l'une ou l'autre de deux valeurs de vérité, qui sont le vrai et le faux [4]. Selon le conceptualiste, un futur contingent n'est, aujourd'hui, ni vrai ni faux. L'intuitionnisme est quant à lui défini par le refus du tiers-exclu, selon lequel, de deux énoncés contradictoires, il en est nécessairement un vrai [5]. Vuillemin reconnaît qu'il est facile de confondre les deux principes, tous deux pouvant être résumés en une même formule $p \vee \neg p$, sauf à la charger de guillemets : on représenterait la bivalence par

1. J. Vuillemin, *WAPS*, *op. cit.*, p. 126. *Cf.* I. Kant, *KRV*, *op. cit.*, A 424/B 451, AK III 292.

2. J. Vuillemin, *Le Dieu d'Anselme*, *op. cit.*, p. 137.

3. J. Vuillemin, « La Théorie kantienne des modalités », dans *Akten des 5. Internationalen Kant-Kongresses, Mainz 4-8 April 1981, Teil II : Vorträge*, Bonn, Bouvier Verlag Herbert Grundmann, 1982, p. 166.

4. J. Vuillemin, *NC*, *op. cit.*, p. 161 *sq.* et 356.

5. *Ibid.*, p. 203 *sq.* et 356.

$"p" \vee "\neg p"$, le tiers-exclu par $"p \vee \neg p"$ [1]. En confondant les deux principes, on manquerait l'enjeu de leur distinction : tandis que la bivalence traite du monde en soi et des valeurs de vérité absolues des énoncés, le tiers-exclu ne modifie que *notre* aptitude à déterminer la valeur de vérité des énoncés. Le second principe est plus faible que le premier : on peut dire « demain il y aura ou non une bataille navale » sans nécessairement soutenir que l'un des deux événements peut recevoir dès aujourd'hui une valeur de vérité définie. Selon la formule de la *Philosophie de l'algèbre*, le tiers-exclu « est une règle du savoir, non un principe des choses » [2]. L'indétermination conceptualiste est objective, l'indétermination intuitionniste est subjective.

C'est en raison de cette affinité entre intuitionnisme et conceptualisme que l'on pourrait être tenté d'assimiler les preuves cartésienne et thomiste de l'existence de Dieu par ses effets. Ce serait occulter une différence fondamentale : « Thomas part de la certitude sensible, Descartes du doute méthodique. [...] Les effets cartésiens sont caractéristiques de l'intuitionnisme, tandis que les effets sensibles ont trait au conceptualisme » [3]. C'est pourquoi, dans une note de *Nécessité ou contingence*, Vuillemin met le lecteur en garde : malgré l'affinité entre conceptualisme et intuitionnisme, les deux systèmes ne doivent pas être confondus [4].

C'est une distinction que Vuillemin semble pourtant n'avoir pas toujours marquée avec netteté. Dans la recension de Stephan Körner qu'il publie en 1973, il assimile encore, comme Quine dans « De ce qui est », l'intuitionnisme mathématique au conceptualisme philosophique [5].

1. *Ibid.*, p. 190, n. 6.

2. J. Vuillemin, *La Philosophie de l'algèbre*, *op. cit.*, p. 53.

3. J. Vuillemin, *WAPS*, *op. cit.*, p. 158-159, n. 18.

4. J. Vuillemin, *NC*, *op. cit.*, p. 290, n. 6 : « La langue philosophique a consacré deux usages contradictoires pour le mot conceptualisme. Ce mot, en effet, désigne tantôt la doctrine qui rend immanentes aux choses sensibles les Formes, posées comme transcendantes par le réalisme (Aristote, Saint Thomas, Leibniz), et tantôt la doctrine qui fait des Formes des produits de l'activité de l'esprit ou même de simples représentations subjectives (Kant, Locke). On a retenu le premier sens. Le second correspond à ce qu'on a nommé système de l'examen ».

5. J. Vuillemin, « La Philosophie des mathématiques. Revue critique de Stephan Körner, *The Philosophy of Mathematics. An Introductory Essay*, London, Hutchinson University Library, 1960 et 1968 », *Revue philosophique de la France et de l'étranger*, vol. 163, 1973, Paris, P.U.F., p. 343. *Cf.* W. V. O. Quine, « De ce qui est », *op. cit.*, p. [14] : « Les trois points de vue médiévaux les plus importants sur les universaux sont désignés par les historiens sous le nom de *réalisme*, *conceptualisme* et *nominalisme*. Les trois mêmes

La classification que propose Vuillemin dans cet article ne repose en effet que sur deux critères : l'objet et la source. Le premier est celui du transfinitisme, reconnaissance ou non de l'*existence des ensembles infinis*, qui sépare le réalisme à la fois du finitisme formaliste et de ce que Vuillemin n'hésite pas alors à caractériser comme l'*intuitionnisme des conceptualistes*. Le deuxième critère est le caractère *a priori* ou *a posteriori*, qui distingue les réalistes et les intuitionnistes des nominalistes (fig. 5.19). La

	a priori	*a posteriori*
transfinitisme	réalisme	∅
refus du transfinitisme	intuitionnisme (conceptualisme)	formalisme (nominalisme)

FIGURE 5.19. Classification des systèmes de philosophie des mathématiques d'après Jules Vuillemin (1973).

classification de 1973 ne contient pas le critère de la *méthode*, c'est-à-dire la distinction des systèmes dogmatiques et des systèmes de l'examen. L'absence n'en est que plus instructive : qu'une classification quotient confonde les notions de conceptualisme et d'intuitionnisme prouve directement l'affinité qui les lie dans une classification tabulaire de dimension immédiatement supérieure.

Il existe enfin une affinité entre *nominalisme et scepticisme*, qu'atteste l'épithète de « nominalisme sceptique » [1] appliquée à Carnéade. De même que le nominaliste n'accepte de connaissance qu'*a posteriori* [2], le sceptique appuie sa connaissance des lois naturelles sur une simple probabilité *a posteriori*. Mais le nominaliste énonce *a posteriori* l'état objectif du monde, tandis que le sceptique juge *a posteriori* de la crédibilité subjective d'un état donné, typiquement par probabilité bayésienne. Le nominaliste énonce une régularité observée dans les phénomènes ; le sceptique décrit l'effet de la régularité des expériences sur le sujet : l'habitude [3]. Ces deux systèmes sont ceux qui pensent *a posteriori* la participation.

doctrines réapparaissent pour l'essentiel au XXe siècle en philosophie des mathématiques sous les noms de *logicisme*, *intuitionnisme*, et *formalisme* ».

1. J. Vuillemin, *NC*, *op. cit.*, p. 231.
2. J. Vuillemin, *Le Dieu d'Anselme*, *op. cit.*, p. 137.
3. J. Vuillemin, *NC*, *op. cit.*, p. 236, 348 et 400.

Le système complet de ces affinités nous paraît légitimer la description de la classification vuilleminienne des systèmes philosophiques comme tabulaire et tridimensionnelle. La classification repose sur la combinatoire de trois critères : pureté ou participation, caractère *a priori* ou *a posteriori* de la connaissance, dogmatisme ou système de l'examen [1] (fig. 5.20).

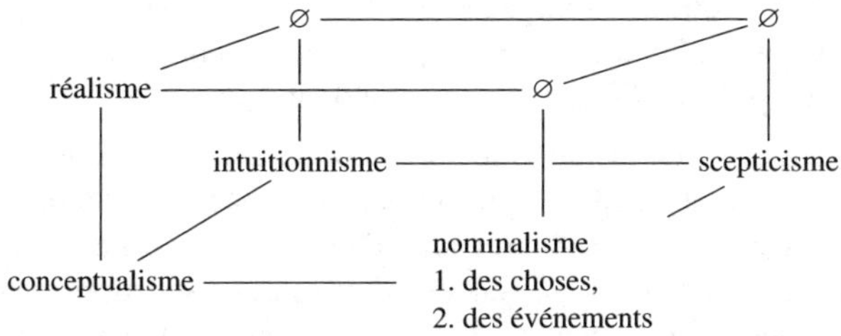

FIGURE 5.20. Classification tabulaire des systèmes philosophiques.

Faces supérieure/inférieure : pureté/participation.
Faces de gauche/de droite : *a priori*/*a posteriori*.
Faces avant/arrière : dogmatisme/examen.

L'HISTOIRE GÉNÉRALISÉE DE LA RAISON PURE

Critères kantiens et critères vuilleminiens

Nous avons déjà eu l'occasion de montrer, sur l'exemple du nominalisme, la parenté structurale entre la classification de Vuillemin et celle de Kant :

1. Sur la base de cette classification tabulaire, nous pouvons résumer en un tableau l'ensemble des prémisses refusées respectivement par chaque classe de systèmes philosophiques (*ibid.*, p. 356) :

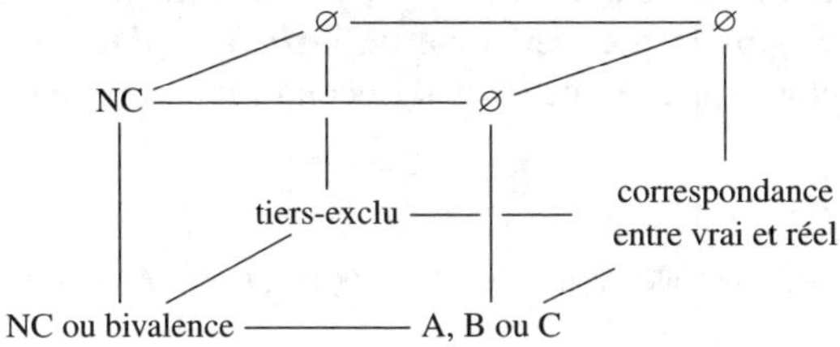

1) Le critère de la pureté ou de la participation correspond à la distinction kantienne entre intellectualisme et sensualisme, c'est-à-dire la question de savoir s'il est question du monde intelligible ou du monde sensible. Tel est le critère de l'*objet*, chez Kant comme chez Vuillemin.
2) Le critère du caractère *a priori* ou *a posteriori* des connaissances décide si les concepts sont des moyens de connaissance ou simplement des mots apposés au terme d'un processus de connaissance essentiellement empirique. Ce critère est celui de la *source*.
3) Enfin, le critère de la *méthode* correspond chez Vuillemin à la distinction des systèmes dogmatiques et des systèmes de l'examen, qui font intervenir ou non l'activité du sujet dans la connaissance. Vuillemin a généralisé le critère kantien en abandonnant la restriction des systèmes de l'examen au seul scepticisme, ce qui a pour effet principal d'inclure dans la classification le système même de Kant. Se trouve également inclus le conceptualisme, mystérieux sensualisme noologiste dogmatique vers lequel Kant a fait signe dans l'Histoire de la raison pure comme dans la *Critique de la faculté de juger*.

Cette parenté structurale nous semble confirmer le pressentiment fort juste qu'a livré Jean-Claude Pariente au sujet de *Nécessité ou contingence* :

> Il semble bien que se soit ici réalisé, sous une forme peut-être inattendue, le projet ancien d'une critique générale de la raison pure, puisqu'on a réussi à dresser en le justifiant un tableau posé comme exhaustif de toutes les possibilités qui s'offrent à la raison [1],

l'auteur pointant du doigt la continuité du projet avec celui de Vuillemin dans les années 1960 :

> L'idée d'un tableau raisonné est [...] ancienne chez Vuillemin, qui écrivait dès janvier 1963 : « Il faudrait obtenir un tableau systématique des options que la raison pure rencontre devant les concepts fondamentaux de la syntaxe et de la sémantique et de leur organisation » (correspondance particulière) [2].

De fait, Vuillemin a poursuivi un projet déjà contenu *in nucleo* mais resté inachevé dans le premier tome de la *Philosophie de l'algèbre*, et qui n'est devenu explicite que dans le second tome. En conclusion de ce

1. J.-C. Pariente, « Sur Jules Vuillemin (1920-2001) », *Revue d'Auvergne*, vol. 580-581, 2006, p. 149.
2. *Ibid.*, p. 155, n. 15.

volume malheureusement inédit, Vuillemin pose le programme de travail qu'il réalisera dans *La première Philosophie de Russell* (1968), *Le Dieu d'Anselme* (1971), *Nécessité ou contingence* (1984) et *De la Logique à la théologie* (1967) :

> Quatre problèmes propres à éclairer la philosophie de la connaissance pure se posent donc à nous. Quels sont les Éléments d'une Logique philosophique ? Quelle est la nature de l'idée de Dieu ? Pouvons-nous classer, en vertu de principes formels, les divers systèmes philosophiques ? Quelle est la signification de la Logique, à son origine, dans la philosophie grecque [1] ?

L'origine du projet classificatoire de Vuillemin est donc à trouver dans la critique générale de la raison pure amorcée par la *Philosophie de l'algèbre*.

La classification des systèmes dans la Philosophie de l'algèbre

La *Philosophie de l'algèbre* peut elle-même être vue comme la poursuite d'un programme de travail laissé par Cavaillès dans l'introduction de *Méthode axiomatique et formalisme* : « creuser au delà du mathématique proprement dit, dans le sol commun de toutes les activités rationnelles ».

> La théorie de la raison dépend d'ailleurs d'un tel travail : l'histoire montre la liaison étroite entre semblables conflits techniques et les systèmes édifiés par les philosophes. L'actuelle difficulté trouve sa préfiguration chez Descartes, Leibniz et Kant à partir desquels on peut mieux saisir son évolution [2].

Articuler les activités de la raison, l'histoire des mathématiques et l'histoire de la philosophie sera précisément l'enjeu de la *Philosophie de l'algèbre* ; les §3-5 de l'Introduction reprennent même le problème à partir des trois auteurs indiqués par Cavaillès. Vuillemin voit dans les connaissances effectives des mathématiques et de la physique le fil d'Ariane qui nous permet de résoudre le problème de la connaissance métaphysique, conviction qu'il partage avec Kant comme avec Cavaillès.

La première phrase de la *Philosophie de l'algèbre* fait ainsi directement écho à l'incipit des *Prolégomènes* : « Les connaissances peuvent être divisées selon leur origine ou selon leur méthode ». Des trois critères

1. J. Vuillemin, *La Philosophie de l'algèbre. II. Structure, infini, ordre*, Archives Henri-Poincaré, Nancy, p. 362.

2. J. Cavaillès, *Méthode axiomatique et formalisme*, *op. cit.*, Introduction, p. 21.

kantiens, Vuillemin ne retient que les deux derniers, radicalisant ainsi le geste proprement *critique* de mise entre parenthèses de l'objet (*cf. supra*, p. 36). La classification des sciences ébauchée dans le § 1 de la *Philosophie de l'algèbre* est d'ailleurs parallèle à la première section de l'Introduction de la seconde édition de la *Critique de la raison pure*, où Kant divise les connaissances en trois classes : celles qui viennent de l'expérience et en dépendent entièrement (connaissances empiriques), celles qui viennent de l'expérience mais n'en dépendent pas entièrement (connaissances *a priori* comme « tout changement a une cause ») et celles qui sont absolument indépendantes de l'expérience (connaissances pures). De même, Vuillemin distingue trois classes de sciences : celles qui « dépendent entièrement » de l'expérience, comme la biologie et les sciences humaines ; celles qui « dépendent de l'expérience pour leurs notions et leurs axiomes fondamentaux, bien qu'elles s'en affranchissent par la rigueur et l'exactitude de leurs enchaînements démonstratifs », comme la mécanique et la géométrie ; enfin « les connaissances pures à proprement parler sont indépendantes de l'expérience pour leurs principes constitutifs comme pour leurs enchaînements », ce qui concerne tout particulièrement les mathématiques pures.

Or, de même que la classification des sciences dans les *Prolégomènes* dicte la structure de la classification des systèmes dans l'Histoire de la raison pure, les deux critères classificatoires que Vuillemin retient dans le § 1 de la *Philosophie de l'algèbre* mènent, dans la dernière section de l'ouvrage, à une classification que Vuillemin résume en un tableau :

	Identification (+) ou distinction (−) de l'arithmétique et de la géométrie	Science de la vérité (+) ou science de la conséquence (−)	Intuition (+) ou entendement (−)
Kant	+	+	+
Russell	+	+	−
Hilbert	+	−	± (+ dans la *Beweistheorie*)
Poincaré	−	Arithmétique +	+
		Géométrie −	−

La classification repose sur trois critères : 1. identification ou distinction de l'arithmétique et de la géométrie ; 2. science de la vérité ou science de la conséquence ; 3. intuition ou entendement. En tant que combinaison de trois critères binaires, cette classification pourrait passer pour un cube. Mais le premier de ces critères a un statut tout particulier, car il ne sert en définitive qu'à justifier la répartition de la doctrine de Poincaré sur deux cases distinctes, selon qu'elle porte sur l'arithmétique ou sur la géométrie.

Si l'on ne retient que les deux derniers critères, il sera donc plus juste de voir cette classification comme un tableau bidimensionnel et de répartir Poincaré sur deux cases :

	Science de la vérité	Science de la conséquence
Intuition	Kant Poincaré (arithmétique)	Hilbert (*Beweistheorie*)
Entendement	Russell	Hilbert (hors *Beweistheorie*) Poincaré (géométrie)

Le critère qui distingue la vérité de la conséquence correspond au critère kantien de l'*a priori* et de l'*a posteriori* : le premier cas est celui des théories kantienne et russellienne de l'espace, où la vérité peut être connue *a priori*, le second est celui du formalisme de Hilbert et du conventionnalisme géométrique de Poincaré, où la science passe par une connaissance externe, réductible à une simple manipulation de signes [1]. En 1973, Vuillemin, citant Stephan Körner, maintiendra le caractère *a posteriori* du nominalisme et du formalisme mathématique :

> On s'étonnera peut-être de l'assimilation du formalisme moderne à l'empirisme, mais « selon la conception formaliste, les énoncés méta-mathématiques ou bien décrivent certains types de manipulation de symboles ou expriment des relations d'inférence entre de tels énoncés descriptifs. Ainsi, il apparaît que les énoncés de la métamathématique sont des énoncés empiriques, les concepts appliqués en les constituant sont des concepts empiriques, et les inférences concernées sont toujours d'énoncés ou de concepts empiriques à des énoncés ou des concepts empiriques » [2].

Si le critère de la vérité et de la conséquence est celui de la *source* des connaissances, le critère de l'intuition et de l'entendement caractérise quant à lui la *méthode* employée par la connaissance mathématique. Soit elle s'appuie sur une synthèse subjective, soit elle repose sur la nature « conceptuelle » des jugements mathématiques. Dans le premier cas, le jugement dépend de l'activité du sujet, dans le second, du statut objectif de ce qu'il énonce.

Les deux critères qui interviennent dans la classification des types de jugements mathématiques sont ceux de la source et de la méthode, que Vuillemin a énoncés dans le §1 de la *Philosophie de l'algèbre*. En conséquence, la classification revient à projeter le cube kantien sur deux de ses dimensions (fig. 5.21).

1. J. Vuillemin, *La Philosophie de l'algèbre*, *op. cit.*, p. 457-458.
2. J. Vuillemin, « La Philosophie des mathématiques », *op. cit.*, p. 337.

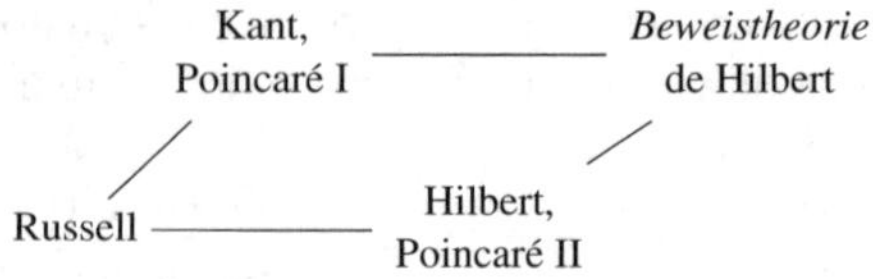

FIGURE 5.21. Classification des jugements mathématiques selon la *Philosophie de l'algèbre* de Jules Vuillemin.

Arêtes de gauche/de droite : vérité/conséquence.
Arêtes avant/arrière : entendement/intuition.

Dès 1962, Vuillemin possède donc une classification, qui par deux de ses critères – les deux critères proprement critiques – s'apparente à celle, future, de *Nécessité ou contingence*. Dans sa *Leçon inaugurale* au Collège de France, Vuillemin revendiquait à la fois l'héritage kantien et la nécessité de le généraliser ou, comme il écrit souvent, de l'« amender » [1], en déclarant que les méthodes de la philosophie analytique devraient permettre de repenser les trois grands conflits analysés par Kant : « savoir si l'on est sceptique ou dogmatique, empiriste ou rationaliste, idéaliste ou réaliste » [2]. Vuillemin n'a pas seulement eu le projet d'une « critique généralisée de la raison pure » [3] : il l'a, dès 1962, accompagnée du projet de ce que l'on pourrait appeler une « Histoire généralisée de la raison pure ».

Comparaison systématique des classifications de Kant et de Vuillemin

La classification des jugements mathématiques dans la *Philosophie de l'algèbre* résultait de la projection, sur les deux dimensions de la source et de la méthode, de la classification kantienne des sciences. *Nécessité ou contingence*, en y ajoutant, par le critère de la prédication pure et de la participation, la dimension de l'objet, regonfle le carré en un cube

1. J. Vuillemin, *Physique et métaphysique kantiennes*, *op. cit.*, p. 2-3 ; J. Vuillemin, « Kant aujourd'hui », dans *Actes du Congrès d'Ottawa sur Kant dans les traditions anglo-américaine et continentale tenu du 10 au 14 octobre 1974*, Ottawa, Éditions de l'Université d'Ottawa, 1976, p. 17 ; J. Vuillemin, « On Lying : Kant and Benjamin Constant », *Kant-Studien*, vol. 73, n° 4, 1982, p. 424.

2. J. Vuillemin, *Leçon inaugurale*, *op. cit.*, p. 11 et 19-20.

3. J. Vuillemin, *La Philosophie de l'algèbre*, *op. cit.*, §60.

– comme si Vuillemin avait quitté le modèle classificatoire du carré critique des sciences pour le cube métaphysique des systèmes, et préféré au modèle des *Prolégomènes* celui de l'Histoire de la raison pure.

Si la classification vuilleminienne des systèmes philosophiques est une généralisation de la classification de l'Histoire de la raison pure, on peut rassembler les deux cubes en inscrivant celui de Kant à l'intérieur de celui de Vuillemin et en marquant par des flèches comment chaque case de la classification kantienne est amendée dans la classification de Vuillemin (fig. 5.22).

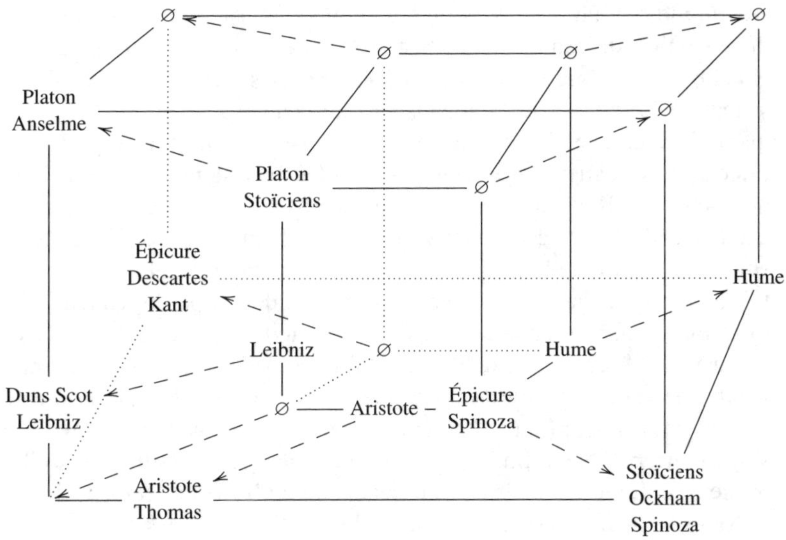

FIGURE 5.22. Comparaison des classifications de Kant (cube intérieur) et de Vuillemin (cube extérieur).

On voit immédiatement dans ce schéma que plusieurs systèmes conservent leur place : le réalisme de Platon, le nominalisme de Spinoza, le scepticisme de Hume. Leibniz conserve son étiquette de réaliste tendant vers le conceptualisme, Aristote celle de conceptualiste proche du nominalisme. L'épicurisme est, en vertu d'une lecture plus précise, déplacé du nominalisme vers l'intuitionnisme. Le stoïcisme est, pour la même raison, déplacé du réalisme vers le nominalisme. Enfin, Kant lui-même, qui s'excluait de la classification des systèmes, y est replongé par la généralisation des critères effectuée par Vuillemin. Pour n'avoir pas suffisamment pris la mesure des systèmes sensualistes noologistes dont sa propre philosophie des jugements synthétiques *a priori* est pourtant le pendant, Kant a simultanément manqué les concepts de conceptualisme et d'intuitionnisme.

Apparaissent ainsi les sources kantiennes – profondément transformées – de la classification vuilleminienne, et la continuité de la pensée de Jules Vuillemin entre la *Philosophie de l'algèbre* et *What Are Philosophical Systems* : les classifications de 1962 et de 1973 sont rétrospectivement des classifications quotients de celle de *Nécessité ou contingence*, ou celle-ci en est la classification produit.

Kant peut donc sans réserve être vu comme le « père de la méthode structurale ». L'un des textes où Vuillemin établit le plus manifestement de tels points de contact avec l'histoire kantienne de la philosophie est la conclusion de l'article « La Théorie kantienne des modalités » [1]. Vuillemin y analyse le rapport de l'« idéalisme transcendantal » qu'est l'intuitionnisme kantien avec l'« idéalisme dogmatique », l'« idéalisme problématique », le « réalisme transcendantal » et le « système intellectuel des noumènes » [2]. Il apparaît ainsi : 1. que, sans surprise, l'idéalisme transcendantal de Kant se caractérise par la « [soumission de] l'activité du sujet à un contrôle réglé *a priori* », conformément à la définition de l'intuitionnisme ; 2. que l'idéalisme empirique se définit par la réduction des modalités à des « probabilités subjectives » telles que la règle de Bayes, à l'instar du scepticisme défini par Vuillemin [3] ; 3. que le système intellectuel des noumènes de Leibniz « recour[t] aux modèles de la théorie des ensembles pour fonder la logique modale », comme le réalisme [4] dont son « conceptualisme limite » se rapproche dans la classification vuilleminienne ; 4. que le réalisme transcendantal de Newton « refus[e] Destin et Nature », mais considère « la nécessité intelligente et les causes finales invoquées [...] comme des principes constitutifs de la réalité » plutôt que de les soumettre à la seule constructibilité par le sujet, semblable en cela au « conceptualisme proprement dit », qui est le pendant dogmatique de l'intuitionnisme ; 5. que l'idéalisme dogmatique de Berkeley, vraisemblablement visé dans son opposition avec Newton, défendrait une conception du Destin caractéristique du nominalisme [5] ; 6. que l'idéalisme problématique de Descartes s'apparente à l'idéalisme transcendantal de Kant en

1. J. Vuillemin, « La Théorie kantienne des modalités », *op. cit.*
2. *Ibid.*, p. 166-167.
3. J. Vuillemin, *NC*, *op. cit.*, p. 348 *sq.*
4. *Ibid.*, p. 304.
5. *Ibid.*, p. 388.

ceci qu'il maintient les modalités « dans l'orbite du fini » et, quoique de manière imparfaite, les soumet « au contrôle d'une connaissance vraiment méthodique », souscrivant de ce fait, comme Kant mais moins adéquatement que lui, aux principes de l'intuitionnisme.

Comme on le voit, ce texte de 1981 construit terme à terme des ponts entre la classification de Kant et celle de Vuillemin. La théorie des modalités de *Nécessité ou contingence* reprend pour la généraliser la théorie kantienne des modalités et la classification des systèmes qui lui correspond.

Plus encore : ces ponts montrent la puissance de la classification de Vuillemin, capable de dériver jusqu'à la classification des systèmes philosophiques engendrée par un système particulier – l'intuitionnisme de Kant en l'occurrence.

Conclusion

La classification des systèmes philosophiques proposée par Jules Vuillemin prend appui sur une classification des formes de prédication qui lui tient lieu de table des catégories. Ces deux classifications trouvent leur forme la plus adéquate dans une structure tabulaire tridimensionnelle, dont les critères généralisent ceux du criticisme kantien : l'objet, la source et la méthode.

Indépendamment de son pouvoir descriptif, cette présentation n'est pas dénuée de vertus explicatives. Elle permet notamment de comprendre, par ses diverses projections, les classifications partielles proposées en 1962 et en 1973 ; elle rend compte de tous les schémas dans lesquels Vuillemin a résumé sa classification, ainsi que des variations qu'ils ont connues au milieu des années 1980 : Vuillemin ne pouvait s'arrêter ni sur une forme arborescente sans redondances, ni sur une forme tabulaire simplement bidimensionnelle, car sa classification n'était mathématiquement réductible à aucune de ces formes. Cette présentation permet également de fonder en droit les points de contact que Vuillemin a lui-même établis entre sa propre classification et celle de Kant. Vuillemin n'a donc pas seulement maintenu l'ambition d'une « critique généralisée de la raison pure » proclamée dans les années 1960 : il l'a conclue par une généralisation de l'Histoire de la raison pure.

Cette classification sert de point d'appui à une conception résolument pluraliste de la philosophie. Il n'y a pas de paix perpétuelle. Aucun système ne peut sans recourir à l'éclectisme, c'est-à-dire sans contradiction, prétendre concilier les jeux d'axiomes que reconnaît chaque classe de systèmes philosophiques. Le résultat de ce pluralisme est pourtant loin d'être simplement négatif. En s'opposant et en s'efforçant de conduire leurs rivaux à la contradiction, les systèmes les incitent bien plutôt à se renforcer : ils les mettent au défi de s'expliquer sur les points les plus problématiques. Vuillemin ne rejette donc pas moins l'idée de *réfutation définitive* que celle de *paix perpétuelle* : tout système, ou plutôt tout type de systèmes, peut être amendé. Éprouvée par ses concurrentes, chaque classe de systèmes, à mesure qu'elle surmonte les objections qui lui sont adressées, suit une dialectique qui lui est propre. Le pluralisme de Vuillemin ne s'oppose donc pas tant à la dialectique qu'il ne la démultiplie.

La classification vuilleminienne des systèmes philosophiques nous paraît dès lors décisive par trois de ses aspects. D'abord, elle possède une *structure* incontestablement *a priori*, qui lui vient de la classification des formes de prédication. Ensuite, elle respecte éminemment la *systématicité interne* de chaque doctrine, conformément à la méthode structurale de Gueroult. Enfin et surtout, elle rend compte de manière structurale, plutôt que simplement biographique ou thématique, des diverses *relations* que peuvent entretenir les systèmes, sous forme d'affinité – pensons à celle de Kant envers Épicure ou envers l'« idéalisme problématique » de Descartes – ou de conflit – typiquement celui d'Épicure et des Stoïciens, celui de Platon et d'Aristote. C'est *par système* que les systèmes se pensent entre eux ; l'étude structurale est transitive.

Jules Vuillemin a ainsi élevé l'analyse structurale de Gueroult au degré supérieur des relations entre systèmes. L'axiomatique n'a pas seulement délivré de la dianoématique l'histoire structurale de la philosophie : elle a rendu possible son passage à un ordre supérieur.

CONCLUSION. LES RELATIONS STRUCTURALES

« Il semble que tout ce qui peut être, est. »
G.-L. L. de Buffon, « Premier Discours », dans *Histoire naturelle générale et particulière, avec la description du cabinet du roi*, Paris, Imprimerie royale, 1749, p. 11.

Chacune des classifications des systèmes philosophiques étudiées ici est engendrée par un système. Les classifications ne doivent pas tant être comparées du point de vue de leur contenu que de leurs principes, sans quoi l'on se condamnerait à observer empiriquement la présence pour ainsi dire obligatoire, dans chaque classification, de certains systèmes passés – Platon, Aristote, les Stoïciens, Épicure, Descartes, Spinoza, Locke, Leibniz, Hume, Kant – importance que l'on aurait du reste pu soupçonner bien à l'avance.

Nous conclurons ce travail en examinant successivement comment les classifications ont traité la *systématicité* interne de chaque doctrine qu'elles subsument ; quel statut elles ont, partant, conféré à la *contradiction* externe entre les systèmes ; et enfin quelle *pertinence monographique* elles présentent, sur ce double fondement, pour l'historien de la philosophie.

La rigueur architectonique

Les classifications des systèmes philosophiques ont-elles, d'Emmanuel Kant à Jules Vuillemin, relevé le gant d'Agrippa ? La gageure était d'élaborer une construction purement *conceptuelle*, rendant compte de manière *complète* des systèmes philosophiques, déductible *a priori* et respectant la *systématicité* interne de chaque doctrine subsumée.

Les classifications que Cousin propose dans *Du Vrai, du beau et du bien* comme dans l'*Histoire générale de la philosophie* ne satisfont pas ces critères. Les classes sont connues *a posteriori*, leur existence étant simplement induite de l'histoire de la philosophie. Cette histoire même est *a posteriori*, étant reçue comme une simple succession de périodes dénuées de signification conceptuelle propre. Mais surtout, les systèmes sont délibérément démembrés, que ce soit sous la forme d'une division de la philosophie ou d'un choix éclectique. Le paradoxe est que ces « manquements » sont dictés par ce que l'on peut sans paradoxe appeler le système même de l'éclectisme.

Les classifications de Kant, de Hegel, de Renouvier et de Vuillemin sont quant à elles parfaitement *a priori*. Elles tirent leurs *critères* des catégories de chaque système, ou tout au moins de ses concepts directeurs : les concepts fondamentaux du criticisme que sont chez Kant l'objet, la source et la méthode ; les moments logiques et phénoménologiques chez Hegel ; les catégories chez Renouvier ; les formes de prédication chez Vuillemin. La *forme* mathématique de chacune d'entre elles est justifiée par le système lui-même : elle dérive de la classification tabulaire des connaissances chez Kant, de l'arbre du progrès dialectique chez Hegel, de l'arbre des contradictions chez Renouvier, de la classification des formes de prédication chez Vuillemin. Selon leurs critères comme selon leur forme, ces classifications sont engendrées *a priori* par chaque système.

Ces quatre classifications respectent également la systématicité interne des doctrines. Kant préfère le système faux mais conséquent d'Épicure au système conciliant mais hétéroclite de Locke. Hegel n'a de cesse de condamner l'éclectisme d'Empédocle comme de Jouffroy : la vraie synthèse n'est pas éclectique mais dialectique. Renouvier récuse comme éclectique toute idée de réconciliation des systèmes, celle de Cousin comme celle de Hegel. Vuillemin, enfin, tient de Gueroult la méthode d'analyse structurale des systèmes, soucieuse plus que toute autre de mettre au jour la cohérence et la rigueur déductives des doctrines. Ces quatre classifications sont donc satisfaisantes du point de vue de la construction *a priori* et du respect de la systématicité.

Aussi comptent-elles comme autant de *relations de système à système*. Tout en étant engendrées strictement par les concepts fondamentaux d'un système, elles construisent une image systématique de la doctrine subsumée. Elles sont la projection d'un système objet par un système sujet. Produites *a priori* par un système *en tant que système*, les classifications de Kant, Hegel, Renouvier et Vuillemin simulent chaque système *en tant que système*. Des systèmes qu'ils prenaient pour objet, ces philosophes ont compris ce que leur propre système, en toute rigueur, leur permettait de penser.

LE STATUT DE LA CONTRADICTION

Corrélativement, chacun de ces philosophes a pris au sérieux le problème agrippéen de la *contradiction* entre les systèmes. Le problème ne se pose pas pour l'éclectisme cousinien, qui laisse le philosophe libre de piocher des thèses selon son goût et de les assembler sans se soucier de rigueur déductive. Mais la question apparaît aussitôt que l'on tient pour essentielle la systématicité des doctrines. Kant a montré les conflits dans lesquels la raison s'enferme quand elle pense de manière non critique. Chez Hegel, loin d'être traitée avec légèreté, la contradiction est, à chaque étape de la dialectique, radicale. Renouvier a poussé à l'extrême le principe de contradiction et l'exclusivité mutuelle des doctrines. Enfin, en condamnant l'éclectisme, Vuillemin a mis le philosophe en demeure de choisir et d'assumer un parti à tout jamais inconciliable avec les autres. Nul de ces philosophes n'a sous-estimé la contradiction. Il en résulte autant d'images du philosophe futur.

Kant en appelle au *système* critique, qui dépasse les contradictions dont il est en même temps capable de retracer la genèse dans la raison éternelle ; chacune des positions partiales et exclusives de la métaphysique résulte d'une confusion sur des concepts fondamentaux que la critique seule est à même de démêler. La paix perpétuelle ne résulte pas d'un procédé mécanique de conciliation de systèmes opposés : elle n'est possible que parce que la genèse des contradictions révèle la structure de leur résolution.

La classification hegelienne est bien différente de celle de Kant : elle possède en tout point une structure dynamique que Kant ne reconnaît que dans l'ordre global du dogmatisme, du scepticisme et du criticisme. Mais l'histoire hegelienne de la philosophie, qui, loin d'être un simple récit chronologique, épouse une structure dialectique, est également orientée vers une paix philosophique. Le conflit est radical entre Bacon et Böhme, si on le prend au niveau de l'un ou de l'autre ; mais dans le système de Schelling, cette contradiction cesse d'être dirimante. Elle n'est plus une contradiction *externe* entre deux systèmes, chacun incarnant la limite de l'autre, mais devient une tension *interne*, positivement intégrée dans un système unique. La paix hegelienne ne tient pas dans l'oubli des contradictions, mais dans leur intégration sous forme d'échanges.

À l'inverse, Renouvier rejette l'idée en général de paix philosophique. La contradiction des systèmes est l'état définitif de la philosophie ; le philosophe doit trancher. Après avoir cru en la possibilité d'un choix dicté par la seule logique et tout particulièrement par le tiers-exclu, Renouvier a finalement privilégié le critère moral : seuls les intérêts pratiques de la raison, à commencer par la liberté dont Jules Lequier avait fait le cœur de son système, doivent permettre de pencher en faveur d'une doctrine. Mais n'espérons pas de paix perpétuelle : le philosophe républicain, chantre de la liberté, devra éternellement lutter contre les résurgences des tendances opposées.

Vuillemin, enfin, a tenu pour irrémédiable le conflit des systèmes. Il n'existe entre eux de réconciliation qu'éclectique, échappatoire facile et complaisante. Les philosophes doivent tirer toutes les conséquences de cette irréconciliabilité : positivement en s'éprouvant mutuellement et en cherchant à se pousser à la contradiction ; négativement en gardant à l'esprit qu'une classe de systèmes ne meurt jamais et qu'il n'est pas de réfutation définitive.

Nous avons vu que, d'un point de vue purement formel, les classifications étaient tantôt tabulaires, comme celles de Kant et de Vuillemin, tantôt arborescentes, comme celles de Hegel et de Renouvier. On voit qu'une deuxième distinction doit être prise en compte : certains classificateurs – Kant et Hegel – en appellent à une paix philosophique réalisée par un système terminal ; d'autres – Renouvier et Vuillemin – tiennent le conflit pour définitif, la paix pour illusoire.

Ainsi, les quatre grands classificateurs non éclectiques se sont à chaque fois, selon les critères de la forme et du but, distingués de leur prédécesseur par un aspect déterminant. Hegel a retenu de Kant l'idée de paix perpétuelle, mais l'a pensée sous la forme arborescente d'une progression plutôt que sous celle, éternelle et spatiale, d'un tableau. Renouvier a conservé de Hegel la présentation arborescente des contradictions, mais pour en inverser l'interprétation en récusant l'idée de conciliation des systèmes : les nœuds de l'arbre ne sont plus des systèmes à part entière, de plus en plus concrets et riches en déterminations, mais des genres de plus en plus abstraits et de plus en plus pauvres. Vuillemin a enfin gardé de Renouvier l'idée d'une contradiction définitive entre les systèmes et la nécessité d'un choix, mais en revenant au schéma tabulaire ; ce schéma, moyennant ces trois détours, rappelle la classification kantienne qu'il généralise, sans pourtant admettre d'autre paix possible que celle d'une reconnaissance mutuelle, définitivement pluraliste, des systèmes. Les classificateurs ont, de proche en proche, parcouru les quatre possibilités que la combinatoire offrait ; explorations motivées par le rejet des tentatives précédentes et toujours incontestablement dérivées de leur système propre.

La pertinence monographique

Mais c'est du point de vue de l'histoire monographique de la philosophie qu'il faut en dernier lieu déterminer si ces classifications sont bel et bien satisfaisantes. Toute monographie n'est pas exempte de biais, mais elle évite au moins les plus directement liés au comparatisme ; aussi la prendrons-nous comme point de repère. Chacune des parties du présent ouvrage était monographique.

L'Histoire kantienne de la raison pure possède un grain épais. C'est vraisemblablement par simple manque de connaissances historiques, d'ailleurs confessé en toute franchise, que Kant s'est mépris sur Épicure, mais c'est bien par système qu'il a méconnu Aristote, ayant refusé de penser positivement le sensualisme noologiste. Pour l'un Kant s'est trompé de case ; pour l'autre la case n'existait pas. Prêt à se mettre à dos les érudits pratiquant ce qu'il considère comme une simple « recherche littéraire », Kant a sacrifié la rigueur historique à l'ordre rationnel que son système lui permettait de penser.

Hegel a, à l'inverse, proposé une patiente histoire de la philosophie, soucieuse des sources et ancrée dans une connaissance généralement maîtrisée de première main ; il reste pour les historiens modernes, d'Alexis Philonenko à Jean-François Pradeau [1], un interlocuteur sérieux.

De manière symétrique à Kant, Renouvier a tant voulu respecter l'histoire qu'il lui a sacrifié l'intelligibilité classificatoire. La classification – fort rigoureuse – des doctrines selon le critère de la chose et de l'idée cède bientôt la place à une simple histoire thématique de la philosophie qui bien souvent met en défaut les régularités que Renouvier prétend en induire.

Vuillemin a enfin autant recouru à la « méthode analytique » – l'étude monographique et structurale des systèmes – qu'à la « méthode synthétique », qui lui permet de déduire la classification des systèmes philosophiques. Les deux méthodes se rejoignent dans *Nécessité ou contingence*, qui réitère l'exploit hegelien d'une construction aussi rigoureuse *a priori* que monographiquement patiente.

Aussi l'entreprise classificatoire nous semble-t-elle avoir atteint deux sommets, qui seuls n'ont sacrifié ni la rigueur de l'ordre classificatoire, ni le respect architectonique des systèmes philosophiques, ni la prudence

1. A. Philonenko, *L'Œuvre de Kant*, *op. cit.*, chap. VII ; J.-F. Pradeau, « Introduction », dans *Les Sophistes. Fragments et témoignages*, Paris, Flammarion, 2009, notamment p. 7-10.

monographique : ces sommets – ou du moins ces points stables, quand les autres, par leurs insuffisances symétriques, semblent après coup n'être que de passage – sont les classifications de Hegel et de Jules Vuillemin. Quoique distinctes par leurs critères et même diamétralement opposées par la forme – temporellement arborescente ou éternellement tabulaire – comme par le but – dialectique ou pluraliste –, elles seules semblent pouvoir prétendre avoir relevé le défi d'Agrippa.

DES STRUCTURES AUX RELATIONS STRUCTURALES

Les classifications de Hegel et de Vuillemin ne se sont pas arrêtées là. En rendant compte *ex principiis* des raisons profondes qui régissaient tantôt les attractions sous forme d'héritage, tantôt les répulsions sous forme de conflit entre systèmes, elles se sont démarquées de l'histoire éclectique des « influences » et des « désaccords » purement thématiques. Dès leur racine, les systèmes s'attirent ou se repoussent ; c'est selon leurs principes qu'ils s'interprètent entre eux et parfois se classent.

Ces relations revêtent même à l'occasion un aspect transitif. Si la reconstruction du système kantien permet à Hegel comme à Vuillemin de justifier jusqu'à la façon dont Kant reconstruit à son tour la pensée de Platon, c'est parce que « chez un philosophe, chez Kant surtout, la réception d'une influence obéit à une loi » [1]. Les classifications de Hegel et de Vuillemin ont l'ambition de décrire structuralement l'image qu'un système se forge d'un autre et de la dériver de la connaissance de leurs structures respectives. Dans leurs affinités comme dans leurs divergences, les systèmes entretiennent entre eux des relations d'ordre systématique, des « morphismes » que l'historien de la philosophie peut thématiser au même titre que les systèmes eux-mêmes. Les systèmes ne sont pas, comme le pensait Gueroult, des « modèles » isolés les uns des autres qui se réfuteraient sans vraiment se connaître. Ils ne se connaissent que trop bien, ayant souvent la capacité de simuler le comportement de leurs rivaux et parfois même de simuler leur façon de simuler d'autres systèmes encore. Les systèmes se plongent les uns dans les autres et chacun de ces plongements est un objet d'étude pour l'historien de la philosophie.

1. J. Vuillemin, « Guillermit et Kant », *op. cit.*, p. 57. *Cf. supra*, p. 247 et 266.

Nous n'avons prétendu démontrer ni la nécessité ni l'exclusivité de la méthode structurale en histoire de la philosophie. Nous espérons seulement avoir montré que si elle est légitime, elle trouverait un prolongement naturel dans l'analyse structurale des relations entre systèmes. De même que les mathématiciens ont dans le dernier siècle acquis comme un réflexe le passage de l'analyse des structures à celle de leurs morphismes et foncteurs, la philosophie structurale ne chercherait plus l'unité de la philosophie dans quelque fondement caché mais dans le système même des interactions et des transformations que l'on a sous les yeux.

BIBLIOGRAPHIE

Dictionnaire de la philosophie, Paris, Encyclopædia Universalis–Albin Michel, 2006.

ARISTOTE, *Métaphysique*, trad. par J. Tricot, Paris, Vrin, 2000.

– *Physique*, trad. par A. Stevens, Paris, Vrin, 2012.

AUDUREAU (É.), « Cosmologie et classification des systèmes philosophiques », dans *Philosophie des mathématiques et théorie de la connaissance. L'Œuvre de Jules Vuillemin*, éd. par R. Rashed et P. Pellegrin, Paris, Albert Blanchard, 2005, p. 137–169.

– « Le conventionnalisme, conséquence de l'intuitionnisme », *Philosophiques*, vol. 31, nº 1, 2004, p. 57–88.

AUGUSTIN D'HIPPONE, *La Cité de Dieu*, éd. par I. Bochet, trad. par G. Combès et G. Madec, Paris, Desclée de Brouwer, 1993-1995.

BARBUT (M.) et MONJARDET (B.), *Ordre et classification. Algèbre et combinatoire*, Paris, Hachette, 1970.

BARCHOU DE PENHOËN (A. T. H.), *Histoire de la philosophie allemande depuis Leibnitz jusqu'à Hegel*, Paris, Charpentier, 1836.

BARDY (J.), « Jules Vuillemin, Philosophe pédagogue en quête de la vérité », *Revue d'Auvergne*, vol. 580-581, 2006, p. 125–132.

BARJOT (D.), CHALINE (J.-P.) et ENCREVÉ (A.), *La France au* XIXe *siècle, 1814-1914*, Paris, P.U.F., 1998.

BÉNATOUÏL (T.), « Préface », dans J. Vuillemin, *De la Logique à la théologie. Cinq études sur Aristote*, Louvain-la-Neuve, Peeters, 2008, V–XXI.

– « La naissance des systèmes philosophiques dans l'Antiquité : logique et histoire selon Jules Vuillemin », *Les Études philosophiques*, vol. 1, nº 112, 2015, p. 83–100.

BENIS SINACEUR (H.), *Cavaillès*, Paris, Les Belles Lettres, 2013.

BENOIST (J.), *Kant et les limites de la synthèse. Le sujet sensible*, Paris, P.U.F., 1993.

BERGE (C.), *Graphes et hypergraphes*, Paris, Dunod, 1970.

– *Théorie des graphes et ses applications*, Paris, Dunod, 1963.

BERGSON (H.), *La Pensée et le mouvant*, dans H. Bergson, *Œuvres*, éd. par A. Robinet et H. Gouhier, Paris, P.U.F., 1991, p. 1249–1482.

– *Leçons clermontoises I*, éd. par R. Ragghianti, Paris, L'Harmattan, 2003.

– *Leçons clermontoises II*, éd. par R. Ragghianti, Paris, L'Harmattan, 2006.

– *L'Évolution créatrice*, dans H. Bergson, *Œuvres*, éd. par A. Robinet et H. Gouhier, Paris, P.U.F., 1991, p. 487–809.

– *Œuvres*, éd. par A. Robinet et H. Gouhier, Paris, P.U.F., 1991.

BILLARD (J.), *L'Éclectisme*, Paris, P.U.F., 1997.

– « Philosophie et enseignement en France », dans *Dictionnaire de la philosophie*, Paris, Encyclopædia Universalis–Albin Michel, 2006, p. 1570–1577.

BOISTE (P. C. V.), *Dictionnaire universel de la langue française*, Paris, Desray, 1803.

BONGIE (L. L.), « Introduction », dans É. B. de Condillac, *Les Monades*, éd. par L. L. Bongie, trad. par F. Heidsieck, Grenoble, J. Millon, 1994, p. 5–128.

BOURDIEU (P.), *Méditations pascaliennes*, Paris, Seuil, 2003.

BOURGEOIS (B.), « Dialectique et structure dans la philosophie de Hegel », dans B. Bourgeois, *Études hegeliennes. Raison et décision*, Paris, P.U.F., 1992, p. 111–133.

– *Éternité et historicité de l'esprit selon Hegel*, Paris, Vrin, 1991.

– *Études hegeliennes. Raison et décision*, Paris, P.U.F., 1992.

– *La Philosophie allemande classique*, Paris, P.U.F., 1995.

– « La Spéculation hégélienne », dans B. Bourgeois, *Études hegeliennes. Raison et décision*, Paris, P.U.F., 1992, p. 87–109.

– « L'Histoire de la raison selon Kant », *Revue de théologie et de philosophie*, vol. 115, 1983, p. 165–174.

– *L'Idéalisme allemand. Alternatives et progrès*, Paris, Vrin, 2000.

– « L'invention philosophique : de l'idéalisme absolu de Hegel à l'idéalisme radical de Gueroult ? », dans *Comment écrire l'histoire de la philosophie ?*, éd. par Y. C. Zarka, Paris, P.U.F., 2001, p. 185–197.

– « Présentation », dans G. W. F. Hegel, *Phénoménologie de l'esprit*, Paris, Vrin, 2006, p. 7–49.

– « Présentation », dans G. W. F. Hegel, *Encyclopédie des sciences philosophiques, I. La science de la logique*, éd. établie et trad. par B. Bourgeois, Paris, Vrin, 1994, p. 7–112.

– « Présentation », dans G. W. F. Hegel, *Encyclopédie des sciences philosophiques, II. Philosophie de la nature*, éd. établie et trad. par B. Bourgeois, Paris, Vrin, 2004, p. 7–105.

– « Présentation », dans G. W. F. Hegel, *Encyclopédie des sciences philosophiques, III. Philosophie de l'esprit*, éd. établie et trad. par B. Bourgeois, Paris, Vrin, 1988, p. 7–93.

BOURSIER (L.-F.), *De l'Action de Dieu sur les créatures*, Paris, Barbuty, 1713.

BOUVERESSE (J.), « Jules Vuillemin entre l'intuitionnisme et le réalisme », dans *Philosophie des mathématiques et théorie de la connaissance. L'Œuvre de Jules Vuillemin*, éd. par R. Rashed et P. Pellegrin, Paris, Albert Blanchard, 2005, p. 45–79.

– « Qu'est-ce qu'un système philosophique ? », *Chaire de Philosophie du langage et de la connaissance du Collège de France*, Paris, 2006-2008.

BOYER (A.), *Hors du Temps. Un essai sur Kant*, Paris, Vrin, 2001.

BRAUN (L.), *Histoire de l'histoire de la philosophie*, Paris, Ophrys, 1973.

BRÉHIER (É.), *Histoire de la philosophie I. L'Antiquité et le Moyen Âge*, Paris, Alcan, 1928.

– *Histoire de la philosophie II. La philosophie moderne*, Paris, Alcan, 1929-1932.

BRENTANO (F.), « Die Vier Phasen der Philosophie und ihr augenblicklicher Stand », dans F. Brentano, *Die vier Phasen der Philosophie und ihr augenblicklicher Stand*, éd. par O. Kraus et F. Mayer-Hillebrand, Hamburg, Meiner, 1968, p. 1–32.

BRITTAN (G. G.) (éd.), *Causality, Method, and Modality : Essays in honor of Jules Vuillemin*, Dordrecht, Boston, London, Kluwer Academic Publishers, 1991.

BRUCKER (F.) et BARTHÉLÉMY (J.-P.), *Éléments de classification. Aspects combinatoires et algorithmiques*, Paris, Lavoisier Hermès Science, 2007.

BRUCKER (J. J.), *Institutiones historiæ philosophicæ*, Leipzig, Breitkopf, 1747.

BRUNSCHVICG (L.), *Les Âges de l'intelligence*, Paris, Alcan, 1934.

BUFFON (G.-L. L. de), « Premier Discours », dans *Histoire naturelle générale et particulière, avec la description du cabinet du roi*, Paris, Imprimerie royale, 1749, p. 3–62.

CANTOR (G.) et DEDEKIND (R.), *Correspondance*, dans J. Cavaillès, *Philosophie mathématique*, Paris, Hermann, 1962, p. 177–251.

CARNAP (R.), *La Construction logique du monde*, éd. par É. Schwartz et T. Rivain, Paris, Vrin, 2002.

CATTIN (E.), *Transformations de la métaphysique. Commentaires sur la philosophie transcendantale de Schelling*, Paris, Vrin, 2001.

– *Vers la Simplicité. Phénoménologie hégélienne*, Paris, Vrin, 2010.

CAVAILLÈS (J.), *Méthode axiomatique et formalisme. Essai sur le problème du fondement des mathématiques*, Paris, Hermann, 1981.

– *Remarques sur la formation de la théorie abstraite des ensembles*, dans J. Cavaillès, *Philosophie mathématique*, éd. par R. Aron et R. Martin, Paris, Hermann, 2008, p. 23–176.

– *Sur la Logique et la théorie de la science*, Paris, Vrin, 2008.

– *Transfini et continu*, dans J. Cavaillès, *Philosophie mathématique*, éd. par R. Aron et R. Martin, Paris, Hermann, 2008, p. 253–274.

CHAUVIER (S.), « La Philosophie de la classification des systèmes philosophiques : criticisme et décisionnisme », dans *Philosophie des mathématiques et théorie de la connaissance. L'Œuvre de Jules Vuillemin*, éd. par R. Rashed et P. Pellegrin, Paris, Albert Blanchard, 2005, p. 187–204.

CICÉRON, *Des vrais biens et des vrais maux*, dans Cicéron, *Œuvres complètes*, éd. par J. M. N. D. Nisard, Paris, Firmin Didot, 1869, p. 486–617.

COHEN (H.), *Kommentar zu Immanuel Kants* Kritik der reinen Vernunft, Leipzig, Dürr, 1907.

COLEBROOKE (H. T.), *Essays on the Religion and Philosophy of the Hindus*, London, Williams et Norgate, 1858.

CONDILLAC (É. B. de), *Essai sur l'origine des connaissances humaines*, éd. par J.-C. Pariente et M. Pécharman, Paris, Vrin, 2014.

– *La Langue des calculs*, éd. par S. Auroux et A.-M. Chouillet, Lille, Presses Universitaires de Lille, 1981.

– *La Logique, ou les premiers développements de l'art de penser*, Paris, Houël, 1798.

– *Les Monades*, éd. par L. L. Bongie, Grenoble, J. Millon, 1994.

– *Traité des sensations. Traité des animaux*, Paris, Fayard, 1984.

– *Traité des systèmes*, Paris, Fayard, 1991.

COUSIN (V.), *Cours d'histoire de la philosophie morale au* XVIIIe *siècle*, Paris, Ladrange, 1841.

– *De la Métaphysique d'Aristote*, Paris, Ladrange, 1838.

– *Défense de l'université et de la philosophie*, Paris, Joubert, 1844.

– *Des* Pensées *de Pascal*, Paris, Ladrange, 1843.

– *Du Vrai, du beau et du bien*, noté *VBB*, Paris, Didier, 1853.

– *Études sur Pascal*, Paris, Didier, 1857.

– *Examen de la métaphysique de Kant*, Lyon, Boitel, 1842.

– *Fragments de philosophie cartésienne*, Paris, Charpentier, 1845.

– *Fragments littéraires*, Paris, Didier, 1843.

– *Fragments philosophiques*, Paris, Ladrange, 1833.

– *Histoire générale de la philosophie depuis les temps les plus anciens jusqu'à la fin du* XVIIIe *siècle*, noté *HGP*, Paris, Didier, 1863.

– *Leçons d'histoire de la philosophie*, Paris, Marmet, Papinot, Ponthieu et Lecointe, 1828.

– *Philosophie de Locke*, Paris, Didier, 1873.

COUSIN (V.), *Philosophie sensualiste au XVIIIe siècle*, Paris, Librairie nouvelle, 1856.

– « Préface », dans W. G. Tennemann, *Manuel de l'histoire de la philosophie*, trad. par V. Cousin, Paris, Pichon et Didier, 1829, p. i–xxvii.

— et BERSOT (E.), *Lettres inédites (1842-1865)*, éd. par É. Delerot et A. Taphanel, Versailles, Aubert, 1897.

COUTURAT (L.), *De l'Infini mathématique*, Paris, Blanchard, 1973.

– « La Philosophie des mathématiques de Kant », dans L. Couturat, *Les Principes des mathématiques*, Paris, Blanchard, 1980, p. 235–308.

– *Les Principes des mathématiques*, Paris, Blanchard, 1980.

CROCCO (G.), « Intuition, construction et convention dans la théorie de la connaissance de Poincaré », *Philosophiques*, vol. 31, nº 1, 2004, p. 151–177.

– « Méthode structurale et systèmes philosophiques », *Revue de métaphysique et de morale*, vol. 1, nº 45, 2005, p. 69–88.

– « Pour une défense du pluralisme logique. Le choix d'une logique », thèse de doct., Paris I Panthéon-Sorbonne, 1999.

DALED (P.-F.), *Le Matérialisme occulté et la genèse du « sensualisme ». Écrire l'histoire de la philosophie en France*, Paris, Vrin, 2005.

DELBOS (V.), « Les conceptions de l'histoire de la philosophie », *Revue de métaphysique et de morale*, nº 24, 1917, p. 135–147.

– « De la méthode en histoire de la philosophie I », *Revue de métaphysique et de morale*, nº 24, 1917, p. 279–289.

– « De la méthode en histoire de la philosophie II », *Revue de métaphysique et de morale*, nº 24, 1917, p. 369–382.

DELEUZE (G.) et GUATTARI (F.), *Qu'est-ce que la philosophie ?*, Paris, Minuit, 1991.

DERRIDA (J.), *D'un Ton apocalyptique adopté naguère en philosophie*, Paris, Galilée, 2005.

DESCARTES (R.), *Œuvres*, éd. par V. Cousin, Paris, Levrault, 1824.

D'HONDT (J.), *Hegel*, Paris, Calmann-Lévy, 1998.

– *Hegel en son temps (Berlin, 1818-1831)*, Paris, Éditions sociales, 1968.

D'HONDT (J.) (éd.), *Hegel et la pensée grecque*, Paris, P.U.F., 1974.

DIDEROT (D.), « Éclectisme », dans *Encyclopédie ou Dictionnaire raisonné des sciences, des arts et des métiers*, éd. par D. Diderot et J. l. R. d'Alembert, t. 5, Paris, Briasson, David, Le Breton et Durand, 1755, p. 270–293.

– *Le Neveu de Rameau*, Paris, Robert Laffont, 1994, p. 623–695.

DILLON (J. M.) et LONG (A. A.) (éd.), *The Question of "eclectism". Studies in Later Greek Philosophy*, Berkeley, Los Angeles, University of California Press, 1988.

DIOGÈNE LAËRCE, *Vies et doctrines des philosophes illustres*, trad. par M.-O. Goulet-Cazé, Paris, Livre de poche, 1999.

DREYFUS (G.), « La Méthode structurale et le *Spinoza* de Martial Gueroult », *L'Âge de la science*, vol. 2, nº 3, 1969, p. 240–275.

– « Martial Gueroult † 13.8.1976 : II. Descartes, les Cartésiens », *Archiv für Geschichte der Philosophie*, vol. 59, nº 3, 1977, p. 293–301.

DUBARLE (D.), « Dialectique hégélienne et formalisation », dans D. Dubarle et A. Doz, *Logique et dialectique*, Paris, Larousse, 1972, p. 1–200.

DUMAS (J.-L.), « Renouvier critique de Hegel », *Revue de métaphysique et de morale*, vol. 1, 1971, p. 32–52.

ECO (U.), *Kant et l'ornithorynque*, trad. par J. Gayrard, Paris, Grasset, 1999.

EISLER (R.), *Kant-Lexikon*, éd. établie et trad. par A.-D. Balmès et P. Osmo, Paris, Gallimard, 1994.

ÉPICTÈTE, « Entretiens », dans *Les Stoïciens*, éd. par P.-M. Schuhl, trad. par É. Bréhier, t. 2, Paris, Gallimard, 1962.

FEDI (L.), « La Dissymétrie des thèses et des antithèses dans les antinomies mathématiques : relecture d'un débat fin de siècle », *Cahiers philosophiques*, vol. 80, oct. 1999, p. 73–98.

– « La Philosophie républicaine de Charles Renouvier », dans C. Renouvier, *Manuel républicain de l'homme et du citoyen*, éd. par J.-C. Richard, M. Agulhon et L. Fedi, Genève, Slatkine, 2000, XXIX–XXXVIII.

– *Le Problème de la connaissance dans la philosophie de Charles Renouvier*, Paris, L'Harmattan, 1998.

FEDI (L.) et SIBERTIN-BLANC (G.), « Les Additions à *La Nouvelle Monadologie* de Charles Renouvier », *Cahiers philosophiques*, vol. 99, oct. 2004, p. 85–94.

FICHTE (J. G.), *Doctrine de la Science. Principes fondamentaux de la doctrine de la connaissance*, éd. par B. Vancamp, trad. par P. Grimblot, Paris, Ladrange, 1843.

– *Exposé de la Doctrine de la Science (1801-1802)*, éd. établie et trad. par B. Vancamp, Bruxelles, Lebeer-Hossmann, 1987.

– *La Destination de l'homme*, trad. Goddard, Jean-Christophe, Paris, Flammarion, 1995.

FLAUBERT (G.), *Bouvard et Pécuchet*, Paris, Alphonse Lemerre, 1881.

FLINT (R.), *La Philosophie de l'histoire en Allemagne*, trad. par L. Carrau, Paris, Germer Baillère, 1878.

FOUCAULT (M.), *Les Mots et les choses*, Paris, Gallimard, 1966.

FOUCHER DE CAREIL (L.-A.), *Hegel et Schopenhauer. Études sur la philosophie allemande moderne depuis Kant jusqu'à nos jours*, Paris, Hachette, 1862.

FREGE (G.), *Écrits logiques et philosophiques*, Paris, Seuil, 1971.

– *Idéographie*, Paris, Vrin, 1999.

FRIES (J. F.), *Wissen, Glaube und Ahndung*, Göttingen, Vandenhoeck & Ruprecht, 1905.

GALLI (G.), *Prime Linee d'un idealismo critico e due studi su Renouvier*, Torino, Gheroni, 1945.

GAN-KRZYWOSZYŃSKA (K.), « Classification des formes fondamentales de la prédication chez Jules Vuillemin », mém.de mast., Poznań : Uniwersytet Im. Adama Mickiewicza, 2006.

GARAT (D.-J.), « Leçons d'analyse de l'entendement », dans *L'École Normale de l'an III. Leçons d'analyse de l'entendement, art de la parole, littérature, morale*, éd. par J. Dhombres et B. Didier, Paris, Rue d'Ulm, 2008, p. 43–160.

GÉRANDO (J.-M. de), *Histoire comparée des systèmes de philosophie, considérés relativement aux principes des connaissances humaines I*, Paris, Eymery, Rey et Gravier, Aillau, 1822.

– *Histoire comparée des systèmes de philosophie, considérés relativement aux principes des connaissances humaines II*, Paris, Eymery, Rey et Gravier, Aillau, 1822.

– *Histoire comparée des systèmes de philosophie, considérés relativement aux principes des connaissances humaines III*, Paris, Eymery, Rey et Gravier, Aillau, 1823.

– *Histoire comparée des systèmes de philosophie, considérés relativement aux principes des connaissances humaines IV*, Paris, Eymery, Rey et Gravier, Aillau, 1822.

GÉRARD (G.), *Critique et dialectique. L'Itinéraire de Hegel à Iéna (1801-1805)*, Bruxelles, Publications des Facultés universitaires Saint-Louis, 1982.

– *Le Concept hegelien de l'histoire de la philosophie*, Paris, Vrin, 2008.

GIRARD (J.-Y.), *Le Point aveugle. Cours de logique, I : Vers la Perfection*, Paris, Hermann, 2006.

GIRARD (J.-Y.), *Le Point aveugle. Cours de logique, II : Vers l'imperfection*, Paris, Hermann, 2007.

GODDARD (J.-C.), *Hegel et l'hégélianisme*, Paris, Armand Collin, 1998.

GOLDSCHMIDT (V.), *Le Système stoïcien et l'idée de temps*, Paris, Vrin, 1953.

– « Martial Gueroult † 13.8.1976 : IV. La dianoématique », *Archiv für Geschichte der Philosophie*, vol. 59, n° 3, 1977, p. 304–312.

– *Platonisme et pensée contemporaine*, Paris, Vrin, 1990.

GONDRAN (M.), « La structure algébrique des classifications hiérarchiques », *Annales de l'INSEE*, vol. 22-23, avr. 1976, p. 181–190.

GOODMAN (N.), *La Structure de l'apparence*, trad. dirigée par Jean-Baptiste Rauzy, Paris, Vrin, 2004.

GRANGER (G.-G.), « Analyse des œuvres, analyse d'idées », dans, éd. par J.-M. Vienne, Paris, Vrin, 1997, p. 121–126.

– *Essai d'une philosophie du style*, Paris, Armand Colin, 1968.

– *Formes, opérations, objets*, Paris, Vrin, 1994.

– « Jean Cavaillès et l'histoire », *Philosophia scientiæ*, vol. 3, n° 1, 1998, p. 65–77.

– *La Théorie aristotélicienne de la science*, Paris, Aubier Montaigne, 1976.

– « Méthode axiomatique et idée de système dans l'œuvre de Jules Vuillemin », dans *Causality, Method, and Modality : Essays in honor of Jules Vuillemin*, éd. par G. G. Brittan, Dordrecht, Boston, London, Kluwer Academic Publishers, 1991, p. 83–97.

– *Pour la Connaissance philosophique*, Paris, Odile Jacob, 1988.

GRONDIN (J.), « La conclusion de la *Critique de la raison pure* », *Kant-Studien*, vol. 81, n° 2, 1990, p. 129–144.

GUEROULT (M.), « Brunschvicg et l'histoire de la civilisation », *Bulletin de la Société française de philosophie*, n° 1, 1954, Paris, Arman Colin, p. 1–36.

– « Deux histoires de la philosophie », *Revue Philosophique de la France et de l'étranger*, vol. 144, 1954, p. 420–425.

– *Dianoématique, livre I. Histoire de l'histoire de la philosophie, 1. En Occident, des origines jusqu'à Condillac*, Paris, Aubier, 1984.

– *Dianoématique, livre I. Histoire de l'histoire de la philosophie, 2. En Allemagne, de Leibniz à nos jours*, Paris, Aubier, 1988.

– *Dianoématique, livre I. Histoire de l'histoire de la philosophie, 3. En France, de Condorcet à nos jours*, Paris, Aubier, 1988.

– *Dianoématique, livre II. Philosophie de l'histoire de la philosophie*, Paris, Aubier-Montaigne, 1979.

– « Renouvier et l'histoire de la philosophie », *Revue de théologie et de philosophie*, vol. 17, n° 6, 1967, p. 369–379.

GUILLERMIT (L.), *Leçons sur la* Critique de la raison pure *de Kant*, éd. par M. Fichant, Paris, Vrin, 2008.

– *L'Élucidation critique du jugement de goût selon Kant*, éd. par É. Schwartz et J. Vuillemin, Paris, Éditions du CNRS, 1986.

– « Martial Gueroult † 13.8.1976 : III. Kant », *Archiv für Geschichte der Philosophie*, vol. 59, n° 3, 1977, p. 301–304.

HADOT (P.), « Éclectisme », dans *Dictionnaire de la philosophie*, Paris, Encyclopædia Universalis–Albin Michel, 2006, p. 605–606.

– « Les divisions des parties de la philosophie dans l'Antiquité », dans *Études de philosophie ancienne*, Paris, Les Belles Lettres, 1998, p. 125–158.

– « Philosophie, discours philosophique et divisions de la philosophie chez les Stoïciens », *Revue Internationale de Philosophie*, vol. 45, n° 178 (3), 1991, p. 205–219.

HAMILTON (W.), *Fragments de philosophie*, trad. par L. Peisse, Paris, Ladrange, 1840.

HAURÉAU (J.-B.), *De la Philosophie scolastique*, Paris, Pagnerre, 1850.

HEGEL (G. W. F.), « Blätter zur Geschichte der Philosophie », dans G. W. F. Hegel, *Gesammelte Werke 18 : Vorlesungsmanuskripte II (1816-1831)*, éd. par W. Jaeschke, Hamburg, Meiner, 1995, p. 107–111.

– *Correspondance I. 1785-1812*, éd. par J. Hoffmeister, trad. par J. Carrère, Paris, Gallimard, 1962.

– *Correspondance II. 1813-1822*, éd. par J. Hoffmeister, trad. par J. Carrère, Paris, Gallimard, 1963.

– *Correspondance III. 1823-1831*, éd. par J. Hoffmeister, trad. par J. Carrère, Paris, Gallimard, 1967.

– *Encyclopédie des sciences philosophiques en abrégé*, éd. par F. Nicolin et O. Pöggeler, trad. par M. de Gandillac, Paris, Gallimard, 1970.

– *Encyclopédie des sciences philosophiques, I. La science de la logique*, éd. établie et trad. par B. Bourgeois, Paris, Vrin, 1994.

– *Encyclopédie des sciences philosophiques, II. Philosophie de la nature*, éd. établie et trad. par B. Bourgeois, Paris, Vrin, 2004.

– *Encyclopédie des sciences philosophiques, III. Philosophie de l'esprit*, éd. établie et trad. par B. Bourgeois, Paris, Vrin, 1988.

– *Esthétique*, éd. établie et trad. par C. Bénard, B. Timmermans et P. Zaccaria, Paris, Livre de poche, 1997.

– *Foi et savoir. Kant, Jacobi, Fichte*, éd. établie et trad. par A. Philonenko, Paris, Vrin, 1988.

– « Fragment einer Einleitung (1823) », dans G. W. F. Hegel, *Gesammelte Werke 18 : Vorlesungsmanuskripte II (1816-1831)*, éd. par W. Jaeschke, Hamburg, Meiner, 1995, p. 95–106.

– « Geschichte der Philosophie (1820) », dans G. W. F. Hegel, *Gesammelte Werke 18 : Vorlesungsmanuskripte II (1816-1831)*, éd. par W. Jaeschke, Hamburg, Meiner, 1995, p. 35 *sq.*

– *La Relation du scepticisme avec la philosophie*, Paris, Vrin, 1986.

– *Leçons sur la philosophie de l'histoire*, trad. par J. Gibelin, Paris, Vrin, 1979.

– *Leçons sur l'histoire de la philosophie, I. La philosophie grecque, de Thalès à Anaxagore*, éd. établie et trad. par P. Garniron, noté *LHP I*, Paris, Vrin, 1971.

– *Leçons sur l'histoire de la philosophie, II. La philosophie grecque : des sophistes aux socratiques*, éd. établie et trad. par P. Garniron, noté *LHP II*, Paris, Vrin, 1971.

– *Leçons sur l'histoire de la philosophie, III. La philosophie grecque : Platon et Aristote*, éd. établie et trad. par P. Garniron, noté *LHP III*, Paris, Vrin, 1972.

– *Leçons sur l'histoire de la philosophie. Introduction*, trad. par J. Gibelin, Paris, Gallimard, 1954.

– *Leçons sur l'histoire de la philosophie. Introduction, Bibliographie. Philosophie orientale.* Éd. établie et trad. par G. Marmasse, Paris, Vrin, 2004.

– *Leçons sur l'histoire de la philosophie, IV. La philosophie grecque : le dogmatisme et le scepticisme, les néoplatoniciens*, éd. établie et trad. par P. Garniron, noté *LHP IV*, Paris, Vrin, 1975.

– *Leçons sur l'histoire de la philosophie, V. La philosophie du Moyen Âge*, éd. établie et trad. par P. Garniron, noté *LHP V*, Paris, Vrin, 1978.

HEGEL (G. W. F.), *Leçons sur l'histoire de la philosophie, VI. La philosophie moderne*, éd. établie et trad. par P. Garniron, noté *LHP VI*, Paris, Vrin, 1979.

– *Leçons sur l'histoire de la philosophie, VII. La philosophie moderne. La philosophie allemande récente*, éd. établie et trad. par P. Garniron, noté *LHP VII*, Paris, Vrin, 1991.

– *Phänomenologie des Geistes*, éd. par L. B. Puntel, Stuttgart, Philipp Reclam, 1996.

– *Phénoménologie de l'esprit*, éd. établie et trad. par J.-P. Lefebvre, Paris, Aubier, 1991.

– *Phénoménologie de l'esprit*, éd. établie et trad. par B. Bourgeois, noté *PhE*, Paris, Vrin, 2006.

– *Principes de la philosophie du droit*, éd. établie et trad. par J.-L. Vieillard-Baron, Paris, Flammarion, 1999.

– *Science de la logique. La doctrine de l'essence*, éd. établie et trad. par G. Jarczyk et P.-J. Labarrière, Paris, Kimé, 2010.

– *Science de la logique. La logique subjective ou doctrine du concept*, éd. établie et trad. par G. Jarczyk et P.-J. Labarrière, Paris, Aubier-Montaigne, 1981.

– *Science de la logique. L'être. Édition de 1812*, éd. établie et trad. par P.-J. Labarrière et G. Jarczyk, Paris, Aubier-Montaigne, 1987.

– *Vorlesungen über die Geschichte der Philosophie*, éd. par E. Moldenhauer et K. M. Michel, Frankfurt am Main, Suhrkamp, 1971.

– « Zeichnung aus Zeichnungen », dans G. W. F. Hegel, *Gesammelte Werke 5 : Schriften und Entwürfe (1799-1808)*, éd. par M. Baum, K. R. Meist et T. Ebert, Hamburg, Meiner, 1998, p. 533.

HEIDEGGER (M.), « Hegel et les Grecs », dans M. Heidegger, *Questions I et II*, trad. par J. Beaufret et D. Janicaud, Paris, Gallimard, 1968, p. 347–374.

– « Hegel et son concept de l'expérience », dans M. Heidegger, *Chemins qui ne mènent nulle part*, trad. par W. Brokmeier, Paris, Gallimard, 1962, p. 147–252.

– « Identité et différence », dans M. Heidegger, *Questions I et II*, trad. par A. Préau, Paris, Gallimard, 1968, p. 253–310.

– *La* Phénoménologie de l'esprit *de Hegel*, trad. par E. Martineau, Paris, Gallimard, 1984.

HEIMSOETH (H.), *Transzendentale Dialektik. Ein Kommentar zu Kants* Kritik der reinen Vernunft *I : Ideenlehre und Paralogismen*, Berlin, Walter de Gruyter, 1966.

– *Transzendentale Dialektik. Ein Kommentar zu Kants* Kritik der reinen Vernunft *II : Vierfache Vernunftantinomie ; Natur und Freiheit ; intelligibler und empirischer Charakter*, Berlin, Walter de Gruyter, 1967.

– *Transzendentale Dialektik. Ein Kommentar zu Kants* Kritik der reinen Vernunft *III : Das Ideal der reinen Vernunft ; die spekulativen Beweisarten vom Dasein Gottes ; dialektischer Schein und Leitideen der Forschung*, Berlin, Walter de Gruyter, 1969.

– *Transzendentale Dialektik. Ein Kommentar zu Kants* Kritik der reinen Vernunft *IV : Die Methodenlehre*, Berlin, Walter de Gruyter, 1971.

HÖFFE (O.), « Architektonik und Geschichte der reinen Vernunft (A832/B860-A856/B884) », dans *Immanuel Kant :* Kritik der reinen Vernunft, éd. par G. Mohr et M. Willaschek, Berlin, Akademie Verlag, 1998, p. 617–645.

HYPPOLITE (J.), *Genèse et structure de la* Phénoménologie de l'esprit *de Hegel*, Paris, Aubier, 1946.

– *Logique et existence. Essai sur la logique de Hegel*, Paris, P.U.F., 1991 (1952).

JACOBI (F. H.), *Œuvres philosophiques*, Anstett, J.-J., Paris, Aubier, 1946.

JAESCHKE (W.), « Die Philosophie », dans *Hegels « Enzyklopädie der philosophischen Wissenschaften » (1830). Ein Kommentar zum Systemgrundriß*, éd. par H. Schnädelbach, Frankfurt am Main, Suhrkamp, 2000, p. 466–501.

JANET (P.), « L'Histoire de la philosophie et l'éclectisme », *Revue des deux mondes*, vol. 61, 1866, p. 504–528.
– *Victor Cousin et son œuvre*, Paris, Calmann-Lévy, 1885.
JANICAUD (D.), « Spiritualisme », dans *Dictionnaire de la philosophie*, Paris, Encyclopædia Universalis–Albin Michel, 2006, p. 1889–1893.
JERPHAGNON (L.), « Personne (philosophies de la) », dans *Dictionnaire de la philosophie*, Paris, Encyclopædia Universalis–Albin Michel, 2006, p. 1544–1548.
JOUFFROY (T.), « De la Philosophie et du sens commun », dans T. Jouffroy, *Mélanges philosophiques*, Paris, Hachette, 1901, p. 105–120.
– *Mélanges philosophiques*, Paris, Hachette, 1901.
KANT (I.), « Annonce de la prochaine conclusion d'un traité de paix perpétuelle en philosophie », dans *Vers la Paix perpétuelle et autres textes*, éd. par F. Proust, trad. par J.-F. Poirier et F. Proust, Paris, Flammarion, 1991, p. 133–147.
– *Anthropologie du point de vue pragmatique*, trad. par M. Foucault, Paris, Vrin, 1994.
– *Critique de la faculté de juger*, trad. Alexis Philonenko, Paris, Vrin, 1993.
– *Critique de la raison pratique*, trad. par F. Picavet, noté *KPV*, Paris, P.U.F., 1997.
– *Critique de la raison pure*, éd. par L. Ferry et B. Rousset, trad. par J. Barni et P. Archambault, Paris, Flammarion, 1987.
– *Critique de la raison pure*, éd. par A. Tremesaygues, B. Pacaud et C. Serrus, trad. par A. Tremesaygues et B. Pacaud, noté *KRV*, Paris, P.U.F., 1997.
– *Critique de la raison pure*, éd. établie et trad. par A. Renaut, Paris, Flammarion, 2001.
– *Dissertation de 1770. Lettre à Marcus Herz*, éd. établie et trad. par P. Mouy et A. Philonenko, Paris, Vrin, 1995.
– « D'un Ton grand seigneur adopté naguère en philosophie », dans *Première introduction à la Critique de la faculté de juger et autres textes*, éd. établie et trad. par P. Mouy et A. Philonenko, Paris, Vrin, 1975, p. 87–109.
– *Essai pour introduire en philosophie le concept de grandeur négative*, éd. établie et trad. par R. Kempf, Paris, Vrin, 1991.
– *Fondements de la métaphysique des mœurs*, trad. par V. Delbos, Paris, Vrin, 1992.
– *Kritik der praktischen Vernunft. Grundlegung zur Metaphysik der Sitten*, Frankfurt am Main, Suhrkamp, 1998.
– *Kritik der Urtheilskraft*, éd. par R. Toman, Köln, Könemann, 1995.
– *La Religion dans les limites de la simple raison*, éd. établie et trad. par M. Naar, Paris, Vrin, 2004.
– *Les Progrès de la métaphysique en Allemagne depuis le temps de Leibniz et de Wolf*, trad. par L. Guillermit, Paris, Vrin, 1990.
– *Logique*, trad. par L. Guillermit, Paris, Vrin, 1997.
– *Métaphysique des mœurs. Première partie : Doctrine du droit*, trad. par A. Philonenko, Paris, Vrin, 2011.
– *Premiers Principes métaphysiques de la science de la nature*, trad. par J. Gibelin, Paris, Vrin, 1990.
– *Prolégomènes à toute métaphysique future qui pourra se présenter comme science*, éd. par J. Vuillemin, trad. par L. Guillermit, Paris, Vrin, 1986.
– « Que signifie s'orienter dans la pensée ? », dans I. Kant, *Vers la Paix perpétuelle. Que signifie s'orienter dans la pensée ? Qu'est-ce que les Lumières ? et autres textes*, éd. par F. Proust, trad. par J.-F. Poirier et F. Proust, Paris, Flammarion, 1991, p. 53–72.

KOJÈVE (A.), *Introduction à la lecture de Hegel. Leçons sur la* Phénoménologie de l'esprit *professées de 1933 à 1939 à l'École des Hautes Études*, éd. par R. Queneau, Paris, Gallimard, 1968.

LACROIX (A.), *Hegel. La philosophie de la nature*, Paris, P.U.F., 1997.

LARGEAULT (J.), « Idéalisme », dans *Dictionnaire de la philosophie*, Paris, Encyclopædia Universalis–Albin Michel, 2006, p. 856–871.

– *Intuition et intuitionisme*, Paris, Vrin, 1993.

– *Intuitionisme et théorie de la démonstration*, Paris, Vrin, 1992.

– *La Logique*, Paris, P.U.F., 1993.

– *L'Intuitionisme*, Paris, P.U.F., 1992.

– *Logique mathématique*, Paris, Armand Colin, 1972.

– « Réalisme », dans *Dictionnaire de la philosophie*, Paris, Encyclopædia Universalis–Albin Michel, 2006, p. 1753–1764.

LAUER (Q.), *Hegel's Idea of Philosophy*, New York, Fordham University Press, 1971.

LAURENT (P.-M.), *Résumé de l'histoire de la philosophie*, Paris, Lecointe et Durey, 1826.

LAWVERE (F. W.), « Categories of Space and of Quantity », dans *The Space of Mathematics : Philosophical, Epistemological and Historical Explorations*, International Symposium on Structures in Mathematical Theories (1990), San Sebastian, Spain, Berlin, DeGruyter, 1992, p. 14–30.

– « Display of Graphics and their Applications, as Exemplified by 2-Categories and the Hegelian "Taco" », dans *Proceedings of the First International Conference on Algebraic Methodology and Software Technology*, University of Iowa, 1989, p. 51–75.

– « Grassmann's Dialectics and Category Theory », dans *Proceedings of the 1994 Conference to commemorate 150 years of Grassmann's "Ausdehnungslehre", Hermann Guenther Grassmann (1809-1877) : Visionary Mathematician, Scientist and Neohumanist Scholar, Boston Studies in the Philosophy of Science*, éd. par G. Schubring, t. 187, Dordrecht, Boston, London, Kluwer Academic Publishers, 1996, p. 255–264.

– « Some Thoughts on the Future of Category Theory », *Lecture Notes in Mathematics*, vol. 1488, 1991, p. 1–13.

– « Unity and identity of opposites in calculus and physics », *Applied Categorical Structures*, vol. 4, 1996, p. 167–174.

LEBRUN (G.), *La Patience du concept. Essai sur le discours hégélien*, Paris, Gallimard, 1972.

LEHMANN (Y.), *Varron théologien et philosophe romain*, Bruxelles, Latomus, 1997.

LEIBNIZ (G. W.), *Die Philosophische Schriften*, éd. par K. I. Gerhardt, Hildesheim, Olms, 1978.

LEQUIER (J.), *La Recherche d'une première vérité. Fragments posthumes*, éd. par C. Renouvier, Paris, Armand Colin, 1924.

LERMAN (I. C.), *Les Bases de la classification automatique*, Paris, Gauthier-Villars, 1970.

LEROUX (P.), *Réfutation de l'éclectisme*, Paris, Charles Gosselin, 1839.

LONG (A. A.) et SEDLEY (D. N.), *Les Philosophes hellénistiques, I. Pyrrhon. L'épicurisme*, trad. par J. Brunschwig et P. Pellegrin, Paris, Flammarion, 2001.

– *Les Philosophes hellénistiques, II. Les Stoïciens*, trad. par J. Brunschwig et P. Pellegrin, Paris, Flammarion, 2001.

– *Les Philosophes hellénistiques, III. Les Académiciens. La renaissance du pyrrhonisme*, trad. par J. Brunschwig et P. Pellegrin, Paris, Flammarion, 2001.

MABILLE (B.), « Hegel », dans *Gradus philosophique*, éd. par L. Jaffro et M. Labrune, Paris, Flammarion, 1996, p. 256–281.

– *Hegel. L'Épreuve de la contingence*, Paris, Aubier, 1999.

MALABOU (C.), *L'Avenir de Hegel*, Paris, Vrin, 1996.

MALEVILLE (G.), *Histoire critique de l'éclectisme, ou des nouveaux platoniciens*, 1766.

MALLARMÉ (S.), « Crise de vers », dans S. Mallarmé, *Igitur. Divagations. Un Coup de dés*, Paris, Gallimard, 1976, p. 239–252.

– « Un Coup de dés », dans S. Mallarmé, *Igitur. Divagations. Un Coup de dés*, Paris, Gallimard, 1976, p. 409–429.

MARTY (F.), « La Méthodologie transcendantale, deuxième partie de la *Critique de la raison pure* », *Revue de métaphysique et de morale*, vol. 80, nº 1, jan. 1975, p. 11–31.

MÉLÈS (B.), « La classification cubique des systèmes philosophiques par Jules Vuillemin », *Les Études philosophiques*, vol. 1, nº 112, 2015, p. 51–64.

– « No Group for Constructive Logics : the Intuitionistic and Linear Case », dans *Around and Beyond the Square of Opposition*, éd. par J.-Y. Beziau et D. Jacquett, Basel, Birkhauser, 2012, p. 201–217.

– « Pratique mathématique et lectures de Hegel, de Jean Cavaillès à William Lawvere », *Philosophia Scientiæ*, vol. 16, nº 1, 2012, p. 153–182.

– « Systems and Teaching in Stoic and Confucian Philosophies », dans *Developing International Communications Skills in Japanese Cultural Studies*, Tokyo, Ochanomizu University, 2010, p. 54–56.

– « Un Français peut-il encore comprendre les philosophes d'outre-Manche ? Présentation », *Les Études philosophiques*, vol. 1, nº 112, 2015, p. 9–15.

MILHAUD (G.), *La Philosophie de Charles Renouvier*, Paris, Vrin, 1927.

MONTAIGNE (M. E. de), *Les Essais*, éd. par P. Villey, Paris, P.U.F., 2004.

MOUTAUX (J.), « La classification des systèmes philosophiques par Jules Vuillemin (première partie) », *Cahiers philosophiques*, vol. 46, 1991, p. 67–88.

– « La classification des systèmes philosophiques par Jules Vuillemin (deuxième partie) », *Cahiers philosophiques*, vol. 47, 1991, p. 57–80.

– « Philosophiques (systèmes) », dans *Dictionnaire de la philosophie*, Paris, Encyclopædia Universalis–Albin Michel, 2006, p. 1630–1641.

NGÔ-TIÊNG-HIÊN, « Art et vérité dans l'œuvre d'Étienne Souriau », *Revue Philosophique de Louvain*, vol. 69, nº 1, 1971, p. 73–91.

NICOD (J.), *La Géométrie dans le monde sensible*, Paris, Alcan, 1924.

NIETZSCHE (F.), *Considérations inactuelles*, Paris, Folio, 1990.

PALMIER (J.-M.), *Hegel. Essai sur la formation du système hegelien*, Paris, Éditions universitaires, 1968.

PARIENTE (J.-C.), « Sur Jules Vuillemin (1920-2001) », *Revue d'Auvergne*, vol. 580-581, 2006, p. 133–157.

PARROCHIA (D.), « Classifications, histoire et problèmes formels », *Société francophone de classification*, Mathesis vol. 10, mar. 1998.

– *La Raison systématique. Essai d'une morphologie des systèmes philosophiques*, Paris, Vrin, 1993.

– « Trames, classifications, définitions », *Mathématiques et sciences humaines*, Mathesis vol. 116, 1991, p. 29–46.

PARROCHIA (D.) et NEUVILLE (P.), « Épistémologie de la théorie des classifications », dans *Représenter, classer, nommer. Regards croisés sur la médecine*, éd. par L. Obadia et G. Carret, Fernelmont, E.M.E., 2007, p. 25–40.

– *Towards a General Theory of Classifications*, Bâle, Birkhauser, 2013.

PASCAL (B.), *Pensées*, dans B. Pascal, *Œuvres complètes*, éd. par L. Lafuma, Paris, Seuil, 1963, p. 493–641.

PHILONENKO (A.), *Lecture de la* Phénoménologie *de Hegel : Préface, Introduction*, Paris, Vrin, 1993.

– *L'Œuvre de Kant*, Paris, Vrin, 1996.

PICAVET (F.), *Les Idéologues. Essai sur l'histoire des idées et des théories scientifiques, philosophiques, religieuses, etc. en France depuis 1789*, Paris, Alcan, 1891.

PIEROBON (F.), *Kant et la fondation architectonique de la métaphysique*, Grenoble, J. Millon, 1990.

– *Kant et les mathématiques. La conception kantienne des mathématiques*, Paris, Vrin, 2003.

PILLON (F.), « Compte-rendu de Charles Renouvier, *Les Dilemmes de la métaphysique pure* », *L'Année philosophique, onzième année (1900)*, 1901, Paris, Alcan, p. 177–180.

PLATON, *Le Sophiste*, dans Platon, *Œuvres complètes*, éd. par L. Brisson, Paris, Flammarion, 2008, p. 1813–1875.

PRADEAU (J.-F.), « Introduction », dans *Les Sophistes. Fragments et témoignages*, éd. par J.-F. Pradeau, trad. par M. Bonazzi, Paris, Flammarion, 2009, p. 7–36.

PRADEAU (J.-F.) (éd.), *Les Sophistes. Fragments et témoignages*, trad. par M. Bonazzi, Paris, Flammarion, 2009.

QUINE (W. V. O.), « De ce qui est », dans W. V. O. Quine, *Du Point de vue logique*, éd. par S. Laugier, trad. par J. Vidal-Rosset, Paris, Vrin, 2003, p. 25–48.

– *Du Point de vue logique*, éd. par S. Laugier, trad. par C. Alsaleh, Paris, Vrin, 2003.

– « La Réification des universaux », dans W. V. O. Quine, *Du Point de vue logique*, éd. par S. Laugier, trad. par C. Alsaleh, Paris, Vrin, 2003, p. 149–184.

RAMSEY (F. P.), « Foundations of Mathematics », dans F. P. Ramsey, *The Foundations of Mathematics and other Logical Essays*, London, Routledge et Kegan Paul, 1931, p. 1–61.

RASHED (M.), « Le "critère de vérité" (κριτήριον τῆς ἀληθείας) comme outil hellénistique de classification des systèmes philosophiques », *Les Études philosophiques*, vol. 1, nº 112, 2015, p. 65–81.

RASHED (R.) et PELLEGRIN (P.), (éd.), *Philosophie des mathématiques et théorie de la connaissance. L'Œuvre de Jules Vuillemin*, Paris, 2005.

RENOUVIER (C.), « De la Philosophie du XIXe siècle en France », *L'Année philosophique, première année (1867)*, 1868, Paris, Alcan, p. 1–108.

– *Esquisse d'une classification systématique des doctrines philosophiques*, noté *Esquisse*, Paris, Bureau de la critique philosophique, 1885-1886.

– *Essais de critique générale. Premier Essai : Traité de logique générale et de logique formelle*, noté *Essais I*, Paris, Armand Colin, 1912.

– *Essais de critique générale. Deuxième Essai : Traité de psychologie rationnelle d'après les principes du criticisme*, noté *Essais II*, Paris, Armand Colin, 1912.

– « Les Catégories de la raison et la métaphysique de l'absolu », *L'Année philosophique, septième année (1896)*, 1897, Paris, Alcan, p. 1–62.

– *Les Derniers Entretiens*, éd. par L. Prat, Paris, Vrin, 1930.

– *Les Dilemmes de la métaphysique pure*, noté *Dilemmes*, Paris, Alcan, 1927.

– *Manuel de philosophie ancienne*, Paris, Paulin, 1844.

– *Manuel de philosophie moderne*, Paris, Paulin, 1842.

– *Manuel républicain de l'homme et du citoyen*, éd. par J.-C. Richard, M. Agulhon et L. Fedi, Genève, Slatkine, 2000.

– *Petit Traité de morale à l'usage des écoles primaires laïques*, Nîmes, Christian Lacour, 2000.
– *Philosophie analytique de l'histoire. Les idées, les religions, les systèmes I*, noté *Philosophie analytique I*, Paris, Leroux, 1896.
– *Philosophie analytique de l'histoire. Les idées, les religions, les systèmes II*, noté *Philosophie analytique II*, Paris, Leroux, 1897.
– *Philosophie analytique de l'histoire. Les idées, les religions, les systèmes III*, noté *Philosophie analytique III*, Paris, Leroux, 1897.
– *Philosophie analytique de l'histoire. Les idées, les religions, les systèmes IV*, noté *Philosophie analytique IV*, Paris, Leroux, 1897.
– « Schopenhauer et la métaphysique du pessimisme », *L'Année philosophique, septième année (1892)*, 1893, Paris, Alcan, p. 1–61.
– *Uchronie. L'utopie dans l'histoire. Esquisse historique apocryphe du développement de la civilisation européenne tel qu'il n'a pas été, tel qu'il aurait pu être*, Paris, Fayard, 1988.
RENOUVIER (C.) et SECRÉTAN (C.), *Correspondance*, Paris, Armand Colin, 1910.
ROSENKRANZ (K.), *Georg Wilhelm Friedrich Hegel's Leben*, Darmstadt, Wissenschaftliche Burggesellschaft, 1977.
RUSSELL (B.), « On Denoting », dans *Logic and Knowledge. Essays 1901-1950*, Nottingham, Spokesman, 2007, p. 41–56.
SCHELLING (F. W. J.), *Contributions à l'histoire de la philosophie moderne. Leçons de Munich*, éd. par J.-F. Marquet, Paris, P.U.F., 1983.
– *Jugement de M. de Schelling sur la philosophie de M. Cousin*, trad. par J. Willm, Paris, F. G. Levrault, 1835.
– *Sämmtliche Werke*, Stuttgart, Augsburg, J.G. Gotta'scher Verlag, 1856.
SCHNÄDELBACH (H.) (éd.), *Hegels « Enzyklopädie der philosophischen Wissenschaften »*, Frankfurt am Main, Suhrkamp, 2000.
SCHUHL (P.-M.) (éd.), *Les Stoïciens*, trad. par É. Bréhier, Paris, Gallimard, 1962.
SCHWARTZ (É.), « Estruturas e sistemas no idealismo kantiano », trad. par M. Suzuki, *Dois Pontos*, vol. 5, n° 1, avr. 2008, Curitiba, p. 11–42.
– « Histoire des mathématiques et histoire de la philosophie chez Jules Vuillemin », dans *Philosophie des mathématiques et théorie de la connaissance. L'Œuvre de Jules Vuillemin*, éd. par R. Rashed et P. Pellegrin, Paris, Albert Blanchard, 2005.
– « Jean Cavaillès (1903-1944) », *Revue d'Auvergne*, vol. 580-581, 2006, p. 305–329.
– « Le *Descartes* de Jules Vuillemin et sa contribution à la *Philosophie de l'algèbre* », *Les Études philosophiques*, vol. 1, n° 112, 2015, p. 31–50.
– « Le Sens et la portée de l'idéalisme allemand dans la philosophie de Jules Vuillemin », *Revue d'Auvergne*, vol. 585, 2007, p. 105–134.
– *Les Idéologues et la fin des grammaires générales raisonnées*, Lille, Atelier National de Reproduction des Thèses, 1982.
– « Louis Guillermit : les travaux publiés sur Kant », dans *Louis Guillermit, historien de la philosophie. In memoriam*, Aix-en-Provence, Université de Provence, 1986, p. 29–54.
SEIDENGART (J.), « Kant et le problème de la constitution d'une histoire de la raison d'un point de vue transcendantal », dans *Kant et les kantismes dans la philosophie contemporaine, 1804-2004*, éd. par C. Berner et F. Capeilleres, Villeneuve d'Ascq, Presses Universitaires du Septentrion, 2007, p. 67–82.
SÈVE (B.), *De haut en bas. Philosophie des listes*, Paris, Seuil, 2010.

SEXTUS EMPIRICUS, *Esquisses pyrrhoniennes*, éd. établie et trad. par P. Pellegrin, Paris, Seuil, 1997.

SOURIAU (É.), *L'Instauration philosophique*, Paris, Félix Alcan, 1939.

SPINOZA (B.), *Éthique*, trad. par B. Pautrat, Paris, Seuil, 1988.

STANLEY (T.), *Historia philosophiæ*, Venise, Coleti, 1731.

SWIFT (J.), « De l'Anti-sublime ou l'art de ramper en poésie », dans *Traité des dissensions entre les nobles et le peuple*, Lausanne, Marc-Michel Bousquet, 1750, p. 125–244.

TENNEMANN (W. G.), *Manuel de l'histoire de la philosophie*, trad. par V. Cousin, Paris, Pichon et Didier, 1829.

THOMAS (J.), « Notice sur Charles Renouvier et le *Manuel républicain* », dans C. Renouvier, *Manuel républicain de l'homme et du citoyen*, éd. par J.-C. Richard, M. Agulhon et L. Fedi, Genève, Slatkine, 2000, p. 1–49.

THOMASETTE (D.), « La Philosophie à l'âge de la science. Édition commentée d'un livre inachevé de Jules Vuillemin », sous la direction de Gerhard Heinzmann et Joseph Vidal-Rosset, thèse de doct., Université de Lorraine, 2015.

TURLOT (F.), *Le Personnalisme critique de Charles Renouvier. Une philosophie française*, Strasbourg, Presses Universitaires de Strasbourg, 2003.

TYMOCZKO (T.), « The Four-Color Problem and Its Philosophical Significance », *Journal of Philosophy*, vol. 76, nº 2, 1979, p. 57–83.

VAYSSE (J.-M.), *Hegel. Temps et histoire*, Paris, P.U.F., 1998.

VERA (A.), *Introduction à la philosophie de Hégel*, Paris, Ladrange, 1864.

VIDAL-ROSSET (J.), « Conceptualisme », dans *Dictionnaire de la philosophie*, Paris, Encyclopædia Universalis–Albin Michel, 2006, p. 347–349.

– « De Martial Gueroult à Jules Vuillemin, analyse d'une filiation », dans *Le Paradigme de la filiation*, éd. par J. Gayon et J.-J. Wunenburger, Paris, L'Harmattan, 1995, p. 213–225.

– « Philosophies des mathématiques et systèmes philosophiques. Essai sur les classifications de William von Orman Quine et de Jules Vuillemin », sous la direction d'Élisabeth Schwartz, thèse de doct., Université d'Aix-en-Provence, 1996.

– « Philosophy of Mathematics and Ontological Commitment. On Quine's and Vuillemin's classifications », *Journal of the Philosophy of Science Society*, vol. 33, nº 1, 2000, Conférence prononcée au Second Congrès européen de philosophie analytique (Leeds, 5-7 septembre 1996), p. 69–81.

VIENNE (J.-M.) (éd.), *Philosophie analytique et histoire de la philosophie*, Paris, Vrin, 1997.

VILLERS (C. F. D. de), *Philosophie de Kant, ou Principes fondamentaux de la philosophie transcendantale*, Metz, Collignon, 1801.

VUILLEMIN (J.), « Allocution », dans *Mérites et limites des méthodes logiques en philosophie*, Paris, Vrin, 1986, p. 15–16.

– « L'Analogie astronomique de la philosophie critique », *Manuscrito*, vol. 2, nº 1, 1978, Campinas–São Paulo, Brésil, p. 79–88.

– « L'Argument dominateur », *Revue de métaphysique et de morale*, vol. 2, 1979, p. 225–257.

– « Avant-propos », dans H. Scholz, *Esquisse d'une histoire de la logique*, Paris, Aubier-Montaigne, 1968, p. 7–8.

– « Avertissement », dans H. Dussort, *L'École de Marbourg*, Édité par J. Vuillemin, avec une préface de P. M. Schuhl, Paris, P.U.F., 1963, p. xi–xii.

– « Bemerkungen über Lessings *Laokoon* », dans *Das Laokoon-Projekt. Pläne einer semiotischen Ästhetik*, éd. par G. Gebauer, Stuttgart, J. Metzlersche Verlagsbuchhandlung, 1984, p. 167–182.

– « Le Bonheur selon Descartes », *Tijdschrift voor Filosofie*, vol. 49, nº 2, 1987, p. 230–240.

– « Caractères et fonctions des signes », dans *Die Aktualität der Transzendentalphilosophie, Hans Wagner zum 60. Geburtstag*, éd. par G. Schmidt et G. Wolandt, Bonn 1977, p. 93–119.

– « Le Carré chryspéen des modalités », *Dialectica*, vol. 37, nº 4, 1983, p. 235–247.

– « Ce qu'a de spécifique l'histoire de la philosophie », dans *Entretiens sur philosophie et histoire*, éd. par E. Agazzi, Genève 1990, p. 97–108.

– « Le Chapitre IX du *De Interpretatione* et la connaissance probable », dans *Aristote aujourd'hui*, éd. par M. A. Sinaceur, Paris, Érès, 1988, p. 77–93.

– « Les Classes sociales chez Schumpeter et dans la réalité », *Économie appliquée*, vol. 3, nº 3-4, 1950, p. 571–614.

– « Classical Field Magnitudes », dans *Patrick Suppes : Scientific Philosopher*, éd. par P. Humphreys, t. 2, Dordrecht, Kluwer Academic Publishers, 1994, p. 45–55.

– « Cohen, Hermann (1842-1918) », dans *Les Philosophes célèbres*, éd. par M. Merleau-Ponty, Paris, Mazenod, 1956, p. 399.

– « Le Comique comme idée. De la toquade à l'extravagance et au rire déchaîné : comparaison entre Racine et Aristophane », *Recherches sur la philosophie et le langage*, vol. 12, 1990, p. 443–450.

– « Comparabilité et incomparabilité des théories physiques », *Recherches sur la philosophie et le langage*, vol. 10, 1989, p. 73–98.

– « Comparabilité et incomparabilité des théories physiques », dans *La Comparabilité des théories physiques – Die Vergleichbarkeit wissenschaftlicher Theorien*, éd. par E. Agazzi, Fribourg (Suisse), Éditions Universitaires, 1990, p. 41–51.

– « Comparative Philosophy as Applied to the Concept of Natural Law », *The Monist*, vol. 65, nº 1, 1982, p. 3–12.

– « Compte-rendu de Ch. F. Hockett, *Language, Mathematics and Linguistics*, in *Current Trends in Linguistics*, vol. 3, Mouton, The Hague–Paris 1966, p. 155-304 », *L'Âge de la science*, vol. 3, nº 2, 1970, p. 157.

– « Compte-rendu de G. Pflug, *Henri Bergson, Quellen und Konsequenzen einer induktiven Metaphysik*, Berlin 1959 », *Archiv für Geschichte der Philosophie*, vol. 43, nº 3, 1961, p. 323–324.

– « Compte-rendu de M. Clavelin, *La Philosophie naturelle de Galilée*, Paris 1968 », *L'Âge de la science*, vol. 1, nº 4, 1968, p. 289–296.

– « Compte-rendu de Nelson Goodman, *Languages of Art*, Oxford University Press, London 1969 », *L'Âge de la science*, vol. 3, nº 1, 1970, p. 73–88.

– « Compte-rendu de Richard Schlegel, *Completeness in Science*, New York 1967 », *L'Âge de la science*, vol. 1, nº 3, 1968, p. 211–212.

– « Compte-rendu du livre de J. Hopkins, *Nicholas of Cusa's Metaphysic of Contraction*, Minneapolis 1983 », *Revue internationale de philosophie*, vol. 144-145, nº 1-2, 1983, p. 214–216.

– « Le Concept de signification empirique (*stimulus-meaning*) chez Quine », *Revue internationale de philosophie : Épistémologie et langage*, vol. 117-118, nº 3-4, 1976, p. 350–375.

– « La Conception kantienne des beaux-arts comme exemple de théorie intuitionniste », dans J. Vuillemin, *L'Intuitionnisme kantien*, Paris, Vrin, 1994, p. 203–233.

– « Sur les Conditions qui permettent d'utiliser les matrices russelliennes des antinomies (1905) pour exprimer des théorèmes de limitations internes des formalismes », *Notre Dame Journal of Formal Logic*, vol. 7, nº 1, 1966, Notre Dame, Indiana, p. 1–19.

VUILLEMIN (J.), « La “constitution” selon Carnap : la construction logique du monde », *L'Âge de la science*, vol. 2, n° 4, 1969, p. 304–305.

– « Conventionnalisme géométrique et théorie des espaces à courbure constante », dans *Science et métaphysique*, Bruxelles 1976, p. 65–105.

– « Das Problem der Identität in der Beweistheorie und die Kantische Fragestellung », *Kant-Studien*, vol. 63, n° 3, 1972, p. 289–304.

– « De la Biologie à la culture. Compte-rendu du livre de J. Ruffié, Paris 1976 », *Information sur les sciences sociales*, vol. 16, n° 5, 1977, p. 621–632.

– *De la Logique à la théologie. Cinq études sur Aristote*, Paris, Flammarion, 1967.

– *De la Logique à la théologie. Cinq études sur Aristote*, éd. par T. Bénatouïl, Louvain-la-Neuve, Peeters, 2008.

– « De la Philosophie analytique à l'idée d'un système critique », dans *Ist systematische Philosophie möglich ? Stuttgarter Hegel-Kongreß 1975*, éd. par D. Heinrich, Bonn, Bouvier Verlag Herbert Grundmann, 1977, p. 327–339.

– « De quel sujet parlerai-je ? », dans *Le Dépassement de soi dans la pensée philosophique*, éd. par R. Imbach, Neuchâtel, Éditions de la Baconnière, 1991, p. 69–82.

– « Définition et raison : le paradigme des mathématiques grecques », dans *Actes du Congrès d'Athènes–Pélion d'octobre 1975*, Athènes, Hellenistic Society for Humanistic Studies, 1977, p. 273–282.

– « Definition und Ratio : das Paradigma der grieschichen Mathematik », dans *Objektivität in der Natur- und Geisteswissenschaften*, éd. par W. Becker et K. Hübner, Hamburg 1976, p. 125–133.

– « La Démonstration de l'irrationalité de π chez Leibniz, Lambert et Kant », *Revue philosophique de la France et de l'étranger*, vol. 151, 1961, Paris, P.U.F., p. 417–431.

– *Dettes*, Besançon, Cêtre, 1992.

– « La Dialectique négative dans la connaissance de l'existence. Note sur l'épistémologie et la métaphysique de Nikolaï Hartmann et de Jean-Paul Sartre », *Dialectica*, vol. 13, 1950, p. 21–42.

– « Die Aporie des Meisterschlusses von Diodoros Kronos und ihre Lösungen. Ein Beispiel für die Anwendung der axiomatischen Methode auf die Philosophie », *Allgemeine Zeitschrift für Philosophie*, vol. 10, n° 2, 1985, p. 1–19.

– « Die Wächterin der Vernunft. “Der Menschenfeind” als Mythos der Komödie », dans *Zur Kritik der wissenschaftlichen Rationalität. Zum 65. Geburtstag von Kurt Hübner*, éd. par H. Lenk, trad. par H. u. G. Gebauer, Freiburg, München, Karl Alber, 1986, p. 515–530.

– *Le Dieu d'Anselme et les apparences de la raison*, Paris, Aubier, 1971.

– « Sur la Différence et l'identité des méthodes de la métaphysique et des mathématiques chez Descartes et Leibniz et sur la conception classique des principes de causalité et de correspondance », *Archiv für Geschichte der Philosophie*, vol. 43, n° 3, 1961, p. 267–302.

– « Difficultés logiques et problèmes philosophiques dans les *Principia Mathematica* de Russell », *Hermès*, vol. 7, 1990, p. 39–60.

– « Sur la Dualité », *Manuscrito*, vol. 10, n° 2, 1987, Campinas–São Paulo, Brésil, p. 9–13.

– « Économie européenne ou économie mondiale. Recension de François Perroux, *L'Europe sans rivages*, Paris, 1954 », *Les Temps modernes*, vol. 106, oct. 1954, p. 398–441.

– « Edgar Jené, peintre de l'oubli », *Les Temps modernes*, vol. 109, jan. 1955, p. 1149–1151.

– *Éléments de poétique*, Paris, Vrin, 1991.

– « L'Élimination des définitions par abstraction chez Frege », *Revue philosophique de la France et de l'étranger*, vol. 156, nº 1, 1964, p. 19–40.

– « Engels, Friedrich (1820-1895) », dans *Les Philosophes célèbres*, éd. par M. Merleau-Ponty, Paris, Mazenod, 1956, p. 408–409.

– « L'Espace représentatif selon Poincaré », dans *Henri Poincaré, Science et philosophie*, éd. par J. L. Greffe, G. Heinzmann et K. Lorenz, Berlin, Paris, Akademie Verlag–Albert Blanchard, 1994, p. 279–285.

– *Essai sur la signification de la mort*, Paris, P.U.F., 1948.

– « Éternel Retour et temps cyclique : quelle solution Cléanthe a-t-il donnée de l'"argument dominateur" ? », *Archives de philosophie*, vol. 45, nº 3, 1982, p. 375–409.

– *Être et choix. Éléments de philosophie réaliste*, Archives Henri-Poincaré, Nancy.

– *L'Être et le travail. Les conditions dialectiques de la psychologie et de la sociologie*, Paris, P.U.F., 1949.

– « Être sensible, acte, puissance », *Dialectica*, vol. 45, nº 2-3, 1991, p. 231–248.

– « Exécution de la loi et philosophie politique. Compte-rendu du livre de A. Petitjouan, *La République des bureaux (des États dans l'État)*, Paris 1990 », *Critique*, vol. 523, 1990, p. 995–1001.

– « Expressive Statements », *Philosophy and Phenomenological Research*, vol. 29, nº 4, 1969, p. 485–497.

– « Faut-il fermer les Grandes Écoles ? », *Janus*, vol. 12, 1966, p. 103–111.

– « Feuerbach, Ludwig Andreas (1804-1872) », dans *Les Philosophes célèbres*, éd. par M. Merleau-Ponty, Paris, Mazenod, 1956, p. 408.

– « Fichte, 1762-1814 », dans *Les Philosophes célèbres*, éd. par M. Merleau-Ponty, Paris, Mazenod, 1956, p. 226–233.

– « Les Formes fondamentales de la prédication : un essai de classification », *Recherches sur la philosophie et le langage*, nº 4, 1984, noté « FP », p. 9–30.

– « Sur la Généralisation de l'estimation de la force chez Laplace », *Thalès*, vol. 9, 1958, p. 61–75.

– « Goodmans *Sprachen der Kunst* — eine statische Konzeption einer Symboltheorie ? », *Deutsche Zeitschrift für Philosophie*, vol. 43, nº 4, 1995, Berlin, p. 711–729.

– « Grandeurs intensives et remplissement de l'espace », dans *Perspectiven transzendentaler Reflexion. Festschrift Gerhard Funke*, éd. par G. Müller et T. Seebohm, Bonn, Bouvier Verlag Herbert Grundmann, 1989, p. 157–167.

– « Guillermit et Kant », dans *Louis Guillermit, historien de la philosophie. In memoriam*, Aix-en-Provence, Université de Provence, 1986, p. 55–70.

– « Herder, J. G. von (1744-1803) », dans *Les Philosophes célèbres*, éd. par M. Merleau-Ponty, Paris, Mazenod, 1956, p. 392–393.

– *L'Héritage kantien et la révolution copernicienne. Fichte, Cohen, Heidegger*, Paris, P.U.F., 1954.

– « "Id quo nihil maius cogitari potest". Über die innere Möglichkeit eines rationalen Gottesbegriff », *Archiv für Geschichte der Philosophie*, vol. 53, nº 3, 1971, p. 279–299.

– « L'Imitation dans l'interpsychologie de Tarde et ses prolongements », *Journal de psychologie normale et pathologique*, oct. 1949, p. 420–449.

– « Les Indicateurs de subjectivité (*egocentric particulars*) dans la dernière philosophie de Russell », *L'Âge de la science*, vol. 1, nº 1-2, 1968, p. 41–64, 99–135.

– « The Influence of Reason on the Origin of Science », dans *Rationality in Science. Studies in the Foundation of Science and Ethics*, éd. par R. Hilpinen, Dordrecht, D. Reidel Publishing Company, 1980, p. 203–208.

VUILLEMIN (J.), « L'Influenza innovatrice della logica matematica in filosofia », *Scienza & Tecnica 68, Annuario della Enciclopedia della scienza e della tecnica*, 1967, Mondadori, Milano, p. 420–426.

– « Internal Translations and Reality in Science », dans *Language and Ontology–Sprache und Ontologie*, Wien, Hölder–Pichler–Temsky, 1982, p. 313–326.

– « Introduction », dans L. Guillermit, *L'Élucidation critique du jugement de goût selon Kant*, éd. par É. Schwartz et J. Vuillemin, Paris, Éditions du CNRS, 1986.

– « Introduction », dans I. Kant, *Prolégomènes à toute métaphysique future qui pourra se présenter comme science*, trad. par L. Guillermit, É. Schwartz et J. Vuillemin, Paris, Vrin, 1996, p. 7–11.

– « Intuitionnisme et "critères" épicuriens », dans *Histoire et structure. À la mémoire de Victor Goldschmidt*, éd. par J. Brunschwig, C. Imbert et A. Roger, Paris, Vrin, 1985, p. 201–211.

– *L'Intuitionnisme kantien*, Paris, Vrin, 1994.

– « L'Intuitionnisme moral de Descartes et le *Traité des passions de l'âme* », *Kant-Studien*, vol. 79, n° 1, 1988, p. 17–32.

– « Is *homo currit* identical with *homo est currens* ? », dans *Language, Logic and Philosophy–Sprache, Logik und Philosophie*, Kirchberg 1980, p. 62–68.

– « Ist Kants Begründung des Besitzrechtes vollständig ? », dans *Akten des Siebenten Internationalen Kant-Kongresses Mainz 1990*, éd. par G. Funke, Bonn, Bouvier Verlag Herbert Grundmann, 1991, p. 31–47.

– « Sur le Jugement de récognition (*Wiedererkennungsurteil*) chez Frege », *Archiv für Geschichte der Philosophie*, vol. 46, n° 3, 1964, p. 310–325.

– « Justice anselmienne et bonne volonté kantienne : essai de comparaison », dans *Anselm : Aosta, Bec and Canterbury*, éd. par D. E. Luscombe et G. R. Evans, Sheffield Academic Press, 1996, p. 361–375.

– « La Justice par convention ; signification philosophique de la doctrine de Rawls », *Dialectica*, vol. 41, n° 1-2, 1987, p. 155–166.

– « Kant, 1724-1804 », dans *Les Philosophes célèbres*, éd. par M. Merleau-Ponty, Paris, Mazenod, 1956, p. 218–225.

– « Kant aujourd'hui », dans *Actes du Congrès d'Ottawa sur Kant dans les traditions anglo-américaine et continentale tenu du 10 au 14 octobre 1974*, Ottawa, Éditions de l'Université d'Ottawa, 1976, p. 17–35.

– « Kant's *Dynamics* », dans *Kant's Transcendental Deductions. The Three* Critiques *and the* Opus postumum, éd. par E. Förster, Stanford, Stanford University Press, 1989, p. 239–247.

– « Kant's Moral Intuitionism », *Proceedings of the British Academy*, vol. 75, 1989, p. 57–70.

– « La Section de la ligne dans la *République* (VI 509d 26-28) », dans *Mathématiques et philosophie de l'Antiquité à l'âge classique. Hommage à Jules Vuillemin*, éd. par R. Rashed, Paris, Éditions du CNRS, 1991, p. 1–20.

– « Le Chapitre IX du *De Interpretatione* d'Aristote. Vers une réhabilitation de l'opinion comme connaissance probable des choses contingentes », *Philosophiques*, vol. 10, n° 1, 1983, p. 15–52.

– *Leçon inaugurale, faite le mercredi 5 décembre 1962 par M. Jules Vuillemin, Professeur. Collège de France, Chaire de Philosophie de la connaissance*, 1963, p. 7–30.

– *Leçons sur la première philosophie de Russell*, Paris, Armand Colin, 1968.

– « Lessing, G.-E. (1729-1781) », dans *Les Philosophes célèbres*, éd. par M. Merleau-Ponty, Paris, Mazenod, 1956, p. 392.

– « Logical Flaws or Philosophical Problems : On Russell's *Principia Mathematica* », *Revue internationale de philosophie*, vol. 102, n° 4, 1972, p. 534–556.
– *La Logique et le monde sensible. Études sur les théories contemporaines de l'abstraction*, Paris, Flammarion, 1971.
– « Les Lois de la raison pure et la supposition de leur détermination complète », dans *200 Jahre Kritik der Reinen Vernunft*, éd. par J. Kopper et W. Marx, Hildesheim, Gerstenberg, 1981, p. 363–384.
– « Ma vie en bref », dans *Causality, Method, and Modality : Essays in honor of Jules Vuillemin*, éd. par G. G. Brittan, Dordrecht, Boston, London, Kluwer Academic Publishers, 1991, p. 1–4.
– « Maimon, Salomon (1753-1800) », dans *Les Philosophes célèbres*, éd. par M. Merleau-Ponty, Paris, Mazenod, 1956, p. 393–394.
– « Martial Gueroult † 13.8.1976 : I. Fichte », *Archiv für Geschichte der Philosophie*, vol. 59, n° 3, 1977, p. 289–293.
– *Mathématiques et métaphysique chez Descartes*, Paris, P.U.F., 1960.
– *Mathématiques pythagoriciennes et platoniciennes. Recueil d'études*, présentation par Roshdi Rashed, Paris, Albert Blanchard, 2001.
– « Mesure, vérification, langage », dans *Démonstration, vérification, justification. Entretiens de l'Institut international de philosophie, Liège, septembre 1967*, Louvain, Paris, Nauwelaerts, 1968, p. 183–195.
– « La Méthode indirecte de Maurice Merleau-Ponty. Recension de M. Merleau-Ponty, *Le Visible et l'invisible*, Paris, 1963 », *Critique*, vol. 211, déc. 1964, t. XX, p. 1007–1016.
– « La Méthode platonicienne de division et ses modèles mathématiques », *Philosophia scientiæ*, vol. 3, n° 3, 1999, p. 1–62.
– « Méthode transcendantale, morale et métaphysique », dans *Stuttgarter Hegelkongreß 1987. Metaphysik nach Kant ?*, éd. par D. Henrich et R.-P. Horstmann, Stuttgart, Klett-Cotta, 1988, p. 137–143.
– « La Méthodologie de Kepler », dans *Traditionen und Perspektiven der analytischen Philosophie*, éd. par W. L. Gombocz, H. Rutte et W. Sauer, Wien, Hölder–Pichler–Temsky, 1989, p. 24–34.
– « Michel Foucault (15 octobre 1926–25 juin 1984) », dans *Annuaire du Collège de France 1984-1985*, Paris 1985, p. 73–75.
– *Le Miroir de Venise*, Paris, Julliard, 1965.
– « Le *Misanthrope*, mythe de la comédie », *Dialectica*, vol. 42, n° 2, 1988, p. 117–127.
– « Le Monde de l'esprit selon Dilthey », *Revue philosophique de la France et de l'étranger*, oct. 1950, p. 508–519.
– « La Mort dans la philosophie de Hegel », *Revue philosophique de la France et de l'étranger*, avr. 1947, p. 194–202.
– « La Mort, le travail et la Révolution copernicienne », *L'Information philosophique*, vol. 1, n° 1, 1951, Paris, Baillière, p. 14–17.
– *Nécessité ou contingence. L'aporie de Diodore et les systèmes philosophiques*, noté *NC*, Paris, Minuit, 1984.
– *Necessity or Contingency. The Master Argument*, Stanford, CSLI, 1996.
– « Nietzsche aujourd'hui », *Les Temps modernes*, vol. 67, mai 1951, p. 1921–1954.

– « Note. À propos du livre de D. Charles, *Aristotle's Philosophy of Action*, London 1984 et le compte-rendu de Pascal Engel », dans *L'Âge de la science. Lectures philosophiques 3 : La philosophie et son histoire*, éd. par J. Vuillemin, Paris, Odile Jacob, 1990, p. 275–278.

VUILLEMIN (J.), « Note sur *Expérience de vérité ou Autobiographie* de Gandhi », *Les Temps modernes*, vol. 56, juin 1950, p. 2259–2268.

– « Note sur le *Laocoon* de Lessing », *Archiv für Geschichte der Philosophie*, vol. 64, n° 1, 1982, p. 39–55.

– « Note sur l'école allemande de mécanique quantique », dans *L'Âge de la science. Lectures philosophiques, 2 : Épistémologie*, éd. par P. Jacob, Paris, Odile Jacob, 1989, p. 177–179.

– « Note sur l'évidence cartésienne et le préjugé qu'elle implique », *Revue des sciences humaines*, vol. 61, 1951, p. 41–49.

– « Notes prises au cours de M. Vuillemin sur Kant », *Bulletin du groupe d'études de philosophie à la Sorbonne. Cours de M. Bachelard, M. Gouhier, J. Vuillemin, 1947-1948*, vol. 1, 1949, Paris.

– « Notice nécrologique : Gueroult (Martial) », dans *Association amicale des anciens élèves de l'École Normale Supérieure*, Paris 1977, p. 59–63.

– « Nouvelles traductions de Marx. Recension de la *Correspondance Fr. Engels–K. Marx et divers*, publié par F. A. Sorge », *Les Temps modernes*, vol. 59, sept. 1950, p. 548–563.

– « On Duhem's and Quine's Theses », *Grazer Philosophische Studien, Internationale Zeitschrift für analytische Philosophie*, vol. 9, 1979, p. 69–96.

– « On Lying : Kant and Benjamin Constant », *Kant-Studien*, vol. 73, n° 4, 1982, p. 413–424.

– « On Perpetual Peace, and on Hope as a Duty », *Proceedings of the Eighth Internationale Kant Congress (Memphis 1995)*, vol. 1, 1995, Milwaukee, Marquette University Press, p. 19–32.

– « L'Origine et le mécanisme des antinomies dans la première philosophie de Russell (1903) », *Logique et analyse. Bulletin trimestriel du Centre national belge de recherches de logique, Louvain–Paris*, vol. 25-26, avr. 1964, p. 59–95.

– « Le Paralogisme du bain (Aristote, *Poétique* 1460a18-26) », *Revue des études grecques, t. 94*, vol. 447-449, 1981, p. 287–294.

– « La Personnalité esthétique du Tintoret », *Les Temps modernes*, vol. 102, mai 1954, p. 1965–2006.

– « Perspective de la philosophie », *Janus*, vol. 4, 1964, p. 103–112.

– « Les Philosophes et la pluralité des disciplines », dans *Annales 1992-1993*, Neuchâtel, Université de Neuchâtel, 1993, p. 166–168.

– *La Philosophie de l'algèbre. I. Recherches sur quelques concepts et méthodes de l'Algèbre moderne*, Paris, P.U.F., 1962.

– *La Philosophie de l'algèbre. II. Structure, infini, ordre*, Archives Henri-Poincaré, Nancy.

– « La Philosophie de l'algèbre de Lagrange (Réflexions sur le mémoire de 1770-1771) », *Les Conférences du Palais de la Découverte*, vol. 71, 1960, Conférence prononcée le 6 février 1960, Série D, p. 5–24.

– « La Philosophie des mathématiques. Revue critique de Stephan Körner, *The Philosophy of Mathematics. An Introductory Essay*, London, Hutchinson University Library, 1960 et 1968 », *Revue philosophique de la France et de l'étranger*, vol. 163, 1973, Paris, P.U.F., p. 333–344.

– « Physicalism and Relativity », *Grazer Philosophische Studien, Internationale Zeitschrift für analytische Philosophie*, vol. 16-17, 1982, Édité par R. Haller, p. 313–326.

– *Physique et métaphysique kantiennes*, Paris, P.U.F., 1987.
– « Physique panthéiste et déterminisme : Spinoza et Huygens », dans *Studia Spinozana, 6 : Spinoza and Leibniz*, Würzburg, Königshausen und Neumann, 1990, p. 231–250.
– « Physique quantique et philosophie », dans *Le Monde quantique*, éd. par S. Deligeorges, Paris, Seuil, 1985, p. 201–224.
– « Platonism in Russell's Early Philosophy and the Principle of Abstraction », dans *Bertrand Russell. A Collection of Critical Essays*, éd. par D. F. Pears, New York 1972, p. 305–324.
– « Le "Platonisme" dans la première philosophie de Russell et le "principe d'abstraction" », *Dialogue*, 1976, p. 222–240.
– « Poincaré's Philosophy of Space », *Synthese, An International Journal for Epistemology, Methodology and Philosophy of Science*, vol. 24, 1972, p. 161–179.
– « Portrait d'un historien de la philosophie : Victor Goldschmidt », dans *Victor Goldschmidt (1914-1981). Journée d'hommage du 17 janvier 1982*, Amiens, Université de Picardie, 1982.
– « Postface », dans P. Suppes, *Logique du probable. Démarche bayésienne et rationalité*, Paris, Flammarion, 1981, p. 125–128.
– « Préface », dans H. Poincaré, *La Science et l'hypothèse*, Paris, Flammarion, 1968, p. 7–19.
– « Préface », dans H. Poincaré, *La Valeur de la science*, Paris, Flammarion, 1970, p. 7–15.
– « Les Preuves cartésiennes et la preuve du *Proslogion* », dans *Anselm Studies. An Occasional Journal, II : Proceedings of the Fifth International Saint Anselm Conference*, éd. par J. C. Schnaubelt, New York, Kraus International Publications, 1988, p. 185–199.
– « Le Principe du levier », *Revue internationale de philosophie*, vol. 64, n° 2, 1963, p. 197–219.
– « Problème de validation (*Begründung*) dans les axiomatiques d'Euclide et de Zermelo », *The Foundations of Statements and Decisions*, 1965, Varsovie, Actes du Congrès international de logique et de méthodologie des sciences de Varsovie 1963, p. 179–204.
– « Le Problème phénoménologique ; intentionnalité et réflexion », *Revue philosophique de la France et de l'étranger*, vol. 149, n° 4, 1959, p. 463–470.
– « Le Problème Prisonniers », *Questions d'aujourd'hui*, vol. 9, 1945, Éditions du Chêne, p. 1–32.
– « Sur les Propriétés formelles et matérielles de l'ordre cartésien des raisons », dans *Études sur l'histoire de la philosophie, ses problèmes, ses méthodes ; en hommage à Martial Gueroult*, Paris, Fischbacher, 1964, p. 43–58.
– « La Psychologie industrielle au niveau du *Capital* de Marx », *Cours de l'année universitaire 1951-1952 (Psychologie de la vie sociale), Université de Clermont-Ferrand*, 1952, p. 1–14.
– « La Puissance selon Aristote et le possible selon Diodore », *Manuscrito*, vol. 1, 1977, Campinas–São Paulo, Brésil, p. 23–63.
– « Quelques Idées proposées par la science contemporaine à la philosophie », dans *Théorie du droit et science*, éd. par A. Amselek, Paris, P.U.F., 1994, p. 63–72.
– « Qu'est-ce qu'un nom propre ? », *Fundamenta Scientiæ*, vol. 1, 1980, p. 261–273.
– « Quine's Concept of Stimulus Meaning », *Philosophic Exchange*, vol. 2, n° 1, 1975, p. 5–13.
– « La Raison au regard de l'instauration et du développement scientifiques », dans *Rationality To-day. La Rationalité aujourd'hui*, éd. par T. Geraets, Ottawa, Éditions de l'Université d'Ottawa, 1979, p. 67–84.

VUILLEMIN (J.), « Raison finie et sentiment religieux », dans *L'Année 1793 — Kant. Sur la politique et la religion, Actes du 1er congrès de la Société d'études kantiennes de langue française (Dijon, 13–15 mai 1993)*, éd. par J. Ferrari, Paris, Vrin, 1995, p. 51–60.

– « Rapport de soutenance de thèse de Joseph Vidal-Rosset », 13 janvier 1996.

– « Rapport sur la communication de D. Føllesdal, "Quantified Modal Logic and Essentialism" », dans *Mérites et limites des méthodes logiques en philosophie*, Paris, Vrin, 1986, p. 182–186.

– *Rebâtir l'Université*, Paris, Fayard, 1968.

– « La Reconnaissance dans l'épopée et dans la tragédie (Aristote, *Poétique*, chap. XVI) », *Archiv für Geschichte der Philosophie*, vol. 66, nº 3, 1984, p. 243–280.

– « Reflexionen über Kant's Logik », *Kant-Studien*, vol. 52, nº 3, 1960-1961, p. 310–335.

– « Régime civil, droit et raison », *Droit et société*, vol. 20-21, 1992, p. 99–109.

– « Les Relations mutuelles entre philosophie des sciences et histoire des sciences, examinées à propos du développement de l'astronomie de position jusqu'à Kepler », *Epistemologica*, vol. 10, 1987, p. 57–72.

– « Remarques critiques sur la doctrine kantienne de causalité », dans *Kant. Analysen, Probleme, Kritik. Gewidmet Hans Wagner*, éd. par H. Oberer et G. Seel, Würzburg, Königshausen und Neumann, 1988, p. 91–101.

– « Remarques philosophiques sur l'aspect créateur du langage », dans *Échanges et communications. Mélanges offerts à Claude Lévi-Strauss à l'occasion de son 60e anniversaire*, éd. par J. Pouillon et P. Maranda, La Hague, Paris, Mouton, 1970, p. 981–997.

– « Remarques sur 4.442 du *Tractatus* », *Revue internationale de philosophie*, vol. 88-89, nº 2-3, 1969, p. 299–318.

– « Remarques sur la convention de justice selon J. Rawls », dans *L'Âge de la science. Lectures philosophiques, 1 : Éthique et philosophie politique*, Paris, Odile Jacob, 1988, p. 55–71.

– « Renouvier, Charles (1815-1903) », dans *Les Philosophes célèbres*, éd. par M. Merleau-Ponty, Paris, Mazenod, 1956, p. 398–399.

– « Replies », dans *Causality, Method, and Modality : Essays in honor of Jules Vuillemin*, éd. par G. G. Brittan, Dordrecht, Boston, London, Kluwer Academic Publishers, 1991, p. 207–224.

– « Réponse à un compte-rendu de E. von Savigny du livre *La Logique et le monde sensible* », *Archiv für Geschichte der Philosophie*, vol. 57, nº 2, 1975, p. 210–211.

– « Saint Paul », dans *Les Philosophes célèbres*, éd. par M. Merleau-Ponty, Paris, Mazenod, 1956, p. 370.

– « Schelling, 1775-1854 », dans *Les Philosophes célèbres*, éd. par M. Merleau-Ponty, Paris, Mazenod, 1956, p. 252–257.

– *Le Sens du destin*, en collaboration avec Louis Guillermit, Neuchâtel, Éditions de la Baconnière, 1948.

– « La Signification de l'humanisme athée chez Feuerbach et l'idée de la nature », dans *Decalion 4 : Le Diurne et le nocturne*, éd. par J. Wahl, Neuchâtel, Éditions de la Baconnière, 1952, p. 17–46.

– « Signification pour la psychologie de la notion de valeur », *Cours de l'année universitaire 1951-1952 (Psychologie générale), Université de Clermont-Ferrand*, 1952, p. 1–21.

– « Le Souffle dans l'argile. Recension d'André Malraux, *Psychologie de l'art, III : La Monnaie de l'Absolu*, éd. Skira et *Saturne, Essai sur Goya*, éd. Gallimard », *Les Temps modernes*, vol. 63, jan. 1951, p. 1225–1257.

– « Sport and Conflict », dans *Sport in the Modern World, Chances and Problems*, éd. par O. Grupe, Heidelberg, New York, Springer, 1973, p. 77–78.
– « Les Statues et les hommes. Recension d'André Malraux, *Psychologie de l'art, I : Le Musée imaginaire, II : La Création artistique* », *Les Temps modernes*, vol. 55, mai 1950, p. 1922–1955.
– « La Substance », dans *Quelle Philosophie pour le* XXIe *siècle ? L'Organon du nouveau siècle*, Paris, Gallimard, 2001, p. 11–60.
– « Sur deux cas d'application de l'axiomatique à la philosophie : l'analyse du mouvement par Zénon d'Élée et l'analyse de la liberté par Diodore Kronos », *Fundamenta Scientiæ*, vol. 6, n° 3, 1985, p. 209–219.
– « Les Syndicats ouvriers et les salaires », *Économie appliquée*, vol. 5, n° 2-3, 1952, p. 261–336.
– « The Systems of Plato and Aristotle Compared as to their Contribution to Physics », dans *Existence and Explanation. Essays presented in Honor of Karel Lambert*, éd. par W. Spohn, Dordrecht, Kluwer Academic Publishers, 1991, p. 197–206.
– « La Théorie kantienne de l'espace à la lumière de la théorie des groupes de transformations », *The Monist*, vol. 51, n° 3, 1967, p. 332–351.
– « La Théorie kantienne des modalités », dans *Akten des 5. Internationalen Kant-Kongresses, Mainz 4-8 April 1981, Teil II : Vorträge*, éd. par G. Funke, Bonn, Bouvier Verlag Herbert Grundmann, 1982, p. 149–167.
– « Tiepolo à Venise », *Les Temps modernes*, vol. 74, 1951, p. 1133–1138.
– « Sur la Tolérance », *Revue internationale de philosophie*, vol. 95-96, n° 1-2, 1971, p. 198–212.
– *Trois Histoires de guerre*, Besançon, Cêtre, 1992.
– « Trois philosophes intuitionnistes : Épicure, Descartes et Kant », *Dialectica*, vol. 35, n° 1-2, 1981, p. 21–41.
– « Un Français peut-il encore comprendre les philosophes d'outre-Manche ? », *Les Études philosophiques*, vol. 1, n° 112, 2015, p. 17–30.
– « Un Système de fatalisme logique : Diodoros Kronos », *Revue de philosophie ancienne*, n° 1, 1984, Bruxelles, éditions Ousia, p. 39–72.
– « Un Texte de Max Weber : La notion de classe. Introduction et traduction », *L'Information philosophique*, vol. 1, n° 5, 1951, p. 186–189.
– « Une Morale est-elle compatible avec le scepticisme ? », *Philosophie*, vol. 7, 1985, Paris, Minuit, p. 21–51.
– « Vérité partielle ou approximation de la vérité », dans *La Nature de la vérité scientifique*, t. 7, Louvain-la-Neuve, CIACO, 1985, p. 123–139, 123–139.
– « Vivre et peindre. Recension des *Lettres de van Gogh à van Rappard*, éd. Grasset », *Les Temps modernes*, vol. 60, oct. 1950, p. 746–750.
– *What Are Philosophical Systems ?*, noté *WAPS*, Cambridge, Cambridge University Press, 1986.
– « Zur Rekonstruktion des Meisterschlusses. Antwort an Helmut Angstl », *Allgemeine Zeitschrift für Philosophie*, vol. 11, n° 3, 1986, p. 83–87.
— et LÉTOUBLON (F.), « Portée et limites de la théorie des catastrophes. Compte-rendu de Ivar Ekeland, *Le Calcul, l'imprévu, les figures du temps de Kepler à Thom*, Paris 1984 », dans *L'Âge de la science. Lectures philosophiques, 2 : Épistémologie*, éd. par P. Jacob, Paris, Odile Jacob, 1989, p. 247–251.

— et GRANGER (G.-G.), « Tendances de la philosophie des sciences en France depuis 1950 », dans *Contemporary Philosophy. A Survey. La Philosophie contemporaine. Chroniques*, éd. par R. Klibansky, Firenze, La Nueva Italia, 1968, p. 161–163.

ZARKA (Y. C.) (éd.), *Comment écrire l'histoire de la philosophie ?*, Paris, P.U.F., 2001.

ZELLER (E.), *Die Philosophie der Griechen in ihrer geschichtlichen Entwicklung. I : Allgemeine Einleitung. Vorsokratische Philosophie*, Leipzig, Fues, 1869.

– *Die Philosophie der Griechen in ihrer geschichtlichen Entwicklung. II, 1 : Sokrates und die Sokratiker. Plato und die alte Akademie*, Leipzig, Fues, 1875.

– *Die Philosophie der Griechen in ihrer geschichtlichen Entwicklung. II, 2 : Aristoteles und die alten Peripatetiker*, Leipzig, Fues, 1879.

– *Die Philosophie der Griechen in ihrer geschichtlichen Entwicklung. III, 1 : Die nacharistotelische Philosophie*, Leipzig, Fues, 1880.

– *Die Philosophie der Griechen in ihrer geschichtlichen Entwicklung. III, 2 : Die nacharistotelische Philosophie*, Leipzig, Fues, 1881.

– *Die Philosophie der Griechen in ihrer geschichtlichen Entwicklung. Register zu dem ganzen Werke*, Leipzig, Fues, 1882.

– *La Philosophie des Grecs considérée dans son développement historique*, trad. par É. Boutroux, Paris, Hachette, 1877-1882.

INDEX

H

TABLE DES MATIÈRES

Dépôt légal : octobre 2016
IMPRIMÉ EN FRANCE

Achevé d'imprimer le 4 octobre 2016
sur les presses de l'imprimerie « La Source d'Or »
63039 Clermont-Ferrand
Imprimeur n° 19031

PEFC/10-31-2008

Dans le cadre de sa politique de développement durable,
La Source d'Or a été référencée IMPRIM'VERT®
par son organisme consulaire de tutelle.
Cet ouvrage est imprimé - pour l'intérieur - sur papier offset 80 g
provenant de la gestion durable des forêts,
produit par des papetiers dont les usines ont obtenu
les certifications environnementales ISO 14001 et E.M.A.S.